Sandra Hohmann
Lutz Rohrmann

Grammatik mal vier

Übungsgrammatik Deutsch als Fremdsprache A1 – B1

Wissen – Training – Texte – Landeskunde

D1716709

Ernst Klett Sprachen
Stuttgart

10 Online-Zugangscode zu den Hördateien und Partneraufgaben: **2svgmxa**
Geben Sie den Code in das Suchfeld auf www.klett-sprachen.de ein:

11 Audio-Dateien können Sie auch mit der Klett-Augmented-App (www.klett-sprachen.de/augmented) laden und abspielen.

Hier Code eingeben

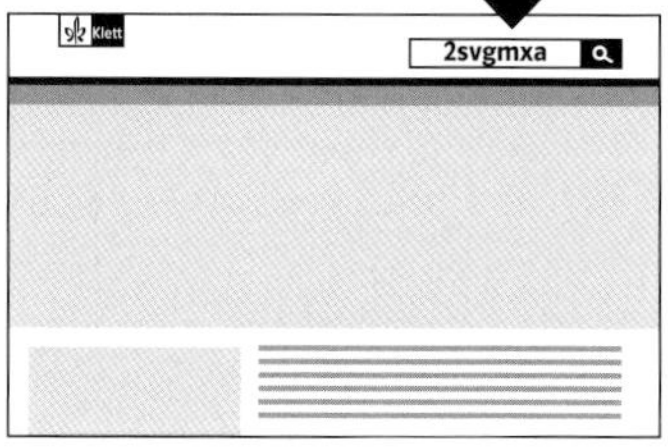

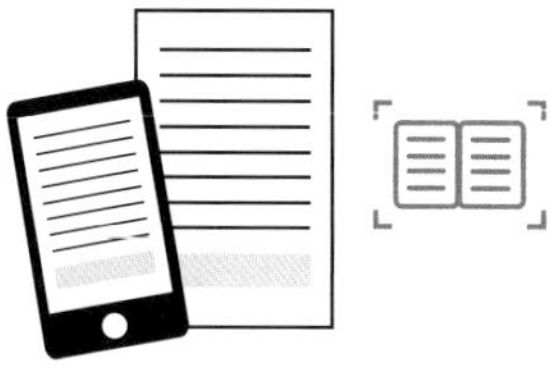

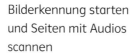

Klett-Augmented-App kostenlos downloaden und öffnen | Bilderkennung starten und Seiten mit Audios scannen | Audios laden, direkt nutzen oder speichern

Apple und das Apple-Logo sind Marken der Apple Inc., die in den USA und weiteren Ländern eingetragen sind. App Store ist eine Dienstleistungsmarke der Apple Inc. | Google Play und das Google Play-Logo sind Marken der Google Inc.

1. Auflage 1 6 5 4 3 2 | 2026 25 24 23 22

Die letzte Zahl bezeichnet das Jahr des Druckes. Das Werk und seine Teile sind urheberrechtlich geschützt. Jede Nutzung in anderen als den gesetzlich zugelassenen Fällen bedarf der vorherigen schriftlichen Einwilligung des Verlages.

© Ernst Klett Sprachen GmbH, Rotebühlstraße 77, 70178 Stuttgart 2021
Alle Rechte vorbehalten.
www.klett-sprachen.de

Autoren: Sandra Hohmann, Lutz Rohrmann

Redaktion: Eva Neustadt, Arkadiusz Wrobel
Layoutkonzeption: Sabine Kaufmann
Gestaltung und Satz: Digraf.pl - dtp services
Umschlaggestaltung: Sabine Kaufmann
Illustrationen: Harald Ardeias
Tontechnik und Produktion: Gunther Pagel, Top10 Tonstudio, Viernheim
SprecherInnen: Christian Birko-Flemming, Stefanie Plisch de Vega, Markus Schultz
Druck und Bindung: AZ Druck und Datentechnik GmbH, Kempten/Allgäu

#Printed in Germany
ISBN 978-3-12-674200-9

VORWORT

Liebe Lernende, liebe Lehrende,

diese Übungsgrammatik richtet sich an Lernerinnen und Lerner der Niveaustufen A1–B1, die alle wichtigen Themen der Grammatik verstehen und abwechslungsreich üben sowie gleichzeitig Landeskundliches über Deutschland, Österreich und die Schweiz erfahren möchten.

Warum „mal vier“?

In dieser Grammatik finden Sie vier zentrale Aspekte: Wissen, Anwendung, Texte und Landeskunde.
Das erforderliche **Wissen** ist auf Theorieseiten in Form und Gebrauch unterteilt. Die **Anwendung** des Wissens erfolgt auf drei Übungsseiten, die progressiv von einfachen Übungen (auf der ersten Seite) bis hin zu schwierigeren Übungen (auf der dritten Übungsseite) gestaltet sind. Auf der dritten und vierten Seite jedes Kapitels wird die Grammatik in **Texten** geübt. Jedes Kapitel behandelt ein anderes Thema aus der **Landeskunde**, sodass Sie Interessantes aus dem Alltag und der Kultur der deutschsprachigen Länder (Deutschland, Österreich, Schweiz) erfahren.

Wie ist die „Grammatik mal vier“ aufgebaut?

Alle wichtigen Grammatik-Themen für die Stufen A1–B1 werden in **52 Kapiteln** behandelt, die alle nach dem 4-Seiten-Prinzip aufgebaut sind:

Die Seiten 1 und 2 präsentieren das Grammatik-Thema und trainieren es mit einfacheren Übungen.

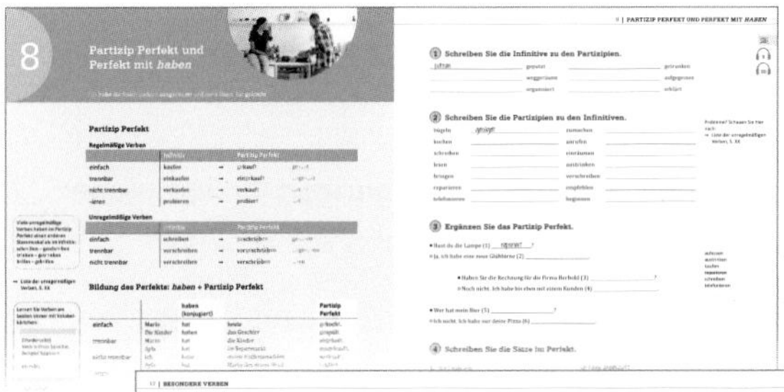
8 Partizip Perfekt und Perfekt mit *haben*

Die Seiten 3 und 4 enthalten längere Texte und anspruchsvollere Übungen, vor allem zur Anwendung.

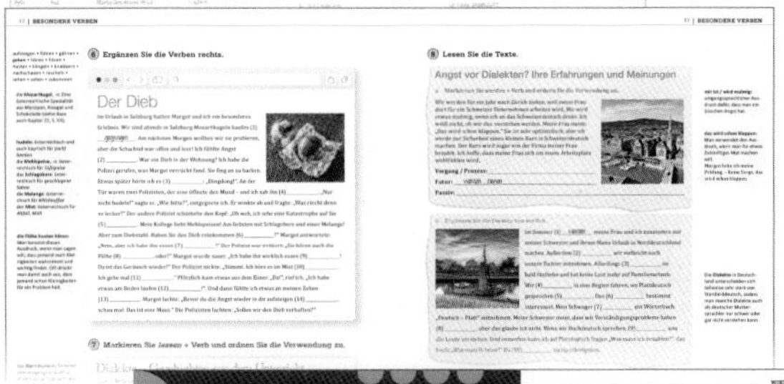
Der Dieb

Die Kapitel sind in sieben Blöcke (Wort- und Satzarten) gruppiert. Nach jedem Block gibt es eine **Wiederholung**.

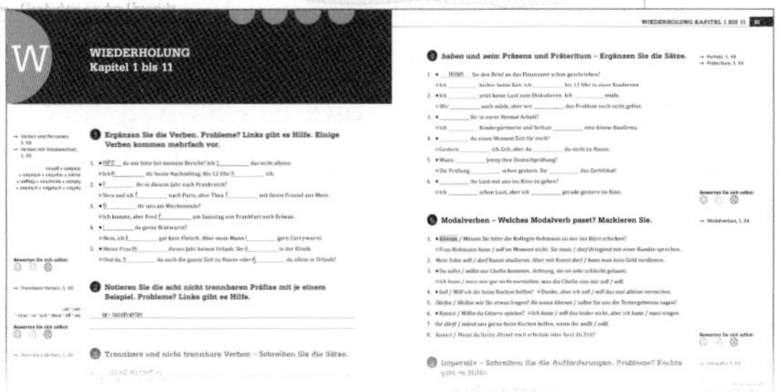
W WIEDERHOLUNG Kapitel 1 bis 11

Zur Orientierung und schnellen Suche können Sie das **Inhaltsverzeichnis** (ab S. 5) sowie das Register (ab S. 282) nutzen.

Anhand der **Lösungen** (ab S. 242) können Sie Ihren Lernerfolg überprüfen. Zu den offenen Aufgaben am Ende der ersten Doppelseite werden keine Lösungen angeboten, diese Aufgaben lösen Sie individuell.

Im **Anhang** (ab S. 264) finden Sie außerdem nützliche Listen und Übersichten.

Wie arbeite ich mit „Grammatik mal vier"?

Die Kapitel in dieser Grammatik sind voneinander unabhängig. Sie können also ein beliebiges Kapitel bearbeiten. Sie finden in den Kapiteln auch Verweise zu verwandten Themen, sodass Sie ähnliche Themen schnell üben können. Die Sprechübungen bieten Ihnen zusätzliche Aufgaben, nachdem Sie ein Kapitel im Buch bearbeitet haben.

In jedem Kapitel finden Sie Unterstützung und weitere Informationen in Boxen, Tipps und Zusatzübungen:

Bei manchen V ein *-e-* vor der	weiterführende grammatische Informationen
In Deutschlanc mehr als eine I	landeskundliche Informationen
das **Navi**, -s: ku *Navigationssys*	Erklärungen zu schwierigen bzw. interessanten Wörtern und Wendungen
Lernen Sie die auswendig:	Tipps, die beim Lernen helfen
→ Perfekt, S. 3€ → Präteritum, S	Verweise auf verwandte Themen bzw. ergänzende Inhalte im Anhang
6	ergänzende Sprechübungen (online und in der Klett-Augmented-App, siehe S. 2)
	zusätzliche Partnerübungen (online, siehe S. 2)

Einsatzmöglichkeiten von „Grammatik mal vier"

Die Grammatik ist als Übungsbuch zum Selbstlernen konzipiert, kann aber auch kursbegleitend als Ergänzung und Erweiterung zu gängigen Lehrwerken eingesetzt werden.

Viel Erfolg beim Lernen und viel Spaß mit dem Buch wünschen Ihnen

Autoren, Redaktion und Ihr Ernst Klett Sprachen Verlag

INHALTSVERZEICHNIS

VERBEN

NOMEN, ARTIKEL, PRONOMEN

ADJEKTIVE UND ADVERBIEN

PRÄPOSITIONEN

WORTBILDUNG

EINFACHE SÄTZE, NEGATION

ZUSAMMENGESETZTE SÄTZE

ANHANG

1 Verben und Personalpronomen

● **Ich** komm**e** aus Latakia, und woher komm**st du**?
○ Aus Prag.

Die Anredeform *Sie* schreibt man immer groß.

Personen

du / ihr: privat / informell
- Freunde / gute Bekannte (z. B. Kollegen, Bekannte im Verein)
Familie, fremde Kinder

Sie: offiziell / formell
- Vorgesetzte, fremde Erwachsene

ich — du — er es sie — wir ihr — sie — Sie

Du oder *Sie*? Das ist oft schwer zu entscheiden. Grundregel: Im Zweifel zuerst *Sie*.

Sachen

Singular

der Kuli
Er schreibt nicht mehr.

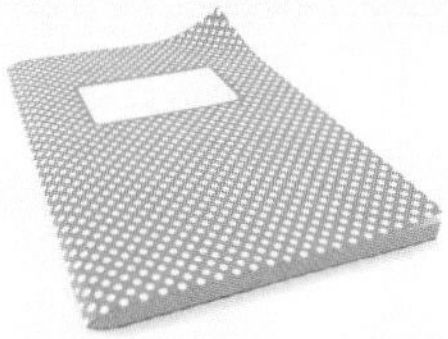

das Heft
Es ist voll.

die Brille
Sie ist kaputt.

Plural

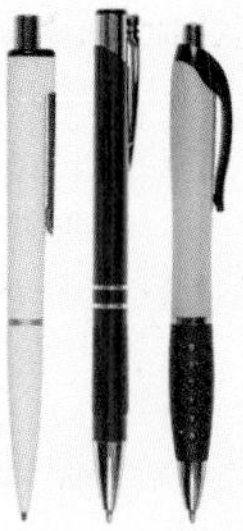

die Kulis
Sie schreiben gut.

Die formelle Anredeform *Sie* hat dieselbe Endung wie *sie* im Plural.

Bei manchen Verben steht ein *-e-* vor der Endung, z. B.:
arbeiten, antworten, bitten, begegnen, finden, öffnen, reden, warten, zeichnen ...

Bei manchen Verben steht in der 2. Person Singular kein *-s-*:
heißen, heizen, reisen, setzen, sitzen ...

Regelmäßige Verben: Präsens

Infinitiv		**komm**en	**spiel**en	**arbeit**en	**heiß**en
Singular	ich	komme	spiele	arbeite	heiße
	du	kommst	spielst	arbeitest	heißt
	er/es/sie	kommt	spielt	arbeitet	heißt
Plural	wir	kommen	spielen	arbeiten	heißen
	ihr	kommt	spielt	arbeitet	heißt
	sie/Sie	kommen	spielen	arbeiten	heißen

Die Verbform für *er/es/sie* (dritte Person Singular) wird auch für das Pronomen *man* verwendet:
Nomen schreibt man immer groß.

→ Indefinitpronomen, S. 104

1 Ergänzen Sie die Personalpronomen.

1. • Wie heißt __du__? ○ ______ heiße Leo.
2. • Woher kommen ______? ○ ______ komme aus Ruanda.
3. • Könnt ______ morgen um 17 Uhr zum Training kommen?
   ○ Da haben ______ unseren Deutschkurs.
4. • ______ haben am Samstag um 11 Uhr ein Spiel. Kommst ______?
   ○ Na klar komme ______.
5. Herr Böhn wandert gerne. ______ ist Mitglied in einem Wanderclub.
6. Frau Böhn singt gerne. Seit 10 Jahren singt ______ im Kirchenchor.

~~du~~, du
er
ich, ich, ich
ihr
sie
Sie
wir, wir

2 Ergänzen Sie die Verben in der passenden Form.

1. • (wohnen) __Wohnt__ ihr hier in der Stadt?
   ○ Nein, wir (wohnen) ______ weiter draußen.
2. • (spielen) ______ ihr Tischtennis?
   ○ Ja, ab und zu. Wo (spielen) ______ du?
   • Ich (trainieren) ______ bei der TSG in Passau.
3. Im Sommer (gehen) ______ meine Frau und ich oft schwimmen.
4. Im Winter (joggen) ______ ich und meine Frau (machen) ______ Yoga.

3 Ergänzen Sie die Sätze mit den passenden Verben in der richtigen Form.

1. • Wie heißt du? ○ Ich __heiße__ Achmed.
2. • Meine Geschwister ______ Maya und Ali Yannarsönmez.
   ○ ______ Sie bitte den Nachnamen.
3. • (arbeiten) ______ Sie? ○ Ja, ich ______ 20 Stunden in der Woche.
4. • ______ deine Familie auch in Deutschland?
   ○ Mein Vater ______ als Kellner. Meine Mutter ______ Informatik.
5. Wir ______ alle zu wenig Sport und ______ uns zu wenig.
6. • ______ du viel? ○ Wir ______ zweimal pro Woche.

arbeiten
arbeiten
arbeiten
arbeiten
bewegen
buchstabieren
~~heißen~~
heißen
studieren
trainieren
trainieren
treiben

4 Ergänzen Sie die Sätze. Ordnen Sie dann die Fragen 1–3 und Antworten a–c zu.

1. Wie lange __arbeitet ihr__ heute? ___ a) Nein, ______ für die Prüfung.
2. ______ jeden Tag? ___ b) ______ bis 17 Uhr.
3. ______ nicht mit ins Kino? ___ c) Nein, ______ nur montags.

~~arbeitet ihr~~
ich trainiere
Kommt Marie
sie lernt
Trainierst du
Wir arbeiten

5 Schreiben Sie über sich, Ihre Familie und Ihre Freunde. Verwenden Sie die Verben in der Randspalte.

Wir kommen aus dem Kosovo. Meine Frau heißt ... Sie ...

sein
kommen
spielen
arbeiten
heißen

In Deutschland gibt es mehr als eine halbe Million **Vereine**, zum Beispiel Sportvereine, Musikvereine, Vereine für ein bestimmtes Hobby, aber auch Vereine für bestimmte Berufsgruppen oder politische Vereine. Ungefähr die Hälfte aller Deutschen sind Mitglied in mindestens einem Verein.

6 Ergänzen Sie die richtigen Personalpronomen.

- ● Hast (1) ___du___ schon Pläne für die Ferien?
- ○ Ja, (2) ______ gehe mit Gordian zum Naturschutzverein.
- ● Ach, und wann geht (3) ______ dahin?
- ○ (4) _____ gehen nächste Woche.
- ● Gordian ... ich dachte, (5) _____ fährt nach Spanien?
- ○ Naja, (6) _____ findet Urlaub mit den Eltern langweilig.
- ● Das verstehe (7) _____ gut.
- ○ Wieso?
- ● Na, (8) _____ finde Urlaub mit den Kindern auch nicht so spannend.
- ○ Toll, Mama, dann fahren (9) _____ wohl nicht mehr zusammen weg.

7 Ergänzen Sie die Verben in der richtigen Form.

Ferienprogramm der Vereine

~~trainieren~~
finden
gehen

Schwimmverein „Wasserflöhe"

Wir (1) ___trainieren___ in den Sommerferien jeden Dienstag von 16 bis 18 Uhr. Ihr (2) ____________ uns im großen Hallenbad in der Stadtmitte. An die Eltern: Der Haupteingang ist zurzeit geschlossen. Sie (3) ____________ am besten durch den Seiteneingang in der Kastanienallee ins Schwimmbad.

lernen
kommen
feiern
trainieren

Judoverein „Nippon"

Bei uns (4) ____________ ihr in den Ferien die wichtigsten Techniken im Judo. Unsere Schnupperkurse sind jeden Mittwoch von 14 bis 16 Uhr und Freitag von 16 bis 18 Uhr. Oder du (5) ____________ zu unserem Sommerfest, das wir am 16. August (6) ____________. Wir (7) ____________ immer in der Sporthalle „Glückauf" auf der Haldenstraße.

der **Schnupperkurs**,-e: Ein Kurs, bei dem man etwas erst einmal kennenlernen kann, z. B. eine Sportart. Oft sind Schnupperkurse kostenlos.

kennen
kommen
zeigen
lernen
heißen
finden

Naturschutzverein „Waldmeister"

Ihr (8) ____________ noch nicht so viele Pflanzen und Tiere, die bei uns im Wald leben? Dann (9) ____________ in den Ferien am 10. oder 17. August um 10 Uhr mit uns in den Wald. Wir (10) ____________ euch, welche Tiere hier leben. Ihr (11) ____________ auch, wie die Bäume (12) ____________ und wie ihr in einem Wald den richtigen Weg (13) ____________ – auch ohne Smartphone :-)

8 Ergänzen Sie die Verben in der richtigen Form.

Neuenburgs ungewöhnlichster Verein

Es ist kein Geheimnis: Die Deutschen (1) ___lieben___ ihre Vereine! Hier in Neuenburg (2) ______________ es insgesamt 35 Vereine, und heute (3) ______________ wir den Neuenburger Bonsai-Verein. Bonsais sind kleine Bäume, und diese kleinen Pflanzen (4) ______________ viel Pflege. Hermann Thöns ist Vorsitzender des Bonsai-Vereins. Er (5) ______________: „Viele Menschen (6) ______________ einen Bonsai, weil er so hübsch ist – meine Tochter (7) ______________ immer, dass unsere Bonsais ein Mini-Märchenwald sind. Aber Bonsais (8) ______________ auch viel Arbeit." Sie (9) ______________ Fragen zum Thema „Bonsais"? Dann (10) ______________ Sie einfach an info@derbonsaiverein.eu! Herr Thöns (11) ______________ Ihnen gerne!

Bonsai-Baum

~~lieben~~
geben
präsentieren
brauchen
erklären
kaufen
sagen
machen
haben
schreiben
antworten

9 Ergänzen Sie die richtigen Personalpronomen. Ordnen Sie dann zu: Welche Antwort passt zu welcher Frage?

Leserbriefe: Sie fragen – der Bonsai-Verein antwortet.

1 __Ich__ habe seit einer Woche einen Bonsai. ____ hat jetzt schon gelbe Blätter. Was kann ____ machen? (Anja, 10 Jahre)

2 Meine Mutter liebt Blumen und Pflanzen, aber ____ ist viel unterwegs und hat nicht viel Zeit für die Pflege. Deshalb hat ____ auch viele Kakteen, weil ____ nicht so empfindlich sind. Ist ein Bonsai das richtige für meine Mutter? (Sven Mutzke, 29 Jahre)

3 Unsere Nachbarn sind im Urlaub und ____ kümmern uns um ihre zwei Bonsais. Gestern haben ____ kleine Tiere auf den Blättern gesehen, ____ weiß aber nicht, ob es Fliegen oder andere Tiere sind. Heute sind die ersten Blätter braun ... Hilfe! (Ines & Olaf Müller)

___ a Im Fachhandel bekommen ____ Spray gegen Ungeziefer. Das ist im Moment das Einzige, was ____ machen können. Aber ____ sollten das Spray vorsichtig benutzen, ____ wirkt meist sehr stark und Bonsais sind empfindlich.

___ b ____ prüfst am besten zuerst, ob die Erde nass ist. Die meisten Bonsais brauchen nicht so viel Wasser, und ____ sind empfindlich, wenn ____ zu viel Wasser bekommen.

___ c Es gibt viele verschiedene Arten von Bonsais. Auf unserer Homepage haben ____ Informationen zu unterschiedlichen Arten. ____ geben auch gerne telefonisch oder per E-Mail weitere Informationen und ____ können natürlich auch zu unseren Treffen kommen und sich mit anderen „Bonsai-Besitzern" unterhalten. Und wenn Ihre Mutter mitkommen möchte – wir laden ____ natürlich auch herzlich ein!

der/das **Spray**,-s

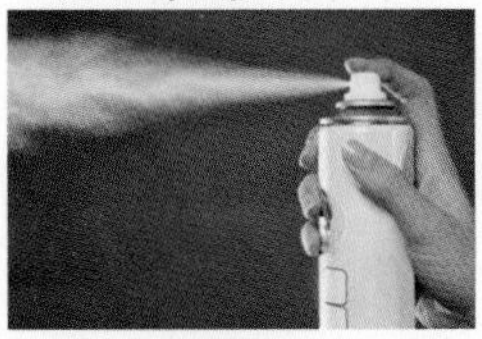

das **Ungeziefer**,-: Insekten, die Pflanzen oder auch Menschen schaden können

→ online

2 Verben mit Vokalwechsel im Präsens

Ich liebe mein Auto. Es **fährt** gut.
Aber in der Stadt **fahre** ich nicht mehr gern.

Das *-e-* spricht man lang:
nehmen, werden
Das *-i-* spricht man kurz:
nimmt, wird

Lernen Sie die Formen auswendig:
schlafen – Er schläft.
abgeben – Sie gibt das Auto ab.
besprechen – Er bespricht das Thema mit Maria.

→ Liste der unregelmäßigen Verben, S. 264
→ Trennbare und nicht trennbare Verben, S. 16

		a → ä	e → i	e → ie
Infinitiv		**fahren**	**sprechen**	**lesen**
Singular	**ich**	fahre	spreche	lese
	du	fährst	sprichst	liest
	er/es/sie	fährt	spricht	liest
Plural	**wir**	fahren	sprechen	lesen
	ihr	fahrt	sprecht	lest
	sie/Sie	fahren	sprechen	lesen
Ebenso funktionieren z. B.:		halten, lassen, schlafen, tragen, waschen	geben, helfen, nehmen, treffen, vergessen, werden	sehen, empfehlen, befehlen

Die Formen der Verben mit Präfix sind wie die vom einfachen Verb:
raten → du rätst
beraten → du berätst

essen, du **isst**, er **isst**
laufen, du **läufst**, er **läuft**

1 Einige Verben mit Vokalwechsel im Präsens – Ergänzen Sie die Formen.

	halten	**helfen**	**sehen**	**lassen**
ich	halte			
du			siehst	
er/es/sie				lässt
wir				
ihr		helft		
sie/Sie				

	tragen	**treffen**	**laufen**	**nehmen**
ich				
du			läufst	
er/es/sie				nimmt
wir				
ihr	tragt			
sie/Sie		treffen		

3

2 Ergänzen Sie die Vokale.

1. Wir l_au_fen zur Arbeit, unser Sohn l___ft zum Bus.
2. Ich n___hme immer das Fahrrad, meine Tochter n___mmt lieber den Bus.
3. Meine Frau s___ht gerne Autorennen im Fernsehen, unsere Kinder s___hen nur wenig fern.
4. Ich l___sse mein Auto einmal im Monat w___schen. Niemand w___scht sein Auto heute selbst.
5. Ich h___lfe meiner Frau bei Computerproblemen, aber sie h___lft mir nie beim Kochen.

Früher war die **Autowäsche** am Samstag ein verbreitetes Ritual in Deutschland. Heute ist das Autowaschen fast überall verboten. Die meisten Leute lassen das Auto in einer Waschanlage waschen.

3 Ergänzen Sie die Verben.

1. Ich fahre immer mit dem Auto zur Arbeit. Wie _fährt_ ihr zur Arbeit?
2. Meine Kinder empfehlen mir ein Elektroauto. Was ___________ du mir?
3. Ich gebe dir heute Abend mein Auto, ___________ du mir dafür deinen E-Roller?
4. Besprechen wir das Problem zu dritt oder ___________ ihr es zuerst zu zweit?

4 Ergänzen Sie die Verben in der richtigen Form.

1. (lassen/nehmen) Meistens _lasse_ ich mein Auto stehen und ___________ die Straßenbahn.
2. (sehen) ___________ du da vorne die Ampel. Da müssen wir rechts abbiegen.
3. (gefallen) Ich weiß, dass er viel zu groß ist, aber der neue Geländewagen ___________ mir trotzdem gut.
4. (beraten) Wenn du ein gutes E-Bike kaufen willst, dann ___________ dich mein Sohn gerne.
5. (tragen) ___________ du beim Fahrradfahren immer einen Helm?
6. (erfahren) Wann ___________ ihr, wann euch der Schulbus abholt?
7. (gelten) Die Verkehrsregel „rechts vor links" ___________ auch für Fahrradfahrerinnen.

Die meisten Schüler/innen kommen zu Fuß, per Fahrrad oder mit Bussen bzw. Straßenbahnen zur Schule. Es gibt auch **Schulbusse** und manche Eltern fahren ihre Kinder mit dem Auto zur Schule.

5 Schreiben Sie die Sätze.

1. _Meine Frau fährt 30.000 Kilometer pro Jahr._
   Meine Frau | fahren | 30.000 Kilometer pro Jahr | .
2. ___________
   In ihrer Freizeit | laufen | meine Schwester | jeden Tag fünf Kilometer | .
3. ___________
   Beim Zugfahren | schlafen | ich | immer | .
4. ___________
   In der Straßenbahn | lesen | er | immer die Zeitung auf seinem Handy | .
5. ___________
   Der Bus 42 | halten | am Hauptbahnhof | .

6 Schreiben Sie sechs Sätze über sich und Ihre Familie mit den Verben rechts.

fahren
lesen
tragen
sprechen
nehmen
essen
helfen

Mein Sohn fährt mit der Straßenbahn in die Schule.

7 Ergänzen Sie die Vokale.

der **Kombi**, -s: ein Auto, bei dem der Kofferraum ein Teil des Innenraums ist. Man kann meistens die hinteren Sitze umklappen, sodass man einen sehr großen Innenraum hat.

Urlaub im Auto

Ottilie Bauer liebt ihren Kombi. Und zwar so sehr, dass sie mit dem Auto nicht nur fährt, sondern auch länger verreist und dann im Auto lebt. Sie (1) n__mmt dann nur das Wichtigste mit, zum Beispiel Decken, einen Gaskocher, Dosensuppen. Frau Bauer (2) schl__ft dann sogar in ihrem Auto. „Ich finde das praktisch! Und ich (3) schl__fe super in meinem Auto, besser als in jedem Hotel. Natürlich (4) f__hre ich nur durch Länder, in denen es warm genug ist. Ich (5) empf__hle jedem, das mal auszuprobieren!"

8 Ergänzen Sie die Verben in der richtigen Form.

Brauchen Sie im Alltag ein Auto?

1. (fahren)

Wir haben zwei Autos und wir (1) __fahren__ viel mit dem Auto. Mein Mann (2) ________ morgens mit seinem Auto die Kinder zur Schule, und ich (3) ________ mit meinem Auto zur Arbeit. Am Wochenende (4) ________ manchmal mein Bruder mit meinem Auto, weil er kein eigenes Auto hat.

Vor allem in den Großstädten mit einem guten öffentlichen Nahverkehr haben viele Menschen **kein Auto mehr**. Eine andere Alternative zum eigenen Auto ist Carsharing, das es inzwischen nicht nur in Großstädten gibt. Beim Carsharing können Autos auch stundenweise gemietet werden. Hier kann man auch immer häufiger ein Elektroauto leihen.

2. (laufen)

Also, ich (1) ________ ja lieber als mit dem Auto zu fahren. Auch meine Kinder (2) ________ lieber zur Schule, sie finden es peinlich, wenn ich sie mit dem Auto bringe. Nur meine Frau (3) ________ nicht so gerne. Erst gestern hat sie mich gefragt: „(4) ________ du gleich zum Supermarkt? Es regnet!" Ich habe natürlich den Regenschirm genommen.

3. (nehmen)

Ich (1) ________, ehrlich gesagt, lieber das Fahrrad als das Auto. Das ist doch gesünder. Mein Freund (2) ________ ab und zu mal das Auto, sonst fährt er Bus. Wenn wir abends lange unterwegs sind, (3) ________ wir auch mal ein Taxi. Eine Freundin von mir (4) ________ sogar das Auto, wenn sie nur zum Bäcker muss, und der ist 500 Meter entfernt – das finde ich unmöglich!

In Deutschland darf man sein **Auto** mit wenigen Ausnahmen nicht mehr zu Hause auf dem eigenen Grundstück oder auf der Straße **waschen**. Deshalb fährt man in eine Waschanlage. Es gibt automatische Waschanlagen, z. B. an vielen Tankstellen, durch die man nur durchfahren muss, und Waschanlagen, in denen man sein Auto selbst waschen kann.

4. (waschen)

Wir haben zwar ein Auto, aber meistens steht es in der Garage. Mein Mann (1) ________ das Auto trotzdem jedes Wochenende in der Waschanlage. Ich glaube, unsere Nachbarn (2) ________ ihre Autos dafür gar nicht, die sind immer total dreckig. Ehrlich gesagt: Ich (3) ________ lieber unsere Wäsche, das finde ich sinnvoller.

9 Mit oder ohne Vokalwechsel? Streichen Sie die falsche Form durch.

ELEKTROAUTOS: IST DIE REICHWEITE EIN PROBLEM?

Elektroautos sind umweltfreundlich, aber sind sie auch praktisch? Wenn man täglich weite Strecken (1) *fahrt / fährt*, weiß man nicht, ob die Batterie lange genug (2) *halt / hält*. Und was passiert, wenn man sich doch mal (3) *verfahrt / verfährt* und keine Ladestation findet? Viele Hersteller (4) *empfehlen / empfiehlen*, sich genau zu überlegen, wofür man das Auto braucht. Wer lange Urlaubstouren mit dem Auto macht, (5) *kauft / käuft* besser ein Auto, das mit Benzin oder Diesel (6) *lauft / läuft*. Für kurze Strecken (7) *gebt / gibt* es natürlich noch eine Alternative: Man geht zu Fuß oder (8) *nehmt / nimmt* das Fahrrad.

das **Elektroauto**, -s: ein Auto, das mit Strom fährt und kein Benzin oder Diesel braucht

die **Reichweite**, -n: wie weit man fahren kann, z. B. mit einem vollen Tank bei einem Auto oder einer vollen Batterie bei einem Elektroauto.

10 Ergänzen Sie die Verben in der richtigen Form. Nicht alle Verben haben einen Vokalwechsel.

Verkäufer: Sie wollen also ein neues Auto kaufen?

Wanda: Genau. Wir (1) haben (haben) seit etwa fünf Jahren gar kein Auto mehr, aber ich (2) ______ (wechseln) bald den Arbeitsplatz und dort komme ich ohne Auto nicht hin.

Klaus: (3) ______ (wissen) Sie, unser letztes Auto wurde gestohlen!

Verkäufer: Oh, das (4) ______ (passieren) mit den neuen Modellen nicht mehr so leicht. Wenn jemand Ihr Auto (5) ______ (stehlen), aktivieren Sie über eine App das Sicherheitsprogramm. Man (6) ______ (sehen) dann auf dem Smartphone, wo das Auto ist, und kann das Auto sogar über die App ausschalten.

Klaus: Das (7) ______ (klingen) ja ein bisschen wie bei James Bond ...

Wanda: Entschuldige, dass ich dich (8) ______ (unterbrechen).

Klaus: Keine Sorge, du (9) ______ (unterbrechen) mich nicht, ich war schon fertig.

Wanda: Apropos Technik. Soweit ich (10) ______ (wissen), haben die neuen Modelle ja alle ein Navigationssystem, stimmt das?

Verkäufer: Ja, richtig. Das Navi (11) ______ (helfen) Ihnen übrigens auch, die nächste Werkstatt für diese Marke zu finden. Bereits bei unserem Kleinwagen ist ein Bordcomputer mit Navi der Standard.

Klaus: Ist ja interessant! Ein Kleinwagen (12) ______ (reichen) uns ja. Und (13) ______ (geben) es für dieses Modell auch eine Sitzheizung?

Verkäufer: Natürlich. Wir (14) ______ (werfen) am besten mal einen Blick in den Katalog.

Wanda: Das ist sehr nett, aber wir haben heute leider nicht viel Zeit. Wir (15) ______ (nehmen) den Katalog aber gerne mit.

Klaus: Ach ja, du (16) ______ (treffen) ja gleich noch Beate ...

Wanda: Und du (17) ______ (wissen), dass du einen Arzttermin hast?

Klaus: Du (18) ______ (vergessen) wirklich nichts.

apropos: das Wort kommt aus dem Französischen und bedeutet *übrigens*. Man verwendet es oft, wenn einem zum Thema des Gesprächs noch etwas einfällt.

das **Navi**, -s: kurz für *Navigationssystem*. Man verwendet meistens die Kurzform.

einen Blick werfen: umgangssprachlicher Ausdruck für *ansehen*.

→ online

3 Trennbare und nicht trennbare Verben

Die Bundesgartenschau **findet** alle vier Jahre in einer anderen Region von Deutschland **statt**.

→ Verben mit Vokalwechsel, S. 12

Das Präfix (Vorsilbe) kann hier eine Präposition oder ein Adverb, ein Verb, ein Adjektiv usw. sein.

Trennbar - nicht trennbar? Bei den trennbaren Verben liegt der Wortakzent immer auf dem ersten Wortteil (Präfix).
anrufen, durchfallen, einstellen, hinfahren, weitergehen, teilnehmen, kleinschreiben, kennenlernen

→ Satzklammer, S. 178
→ Modalverben, S. 24 und 28
→ Futur I mit *werden*, S. 48
→ Perfekt, S. 36 und 40
→ Passiv, S. 56
→ Infinitv mit *zu*, S. 230
→ Nebensätze, S. 202

Trennbare Verben haben	einen Verbstamm:	weg**fahr**en
	eine Verbendung:	wegfahr**en**
	ein Präfix:	**weg**fahren

		Position 2		Ende
Präsens	Ich	fahre	morgen	weg.
W-Frage	Wann	fährst	du morgen	weg?
Ja/Nein-Frage		Fährt	Mia morgen auch	weg?
Imperativ		Fahren	Sie Ihr Auto bitte	weg.
Präteritum	Er	fuhr	ohne ein Wort	weg.

In diesen Fällen stehen die trennbaren Verben ungetrennt am Satzende:

Sätze mit Modalverb	Mia **muss** morgen nicht wegfahren.
Sätze mit Futur I	Mia **wird** vielleicht übermorgen wegfahren.
Sätze im Perfekt	Die Bundesgartenschau **hat** letzte Woche an**ge**fangen.
Sätze mit Passiv	Die neuen Pflanzen **werden** im April ein**ge**pflanzt.
Infinitiv mit *zu*	Die Kinder haben keine Lust bei der Gartenarbeit mit**zu**machen.
Nebensätze	Ich gehe jetzt ins Bett, **weil** ich morgen schon um 6 Uhr aufstehe.

Einige Beispiele für abtrennbare Präfixe:

Präpositionen		Adverbien		Andere	
ab	abfahren	**fort**	fortgehen	**kennen**	kennenlernen
an	ankommen	**her**	hergeben	**ein**	einpflanzen
auf	aufschreiben	**hin**	hinfliegen	**fertig**	fertigmachen
mit	mitmachen	**weg**	wegnehmen	**fest**	festhalten
nach	nachfragen	**weiter**	weiterlaufen	**schön**	schönschreiben
um	umziehen	**zurück**	zurückkommen	**statt**	stattfinden
vor	vorspielen	**zusammen**	zusammenbauen	**Teil**	teilnehmen
...		...		...	

Verben mit nicht abtrennbaren Präfixen

Diese Präfixe sind nicht abtrennbar:

be-	beantworten, besuchen	**er-**	erklären, erforschen
ge-	gefallen, gehören	**miss-**	missverstehen, missfallen
emp-	empfehlen, empfangen	**ver-**	verstehen, verkaufen
ent-	entwickeln, entlassen	**zer-**	zerlegen, zerstören

4

1 Trennbar oder nicht trennbar? – Sprechen Sie die Verben laut und markieren Sie die abtrennbaren Präfixe.

anfangen	aufbauen	bewerten	dableiben	entfalten
einkaufen	erklären	erfassen	fertigmachen	gefallen
gefrieren	hinfahren	kleinschneiden	mitkommen	teilnehmen
umziehen	vorgeben	verarbeiten	zurückschneiden	zerlegen

zurückschneiden: Bäume und Sträucher im eigenen Garten oder in Parks müssen regelmäßig beschnitten werden.

2 Ergänzen Sie die Verben.

1. (stattfinden) Die Gartenschau findet immer im Sommer statt.
2. (ausstellen) Wir ______ bei der Gartenschau unsere Produkte ______.
3. (zurückschneiden) Nächste Woche ______ ich unsere Rosen ______.
4. (einpflanzen) Wann ______ wir die neuen Blumen ______?
5. (fertigmachen) Am Wochenende ______ wir den Garten für den Winter ______.
6. (nachfragen) Er ______ wegen der Öffnungszeiten der Ausstellung ______.
7. (vorbereiten) Ich ______ mich von morgen an auf unsere Reise ______.
8. (kennenlernen) Mira hat letzte Woche ihre neue Chefin ______.
9. (anpflanzen) Meine Schwester wird in ihrem Garten jetzt Tomaten ______.

3 Trennbare Verben im Präsens – Schreiben Sie die Sätze.

1. Wann fängt die nächste Bundesgartenschau an?
Wann | anfangen | die nächste Bundesgartenschau | ?
2. ______
zurückkommen | du | morgen | ?
3. ______
Ich | dich | morgen | anrufen | .
4. ______
teilnehmen | ihr | am nächsten Kurs für Gartenpflege | ?
5. ______
Mein Chef | uns | in seinen Garten | eingeladen | haben | .
6. ______
Ich | müssen | die Blumen am Wochenende | einpflanzen | .
7. ______
Ich rufe dich an, weil | ich | wegfahren | morgen | .
8. ______
Heute Abend | ich | wollen | nur noch | fernsehen | .

4 Trennbare Verben in Ihrem Alltag – Schreiben Sie mindestens drei Beispiele mit den Verben rechts oder mit Ihren Verben.

einkaufen
anrufen
fernsehen
abholen
aussehen
umziehen
wegfahren

Ich kaufe meistens im Supermarkt ein.

5 Zwei Paare erzählen von ihrem Garten.

a Markieren Sie die Verben.

Im nächsten Jahr erfüllen wir uns einen Traum und ziehen in ein Haus mit kleinem Grundstück ein. Leider wissen wir beide nicht, wie man einen Garten anlegt. Zufällig findet demnächst in unserer Region eine Gartenschau statt, und wir wollen sie besuchen. Wir stellen uns vor, dass es dort schöne Gärten und Beete gibt und wir einfach neue Ideen bekommen. Aber vielleicht pflanzen wir auch nur Rasen und ein paar Blumen an. Im Moment richten wir aber erst mal unsere Küche ein – ein Traum für Hobbyköche wie uns.

das **Beet**,-e: eine Fläche in einem Garten oder Park, auf der Blumen, kleinere Pflanzen oder kleine Obst-/Gemüsepflanzen wie z. B. Erdbeeren, Bohnen angepflanzt werden.

b Ergänzen Sie die Verben aus 5a und markieren Sie bei den trennbaren Verben die Vorsilbe.

trennbare Verben: einziehen, ____________________

nicht trennbare Verben: erfüllen, ____________________

6 Ergänzen Sie die trennbaren Verben in der richtigen Form.

anbauen
aufwachen
ausruhen
~~aussehen~~
aussuchen
einfallen
einladen
einpflanzen
vorbeilaufen

Der Garten von unseren Freunden Zaina und Igor (1) sieht wirklich toll aus. Unser eigener Garten ist zwar auch ganz hübsch, aber uns fehlen oft Ideen und richtig tolle Sachen (2) __________ uns meist nicht ______. Letzte Woche haben uns Zaina und Igor dann zu einem Besuch der Landesgartenschau (3) __________, weil Igor meinte, dass wir da viele tolle Ideen für die Gestaltung finden. Wir sind dort auch an wirklich ganz tollen Blumenbeeten (4) __________, und wir haben viele Fotos gemacht. Unsere Freunde (5) __________ gerne Obst und Gemüse in ihrem Garten ______, aber wir mögen lieber Blumen. Gestern haben wir im Gartencenter viele Blumenzwiebeln (6) __________, die wir bald in unserem Garten (7) __________ wollen. Wir freuen uns schon jetzt, dass wir uns im Sommer dann in unserem Garten mitten in Blumen (8) __________ können. Und ich finde es auch toll, wenn ich morgens (9) __________ und dann draußen als erstes die vielen bunten Blumen sehen kann.

Eine **Gartenschau** ist eine Ausstellung im Freien mit Blumen und Pflanzen. Kleinere Gartenschauen kann man manchmal auch kostenlos besuchen, bei Landes- und Bundesgartenschauen muss man Eintritt bezahlen. Eine große Bundesgartenschau findet jedes Jahr an einem anderen Ort statt, außerdem gibt es kleinere Landesgartenschauen in den Bundesländern.

7 Schreiben Sie die Sätze. Nicht alle Verben sind trennbar.

Was ist eigentlich ... die BUGA?

1. Mit BUGA ____________________
   Mit BUGA | man | abkürzen | das Wort „Bundesgartenschau“
2. ____________________
   Seit 1951 | der Bund | veranstalten | die BUGA
3. ____________________
   Die BUGA | stattfinden | während der Sommermonate
4. ____________________
   Die Bundesländer | organisieren | übrigens die LAGA (Landesgartenschau)
5. ____________________
   Bis heute | die BUGA | anziehen | viele Besucher

8 Herr Ratic arbeitet in der Gärtnerei von Frau Haydan.

a Herr Ratic schreibt eine E-Mail an Frau Haydan. Ergänzen Sie die trennbaren Verben.

→ Perfekt, S. 36 und 40

Liebe Frau Haydan,

Sie wundern sich bestimmt, dass ich aus meinem Urlaub eine E-Mail schreibe. Ich bin im Moment zu Besuch bei Freunden in Deutschland, und gestern (1) haben sie mich zu einer Landesgartenschau mitgenommen.
Verschiedene Gärtnereien (2) ________ dort ihre Blumen und Pflanzen ________________.
Genauer gesagt (3) ________ man Beete und Gärten ________________, und das ist für die Gärtnereien auch eine tolle Werbung. Bei uns gibt es so eine Gartenschau gar nicht, oder? Die Beete und Gärten (4) ____________ wirklich wunderschön ________! Und da habe ich mich gefragt: (5) ____________ unsere Gärtnerei schon mal an einer Gartenschau in anderen Ländern ________? Außerdem (6) ________ ich darüber ________________, ob wir bei uns vielleicht auch mal eine kleine Gartenschau veranstalten könnten. Was denken Sie?

Viele Grüße
Miroslav Ratic

1. ~~mitnehmen~~
2. ausstellen
3. anlegen
4. aussehen
5. teilnehmen
6. nachdenken

Eine **Gärtnerei** ist ein großes Fachgeschäft für Pflanzen und Bäume. Oft werden die Pflanzen und Bäume auch in der Gärtnerei gezogen (d. h. gezüchtet) und dann verkauft. Man kann sich hier auch beraten lassen, wenn man z. B. den Garten gestalten möchte.

b Frau Haydan antwortet auf die E-Mail von Herrn Ratic. Ergänzen Sie die Sätze. Nicht alle Verben sind trennbar.

1. ~~Ich nachschauen gleich~~ • 2. wir können mitmachen bei einer Gartenschau • 3. wir anpflanzen unsere preisgekrönten Rosen • 4. wir ausgeben ja sonst auch Geld für Anzeigen • 5. Im Frühjahr anpflanzen (Perfekt) wir viele exotische Blumen 6. wir verkaufen (Futur) sicher nicht alle • 7. wir können (Konjunktiv) anbieten einige für eine Gartenschau • 8. Wir besprechen alles • 9. Sie wieder gut ankommen (Perfekt)

preisgekrönt: wenn etwas bzw. jemand einen oder mehrere Preise bekommen hat.

Lieber Herr Ratic,

vielen Dank für Ihre E-Mail – das klingt wirklich sehr spannend! (1) Ich schaue gleich nach, ob (2) ________________________ und was das kostet. Es wäre schön, wenn (3) ________________________. Stimmt, das wäre eine tolle Werbung für uns, und schließlich (4) ________________________.
(5) ________________________ und (6) ________________________. Dann (7) ________________________.

Jetzt aber noch einen schönen Urlaub und genug von der Arbeit! (8) ________________________, wenn (9) ________________________.

Viele Grüße
Suna Haydan

→ online

4 Die Verben *sein* und *haben*

● Ich **habe** noch ein Stück Torte für dich.
○ Super! Ich **habe** richtig Hunger und Schwarzwälder Kirschtorte **ist** meine Lieblingstorte.

Formen im Präsens und Präteritum

Infinitiv		sein		haben	
		Präsens	Präteritum	Präsens	Präteritum
Singular	ich	bin	war	habe	hatte
	du	bist	warst	hast	hattest
	er/es/sie	ist	war	hat	hatte
Plural	wir	sind	waren	haben	hatten
	ihr	seid	wart	habt	hattet
	sie/Sie	sind	waren	haben	hatten

Gebrauch

	sein + Adjektiv/Nomen	haben + Nomen
Präsens	Ich **bin** hungrig. Sie **ist** Köchin.	Ich **habe** Hunger. Sie **hat** viel Stress.
Präteritum	Ich **war** hungrig, jetzt bin ich satt. Sie **war** Köchin, jetzt ist sie Lehrerin.	Ich **hatte** Hunger, jetzt habe ich Durst. Sie **hatte** viel Stress, jetzt hat sie Urlaub.

→ Perfekt, S. 36 und 40
→ Plusquamperfekt, S. 40

Mit *sein* und *haben* bildet man auch andere Zeitformen.

Perfekt	Sie **ist** 10 Jahre zur Schule **gegangen**.	Sie **hat** dann eine Ausbildung **gemacht**.

1 Berufe rund uns Essen – Ergänzen Sie die passenden Formen von *sein*.

Das (1) ___ist___ Zelia Wilson.
Sie (2) ________ Köchin.
Ihr Arbeitstag (3) ________ lang.
Schon ab 10 Uhr (4) ________ sie in der Küche.
Herr Zick und Herr Amtor (5) ________ ihre Küchenhelfer.

● Was (6) ________ du von Beruf?
○ Ich (7) ________ Bäcker.
● Wie (8) ________ deine Arbeitszeiten?
○ Ich (9) ________ ab drei Uhr in der Bäckerei.
● Und wann (10) ________ du fertig?
○ Meistens gegen 10 Uhr.

2 Ergänzen Sie den Dialog mit den passenden Formen von *haben*.

Mutter: Ich (1) ___habe___ Hunger. Was (2) ________ du eingekauft?

Vater: Ich (3) ________ nichts eingekauft und du?

Mutter: Mist! Wir (4) ________ nichts mehr im Kühlschrank!

Vater: (5) ________ du wirklich nichts gekauft?

Mutter: Ich (6) ________ doch montags nie Zeit zum Einkaufen

Vater: Ich glaube wir (7) ________ noch eine Suppe.

Kinder: Suppe? Ihhhh!! Wir (8) ________ keine Lust auf Suppe.

Mutter: (9) ________ ihr zwei eine andere Idee?

Kinder: Nein, aber wir (10) ________ Hunger!

Mutter: Keine Panik! Papa (11) ________ schon Pizza bestellt.

der **Mist** (nur Sing.): kommt aus der Landwirtschaft und bezeichnet dort die Abfälle, die von Tieren produziert werden. Diese werden auf Misthaufen gesammelt und dienen als Düngemittel. **So ein Mist!** sagt man, wenn man sich über etwas ärgert, das schiefgelaufen ist. *Rede/Erzähl/Mach keinen Mist.* bedeutet *Rede/Erzähl/mach keinen Unsinn.*

3 Ergänzen Sie *sein* oder *haben* im Präsens oder Präteritum.

Früher (1) ___hat___ (haben) Jussuf Kaifi in einem Schnellimbiss gearbeitet. Er (2) ________ (sein) dort an der Kasse. Zu gleichen Zeit (3) ________ (sein) er im Deutschkurs. Er (4) ________ (haben) nur sehr wenig Zeit. Dann (5) ________ (haben) er seine Prüfung bestanden. Er (6) ________ (sein) sehr glücklich und er (7) ________ (haben) auch gleich einen Ausbildungsplatz in einem Hotel gefunden. Heute (8) ________ (haben) Jussuf einen guten Job. Er (9) ________ (sein) Rezeptionist in einem großen Hotel. Er (10) ________ (haben) seit einem Jahr eine Freundin. Zelia (11) ________ (sein) 23 Jahre alt und arbeitet im gleichen Hotel wie Jussuf. Sie (12) ________ (sein) Köchin. Die beiden sagen: Wir (13) ________ (haben) noch keine Pläne für die Zukunft. Wir (14) ________ (sein) glücklich, weil wir seit letztem Monat eine Wohnung zusammen (15) ________(haben).

Viele Berufe darf man nur ausüben, wenn man die passende Berufsausbildung hat. Diese dauert meistens drei Jahre und endet mit einer Abschlussprüfung. Dazu braucht man einen **Ausbildungsplatz** in einem Betrieb.

4 Die Verben *haben* und *sein* in Ihrem Alltag. Schreiben Sie Sätze über sich.

Ich	bin/war	... Jahre alt.
Er/Sie	ist/war	... von Beruf.
Mein Mann/Freund/Vater/Bruder/Chef ...	sind/waren	... aus ... .
Meine Frau/Freundin/Mutter/Schwester/Chefin ...	habe/hatte	... glücklich.
Meine Familie/Eltern/Geschwister ...	hat/hatte	... oft gestresst.
Wir	haben/hatten	... eine kleine Wohnung.
Sie		... kein Auto / ...
		...

Ich hatte früher ein Auto, aber momentan habe ich keins.

5 Markieren Sie die Perfektformen und ergänzen Sie die Tabelle.

der **Berliner Pfannkuchen**, -: ein süßes Teilchen (Gebäck), das meist mit Himbeermarmelade gefüllt und außen mit Puderzucker bestreut ist. Es gibt regional unterschiedliche Bezeichnungen, z. B. *Krapfen* in Bayern und Österreich und *Kreppel* in Hessen und Teilen von Rheinland-Pfalz.

Früher habe ich in einem Büro gearbeitet. Direkt nach der Schule habe ich eine Ausbildung zur Finanzbuchhalterin gemacht, das hat drei Jahre gedauert. Es war damals mein Traumberuf. Aber dann ist mir klar geworden, dass ich nicht immer am Schreibtisch sitzen will. Das ist für mich nicht interessant genug und ich habe auch lieber etwas Bewegung bei der Arbeit. Also habe ich noch eine zweite Ausbildung gemacht – zur Bäckerin. Das war die richtige Entscheidung! Zwar muss ich sehr früh aufstehen, aber ich habe so viel Spaß bei der Arbeit, dass mich das nicht stört. Ich bin jetzt in Berlin in einer kleinen Bäckerei und natürlich haben wir auch Spezialitäten wie die Berliner Pfannkuchen. Die habe ich schon als Kind gerne gegessen, und jetzt bin ich sozusagen an der Quelle!

regelmäßige Verben		unregelmäßige Verben	
Infinitiv	**Partizip Perfekt**	**Infinitiv**	**Partizip Perfekt**
arbeiten	gearbeitet		

6 Ergänzen Sie *sein* oder *haben* im Präsens oder Präteritum.

Die Berliner Küche

Die Berliner (1) ___sind___ (sein) stolz auf einige Spezialitäten. Früher (2) ________ (haben) jedes deutsche Restaurant in der Hauptstadt typische Berliner Gerichte auf der Karte. Das (3) ________ (sein) heute nicht mehr so, aber wenn Sie Lust auf Berliner Küche (4) ________ (haben), finden Sie noch immer genug Auswahl.

Typische Spezialitäten der Berliner Küche (5) ________ (sein) zum Beispiel Currywurst, Kasseler, Berliner Leber und Berliner Pfannkuchen.

Eine Currywurst (6) ________ (haben) wohl die meisten Berlin-Besucher schon gegessen, und bei fast allen Imbissen in Berlin (7) ________ (sein) verschiedene Currywürste erhältlich.

Früher (8) ________ (sein) die Currywurst der beliebteste Imbiss in Berlin, das (9) ________ (sein) inzwischen anders: Der Döner Kebab (10) ________ (haben) die klassischen Imbisse wie Currywurst und Pommes in Sachen Beliebtheit längst überholt. Es (11) ________ (sein) zwar nicht sicher, ob der Döner Kebab wirklich seinen Ursprung in den 1970er Jahren in Berlin (12) ___hat___ (haben) – aber die meisten Berliner (13) ________ (sein) heute davon überzeugt.

Übrigens: Die Berliner (14) ________ (haben) auch besondere Namen für einige Speisen. Zum Beispiel (15) ________ (sein) „Brötchen" in Berlin „Schrippen" und eine Frikadelle (16) ________ (sein) in Berlin eine „Bulette".

die **Currywurst**, -̈e: eine Bratwurst, die mit einer Soße aus u. a. Tomaten und Currypulver serviert wird. Den Plural benutzt man sehr selten, man sagt stattdessen oft z. B. „zweimal Currywurst".

→ der Imbiss, S. 38

der **Döner Kebab** (kurz: Döner): ein Gericht aus der türkischen Küche. Gewürztes, gegrilltes Fleisch wird in dünnen Scheiben abgeschnitten und z. B. mit Pommes oder in einem Fladenbrot mit Salat als Sandwich serviert.

7 Ergänzen Sie *sein* oder *haben*.

www.tanjasreiseblog.eu

Tanjas Reiseblog – Eine Woche in Berlin

In der letzten Woche (1) ___war___ ich zum ersten Mal in Berlin. Es (2) __________ wahnsinnig spannend, und hier möchte ich ein paar Gerichte vorstellen.

An meinem ersten Tag (3) __________ ich erst mal durch die Stadt gelaufen und irgendwann (4) __________ ich natürlich Hunger. Also (5) __________ ich in einer App nach einem Restaurant in meiner Nähe gesucht und dachte: Wenn ich schon mal in Berlin (6) __________, möchte ich auch Gerichte aus der Berliner Küche probieren. Gesagt, getan. Ein Restaurant um die Ecke

(7) __________ tolle Bewertungen und die Gäste (8) __________ besonders von der Leber Berliner Art begeistert. Also (9) __________ ich dort hingegangen. Ich (10) __________ mir die Leber Berliner Art bestellt – das (11) __________ Kalbsleber mit gebratenen Apfelscheiben und Zwiebeln und dazu gibt es meist Kartoffelpüree. Das (12) __________ auch dort so, aber die Leber (13) __________ etwas anders, als meine Oma sie früher gemacht hat: Bei meiner Oma (14) __________ ich immer sehr viele Apfelscheiben auf dem Teller, in dem Restaurant (15) __________ es nur zwei. Das (16) __________ ein bisschen schade, denn ich mag die gebratenen Äpfel sehr gerne. Aber sonst (17) __________ das Essen fast so gut wie früher bei meiner Oma ;-). Wenn ihr also mal in Berlin (18) __________ und Lust auf Leber Berliner Art (19) __________: Geht unbedingt dorthin!

Zum Nachtisch (20) __________ ich dann „Berliner Luft“ bestellt. Das (21) __________ auch eine Spezialität, die ich aber noch nicht kannte. „Berliner Luft“ (22) __________ eine Crème aus Eiern, Zucker und Gelatine, außerdem (23) __________ etwas Zitrone in der Crème. Der Kellner (24) __________ mir erklärt, dass manchmal auch Wein oder Rum in die Crème kommt. Und zu der Crème gibt es immer Himbeersoße. Das Dessert (25) __________ auch sehr lecker. Wie (26) __________ das bei euch: (27) __________ ihr schon mal „Berliner Luft“ gegessen? ;-)

Zum Schluss (28) __________ ich einen Getränketipp: In Berlin (29) __________ „Fassbrause“ sehr beliebt. Das (30) __________ ich zwar schon mal gehört, aber ich (31) __________ früher immer skeptisch, ob das wirklich schmeckt. Meine Freundin Klara und ich (32) __________ dann ganz viele Sorten probiert, und wir (33) __________ jetzt beide der Meinung, dass Rhabarber am besten schmeckt. Aber das (34) __________ natürlich wirklich Geschmackssache. Ich (35) __________ auch Zitrone probiert und Klara (36) __________ Erdbeere getestet. Auf der Karte (37) __________ aber noch vier andere Sorten und der Supermarkt (38) __________ sogar ein ganzes Regal nur mit Fassbrause! Also, wenn ihr demnächst mal in Berlin (39) __________ – probiert sie doch einfach auch mal!

Berliner Luft ist auch der Name eines Pfefferminzlikörs. Ein Likör ist ein eher süßes alkoholisches Getränk. *Berliner Luft* kann man vor allem in Berlin in den meisten Supermärkten kaufen, außerhalb von Berlin ist der Likör nicht überall bekannt.

die **Fassbrause**, -n: eine alkoholfreie Limonade mit Kohlensäure. Fassbrause wurde früher in Fässern (in denen auch Bier gebraut wird) hergestellt, deshalb der Name *Fassbrause*.

→ online

5

Modalverben 1

Oh, so viel Geld im Sparschein.
Da **kannst** du ja etwas kaufen!

Formen: *können, müssen, sollen*

Bei *können* und *müssen* ändert sich im Singular der Stamm-Vokal.

Infinitiv		können	müssen	sollen
Singular	ich	kann	muss	soll
	du	kannst	musst	sollst
	er/es/sie	kann	muss	soll
Plural	wir	können	müssen	sollen
	ihr	könnt	müsst	sollt
	sie/Sie	können	müssen	sollen

→ Satzklammer, S. 178
→ Präteritum, S. 44

Modalverben im Satz

		Modalverb (konjugiert)		Verb (Infinitiv)
Frage	Wann	kannst	du mit mir zur Sparkasse	gehen?
Aussage	Wir	können	morgen Nachmittag zusammen	gehen.
Ja/Nein-Frage		Kann	ich dich morgen Mittag	anrufen?

Gebrauch (Beispiele)

Modalverben werden oft mit dem Pronomen *man* verwendet. Das Verb steht dabei immer in der dritten Person Singular (*er/es/sie*).
Man kann im Haushalt viel Geld sparen.
Man muss nicht immer das neueste Handymodell kaufen.
Soll man neue Elektrogeräte anschaffen?

können

fähig sein — Ich kann Gitarre spielen, aber ich kann nicht singen.
Mein Bruder kann Fahrräder reparieren, aber kochen kann er nicht.

möglich sein — Kannst du mir 100 Euro leihen?
● Können Sie morgen um 10 Uhr im Büro sein?
○ Nein, das kann ich nicht, da habe ich einen Termin bei der Bank.
Wo kann man hier gut essen?

erlauben — Ihr könnt später fernsehen, jetzt macht ihr zuerst eure Hausaufgaben.

verbieten — Du kannst nicht einfach Geld aus meinem Geldbeutel nehmen!

→ Indefinita, S. 104
→ *dürfen*, S. 28

müssen

notwendig sein — Sie müssen den Antrag bis morgen abgeben.
Ich muss am Samstag arbeiten, aber am Sonntag habe ich frei.

Diese Angebote macht man immer als Frage.

sollen

auffordern — Du sollst doch nicht so viel arbeiten, hat dein Arzt gesagt.
Ben: „Theo sagt, du sollst morgen kommen."

anbieten — Soll ich dir helfen? Soll ich dir mein Handy leihen?

1 Ergänzen Sie die Vokale (a, o, ö, u, ü).

1. Ich k_a_nn mir jetzt kein neues Tablet kaufen. Ich m___ss zuerst Geld sparen.
2. K___nnst du uns bitte helfen? Wir k___nnen den Fehler im Programm nicht finden.
3. Ihr m___sst immer zuerst den Computer runterfahren.
4. Sie k___nnen an den Bürocomputer keinen privaten USB-Stick anschließen.
5. S__llen wir unseren Bankkredit zurückzahlen oder den Vertrag verlängern?
6. Die Bank m___ss alle Kreditverträge regelmäßig prüfen.

2 Ergänzen Sie die Modalverben.

● Leo (1) _muss_ (müssen) sein Fahrrad reparieren. (2) ________ (können) du ihm helfen?
○ Heute arbeite ich bis 8 Uhr, dann (3) ________ (können) ich ihm helfen.
● Es (4) ________ (müssen) ja nicht heute sein, morgen reicht auch.

● Herr Assis, (5) ________ (können) Sie bitte morgen um 11 zu mir ins Büro kommen? Ich (6) ________ (müssen) den Arbeitsplan für Mai mit Ihnen besprechen.
○ Aber um 11 Uhr (7) ________ (sollen) doch die Vertreter von der ZK-Bank ankommen.
● Sie haben recht. (8) ________ (können) wir uns dann am Mittwoch um 11 treffen?

● Du (9) ________ (sollen) morgen Frau Priem von der Sparkasse anrufen.
○ Wann? Ich (10) ________ (sollen) zuerst die Steuer für Mai fertig machen, sagt die Chefin.

3 Schreiben Sie die Sätze.

1. _Wann können Sie morgen bei mir vorbeikommen?_
können | vorbeikommen | Sie | morgen | bei mir | wann | ?
2. ________________________________
müssen | gehen | morgen | ich | zur Bank | .
3. ________________________________
sollen | leihen | 200 Euro | ich dir | ?
4. ________________________________
können | sparen | du | dein Geld | für ein Fahrrad | ?

Sparkassen sind eine Form von Banken. Ihre Spezialität ist das Geschäft mit den kleineren Betrieben und der örtlichen Bevölkerung. Früher war das einfache Sparen mit einem Sparkonto das Kerngeschäft. Heute bieten auch die Sparkassen sehr viele Finanzdienstleistungen an.

4 Markieren Sie das passende Modalverb.

1. *Muss / Soll* ich deine Spülmaschine reparieren? Ich mache das gerne.
2. Meine Frau *kann / muss* super kochen, aber die Küche mache immer ich sauber.
3. Sie *können / müssen* morgen pünktlich um 9 bei unserem Kunden sein, sonst gibt es Probleme.
4. *Können / Müssen* Sie uns helfen? Wir schaffen das nicht alleine.
5. Meine Kollegin sagt, ich *soll / kann* weniger arbeiten. Sonst mache ich meine Gesundheit kaputt.

5 Schreiben Sie je mindestens eine Aussage über sich mit *können*, *müssen* und *sollen*.

Ich soll nicht so viel arbeiten, sagt meine Freundin.

6 **Ergänzen Sie die Modalverben. Im letzten Abschnitt (15–21) entscheiden Sie selbst, welches Modalverb passt.**

Sparen im Alltag

– Tipps von unserer Haushaltsexpertin

Viele Leserinnen und Leser haben uns gefragt: Wie (1) ___können___ (können) wir im Alltag etwas Geld sparen? Diese Frage (2) ______________ (können) ich heute so gut es geht beantworten.

Zuerst einmal (3) ______________ (müssen) man sich natürlich fragen, was man unbedingt braucht. (4) ______________ (müssen) man wirklich das neueste Smartphone haben? Vielleicht (5) ______________ (können) Sie ja auch das alte Modell noch etwas länger benutzen?

Im Alltag (6) ______________ (müssen) Sie darauf achten, Energie zu sparen – denn damit sparen Sie auf Dauer auch viel Geld. Sie (7) ______________ (können) zum Beispiel von einem computergesteuerten System die Raumtemperatur nachts oder während Ihrer Arbeitszeit absenken lassen, dann (8) ______________ (müssen) Sie gar nicht mehr daran denken.

Einige Leser haben uns auch gefragt: (9) ______________ (sollen) ich neue Geräte anschaffen, wenn ich damit Energie sparen (10) ______________ (können)? Das ist eine gute Frage und das (11) ______________ (müssen) natürlich jeder für sich beantworten. Ganz allgemein (12) ______________ (können) ich Ihnen aber sagen: Wenn Sie ein Haushaltsgerät haben, das die Energieeffizienzklasse „C" oder sogar darunter hat, lohnt sich der Kauf eines neuen Geräts. Dann (13) ______________ (können) man in etwa zwei Jahren so viel Geld für Strom sparen, wie man für ein neues Gerät ausgeben (14) ______________ (müssen).

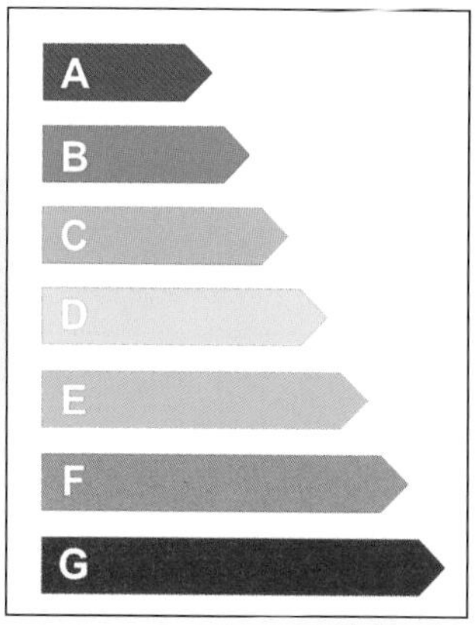

In Europa haben Elektrogeräte eine sogenannte **Energieeffizienzklasse** von A bis G: Besonders energiesparende Geräte haben die Klasse „A", Geräte mit dem höchsten Energieverbrauch haben die Klasse „G".

Eine Leserin hat geschrieben, dass sie nicht versteht, warum sie für gesunde Lesensmittel viel Geld ausgeben (15) ______________. Sie fragt: „(16) ______________ ich daran nicht etwas ändern?" Meine Antwort: Natürlich (17) ______________ Sie das! Ich empfehle Ihnen, auf Sonderangebote zu achten. Außerdem (18) ______________ Sie statt der teuren Markenprodukte die günstigen Alternativen kaufen, die es in vielen Supermärkten gibt – meist ist es dasselbe Produkt, nur mit einer anderen Verpackung. Ich persönlich kaufe gerne bei einem Hofladen in meinem Stadtteil ein, und ich (19) ______________ auch den Hof außerhalb der Stadt besuchen und sehen, wie das Gemüse angebaut wird und die Tiere gehalten werden. Und ich (20) ______________ trotzdem nicht so viel Geld ausgeben wie für Bio-Lebensmittel in einem Supermarkt. Vielleicht (21) ______________ Sie das ja auch einmal ausprobieren!

der **Hofladen**, ¨-en: Einige Bauernhöfe haben ein eigenes kleines Geschäft und verkaufen dort ihre Produkte, z. B. Obst und Gemüse oder Wurst und Fleisch oder Milchprodukte. Manchmal ist der Laden nicht auf dem Bauernhof, sondern in der nächsten Stadt.

In der EU gibt es bestimmte Regeln, wann man Lebensmittel offiziell **bio** nennen darf. Mit *bio* sind möglichst natürliche Produkte gemeint.

7 Lesen Sie die E-Mail und ergänzen Sie das passende Modalverb.

Betreff: Angebot zum Weltspartag

SuperInvest

Sehr geehrter Herr Hartley,

viele Kunden unserer Bank fragen sich: (1) Was muss (können / müssen) ich beachten, wenn ich Geld spare? Was ist, wenn ich nur einen kleinen Betrag pro Monat sparen (2) ________ (können / sollen)?

Heute haben wir ein ganz besonderes Angebot für alle Kunden: Schon ab 25 Euro monatlich bieten wir unseren Sparplan 20+, mit dem Sie langfristig Geld anlegen (3) ________ (können / sollen). Einen Unterschied zu den üblichen Sparplänen gibt es aber: Wenn Sie kurzfristig Geld abheben (4) ________ (müssen / sollen), ist das kein Problem. Ihr Geld ist jederzeit verfügbar. Die Zinsen liegen über dem Marktdurchschnitt und unser Service ist immer für Sie da. Worauf warten Sie noch? Man (5) ________ (können / sollen) fast immer etwas sparen. Und das lohnt sich!

Rufen Sie uns einfach an, wenn Sie Fragen haben. Natürlich (6) ________ (können / müssen) Sie uns auch eine E-Mail schreiben. Wir freuen uns auf Ihre Nachricht!

Mit freundlichen Grüßen
Judith Stern
(Kundenservice SuperInvestBank)

der **Sparplan**, ¨-e: Mit einem Sparplan spart man normalerweise einen bestimmten Betrag pro Monat, und das für mehrere Jahre.

8 Markieren Sie die Modalverben und Verben in der Antwort und schreiben Sie sie in einer Tabelle in Ihr Heft.

Sehr geehrte Frau Stern,

vielen Dank für Ihre E-Mail! Ich möchte mich gerne zu Ihrem Angebot beraten lassen. Kann ich am nächsten Montag vorbeikommen? Können Sie mir dann eine Uhrzeit vorschlagen? Ich kann ab 13 Uhr jederzeit vorbeikommen. Ich habe schon einmal einige Fragen:
Der Sparplan interessiert mich sehr, aber ich kann nur 20 Euro im Monat sparen. Geht das?
Was passiert, wenn ich einen Monat meine Sparrate aussetzen muss? Kann ich den Sparplan einfach unterbrechen oder muss ich ihn dann kündigen?
Für mich ist auch wichtig, dass Sie mir am Montag einige Beispielberechnungen für Sparpläne geben können. Soll ich Ihnen schon einmal per E-Mail die möglichen Sparbeträge und Laufzeiten nennen? Dann können Sie das eventuell schon vorbereiten.
Und eine letzte Frage: Soll ich zum Beratungsgespräch Unterlagen mitbringen?
Vielen Dank im Voraus für Ihre Antwort!

Mit freundlichen Grüßen

Robert Hartley

sich beraten lassen: wenn man eine Beratung von jemandem bekommt.

aussetzen: hier bedeutet es, dass man eine Rate nicht bezahlt.

können			müssen	sollen
fähig sein	möglich sein	erlauben	notwendig sein	anbieten
	kann ... vorbeikommen			

→ online

6 Modalverben 2

gilt auch für
Mountainbikes

● Hier **dürfen** Sie nicht Mountainbike fahren.
○ Ich **will** nur ein bisschen spazieren gehen.

Formen: *dürfen, wollen, möchten*

Infinitiv		**dürfen**	**wollen**	**„möchten"**
Singular	**ich**	darf	will	möchte
	du	darfst	willst	möchtest
	er/es/sie	darf	will	möchte
Plural	**wir**	dürfen	wollen	möchten
	ihr	dürft	wollt	möchtet
	sie/Sie	dürfen	wollen	möchten

Die Infinitivform *möchten* gibt es nicht.

Die Formen von *möchten* werden oft als Vollverb benutzt.
Ich möchte zum Geburtstag ein Fahrrad (haben).
Möchtest du mit ins Kino (kommen)?

Gebrauch (Beispiele)

dürfen

Vorschrift/Regel/ Gesetz	Du darfst hier nur sieben Stundenkilometer fahren. Man darf ohne Führerschein E-Bike fahren, aber Auto fahren darf man nicht.
erlauben verbieten	● Dürfen wir heute nach den Hausaufgaben ins Schwimmbad? ○ Nein, das dürft ihr nicht. Wenn ihr eure Zimmer aufgeräumt habt, dann dürft ihr gehen ● Oh Manno! Wir wollen aber zuerst ins Schwimmbad.

wollen

starker Wille	Ich will einen Marathon laufen, deshalb muss ich viel trainieren.
etwas fordern	Die Angestellten von LHB wollen 5 % mehr Lohn. Wir wollen mehr Lohn und kürzere Arbeitszeiten!
etwas planen planen/einladen	● Ich will mit Sarah im März ein paar Tage Urlaub machen. ○ Wir wollen wandern gehen. Wollt ihr mitkommen?

„möchten"

etwas anbieten wünschen	● Möchten Sie noch ein Stück Kuchen? ○ Nein danke, aber ich möchte gerne noch ein bisschen Tee.

In **Spielstraßen** darf man nur Schritt fahren, d. h. maximal 7 km/h.

Modalverben werden oft mit dem Pronomen *man* verwendet. Das Verb steht dabei immer in der dritten Person Singular (*er/es/sie*).
Man darf hier nicht parken.

→ Indefinita, S. 104

Persönliche Wünsche formuliert man mit
Ich möchte ...
Ich hätte gern ...

Ich will noch Tee! wirkt sehr unhöflich.

1 Ergänzen Sie die Dialoge. Die Infinitive finden Sie rechts.

1. ~~möchten~~ 2. dürfen
3. wollen 4. müssen
5. wollen 6. dürfen
7. wollen 8. dürfen
9. dürfen 10. dürfen
11. wollen 12. wollen

Dialog 1

● Hallo, Tina, schön, dass du mich besuchst. Setz dich doch. (1) __Möchtest__ du etwas essen?

○ Nein, ich (2) ____________ noch nicht. Ich komme gerade vom Zahnarzt.

● Oh, du Arme, (3) ____________ du dich ein bisschen hinlegen?

○ Nein, es geht schon. Ich (4) ____________ nur erst noch Georg anrufen. Er holt mich ab.

● (5) ____________ er dann hier etwas essen oder (6) ____________ er auch nichts essen?

○ Danke, aber wir (7) ____________ dann zusammen in die Stadt.

Dialog 2

● Sie (8) ____________ hier nicht parken.

○ Wieso (9) ____________ ich hier nicht parken? Ich habe Probleme mit meinem Bein.

● Hier (10) ____________ man nur parken, wenn man einen Behindertenausweis hat.

○ Ach so, aber ich (11) ____________ nur schnell eine Zeitung kaufen.

● Wie Sie (12) ____________! Der Strafzettel kostet 50 Euro.

Wenn man gegen eine Verkehrsregel verstößt, bekommt man einen **Strafzettel**. Der offizielle Begriff ist *Bußgeld* und umgangssprachlich heißen Strafzettel auch *Knöllchen*.

2 Welches Modalverb passt? Markieren Sie.

1. ● Ich *will* / *darf* mich dieses Jahr zum Berlin-Marathon anmelden.
2. ○ Bevor du einen Marathon laufen *kannst* / *sollst*, *musst* / *darfst* du viel trainieren.
3. Paula *muss* / *darf* am Wochenende trainieren. Deshalb *kann* / *muss* sie nicht wegfahren.
4. *Dürfen* / *Müssen* wir Sie etwas fragen? Wann *sollen* / *wollen* wir mit dem Projekt fertig sein?
5. ● Ich *will* / *muss* / *möchte* gerne ein Kilo Tomaten und einen Kopfsalat.
6. ○ *Will* / *Darf* / *Muss* es noch etwas sein?
7. ● Ja, *können* / *müssen* / *dürfen* Sie mir noch zwei Orangen und zwei Zitronen geben?
8. ○ Zitronen habe ich nicht mehr, *dürfen* / *müssen* / *wollen* es auch Limonen sein?

3 Modalverben in Ihrem Alltag. Schreiben Sie Aussagen über sich.

Ich muss immer um 5 Uhr aufstehen, aber ich will so gerne bis 9 schlafen.

4 Markieren Sie die Modalverben. Schreiben Sie sie in die Tabelle und ergänzen Sie die fehlenden Formen.

- ● Ich möchte gerne heute Abend gemeinsam joggen gehen ...
- ○ Mir ist es jetzt im Herbst zu kalt – ich will mich nicht erkälten.
- ● Okay. Wollen wir dann schwimmen gehen?
- ○ Gute Idee!

- ● Du willst bestimmt am Wochenende wandern gehen, oder?
- ○ Ja, warum fragst du? Möchtest du nicht wandern?
- ● Doch, aber ich will nicht so lange laufen wie letztes Mal.
- ○ Kein Problem, ich will ja, dass du auch Spaß hast.

- ● Wir wollen am Wochenende in den Wald und auf Bäume klettern.
- ○ Ja, aber wir dürfen nicht alleine in den Wald.
- ● Hmm, du darfst das nicht, ich bin ja drei Jahre älter und Mama hat gesagt, dass ich gehen darf.
- ○ Das ist unfair! Ich will auch!

	dürfen	wollen	„möchten"
ich			
du			
er/es/sie			
wir			
ihr			
sie/Sie			

5 Ergänzen Sie die Modalverben in der richtigen Form.

Ein **Naturschutzgebiet** ist ein Gebiet, in dem die Natur besonders geschützt ist. Die Tiere und Pflanzen sollen sich ohne Störung entwickeln. In Naturschutzgebieten gibt es nicht viele Wege für Menschen. Man darf z. B. Wege nicht verlassen und keinen Lärm machen.

der **Stubenhocker**, -: umgangssprachliches Wort für jemanden, der meistens in der Wohnung bleibt und nicht gerne nach draußen geht.

Bewegung in der Natur – Erfahrungen unserer Leser

Wahrscheinlich denkt jeder an Joggen oder Wandern, wenn man Tipps für Sport an der frischen Luft haben (1) __möchte__ (möchten). Aber es gibt tolle Alternativen. Unser Leser Harald W. berichtet, dass er in dem Wald hinter seinem Haus gar nicht joggen (2) ________ (dürfen). „Das ist ein Naturschutzgebiet mit strengen Regeln. Wir (3) ________ (dürfen) in dem Wald nur noch spazierengehen, und man (4) ________ (dürfen) auch keine Hunde mehr mitnehmen. Also brauchte ich eine Alternative, denn ich (5) ________ (möchten) ja Sport machen. Zum Glück gibt es in der Nähe einen Radweg am Fluss entlang. Ich hatte bis vor kurzem gar kein Rad, aber jetzt (6) ________ (wollen) ich gar nicht mehr absteigen!"

Unsere Leserin Marianne W. geht mit ihren Kindern klettern. „Meine Kinder sind 12 und 14 Jahre alt und sie (7) ________ (möchten) gerne viel draußen sein. Das finde ich super, denn ich (8) ________ (wollen) keine Stubenhocker haben. Wir haben überlegt, was wir gemeinsam machen (9) ________ (wollen). Der Ältere (10) ________ (möchten) sich zwar bewegen, aber bitte nicht zu viel. Lange Wanderungen (11) ________ (möchten) er also nicht machen. Der Jüngere (12) ________ (wollen) auf keinen Fall Fahrrad fahren – keine Ahnung warum. Vielleicht, weil er nicht ohne Helm fahren (13) ________ (dürfen), und den Helm findet er nicht so modisch. Jetzt gehen wir gemeinsam klettern – zum Glück gibt es hier einen Park, in dem man auch mit Kindern klettern (14) ________ (dürfen). Wir haben wirklich Spaß daran und (15) ________ (wollen) das in Zukunft öfter machen."

6 Schreiben Sie die Dialoge.

1. ● Wollt ihr ______________________________

____

● morgen | wollen | ihr | schwimmen gehen | ?   ○ nein | wir | lieber | möchten | Tennis spielen | .

2. ______________________________

____

● du | am Samstag | klettern | mit uns | dürfen | ?   ○ ja, aber | dürfen | nur bis 18 Uhr | unterwegs sein | .

3. ______________________________

____

● möchten | ihr | am Wochenende mit uns | joggen | ?
○ ich | wollen | mitkommen | aber Thomas | dürfen | keinen Sport machen | .

4. ______________________________

____

● wollen | du | am Sonntag | Rad fahren | mit mir | ?   ○ ja | gerne | möchten | mitkommen | .

Wenn man sich mit etwas, z. B. einem Fahrzeug, bewegt, schreibt man es im Deutschen immer getrennt: **Rad fahren**, *Auto fahren*, *Flugzeug fliegen* usw. Ähnlich ist es bei *Schlittschuh laufen* und *Ski fahren*.

7 Welches Modalverb passt? Markieren Sie.

Sport mal anders: Kletter- und Hochseilgärten

Viele Deutsche (1) *möchten / dürfen* in ihrer Freizeit gerne Sport machen. Bei schönem Wetter (2) *müssen / wollen* immer mehr Menschen dabei aber auch die Natur genießen. Geht es Ihnen auch so? Dann ist vielleicht ein Klettergarten oder ein Hochseilgarten das Richtige für Sie. Was ist das genau?

In einem Klettergarten (3) *müssen / möchten* Sie Felsen oder Felswände erklimmen. Beim Klettern (4) *darf / muss* man natürlich gesichert sein. In den meisten Klettergärten (5) *will / darf* man gar nicht ohne Aufsicht und ohne Sicherung klettern. Und Sie (6) *können / müssen* auch daran denken, dass Klettern anstrengend ist. Wenn Sie dieses Hobby einmal ausprobieren (7) *sollen / möchten*, (8) *möchten / können* Sie in vielen Klettergärten auch erst einmal eine Probestunde vereinbaren.

In einem Hochseilgarten sind in ein paar Metern Höhe Seile und manchmal auch Brücken zwischen Baumstämmen oder im Wald zwischen Bäumen befestigt. Hier (9) *muss / möchte* man nicht klettern, sondern man (10) *will / kann* auf den Seilen entlang gehen. Dafür (11) *darf / muss* man aber schwindelfrei sein. Natürlich (12) *sollen / müssen* Sie auch hier gesichert sein. Außerdem (13) *wollen / können* Sie sich an weiteren Seilen, die etwas höher befestigt sind, festhalten.

Auch Kinder und Jugendliche (14) *müssen / dürfen* in die meisten Hochseilgärten mitkommen. Wenn Ihre Familie also bei schönem Wetter mal etwas Neues ausprobieren (15) *kann / will*, (16) *können / müssen* alle doch einfach mal in einen Hochseilgarten gehen. Dort (17) *soll / kann* man an der frischen Luft Sport machen und gleichzeitig auch die Natur genießen.

Eine **Probestunde** wird auch Schnupperstunde genannt, wenn gemeint ist, dass man etwas ausprobiert / testet (z. B. eine Sportart). Man benutzt dann auch das Verb *hineinschnuppern*:
Du kannst erst mal in Skifahren hineinschnuppern, wenn es dir gefällt, kaufen wir dir Skier.

schwindelfrei: Wenn man problemlos auch in großer Höhe um sich bzw. nach unten schauen kann. Meist benutzt man es mit einer Verneinung:
Ich bin nicht schwindelfrei, ich kann nicht auf die hohe Leiter klettern.

8 Verbot, Erlaubnis, Plan, Aufforderung … – Was passt hier zusammen?

1. Im Klettergarten darf man nicht rauchen.
2. Wollen wir morgen in den Hochseilgarten?
3. Kannst du das Seil festmachen?
4. Rolf soll im Klettergarten auf seinen Bruder aufpassen.
5. Wenn ihr alt genug seid, dürft ihr alleine klettern.

___ a) Tut mir leid, dass ich schon wieder um Hilfe bitten muss.
___ b) Das macht er gerne, auch ohne dass ich ihn dazu auffordern muss.
___ c) Ab 18 Jahren ist das erlaubt.
___ d) Oder hast du schon einen anderen Plan?
___ e) Das ist total verboten.

7 Imperativ

Räumt bitte die Küche **auf**.

Geben Sie mir bitte ein Stück Schokotorte.

Schneid das Brot nicht so dick!

Deckt bitte den Tisch.

Formen

Infinitiv	Sie	du	ihr
decken	Decken Sie ...	~~du~~ geh~~st~~	~~ihr~~ deckt ...
kaufen	Kaufen Sie ...	~~du~~ kauf~~st~~	~~ihr~~ kauft ...
geben	Geben Sie ...	~~du~~ gib~~st~~	~~ihr~~ gebt ...
schneiden	Schneiden Sie ...	~~du~~ schneid~~st~~	~~ihr~~ schneidet ...
einschalten	Schalten Sie ... ein.	~~du~~ schalte~~st~~ ein	~~ihr~~ schaltet ... ein

→ Verben mit Vokalwechsel, S. 12

Verben mit Vokalwechsel ändern oft auch im du-Imperativ den Vokal:
geben, du gibst → gib; nehmen, du nimmst → nimm; lesen, du liest → lies

ABER: fahren, du fährst → fahr; anbraten, du brätst ... an → brat ... an

Gebrauch

Den Unterschied zwischen Aufforderungen, Anweisungen und Bitten liegt meistens im freundlicheren oder unfreundlicheren Ton des Sprechers / der Sprecherin.

Aufforderungen /	Entschuldigen Sie! Bringen Sie mir bitte noch einen Kaffee.
Anweisungen	Frau Scorgie, kommen Sie bitte zu mir in die Küche!
Bitten	Kauf bitte auch etwas Obst und Gemüse.
Ratschläge/Tipps	Macht doch noch etwas mehr Joghurt in die Salatsoße.

Man kann Imperative oft auch durch andere Formulierungen ersetzen:

→ Konjunktiv II, S. 60
→ Modalverben 2, S. 28

Ich hätte gerne 100 Gramm Gouda.
Könntest du das Brot bitte nicht so dick schneiden?
Ihr solltet jetzt den Tisch decken. Die Gäste kommen in 20 Minuten.
Haben Sie morgen um acht Uhr Zeit, in mein Büro zu kommen?
Kannst du bitte auch etwas Obst und Gemüse kaufen?

8

1 Schreiben Sie die Imperativsätze in der du-Form und ihr-Form.

1. Putzen Sie bitte zuerst die Möhren.
   Putz bitte zuerst die Möhren. Putzt bitte zuerst die Möhren.
2. Schneiden Sie dann alles klein.
   ____
3. Schälen Sie die Kartoffeln.
   ____
4. Rühren Sie die Soße.
   ____
5. Geben Sie die Nudeln in das kochende Wasser.
   ____
6. Vergessen Sie nicht das Salz.
   ____
7. Fahren Sie lieber mit dem Fahrrad zum Einkaufen.
   ____
8. Beeilen Sie sich! Die Gäste kommen gleich.
   ____

Das Wort **Möhre** ist eher im Norden Deutschlands verbreitet. Im Süden findet man häufiger die Begriffe *Karotte* oder *Gelbrübe*.

2 Ergänzen Sie die Verben in der passenden Imperativform.

1. (kaufen) Kauf bitte noch Milch und Sahne, Georg.
2. (mithelfen) Wir haben heute Abend Gäste. ________ bitte ein bisschen ______, Kinder.
3. (schälen) ____________ Sie zuerst die Kartoffeln.
4. (schneiden) ____________ Sie die Zwiebel in kleine Stücke.
5. Markus, Vanessa! (waschen) ____________ euch bitte die Hände, bevor wir essen.
6. (anbraten) ________ die Kartoffelscheiben ganz kurz ____, bevor du die Sahne dazugibst.
7. (zuhören) ________ mir bitte _____, ihr zwei! Die Messer liegen rechts, die Gabeln links vom Teller.
8. (abwaschen) ________ bitte nur die Töpfe ____, Georg, der Rest kommt in die Spülmaschine.

3 Notieren Sie für die Sätze 1–4: a Aufforderung/Anweisung/Bitte oder b Ratschlag.

a 1. Chef zum Angestellten: Herr Demel, schicken Sie den Brief an die Firma Kett bitte heute noch raus.
___ 2. Vater zu Tochter: Schäl die Kartoffeln am besten gleich nach dem Kochen. Das ist einfacher.
___ 3. Tochter zu Vater: Gib mir mal bitte das große Küchenmesser.
___ 4. Mutter zu Kindern: Macht ein bisschen Salz in das Nudelwasser, dann schmecken die Nudeln besser.

4 Imperativsätze in Ihrem Alltag: Notieren Sie mindestens drei Beispiele.

Gibt mir mal das große Messer. Rufen Sie bitte im Restaurant an.

5 Küchenchef Rainer Köstlich spricht mit seinen Mitarbeitern.

a **Markieren Sie die Imperativformen im Dialog.**

Rainer Köstlich: So, wir verteilen die Aufgaben: Jochen, geh bitte noch einkaufen, wir brauchen noch 5 Kilo Kartoffeln, die wurden heute früh leider vergessen.

Jochen: Okay ... kann ich den Firmenwagen nehmen?

das **Lastenfahrrad**, ¨-er

Rainer Köstlich: Ähm, nein, nimm bitte unser Lastenfahrrad. Ursula und Igor, putzt bitte das Gemüse, aber gründlich, ja?

Ursula und Igor (im Chor): Jawohl, Chef!

Rainer Köstlich: Sprecht bitte nicht im Chor, wir sind hier nicht in der Musikschule!

Ursula und Igor (im Chor): Jawohl ... ähm ...

Rainer Köstlich: Schon gut. Herr Franke, bereiten Sie bitte mit den Servicekräften den Gastraum vor und stellen Sie auch die neuen Menükarten auf die Tische. Informieren Sie Ihre Mitarbeiter auch über die kurzfristigen Änderungen auf der Karte – wir mussten heute noch eine Beilage austauschen.

das **Allergen**, -e: hier: Eine Zutat in Speisen und Getränken, auf die manche Menschen allergisch reagieren, z. B. Nüsse oder Laktose.

Herr Franke: In Ordnung. Enthält die neue Beilage irgendwelche Allergene?

Rainer Köstlich: Guter Hinweis, danke. Geben Sie bitte an Ihre Mitarbeiter weiter, dass wir die Kartoffelrösti mit Walnüssen zubereiten.

Herr Franke: Geht in Ordnung.

Rainer Köstlich: Zaira und Werner, bereitet bitte zuerst euren Arbeitsplatz vor. Kocht dann die Kartoffeln für die Rösti. Und für dich, Werner: Kümmere dich bitte heute um die Beilagen. Und Zaira, konzentrier dich bitte auch auf die Beilagen. Vergiss aber nicht, auch bei den Hauptgerichten zu helfen, ja?

die **Kartoffelrösti**, -: eine Speise aus geriebenen Kartoffeln, die in Fett gebraten werden. Rösti sind eine Spezialität der Schweizer Küche.

Zaira: Okay, Herr Köstlich.

Rainer Köstlich: Gut, ich glaube, dann haben wir das Wichtigste. Ich möchte jetzt erst mal frühstücken. Mach mir bitte noch schnell einen Kaffee, Jochen, bevor du zum Markt radelst.

b **Tragen Sie die Imperativformen aus 5a in die Tabelle ein und ergänzen Sie die fehlenden Formen.**

Infinitiv	Imperativ (du)	Imperativ (ihr)	Imperativ (Sie)
	geh		gehen Sie

c **Formulieren Sie die Sätze im Imperativ.**

1. Ursula, kannst du mir bitte das Gemüsemesser geben?
   Ursula, gib mir
2. Werner, zeigst du mir bitte, wie man Spinat putzt?

der **Großhandel**, -: Wenn man ein Geschäft hat und größere Mengen einkaufen muss (z. B. Getränke für sein Café), kauft man im Großhandel ein.

3. Jochen, du kannst den Einkauf mit der Firmenkreditkarte bezahlen.
4. Herr Franke, Sie sollten bitte noch Getränke im Großhandel bestellen.

6 Zwei Auszubildende in der Gastronomie berichten.

a Lesen Sie die Texte und ergänzen Sie die Verben rechts im Imperativ.

Ausbildungsplätze in der Gastronomie, vor allem in der Küche, sind in Deutschland nicht sehr beliebt. Aber wie sieht der Arbeitsalltag eigentlich aus? Hier berichten zwei Auszubildende.

Jonas, 19 Jahre alt, macht eine Ausbildung zum Kellner.

Bei uns im Restaurant sind die Mitarbeiter fast alle ziemlich jung – obwohl wir „Zur alten Oma" heißen. Aber ehrlich: Meine Oma war nicht so streng wie meine junge Chefin. Gestern zum Beispiel habe ich Besteck auf die Tische gelegt, als sie kam und meinte: „(1) Leg die Gabeln gerade hin! Und (2) ___ die kleinen Löffel fürs Dessert nicht." Okay, das habe ich natürlich gemacht, aber sie kam gleich wieder an: „(3) ___ an die neuen Servietten. (4) ___ sie bitte ordentlich und nicht so schief." Ich habe es gemacht und ich will ja auch, dass sie zufrieden ist. Heute, als ich Geschirr abgeräumt habe, meinte sie: „(5) ___ dich doch mal – meine Oma arbeitet ja schneller als du." Was soll ich sagen? Aber ich mache die Arbeit trotzdem gerne.

Bei uns in der Küche ist es oft hektisch und dann ist auch unser Küchenchef gestresst. Dann gibt es meist nur kurze Anweisungen: „Marie, (1) bereite Tisch 14 (1) vor." Oder gleich an alle vier Azubis: „(2) ___ das Gemüse und (3) ___ es. (4) ___ die Teller ordentlich (4) ___." Übrigens ist es üblich, dass wir von den Chefs geduzt werden, wir Azubis müssen die Chefs aber siezen. Wenn die beiden Chefköche miteinander sprechen, siezen sie sich auch – das klingt für mich immer seltsam: (5) ___ Sie bitte das Dessert für Tisch 23 (5) ___. Und (6) ___ Sie bitte beim Service (6) ___, ob es an Tisch 7 weitergehen kann." Aber vielleicht reden die Chefs ja eines Tages auch so mit mir, wenn ich die Ausbildung abgeschlossen habe.

Marie, 18 Jahre alt, macht eine Ausbildung zur Köchin.

anrichten
nachfragen
hinstellen
schälen
~~vorbereiten~~
zerkleinern

beeilen
denken
falten
~~legen~~
vergessen

der / die **Azubi**, -s: kurz für *Auszubildender* bzw. *Auszubildende*. Das ist jemand, der bzw. die einen Beruf lernt, z. B.:
Ich arbeite als Azubi in einem Restaurant, ich will Köchin werden.

b Der Küchenchef gibt weitere Anweisungen an einen oder mehrere Azubis (du) und an die Köchin (Sie). Formulieren Sie Sätze in der richtigen Form.

1. Koch bitte
an Azubi: Kartoffeln | kochen | drei Kilo | bitte
2. ___
an Köchin: die Servicemitarbeiter | rufen | bitte | in die Küche
3. ___
an Azubis: die Vorräte | im Kühlhaus | prüfen
4. ___
an Azubis: die neuen Rezepte | mitschreiben
5. ___
an Köchin: morgen | bitte | die Aufgaben | besprechen
6. ___
an Azubi: vor Feierabend | bitte | die Pfannen | reinigen

→ online

8 Partizip Perfekt und Perfekt mit *haben*

Ich **habe** die Spülmaschine **ausgeräumt** und mein Mann hat **gekocht**.

Partizip Perfekt

Regelmäßige Verben

	Infinitiv		Partizip Perfekt	
einfach	kaufen	→	gekauft	ge-...-t
trennbar	einkaufen	→	eingekauft	...-ge-...-t
nicht trennbar	verkaufen	→	verkauft	...-t
-ieren	probieren	→	probiert	...-t

Viele unregelmäßige Verben haben im Partizip Perfekt einen anderen Stammvokal als im Infinitiv:
schreiben – geschrieben
trinken – getrunken
helfen – geholfen

Unregelmäßige Verben

	Infinitiv		Partizip Perfekt	
einfach	schreiben	→	geschrieben	ge-...-en
trennbar	vorschreiben	→	vorgeschrieben	...-ge-...-en
nicht trennbar	verschreiben	→	verschrieben	...-en

→ Liste der unregelmäßigen Verben, S. 264

Bildung des Perfekts: *haben* + Partizip Perfekt

		haben (konjugiert)		Partizip Perfekt
einfach	Mario	hat	heute	gekocht.
	Die Kinder	haben	das Geschirr	gespült.
trennbar	Mario	hat	die Kinder	abgeholt.
	Ayla	hat	im Supermarkt	eingekauft.
nicht trennbar	Ich	habe	meine Kaffeemaschine	verkauft.
	Ayla	hat	Mario den neuen Herd	erklärt.
-ieren		Habt	ihr schon den Kuchen	probiert?

Lernen Sie Verben am besten immer mit Vokabelkärtchen:

(Vorderseite)
Verb in Ihrer Sprache, Beispiel Spanisch:

escrebir

(Rückseite)

schreiben
sie schreibt
sie hat geschrieben

Perfekt: Gebrauch

Im Deutschen benutzt man beim Sprechen meistens das Perfekt für die Vergangenheit.
Nur *sein*, *haben*, die Modalverben (*müssen*, *können* ...) und einige andere Verben (*wissen*, *kennen* ...) benutzt man häufig im Präteritum.

- **Hast** du heute Wäsche **gewaschen**?
- ○ Nein, ich **hatte** keine Zeit. Ich **musste** mit Maya zum Arzt, aber die Spülmaschine **habe** ich vorher **angemacht**.
- Ja, ich **habe** es **gesehen**. Ich **habe** sie schon **ausgeräumt**.

Die meisten Verben bilden das Perfekt mit *haben*.

→ Satzklammer, S. 178
→ *haben* und *sein*, S. 20
→ Modalverben, 24 und 28
→ Präteritum, S. 44

9
10

1 Schreiben Sie die Infinitive zu den Partizipien.

putzen ________ geputzt ________ getrunken
________ weggeräumt ________ aufgegessen
________ organisiert ________ erklärt

2 Schreiben Sie die Partizipien zu den Infinitiven.

Probleme? Schauen Sie hier nach:
→ Liste der unregelmäßigen Verben, S. 264

bügeln gebügelt — zumachen ________
kochen ________ — anrufen ________
schreiben ________ — einräumen ________
lesen ________ — austrinken ________
bringen ________ — verschreiben ________
reparieren ________ — empfehlen ________
telefonieren ________ — beginnen ________

3 Ergänzen Sie das Partizip Perfekt.

aufessen
austrinken
kaufen
~~reparieren~~
schreiben
telefonieren

- Hast du die Lampe (1) repariert?
- ○ Ja, ich habe eine neue Glühbirne (2) ________.

- Haben Sie die Rechnung für die Firma Herbold (3) ________?
- ○ Noch nicht. Ich habe bis eben mit einem Kunden (4) ________.

- Wer hat mein Bier (5) ________?
- ○ Ich nicht. Ich habe nur deine Pizza (6) ________.

4 Schreiben Sie die Sätze im Perfekt.

1. Ich kaufe ein. Ich habe eingekauft.
2. Meine Freundin kocht das Gemüse. ________
3. Wir essen gemeinsam. ________
4. Räumst du die Spülmaschine ein? ________
5. Meine Frau arbeitet 12 Stunden täglich. ________
6. Ihre Mutter bringt die Kinder zur Schule. ________

die Spülmaschine einräumen / ausräumen: das Geschirr in die Maschine stellen und wieder herausholen.

5 Was haben Sie schon gemacht? Schreiben Sie Aussagen über sich.

Ich habe ...

Die Verben können helfen: lernen, machen, kaufen, lesen, hören, verkaufen, verlassen, finden, kennenlernen, lieben, träumen ...

6 Lesen Sie den Zeitungsartikel. Markieren Sie die Partizipien und tragen Sie die Infinitive in die Tabelle ein.

Menschen

Ein Tag bei … Familie Bauermann

Gestern war ein ganz normaler Tag bei Familie Bauermann. Nach dem Aufstehen hat Frau Bauermann Brötchen gekauft und zusammen mit ihrem Mann zu Hause das Frühstück vorbereitet. Um 6.45 Uhr hat Frau Bauermann die beiden Kinder, Julia und Otto, geweckt. Gemeinsam hat die Familie gefrühstückt und Herr Bauermann hat Pausenbrote für die Kinder belegt und in die Schulranzen gepackt. Außerdem hat Otto noch Milch und Julia Orangensaft mitgenommen. Herr Bauermann hat die beiden Kinder um 7.30 Uhr zur Schule gebracht, danach hat er eine Baustelle besucht – er arbeitet als Ingenieur. Frau Bauermann arbeitet als Ärztin in einem Krankenhaus und hat gestern viele Patienten untersucht. Außerdem hat sie eine kleine Feier organisiert, weil eine Kollegin Geburtstag hatte. Die Kinder besuchen eine Ganztagsschule und Herr Bauermann hat sie am Nachmittag wieder abgeholt. Zum Glück haben die Kinder ihre Hausaufgaben schon in der Schule erledigt und eine Lehrerin hat ihnen dabei geholfen. Herr Bauermann hat nur kontrolliert, ob die Kinder auch wirklich alles gemacht haben. Nach dem Abendessen haben sich die Kinder für die Nacht vorbereitet und ihre Zähne geputzt. Frau Bauermann hat ihnen dann noch eine Geschichte vorgelesen. Herr und Frau Bauermann haben noch über den nächsten Tag gesprochen und eine Nachrichtensendung geguckt – dann war es auch für sie spät genug.

die **Ganztagsschule**, -n: eine Schule, in der die Schülerinnen und Schüler bis zum Nachmittag (oft 15 oder 16 Uhr) bleiben. Am Nachittag gibt es meist keinen Unterricht, sondern zum Beispiel Hausaufgabenbetreuung oder Arbeitsgruppen (AGs) wie eine Theater-AG.

regelmäßig	unregelmäßig
kaufen	

7 Ergänzen Sie die richtige Form von *haben* und das Partizip Perfekt.

~~kochen~~ • einschalten • gucken • abgeben • bedanken • mitnehmen • trinken • nehmen • dauern • erledigen • treffen • verlassen • klingeln • essen • bringen

Mein Tag beginnt immer gleich: Auch heute (1) habe ich am Morgen zuerst Kaffee gekocht, aber nur eine Tasse. Die (2) _____ ich dann _____ und dazu (3) _____ ich einen Schokoriegel _____. Ich mag Süßes zum Frühstück. Dann (4) _____ ich die U-Bahn zur Arbeit _____, etwas früher als sonst, weil ich mich um 8 Uhr mit Kunden zu einer Besprechung (5) _____ _____ und natürlich früh da sein wollte. Die Besprechung (6) _____ dann wirklich lange _____ und anschließend (7) _____ ich meine üblichen Aufgaben _____. Als ich das Büro (8) _____ _____, war es schon gegen 18 Uhr und ich (9) _____ mir auf dem Rückweg etwas zu essen von einem Imbiss _____. Kaum war ich zu Hause, (10) _____ es _____. Ein Nachbar (11) _____ ein Paket _____, das der Paketbote bei ihm (12) _____ _____. Das war natürlich sehr nett und ich (13) _____ mich _____. Dann (14) _____ ich noch den Fernseher _____ und ich (15) _____ eine Dokumentation _____. Das war ganz gut nach dem langen Tag.

der **Imbiss**, -e: Oft nennt man so auch einen Stand bzw. ein kleines Geschäft, in dem man nur Kleinigkeiten zu essen kaufen kann, z. B. Bratwurst oder Currywurst und Pommes. Manchmal meint man mit einem *Imbiss* auch eine Kleinigkeit zu essen.

8 Was haben die Personen gestern gemacht? Schreiben Sie Sätze im Perfekt.

1. Wir sind ______________________
wir: gemeinsam einkaufen gehen

2. ______________________
Karin: Waschmaschine reparieren

3. ______________________
Ingo: Abendessen kochen

4. ______________________
Jonas und Rita: Fische füttern

9 Schreiben Sie die Sätze im Perfekt.

Alltag in Deutschland: Leser/innen berichten von ihren Erfahrungen mit Mülltrennung

1

Gabor (23) war zum Praktikum in Deutschland: Ich habe ______________________

____

trennen | ich | noch nie so viel Müll | wie in Deutschland

2

Naomi (37) & Khalid (34), haben ein halbes Jahr in Berlin gewohnt: ______________________

____

____

sortieren | wir | die Abfälle immer sofort in der Wohnung || und dann gleich nach draußen | tragen || werfen | und in die Mülltonnen

3

Anil (46) hat ein Jahr in Deutschland gearbeitet: ______________________

____

____

____

in meiner Firma | wir nie Geschirr aus Plastik oder Papier | benutzen || ansehen | unsere Vorgesetzte | mich ganz streng || als ich am ersten Arbeitstag einen Plastiklöffel | mitbringen

4

Annika (17) war als Au-Pair in der Nähe von Hamburg: Das war ganz unglaublich:

____

______________________:

meine Gastfamilie | bauen | ein kleines Haus für die Mülltonnen || und sie | fünf Mülltonnen | hineinstellen

Gelbe Tonne, Papiertonne, Biotonne, Glastonne und die Tonne für Restmüll.

die **Gelbe Tonne**, -n: In dieser Tonne sammelt man sogenannte Wertstoffe wie Plastik oder Aluminium, die wiederverwertet werden.

die **Biotonne**, -n: In dieser Tonne sammelt man Abfälle, die kompostiert werden können, z. B. Gemüseabfälle.

der **Restmüll** (nur Singular): Damit bezeichnet man Müll, der nicht in eine andere Tonne geworfen wird, z. B. Essensreste.

→ online

9 Perfekt mit *sein*, Plusquamperfekt

Früher **sind** wir überallhin mit dem Auto **gefahren**.
Dann **haben** uns die Kinder E-Bikes **geschenkt**.

> Die meiste Verben bilden das Perfekt mit *haben*.
> → Perfekt mit *haben*, S. 36
> Einige wichtige Verben bilden das Perfekt mit *sein*.

> Die Verben mit Präfix haben oft nichts mit Bewegung zu tun. Aber sie bilden das Perfekt mit *sein*, wie das einfache Verb.
> Beispiele:
> auffallen – Er ist bei der Arbeit positiv aufgefallen.
> auslaufen – Sein Vertrag ist letzten Monat ausgelaufen.

> umziehen = Perfekt mit *sein*
> Er ist von Bremen nach Kiel umgezogen.
> Aber: sich umziehen = Perfekt mit *haben*.
> Sie hat sich zum Abendessen umgezogen.

> Alle Verben, die das Perfekt mit *sein* bilden, bilden auch das Plusquamperfekt mit *sein*.

> Das Plusquamperfekt steht fast immer mit einem anderen Satz der Vergangenheit im Perfekt oder Präteritum. Es steht oft in Sätzen mit *nachdem*.

→ Nebensätze: Zeit, S. 206

1. Perfekt mit *sein*

Diese Verben bilden das Perfekt mit *sein* + Partizip Perfekt:

Verben mit Bewegung		**Veränderung**	**Andere**
ab-/weg-/ zurück- ...	fahren	aufwachen	bleiben
ein-/auf-/weg- ...	fallen	aufstehen	passieren
ab-/weg-/zurück- ...	fliegen	einschlafen	
weg-/auf-/vor- ...	gehen	sterben	
an-/mit-/davon- ...	kommen	...	
weg-/vor-/nach- ...	laufen		
aus-/ein-/um-	steigen		
aus-/ein- ...	wandern		
...	umziehen		

Gebrauch

Das Perfekt mit *sein* benutzt man vor allem bei Verben der Bewegung und Veränderung.

Meine Chefin **ist** heute zu Fuß zum Bahnhof **gelaufen** und dort in den ICE nach Bremen **eingestiegen**.
Ich **bin** heute schon um sechs **aufgewacht**, ich **bin** dann gleich **aufgestanden** und joggen **gegangen**.
Mein Opa hatte einen Unfall. Es **ist** nichts **passiert**. Er **ist** mit einem Schreck **davongekommen**.

2. Plusquamperfekt

	haben/sein (Präteritum)		**Partizip Perfekt**
Er	hatte	die Wanderung schon letztes Jahr	geplant.
Er	war	dann aber zu Hause	geblieben.

Gebrauch

Mit dem Plusquamperfekt beschreibt man Ereignisse, die in der Vergangenheit **vor** anderen Ereignissen passiert sind.

Präsens	Meine Großeltern wohnen jetzt in Bonn.
Perfekt/Präteritum	Sie **sind** 1990 nach Bonn **gekommen**. / Sie **kamen** 1990 nach Bonn.
Plusquamperfekt	Davor **hatten** sie in Kasachstan **gelebt**.

Mein Opa ist nach Bonn gekommen, nachdem er 50 Jahre in Astana **gelebt hatte**.

1 Schreiben Sie die Aussagen im Perfekt mit *sein*.

11

1. Meine Oma geht joggen. Meine Oma ist joggen gegangen.
2. Wir fliegen nach Rio de Janeiro. ____________
3. Wir kommen im Juli zurück. ____________
4. Am Mittwoch fährt mein Vater weg. ____________
5. Dieses Jahr bleiben wir zu Hause. ____________

2 Perfekt mit *haben* oder *sein*? Ergänzen Sie.

1. In den Osterferien sind wir in Tirol gewandert.
2. Wie ____________ euch die Afrikareise ____________?
3. Die Reise ____________ leider nicht ____________.
4. Rudi ____________ krank ____________.
5. Deshalb ____________ wir zu Hause ____________.

1 ~~wandern~~
2 gefallen
3 stattfinden
4 werden
5 bleiben

Tirol ist ein österreichisches Bundesland. Südtirol ist eine italienische Provinz. Die meisten Menschen in Südtirol sind zweisprachig.

3 Perfekt mit *haben* oder *sein*? Schreiben Sie die Sätze.

1. Tante Riza ist gestern nach Kassel umgezogen.
   Tante Riza | umziehen | gestern | nach Kassel | .
2. ____________
   Wir | helfen | ihr beim Umzug | .
3. ____________
   Maja | mieten | eine Wohnung | .
4. ____________
   Gesten | renoviert | wir | ihre Wohnung | .

4 Was passt zusammen? Verbinden Sie die Sätze.

1. Nachdem Ari die Prüfung bestanden hatte,
2. Bevor mein Opa nach Deutschland kam,
3. Sie sind nach Bonn umgezogen,
4. Wir hatten die Reise bereits bezahlt,

___ a) hatte er schon etwas Deutsch gelernt.
___ b) bevor mein Mann krank wurde.
_1_ c) bewarb er sich für eine Ausbildung.
___ d) nachdem sie eine Wohnung gefunden hatten.

5 Was kommt zuerst, was danach? Schreiben Sie Sätze wie im Beispiel.

1. Nachdem ich gefrühstückt hatte, bin ich zur Arbeit gegangen.
   Ich gehe zur Arbeit. Ich frühstücke.
2. ____________
   Der Wecker klingelt. Er steht auf.
3. ____________
   Sie sieht fern. Sie isst zu Abend.

6 Aus Ihrer Vergangenheit – Schreiben Sie über sich.

Ich bin 2020 nach Deutschland gekommen. Nachdem ich ...

Ein **Rentner** bzw. eine **Rentnerin** ist eine Person, die nicht (mehr) arbeitet. Meistens haben diese Personen ein bestimmtes Alter erreicht und können dann in Rente gehen. Sie haben während des Arbeitslebens in die gesetzliche Rentenversicherung eingezahlt und bekommen dann eine Rente. Im Gegensatz dazu waren Pensionäre bzw. Pensionärinnen in ihrem Berufsleben Beamte. Sie haben keine Beiträge zur gesetzlichen Rentenversicherung gezahlt und bekommen eine Pension, keine Rente.

7 Senioren bleiben mobil. Lesen Sie den Zeitungsbericht.

a Markieren Sie das Perfekt (*haben* / *sein* + Partizip Perfekt).

Immer unterwegs
– ein Duisburger Seniorenclub

Man ahnt es schon, wenn man den Namen hört: Die Mitglieder des Seniorenclubs „Die rasenden Rentner" sind viel unterwegs. Im vergangenen Jahr hat der Club drei längere Reisen organisiert, außerdem sind die Mitglieder mindestens einmal pro Monat für ein Wochenende weggefahren. Drei Rentnerinnen haben den Club vor über 15 Jahren gegründet. Am Anfang haben sie sich zu Spielenachmittagen getroffen, einmal im Monat haben sie in einem Lokal getanzt. Weil sich im Laufe der Zeit immer mehr Mitglieder fürs Reisen interessiert haben, haben die Vorsitzenden des Clubs eine Wanderung im Sommer angeboten. Es sind fast alle mitgegangen. Die reiselustigen Senioren sind so begeistert gewesen, dass sie anschließend die nächsten Reisen geplant haben.

b Tragen Sie den Infinitiv zu den Partizipien in die Tabelle ein. Sortieren Sie: Sind die Verben regelmäßig oder unregelmäßig? Wird das Perfekt mit *haben* oder *sein* gebildet?

regelmäßig		unregelmäßig	
haben	sein	haben	sein
organisieren			

c Wird das Perfekt mit *haben* (= h) oder *sein* (= s) gebildet? Ergänzen Sie.

1. h besuchen	4. ___ fahren	7. ___ gehen	10. ___ mitkommen	13. ___ sein
2. ___ buchen	5. ___ fliegen	8. ___ lachen	11. ___ probieren	14. ___ steigen
3. ___ essen	6. ___ gefallen	9. ___ laufen	12. ___ reden	15. ___ trinken

Als **Kaffeehaus** bezeichnet man in Österreich ein Café. Allerdings ist ein österreichisches Kaffeehaus (anders als ein Café in Deutschland) ein Ort, an dem man sich längere Zeit aufhält und z. B. liest oder arbeitet oder mit anderen diskutiert.

die **Sachertorte**, -n: eine österreichische Spezialität, die von Franz Sacher erfunden wurde.

d Ergänzen Sie im zweiten Teil des Zeitungsberichts das Perfekt mit den Verben aus c.

„Letztes Jahr (1) sind (fahren) wir im Frühling nach Wien gefahren", erzählt Richard. „Ich (2) ______ (sein) zum ersten Mal dort ______ und wir (3) ______ (laufen) in einer kleinen Gruppe durch die Stadt ______. Wir (4) ______ (gehen) auch in ein Kaffeehaus ______ und (5) ______ (probieren) natürlich Sachertorte ______." Im Sommer (6) ______ (fliegen) dann einige Mitglieder des Seniorenclubs nach Tallinn ______. Margit (7) ______ (steigen) zum ersten Mal in ein Flugzeug ______: „Toll, einfach toll! Mir (8) ______ (gefallen) das Fliegen so gut ______, dass ich danach noch eine Flugreise (9) ______ ______ (buchen)." Bei der letzten Reise des Jahres im Dezember nach Berlin, Leipzig, Dresden und Prag (10) ______ (mitkommen) dann wieder fast alle ______. Die Senioren (11) ______ (besuchen) mehrere Weihnachtsmärkte ______, (12) ______ (gehen) in Museen ______, (13) ______ (essen) typische Spezialitäten ______ und (14) ______ (trinken), viel (15) ______ (reden) und (16) ______ (lachen). Nächstes Jahr geht es nach Südamerika!

8 Senioren berichten. Schreiben Sie Sätze im Perfekt.

AKTIVE SENIOREN
- was haben Sie im letzten Jahr gemacht?

1. Robert König: Ich habe im letzten Jahr zum ersten Mal eine lange Radtour gemacht und bin durch Norwegen gefahren.
   zum ersten Mal eine lange Radtour machen | durch Norwegen fahren
2. Gerda Scheider: ______
   Englischkurs an der VHS besuchen | nette Menschen kennenlernen
3. Inge und Rudi Matthes: ______
   mit Freunden segeln gehen | viel an der frischen Luft sein

die **VHS**, -: kurz für Volkshochschule, eine Institution, die überwiegend Kurse für Erwachsene anbietet. Es gibt in vielen Städten in Deutschland eine VHS.

segeln: ein Segelboot fahren (das Segelboot, -e)

9 Plusquamperfekt

a Markieren Sie das Plusquamperfekt (*haben / sein* + Partizip).

Heute sind Senioren unternehmungslustig – wie war das früher?
Larissa lacht, bevor sie erzählt: „Nachdem meine Großmutter eine Ausbildung zur Kauffrau gemacht hatte, arbeitete sie in Hamburg und später in Lübeck. Bevor sie heiratete, hatte sie sich schon einmal mit einem anderen Mann verlobt – aber sie meinte später zu mir, das war nicht der Richtige."

b Ergänzen Sie die Verben im Plusquamperfekt.

Oleg erinnert sich an seine Großeltern: „Oma und Opa (1) ______ (kommen) aus dem heutigen Polen nach Deutschland ______ und sie lebten in einem kleinen Ort bei Karlsruhe. Bevor sie dort ein kleines Haus kauften, (2) ______ (mieten) sie eine Wohnung in der Stadt ______. Meist waren sie dort, in dem kleinen Ort. Nur einmal sind sie verreist, nachdem meine Großmutter 1000 D-Mark im Lotto (3) ______ ______ (gewinnen). Dann waren sie eine Woche in Frankreich."

Bis 2001 war die Währung in Deutschland die D-Mark (Deutsche Mark).

10 Schreiben Sie die Sätze in dem Leserbrief mit Perfekt und Plusquamperfekt.

Leserbriefe

Hartmut schreibt über seinen Großvater:

1. Mein Großvater ist viel gereist, nachdem er in Rente gegangen war.
   viel reisen | nachdem in Rente gehen
2. ______
   mit 72 Jahren zum ersten Mal fliegen | nachdem immer mit dem Auto fahren
3. ______
   mit 75 Jahren eine Wandergruppe gründen | davor nie viel Sport machen
4. ______
   mit 80 Jahren Schach lernen | nachdem früher nie spielen

→ online

10 Präteritum

Das erste Oktoberfest **feierte** man im Jahr 1810. 25 Mal **konnte** das Fest bis heute wegen Kriegen und Krankheiten nicht stattfinden.

Formen: regelmäßige Verben und Modalverben

	regelm. Verben	Modalverben				
Infinitiv	**feiern**	**können**	**müssen**	**dürfen**	**wollen**	**sollen**
ich	feier**te**	konn**te**	muss**te**	durf**te**	woll**te**	soll**te**
du	feier**test**	konn**test**	muss**test**	durf**test**	woll**test**	soll**test**
er/es/sie	feier**te**	konn**te**	muss**te**	durf**te**	woll**te**	soll**te**
wir	feier**ten**	konn**ten**	muss**ten**	durf**ten**	woll**ten**	soll**ten**
ihr	feier**tet**	konn**tet**	muss**tet**	durf**tet**	woll**tet**	soll**tet**
sie/Sie	feier**ten**	konn**ten**	muss**ten**	durf**ten**	woll**ten**	soll**ten**

Einige häufige Verben wechseln zwar den Vokal, haben aber regelmäßige Endungen. Beispiele:

bringen → sie brachte
denken → sie dachte
kennen → sie kannte
nennen → sie nannte
wissen → sie wusste

Formen: unregelmäßige Verben

Die Formen der unregelmäßigen Verben muss man auswendig lernen.

kommen – sie kommt – sie kam – sie ist gekommen

rufen – sie ruft – sie rief – sie hat gerufen

Infinitiv	**geben**	**finden**	**rufen**	**schreiben**
ich	gab	fand	rief	schrieb
du	gab**st**	fand**est**	rief**st**	schrieb**st**
er/es/sie	gab	fand	rief	schrieb
wir	gab**en**	fand**en**	rief**en**	schrieb**en**
ihr	gab**t**	fand**et**	rief**t**	schrieb**t**
sie/Sie	gab**en**	fand**en**	rief**en**	schrieb**en**

Gebrauch

Formen aller wichtigen unregelmäßigen Verben finden Sie hier:
→ Liste der unregelmäßigen Verben, S. 264

→ Perfekt, 36 und 40
→ Präteritum von *sein/haben*, S. 20

Beim Sprechen über die Vergangenheit benutzt man bei fast allen Verben meistens das Perfekt. Von *sein/haben* und den Modalverben benutzt man auch beim Sprechen häufig das Präteritum.

● **Warst** du schon auf dem Oktoberfest? ○ Nein, ich **hatte** noch keine Zeit. Ich **musste** viel arbeiten.

Einige unregelmäßige Verben werden auch beim Sprechen häufig im Präteritum benutzt.

● Wie war es auf dem Oktoberfest? ○ Es **ging**. Ich **fand** es nicht so toll. Es **gab** zu viel laute Musik. **Wusstest** du, dass im Jahr 1910 das meiste Bier auf dem Oktoberfest getrunken wurde: 1 Million Liter!

In schriftlichen Texten (Zeitungsberichte, Literatur ...) findet man häufiger Verben im Präteritum.

> Als Gregor Samsa eines Morgens aus unruhigen Träumen erwachte, fand er sich in seinem Bett zu einem ungeheuren Ungeziefer verwandelt. (Franz Kafka, *Die Verwandlung*)

12
13

1 Markieren Sie die Verbformen im Präteritum und notieren Sie die Infinitive.

Interkulturelles Gemeindefest war ein voller Erfolg

Schon früh am Morgen war reger Betrieb im Gemeindehaus von Lorsch. Das Technische Hilfswerk (THW) brachte die Zelte und baute sie auf. Danach kamen die Helfer und Helferinnen und stellten Bänke und Tische auf, die sie herbstlich schmückten. In den Zelten gab es ein interkulturelles Büfett, für das die Bürgerinnen und Bürger selbstgemachte Salate, Börek, gefüllte Weinblätter und anderen Köstlichkeiten vorbereiteten. Daneben hatten die leckeren Kuchen ihren Platz, und selbstverständlich durften auch türkischer Tee und Kaffee nicht fehlen.

war → sein, brachte → ______

______

Das **THW** (Technisches Hilfswerk) ist in Deutschland eine wichtige Institution, die insbesondere bei Katastrophen hilft. Die Basis des THW bilden 80.000 ehrenamtliche Helfer/innen.

2 Markieren Sie die passenden Verbformen.

Das Fest (1) *sollte / sollten* um 15 Uhr anfangen, aber ab 14 Uhr 30 (2) *regnet / regnete* es so stark, dass die Festwiese (3) gesperrt *wurde / wird*. Die Zelte (4) *musstet / mussten* abgebaut werden, weil der Wind so stark (5) *wehte / weht*. Eine Stunde später (6) warst / war der Sturm vorbei, aber das Fest (7) *kann / konnte* trotzdem nicht mehr stattfinden, weil die Wiese überschwemmt (8) *ist / war*.

3 Ergänzen Sie die Verben im Präteritum.

Gestern Abend (1) öffnete in Lorsch der erste Bio-Hofladen. Eine Initiative dazu (2) ______ es bereits seit fünf Jahren, als die ersten Bauern auf Bio-Landbau (3) ______. Man (4) ______, dass im Ort und in den Nachbarorten viele Kunden Interesse an regionalen Bio-Produkten (5) ______ und (6) ______ diesen Kunden Angebote machen. Aber zunächst (7) ______ viele Probleme gelöst werden. Zwei Bauern (8) ______ eine Firma, die die gemeinsame Vermarktung organisiert. Im letzten Jahr ______ (9) dann noch zwei Bauern dazu.

1 ~~öffnen~~
2 geben
3 umstellen
4 wissen
5 haben
6 wollen
7 müssen
8 gründen
9 kommen

Der Begriff **Bio** bezieht sich hier auf biologische Landwirtschaft. Das ist eine Form der Landwirtschaft, die mit möglichst wenig Kunstdünger und chemischen Pflanzenschutzmitteln arbeitet.

Es (10) ______ einmal ein liebes, nettes Mädchen. Jeder, der es (11) ______, (12) ______ es lieb. Am liebsten aber (13) ______ es ihre Großmutter, die gar nicht (14) ______, was sie dem Kind alles schenken (15) ______.

10 sein
11 sehen
12 haben
13 haben
14 wissen
15 sollen

4 Wie war Ihre Zeit als Teenager? Schreiben Sie Aussagen.

Mit 13 wollte/konnte/musste ... ich ... . Ich war/hatte ...
Mit 13 wollte ich nicht mehr in die Schule gehen, aber ... Als ich 14 war, ...

5 Lesen Sie den Artikel aus einem Reiseführer.

a Markieren Sie die Verben im Präteritum

der **Charakter**, -: hier die Eigenart einer Veranstaltung, d. h. was für die Veranstaltung typisch und wichtig ist.

der **Promi**, -s: kurz für der oder die *Prominente*, d. h. eine bekannte Person. Meist verwendet man den Begriff für Personen, die aus Sport und Unterhaltung, z. B. Fernsehen, bekannt sind.

Das Münchner Oktoberfest

Das Münchner Oktoberfest hat eine lange Tradition. Als der spätere König Ludwig I. im Jahr 1810 seine Frau Therese heiratete, fand zum Schluss der Feiern ein Pferderennen statt. Die Zuschauer hielten sich auf einer großen Wiese auf, die dann den Namen der Frau, „Theresiens Wiese", bekam und heute in etwas modernerer Sprache Theresienwiese heißt. Das Pferderennen gab es auch 1811 und nun veranstaltete man auch ein Landwirtschaftsfest – so entstand die Tradition des Oktoberfestes. Ab 1818 konnte man auch auf Karussells fahren, aber erst ab 1896 gehörten auch Bierzelte zum Fest und das Oktoberfest gewann seinen typischen Charakter. Die Besucher im Jahr 2010 durften sich über ein besonderes Ereignis freuen: Das Oktoberfest feierte sein 200-jähriges Jubiläum. Zu diesem Anlass kamen besonders viele Prominente, die auch sonst in großer Zahl das Oktoberfest besuchen. Nur 25 Mal in über zwei Jahrhunderten ist das Oktoberfest ausgefallen, zuletzt 2020 wegen der Corona-Pandemie.

b Schreiben Sie den Infinitiv zu den Verben aus 5a in die Tabelle.

regelmäßige Verben	unregelmäßige Verben	Modalverben
heiraten		

6 Ergänzen Sie die richtige Form von *haben* oder *sein* im Präteritum.

Wir (1) hatten auch in diesem Jahr wieder viel Spaß beim Oktoberfest! Seit 10 Jahren fahren wir jedes Jahr dorthin. Dieses Mal (2) ________ wir drei ganze Tage da – wir lieben es einfach. Mein Mann (3) ________ auch vor vielen Jahren schon mal bei der Eröffnung, da (4) ________ ich leider eine wichtige Dienstreise. Vielleicht können wir nächstes Jahr mal zusammen zur Eröffnung.

Ich (5) ________ zum ersten Mal beim Oktoberfest, und ganz ehrlich: Ich (6) ________ etwas anderes erwartet. Ich dachte, es gibt mehr Musik, sodass man tanzen kann, aber da (7) ________ ich wohl falsche Vorstellungen – es ging vor allem ums Bier. Naja, ich (8) ________ dann trotzdem eine gute Zeit.

- ● Es (9) ________ schon lange unser Traum, das Oktoberfest zu besuchen ...
- ○ Ja, wir feiern einfach total gerne. Und wir wurden nicht enttäuscht: Beim Oktoberfest (10) ________ so viele nette Leute! Ich (11) ________ echt eine super Zeit, und du (12) ________ doch auch Spaß, oder?
- ● Ja, klar!

7 Ergänzen Sie die Modalverben im Präteritum.

Nachlese zum Oktoberfest – Besucher berichten

Vorgestern (1) musste (müssen) auch der letzte Gast die „Wiesn“ verlassen und es heißt „Bis zum nächsten Jahr!“. Die Wirte und Aussteller (2) __________ (können) sich über die hohen Besucherzahlen freuen, die Gäste (3) __________ (müssen) dafür aber manchmal lange Wartezeiten in Kauf nehmen. „Wir (4) __________ (sollen) zwei Stunden warten, um einen Platz im Festzelt zu bekommen“, berichtet eine Besucherin aus Hamburg. „So lange (5) __________ (wollen) wir dann doch nicht warten. Im nächsten Zelt (6) __________ (dürfen) wir dann schon nach 20 Minuten an einen Tisch.“ Und warum hatte die Gruppe nicht so viel Zeit? „Naja, unser Busfahrer (7) __________ (müssen) uns pünktlich abholen und er (8) __________ (dürfen) nicht lange mit dem Bus an der Straße auf uns warten. Wir (9) __________ (müssen) noch am Abend zurück nach Hamburg fahren – leider! Aber immerhin (10) __________ (können) wir dann im Bus gut schlafen.“ Gefallen hat es der Gruppe aus Hamburg aber trotz der Wartezeiten: „Am Abend (11) __________ (wollen) die meisten gar nicht weg.“ Im nächsten Jahr (12) __________ (sollen) die Gruppe vielleicht etwas mehr Zeit einplanen.

Wiesn oder auch **d'Wiesn** ist der baierische Ausdruck für das Oktoberfest.

der **Wirt**, -e: vor allem in Süddeutschland eine Bezeichnung für jemanden, der eine Kneipe oder ein Restaurant (*Wirtschaft*) hat. Auf einem Volksfest hat ein Wirt oft ein Festzelt, in dem es Speisen und Getränke gibt.

der **Aussteller**, -: hier: jemand, der auf einem Volksfest oder einer Kirmes eine Attraktion wie ein Riesenrad, ein Karussel o. Ä. hat.

8 Markieren Sie die Verben im Text und schreiben Sie sie im Präteritum.

Cannstatter Volksfest

Das Cannstatter Volksfest, auch „Cannstatter Wasen“, hat zum ersten Mal im Jahr 1818 stattgefunden. Das Volksfest ist sofort ein großer Erfolg gewesen, und es sind mehr als 30.000 Menschen gekommen. Das Cannstatter Volksfest ist im Laufe der Zeit gewachsen und es hat auch an Bedeutung gewonnen, zum Beispiel hat man das 25. Regierungsjubiläum von König Wilhelm I. mit dem Cannstatter Wasen gefeiert.

In den ersten Jahren hat das Fest nur einen Tag gedauert, später hat man es verlängert. In den 1950er Jahren hat man das Volksfest bereits an zehn Tagen besuchen können, seit 1972 war es sogar für 16 Tage geöffnet. Das ist aber vielen noch immer nicht genug gewesen, und seit 2007 sind es 17 Tage. Wie beim Oktoberfest hat man in den ersten Jahren nur wenige Aussteller, sogenannte „Buden“, besuchen können. Um Getränke hat man sich aber auch damals keine Sorgen machen müssen – seit Beginn hat es Bier auf dem Volksfest gegeben. Als das Volksfest immer größer geworden ist, sind zahlreiche weitere Angebote hinzugekommen.

Vor allem auf dem Oktoberfest, aber auch in verschiedenen Biergärten innerhalb und außerhalb von Bayern bekommt man Bier in einem Maßkrug, man bestellt dann eine **Maß** Bier. Früher war eine Maß etwas mehr als ein Liter Bier, heute ist es aber genau ein Liter. Das *a* in *Maß* wird lang gesprochen, in Süddeutschland ist die Schreibung aber oft *Mass* und das *a* kurz.

fand statt, ______________________________

____

→ online

11 Zukunft und Futur I

Ich sage voraus: Sie **werden** zwar nicht viel Geld **verdienen**, aber Sie **werden** glücklich **sein**.

Futur I mit *werden*

Form

→ Satzklammer, S. 178

	werden (konjugiert)		Verb (Infinitiv)
Die Wissenschaft	wird	noch viele neue Entdeckungen	machen.
In der Zukunft	wird	Konsum für uns weniger wichtig	sein.
Bald	werdet	ihr wohl nicht mehr so viel	fliegen.
Wenn ich Zeit habe,	werde	ich dir beim Umzug	helfen.

So wird *werden* konjugiert:

ich	werde	wir	werden
du	wirst	ihr	werdet
er/es/sie	wird	sie/Sie	werden

Die Zeitangaben können auch nach dem Verb stehen:
Ich muss **morgen** unbedingt Geschenke kaufen.
Wir fahren **in zwei Wochen** zum Skifahren.

Beispiele für Zeitangaben für die Zukunft:
nachher/demnächst/morgen/übermorgen ...
in einer Minute/Stunde/Woche ...
in einem Tag/Monat/Jahr ...
Ende der Woche/am Monatsende ...

Das Futur I mit *werden* benutzt man auch, um Vermutungen auszudrücken.
Ausdrücke für Vermutungen:
ich nehme an/denke/vermute
vermutlich/wahrscheinlich/wohl

Gebrauch

Meistens benutzt man für die Zukunft das Präsens mit einer Zeitangabe:

Zeitangabe	**Verb (Präsens)**	
In einer Woche	ist	Weihnachten.
Morgen	muss	ich unbedingt Geschenke kaufen.
In zwei Wochen	fahren	wir zum Skifahren.
Wann	kommt	ihr aus den Ferien zurück?
Demnächst	verkaufe	ich mein Auto und fahre nur noch Fahrrad oder Bahn.

Das Futur I mit *werden* benutzt man meistens in diesen Fällen:

etwas vorhersagen	Morgen wird es regnen. Zufriedenheit wird in Zukunft wichtiger sein als Reichtum.
etwas versprechen	Ich werde das Projekt bis Ende der nächsten Woche fertigmachen. Wir werden dir beim Kochen helfen.
etwas vermuten	Die Kollegin ist krank und wird wohl drei Tage zu Hause bleiben. Die Technik wird vermutlich nicht alle Probleme lösen.

14

1 Schreiben Sie die Sätze.

1. ich | besuchen | meine Oma | morgen | . Ich besuche morgen meine Oma.
   Morgen besuche ich meine Oma.
2. bald | kaufen | wir | E-Bikes | . ______
   ______
3. nächstes Jahr | ich | kaufen | ein E-Auto | . ______
   ______

das **E-Bike**, -s

2 Ergänzen Sie die passende Form von *werden*.

1. Du wirst weniger arbeiten, weniger Geld haben und trotzdem zufrieden sein.
2. In einigen Jahren ______ wir Computer direkt mit unserem Gehirn verbinden.
3. Schon bald ______ ihr mehr Zeit mit der Familie verbringen als im Büro.
4. ● ______ du mir bei der Prüfungsvorbereitung helfen?
   ○ Klar ______ ich dir helfen, soweit ich das kann.
5. Wenn sie es bis jetzt nicht geschafft haben, ______ sie es wohl auch nicht schaffen.

3 Schreiben Sie die Aussagen im Futur mit *werden*.

1. Es gibt immer mehr Computer. Es wird immer mehr Computer geben.
2. Wir sind glücklich. ______
3. Ihr erlernt neue Berufe. ______
4. Ich hole dich ab. ______

4 Vorhersage (a), Versprechen (b) oder Vermutung (c). Schreiben Sie die Buchstaben zu den Aussagen.

1. Geld wird in 50 Jahren für ein glückliches Leben weniger wichtig sein als heute. a
2. Wir werden Ihre Bestellung bis zum Ende dieser Woche ausliefern. ___
3. Die nächste Generation wird wohl erst mit 70 in Rente gehen können. ___
4. Ich werde das Stipendium bekommen, wenn alles gut läuft. ___
5. Bald werden Computer viele Bereiche unseres Alltags kontrollieren. ___
6. Ich denke, sie wird die Prüfung bestehen, aber die Ergebnisse hat sie noch nicht. ___

das **Stipendium**, -dien: Wenn man sein Studium oder seine Ausbildung nicht selbst bezahlen kann, dann kann man ein Stipendium bekommen. Es gibt auch andere Stipendien z. B. für besondere Forschungsprojekte.

5 Notieren Sie je zwei Vermutungen, Vorhersagen und Versprechen.

Nächstes Jahr werde ich weniger Fleisch essen.

Vorhersagen und **Vermutungen** kann man häufig nicht genau unterscheiden. Es kommt auf den Kontext an.

6 Markieren Sie die Zukunft im Präsens (Verben + Zeitangaben).

Ihr Horoskop:
Skorpione haben kommende Woche Glück

Für Sie gibt es in den nächsten Tagen gute Neuigkeiten. Sie erhalten Montag eine gute Nachricht per Post oder E-Mail. Dienstag und Mittwoch brauchen Sie Geduld, aber Ende der Woche erreichen Sie Ihr Ziel. Und am Wochenende bekommen Sie überraschend Geld. Am besten spielen Sie am Samstag Lotto.

7 Schreiben Sie Sätze im Präsens.

● Mein Horoskop sagt, dass (1) ich ______
nächsten Mittwoch | jemanden kennenlernen | ich

○ Glaubst du etwa an so was? Da steht auch: (2) ______
brauchen | am Wochenende | Sie | etwas Ruhe

Also, das stimmt doch wirklich immer!

● (3) Aber ______
ich | Freitag | besuchen | zum ersten Mal einen Malkurs an der VHS | ~~aber~~

Ich bin echt aufgeregt, vielleicht muss ich ein Bild zeigen, dann brauche ich Samstag wirklich Ruhe.

○ Wie du meinst. (4) ______
fahren | nächste Woche | ich | in Urlaub

– obwohl das nicht in meinem Horoskop steht.

die **VHS**, -: kurz für Volkshochschule, eine Institution, die Kurse vor allem für Erwachsene anbietet, zum Beispiel Sprachkurse, aber auch Sport, Kunst etc.

8 Lesen Sie den Text.

a Markieren Sie die Formen des Futur I (*werden* + Infinitiv).

So kommen Sie gut organisiert durch die Woche

So viel zu tun, aber wenig Zeit? Unsere Tipps für Zeitmanagement helfen Ihnen: Überlegen Sie zu Beginn der Woche: Was wird besonders wichtig sein? Notieren Sie für jeden Tag Ihre Aufgaben: Montag werde ich die Besprechung vorbereiten. Dienstag wird Frau Kim die Quartalszahlen präsentieren.

das **Quartal**, -e: So heißt vor allem im geschäftlichen Bereich ein Kalendervierteljahr. Das erste Quartal geht von Januar bis März, das zweite Quartal von April bis Juni usw.

b Notieren Sie die Formen von *werden* aus a und ergänzen Sie die fehlenden Formen.

ich	du	er/es/sie	wir	ihr	sie/Sie
______	______	______	______	______	______

c Schreiben Sie Sätze im Futur I.

1. Mittwoch wird ______
Mittwoch | unser Team | essen gehen | am Mittag

2. ______
Donnerstag | informieren | der Betriebsrat | uns | über die neuen Urlaubsregeln

3. ______
Freitag | Herr Prager und ich | vorstellen | die neue Produktlinie | auf der Messe

der **Betriebsrat**, ¨-e: In einer Firma ab einer bestimmten Größe gibt es einen Betriebsrat, der sich u. a. für die Mitarbeiter und ihre Rechte einsetzt.

9 Markieren Sie die Aussagen im Futur I: Unterstreichen Sie Vermutungen und kreisen Sie Vorhersagen ein.

Was macht glücklich?

Viele kennen das: Nachbarn oder Freunde kaufen etwas Teures oder geben viel Geld für ein Essen im Restaurant aus, und man fragt sich: Wird sie das wohl glücklich machen? Mit dieser Frage beschäftigt sich auch die Psychologie seit vielen Jahren, und die Untersuchungen sind eindeutig: Erlebnisse machen Menschen glücklicher als Dinge.
Was heißt das konkret? Wenn Sie im nächsten Jahr eine Weltreise machen und viel Schönes erleben, wird das Geld und Zeit kosten. Aber Ihre Erinnerungen an die Erlebnisse sind im wahrsten Sinne des Wortes unbezahlbar, denn Sie werden diese schönen Erinnerungen für immer behalten. Nun denken Sie vielleicht: Eine Weltreise ist ja Luxus, um die Welt zu fliegen wird vermutlich jeden glücklich machen! Vielleicht wird es tatsächlich viele Menschen glücklich machen, aber das liegt dann nicht an teuren Flügen oder luxuriösen Hotels, sondern daran, wie jemand diese Erlebnisse wahrnimmt, welche tollen Gefühle diese Erfahrungen auslösen.
Manchmal hört man den Einwand: Aber wenn jemand eine teure Küche kauft, wird ihn das doch wohl auch glücklich machen, oder? Für einen kurzen Moment wird das vielleicht so sein, aber das ist kein tiefes Glücksgefühl, vor allem wird es relativ schnell ganz verschwinden.

Das ist bei Erlebnissen anders. Ob es der traumhafte Sonnenuntergang auf Ihrer Hochzeitsreise ist, der erste Tag in Ihrem Traumjob oder ein wunderschöner Abend mit Freunden – wenn Sie sich jetzt noch gerne daran erinnern, wird das auch in Zukunft so sein. Und Studien zeigen ganz klar: Diese Erinnerung wird Sie auch in Zukunft glücklich machen.

im wahrsten Sinn(e) des Wortes: wenn etwas wörtlich stimmt bzw. passiert.

10 Schreiben Sie die Vermutungen und Vorhersagen im Futur I.

- ● Ich war bei einer Hellseherin. Sie hat gesagt, dass ich bald im Lotto gewinne. (1) (Ich vermute, dass ich bald reich bin!)
  Ich werde wohl bald reich sein!
- ○ Also, ich glaube ja nicht an Hellsehen.
- ● Ich bin ganz optimistisch. (2) (Ich glaube, dass das klappt.)
  ____
  Schließlich habe ich 20 Lottoscheine abgegeben.
- ○ Du liebe Güte! Wenn du so viel Lotto spielst, (3) (bist du bald pleite!) ____________________
  ____________________ Und dann?
- ● (4) (Dann muss ich auch in Zukunft beim Discounter einkaufen.)
  ____
  ____
- ○ (5) (Ich glaube, dann bist du aber sehr enttäuscht, oder?)
  ____
  ____

hellsehen: wenn man weiß, was in der Zukunft passiert. Du hattest Recht mit deiner Vorhersage. Kannst du hellsehen?

der **Discounter**, -: ein Geschäft, das Waren sehr günstig verkauft. Es ist meist sehr einfach eingerichtet und es gibt nicht so viel Auswahl wie in anderen Geschäften. In Deutschland meint man mit einem Discounter fast immer einen Lebensmittel-Discounter, also ein Geschäft, in dem man günstig Lebensmittel kaufen kann.

→ online

W WIEDERHOLUNG Kapitel 1 bis 11

→ Verben und Personen, S. 8
→ Verben mit Vokalwechsel, S. 12

1 Ergänzen Sie die Verben. Probleme? Links gibt es Hilfe. Einige Verben kommen mehrfach vor.

helfen • schaffen • arbeiten • fahren • besuchen • fliegen • essen • machen • arbeiten • bleiben • gehen

1. • Hilfst ___ du mir bitte bei meinem Bericht? Ich S___ das nicht alleine.
   ○ Ich h___ dir heute Nachmittag. Bis 12 Uhr a___ ich.
2. • F___ ihr in diesem Jahr nach Frankreich?
   ○ Vera und ich f___ nach Paris, aber Thea f___ mit ihrem Freund ans Meer.
3. • B___ ihr uns am Wochenende?
   ○ Ich komme, aber Fred f___ am Samstag von Frankfurt nach Eriwan.
4. • I___ du gerne Bratwurst?
   ○ Nein, ich e___ gar kein Fleisch. Aber mein Mann i___ gern Currywurst.
5. • Meine Frau m___ dieses Jahr keinen Urlaub. Sie a___ in der Klinik.
   ○ Und du, b___ du auch die ganze Zeit zu Hause oder g___ du allein in Urlaub?

Bewerten Sie sich selbst: ☺ 😐 ☹

→ Trennbare Verben, S. 16

2 Notieren Sie die acht nicht trennbaren Präfixe mit je einem Beispiel. Probleme? Links gibt es Hilfe.

be-, ge-, emp-, ent-, er-, miss-, ver-, zer-

be-: beantworten ___

___

Bewerten Sie sich selbst: ☺ 😐 ☹

→ Trennbare Verben, S. 16

3 Trennbare und nicht trennbare Verben – Schreiben Sie die Sätze.

1. Er holt das Paket ab.
   er | abholen | das Paket | .
2. ___
   wir | umziehen | nächste Woche | .
3. ___
   abschicken | deine Bewerbung | du | ?
4. ___
   Derek | einladen | uns | zu seinem Geburtstag | .
5. ___
   die Kinder | besuchen | nächsten Sonntag | ihre Oma | .
6. ___
   wir | bekommen | am Wochenende | Besuch | .
7. ___
   wegfahren | ihr | in den Sommerferien | ?
8. ___
   Ich | können | erklären | dir die Regel | .

Bewerten Sie sich selbst: ☺ 😐 ☹

4 *haben* und *sein*: Präsens und Präteritum – Ergänzen Sie die Sätze.

→ Perfekt, S. 36 und 40
→ Präteritum, S. 44

1. • Haben Sie den Brief an das Finanzamt schon geschrieben?
   ○ Ich _____ bisher keine Zeit. Ich _____ bis 12 Uhr in einer Konferenz.
2. • Ich _____ jetzt keine Lust zum Diskutieren. Ich _____ müde.
   ○ Wir _____ auch müde, aber wir _____ das Problem noch nicht gelöst.
3. • _____ ihr in eurer Heimat Arbeit?
   ○ Ich _____ Kindergärtnerin und Serkan _____ eine kleine Baufirma.
4. • _____ du einen Moment Zeit für mich?
   ○ Gestern _____ ich Zeit, aber da _____ du nicht zu Hause.
5. • Wann _____ Jenny ihre Deutschprüfung?
   ○ Die Prüfung _____ schon gestern. Sie _____ das Zertifikat!
6. • _____ ihr Lust mit uns ins Kino zu gehen?
   ○ Ich _____ schon Lust, aber ich _____ gerade gestern im Kino.

Bewerten Sie sich selbst:

5 Modalverben – Welches Modalverb passt? Markieren Sie.

→ Modalverben, S. 24 und 28

1. • *Können* / *Müssen* Sie bitte die Kollegin Hohmann zu mir ins Büro schicken?
   ○ Frau Hohmann *kann* / *soll* im Moment nicht. Sie *muss* / *darf* dringend mit einer Kundin sprechen.
2. Mein Sohn *will* / *darf* Kunst studieren. Aber mit Kunst *darf* / *kann* man kein Geld verdienen.
3. • Du *sollst* / *willst* zur Chefin kommen. Achtung, sie ist sehr schlecht gelaunt.
   ○ Ich *kann* / *muss* mir gar nicht vorstellen, was die Chefin von mir *soll* / *will*.
4. • *Soll* / *Will* ich dir beim Kochen helfen? ○ Danke, aber ich *soll* / *will* das mal alleine versuchen.
5. *Dürfen* / *Wollen* wir Sie etwas fragen? Ab wann *können* / *sollen* Sie uns die Testergebnisse sagen?
6. • *Kannst* / *Willst* du Gitarre spielen? ○ Ich *kann* / *will* das leider nicht, aber ich *kann* / *muss* singen.
7. Ihr *dürft* / *müsst* uns gerne beim Kochen helfen, wenn ihr *wollt* / *sollt*.
8. *Kannst* / *Musst* du heute Abend noch arbeiten oder hast du Zeit?

Bewerten Sie sich selbst:

6 Imperativ – Schreiben Sie die Aufforderungen. Probleme? Rechts gibt es Hilfe.

→ Imperativ, S. 32

Schreibt • Komm • Erklären • Fangt • Schreib

1. Helfen Sie mir bitte bei der Steuererklärung.
   Sie | helfen | mir | bitte | bei meiner Steuererklärung | .
2. _____
   schreiben (ihr) | bitte | eurer Oma | eine Geburtstagskarte | .
3. _____
   zurückkommen (du) | bis 20 Uhr | bitte | .
4. _____
   erklären | Sie | uns | bitte | Ihre Ideen | .
5. _____
   anfangen (ihr) | bitte | mit eurer Präsentation | .
6. _____
   schreiben (du) | mir | bitte | eine Textnachricht | .

Bewerten Sie sich selbst:

→ Perfekt, S. 36 und 40

7 Perfekt mit *haben* – Ergänzen Sie. Probleme? Links gibt es Hilfe.

...ge..., ge...t, ge...en, ver...en,
er...t

1. • Hast du schon eingekauft? (einkaufen)
   ○ Nein, aber ich ______ die Wäsche ______. (bügeln).
2. • ______ Sie die Inspektion vom Auto schon ______? (machen)
   ○ Noch nicht ganz, aber wir ______ den Motor ______. (durchchecken)
3. • ______ ihr eure Wohnung frisch ______? (streichen)
   ○ Ja und wir ______ eine neue Dusche ______. (einbauen)
4. • ______ Uli dir seine Geschichte ______? (erzählen)
   ○ Ja, aber ich ______ sie nicht ______. (verstehen)

Bewerten Sie sich selbst: ☺ 😐 ☹

→ Perfekt, S. 36 und 40

8 Perfekt mit *sein* – Ergänzen Sie.

1. • Wann bist du gestern nach Hause gekommen? (kommen)
   ○ Spät. Mein Flugzeug ______ mit einer Stunde Verspätung ______. (abfliegen)
2. • Warum ______ ihr gestern nicht zum Konzert ______? (gehen)
   ○ Wir waren müde und ______ vor dem Fernseher ______. (einschlafen)
3. • Letzte Nacht ______ unsere Tochter fünfmal ______. (aufwachen)
   ○ Oh je und wann ______ du dann ______? (aufstehen)
4. • Ihr Brief ______ heute ______. (zurückkommen) Die Adresse war falsch.
   ○ Was? Das ______ ja noch nie ______! (passieren).
5. • Gestern ______ ich einen vollen Marathon im Regen ______. (laufen)
   ○ Ein Glück, dass Britta und ich zu Hause ______ ______. (bleiben)
6. • Die Bewerbungsfrist für den Job ______ schon gestern ______. (ablaufen)
   ○ So ein Mist, wir haben es verpasst. Wie ______ denn das nur ______? (passieren)

Bewerten Sie sich selbst: ☺ 😐 ☹

→ Perfekt, S. 36 und 40

9 Perfekt mit *haben* oder *sein* – Schreiben Sie die Sätze im Perfekt.

1. Wir fliegen nach Hause. Wir sind nach Hause geflogen.
2. Das Flugzeug landet. ______
3. Wir holen das Gepäck ab. ______
4. Du wartest auf uns. ______
5. Wir fahren in die Stadt. ______
6. Die Kinder gehen für uns einkaufen. ______
7. Ihr kocht für uns. ______
8. Wir essen zusammen. ______
9. Wir duschen und putzen die Zähne. ______
10. Wir gehen ins Bett. ______

Bewerten Sie sich selbst: ☺ 😐 ☹

10 Schreiben Sie die Nebensätze im Perfekt.

→ Perfekt, S. 36 und 40

1. Ich weiß, dass er die Wörter nicht lernt.
   Ich weiß, dass er die Wörter nicht gelernt hat.
2. Sie ist glücklich, weil sie die Prüfung besteht.
   ____
3. Wir schreiben euch, sobald wir ankommen.
   ____
4. Sie sind zufrieden, wenn sie Sport machen.
   ____
5. Ich helfe dir, weil du mir auch hilfst.
   ____

Bewerten Sie sich selbst: ☺ 😐 ☹

11 Präteritum – Ergänzen Sie die Verben im Präteritum.

→ Präteritum, S. 44

1. Als er aufwachte (aufwachen), ____________ (fühlen) Gregor sich wie ein großes Insekt.*
2. Er ____________ (sehen), dass er tatsächlich sechs Beine ____________ (haben).
3. Er ____________ (versuchen) aufzustehen, aber er ____________ (schaffen) es nicht.
4. Seine Eltern ____________ (wollen) ihn nicht mehr sehen.
5. Der Vater ____________ (machen) sich nur Sorgen um das Einkommen der Familie.
6. Die Familie ____________ (abhängen) von Gregor ________, weil nur er ____________ (arbeiten).
7. Nur seine Schwester ____________ (helfen) Gregor am Anfang und ____________ (bringen) ihm das Essen.
8. Schließlich ____________ (verlieren) Gregor seinen Mut und ____________ (sterben).

Bewerten Sie sich selbst: ☺ 😐 ☹

12 Zukunft – Schreiben Sie die Sätze im Futur mit *werden*.

→ Zukunft, S. 48

1. Ich helfe dir morgen beim Umzug.
   Ich werde dir morgen beim Umzug helfen.
2. Irgendwann sind wir reich und schön.
   ____
3. Ich mache ab dem nächsten Jahr mehr Sport.
   ____
4. Morgen ist das Wetter wieder schön und die Sonne scheint den ganzen Tag.
   ____
5. Durch den Klimawandel gibt es in Zukunft mehr Hitze und mehr Stürme.
   ____
6. Wir brauchen weniger Geld für Heizung und mehr für Kühlung.
   ____

Bewerten Sie sich selbst: ☺ 😐 ☹

* Nach Franz Kafka, *Die Verwandlung*

12 Passiv

Bier **wird** in Deutschland seit 1516 nach dem „Reinheitsgebot" **gebraut**.
Das heißt, es **werden** nur Wasser, Hopfen, Malz und Hefe **verwendet**.

Form

→ Satzklammer, S. 178

Konjugation von *werden* im Präteritum

ich	wurde
du	wurdest
er/es/sie	wurde
wir	wurden
ihr	wurdet
sie/Sie	wurden

Präsens und Präteritum

	werden (konjugiert)		**Verb** (Partizip Perfekt)
Bier	wird	aus Wasser, Hopfen, Malz und Hefe	gebraut.
Viele Produkte	werden	heute fast vollautomatisch	produziert.
Bis vor 200 Jahren	wurde	fast alles mit viel Handarbeit	hergestellt.
Früher	wurden	mehr Familienfeste gemeinsam	gefeiert.

Perfekt

→ *werden* (Konjugation Präsens), S. 48

	sein (konjugiert)		**Verb +** ***werden*** (Partizip Perfekt)
Bier	ist	schon immer mit Hopfen und Malz	gebraut worden

Werden hat zwei Partizip-Formen: *worden / geworden*.
Im Passiv benutzt man immer die Form *worden*.

In diesen Fällen steht *geworden*:
Er ist Schauspieler geworden.
Er ist berühmt geworden.

Gebrauch

Das Passiv betont die Handlung. Die handelnden Personen müssen nicht genannt werden.

Aktiv Die handelnden Personen sind wichtig. → **Die Arbeiterinnen** bauen die neue Maschine.
Passiv Die Handlung ist wichtig. → Die neue Maschine **wird gebaut**.

Man kann die handelnden Personen auch nennen. Dazu benutzt man die Präposition *von*.

Die neue Maschine wird **von den Arbeiterinnen** gebaut.

1 Ergänzen Sie *werden* im Präsens oder Präteritum.

die **Milchkanne**, -n

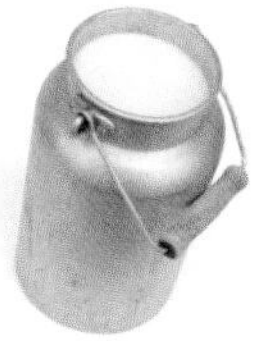

1. Bis in die 50er Jahre wurden Autos fast nur in Europa und Amerika gebaut.
2. Heute ______________ Autos überall auf der Welt gebaut.
3. Bis ins 19. Jahrhundert ______________ Kleidung meistens zu Hause genäht.
4. Heute ______________ Kleidung fast nur in Fabriken produziert.
5. Als Kind ______________ ich noch mit der Milchkanne zum Milchholen geschickt.
6. Heute ______________ die Milch nur noch verpackt geliefert.

15

2 Traditionen – Passiv Präsens und Präteritum. Ergänzen Sie die Sätze.

1. Seit 500 Jahren _wird_ Bier nach dem „Reinheitsgebot" _gebraut_. (brauen)
2. Früher ______ fast immer auch in der Kirche ______. (heiraten)
3. Der 18. Geburtstag ______ von vielen groß ______. (feiern)
4. Früher ______ alle Lebensmittel in der Region ______. (produzieren)
5. Erst seit etwa 250 Jahren ______ Weihnachtsbäume ______. (aufstellen)
6. Im Sommer ______ viele Straßenfeste ______. (organisieren)

3 Schreiben Sie die Passivsätze im Passiv Perfekt.

1. Das Brot wird gebacken. _Das Brot ist gebacken worden._
2. An Karneval wird gefeiert. ______
3. Nach Karneval wird gefastet. ______
4. An Ostern werden Eier bemalt. ______
5. Ende Dezember werden Weihnachtsbäume geschmückt. ______
6. An Silvester wird das neue Jahr begrüßt. ______

fasten = wenig oder nichts essen

In der **Fastenzeit** nach Karneval – das sind die 40 Tage zwischen Aschermittwoch und Ostern – essen viele Menschen bewusst weniger oder sie verzichten auf bestimmte Nahrungsmittel oder z. B. Alkohol. Es gibt immer mehr Formen des *Fastens*, z. B. der Verzicht auf Fernsehen, Internet usw.

4 Schreiben Sie die Passivsätze.

1. _Der BMW wird in München hergestellt._
   Der BMW | herstellen | in München | .
2. ______
   In Deutschland | bauen | zu wenige Wohnungen | .
3. ______
   Auf der ganzen Welt | produzieren | zu viel CO_2 | .
4. ______
   Früher | arbeiten | mehr mit der Hand | .
5. ______
   Bis vor 60 Jahren | heizen | sehr viel mit Kohle | .
6. ______
   Ab 2050 | verkaufen | keine Benzinmotoren mehr | .

Bei der Verbrennung von **Kohle**, Öl oder Gas wird CO_2 freigesetzt. Das führt zur Erwärmung des Klimas. Deshalb wird weltweit versucht, möglichst schnell auf diese Energiequellen zu verzichten. Deutschland will den Abbau und die Verwendung von Kohle bis zum Jahr 2038 beenden.

5 Passivsätze in Ihrem Leben. Schreiben Sie.

Meine Eltern wurden in Ghana geboren.
Meine Äpfel werden aus Chile importiert.

die **Gerste**: eine Getreideart

der **Hopfen**: eine Getreideart

6 Lesen Sie den Text.

a **Markieren Sie die Passivformen (*werden* + Partizip Perfekt).**

Bierbrauen in Deutschland

Als „Brauen" wird die Herstellung von Bier bezeichnet. Aber wie genau wird Bier gebraut? Zunächst werden für die Herstellung verschiedene Zutaten benötigt: Gerste, Hopfen, Wasser und Hefe. Aus der Gerste wird das so genannte Braumalz hergestellt. Dieses „Mälzen" wird in mehreren Schritten durchgeführt. Anschließend wird das Braumalz mit Wasser vermischt.

die **Hefe**: sehr kleine Pilze, die man oft zum Backen verwendet, aber auch bei der Herstellung bestimmter Getränke wie z. B. Bier oder Wein.

b **Ergänzen Sie die Infinitive zu den Partizipien aus a.**

Partizip Perfekt	Infinitiv	Partizip Perfekt	Infinitiv
bezeichnet	bezeichnen		

c **Ergänzen Sie die Verben im Passiv Präsens.**

1. ~~auflösen~~
2. trennen
3. nennen
4. kochen
5. abkühlen
6. hinzufügen
7. lagern
8. filtern
9. abfüllen

Beim Erhitzen (1) werden einige Bestandteile des Braumalzes im Wasser aufgelöst und es entsteht die sogenannte Maische. Die Maische (2) ____ später in zwei Bestandteile ____: die Würze und den Treber – so (3) ____ die Rückstände des Braumalzes ____. Die Würze (4) ____ dann mit Hopfen ____. Schließlich (5) ____ die Flüssigkeit ____ und in einem letzten Schritt (6) ____ Hefe ____. Das Bier (7) ____ dann für mindestens fünf Wochen ____, damit es gären kann. Vor dem Verkauf (8) ____ das Bier noch ____ und zum Schluss (9) ____ das Bier dann in Fässer, Flaschen oder andere Gefäße ____.

d **Was wurde gestern gemacht? Schreiben Sie die Sätze im Passiv Präteritum.**

der **Kessel**, -: ein Gefäß, meist für warme oder heiße Flüssigkeiten, z. B. Wasserkessel.

Gestern haben wir eine Brauerei besichtigt.

1. Zuerst wurden wir in ____,
   zuerst wir in einen Ausstellungsraum bringen
2. ____,
   dann uns ein Film über Bierbrauen zeigen
3. ____,
   anschließend wir zu einem großen Kessel führen
4. ____.
   in dem Kessel die Maische kochen

Das war sehr interessant.

7 Schreiben Sie die Fragen und Antworten im Passiv.

Sie fragen, der Braumeister antwortet

1. Wie viele Biersorten werden ______________________________
______________________________?
Biersorten | wie viele | in Deutschland | herstellen

2017 wurden ______________________________
______________________________.
2017 | mehr als 7500 | in Deutschland | unterschiedliche Biersorten | brauen

2. ______________________________?
Weißbier | nur in Bayern | trinken

Nein. ______________________________,
aber ______________________________.
Weißbier oft mit Bayern in Verbindung bringen | es auch in anderen Regionen mögen

der **Hofstaat**, -en: Ein Hofstaat bestand aus einem Adligen, zum Beispiel einem Herzog, und seiner Familie sowie allen Mitarbeitern. Der *Hof* ist ursprünglich die Bezeichnung für einen bestimmten Wohnort (Gebäude oder ein Stück Land). Das Wort findet man auch heute noch im Namen von Städten oder Dörfern, aber auch in Nomen wie *Bauernhof*. Auch der Hofstaat lebte gemeinsam auf einem großen Hof.

8 Aktiv oder Passiv? Ergänzen Sie die Verben rechts.

Im Jahr 1592 (1) ________ das Hofbräuhaus München ________________, damals noch als herzogliches Hofbräuhaus. Die Bezeichnung „Hof-“ (2) ________ ________________, weil es früher „Hofstaaten“ in Deutschland gab. Viele Hofstaaten in Deutschland (3) ________ von einer eigenen Brauerei mit Bier ________________, die Münchner Brauerei Hofbräu ist aber vielleicht die bekannteste. Anfang des 19. Jahrhunderts (4) ________ Hofbräuhäuser auch für die Bevölkerung ________________. Auch bei Touristen (5) ________ Hofbräuhäuser im 19. Jahrhundert immer beliebter ________________, insbesondere Brauhäuser mit einem sehr großen Gastraum. Diese Gaststätten (6) ________ auch „Bierpalast“ ________________. In jener Zeit (7) ________ die Brauerei aus dem Hofbräuhaus in ein anderes Gebäude in München ________________, damit man im Hofbräuhaus mehr Platz für Gäste hatte. Heute (8) ________ das Münchner Hofbräuhaus meist als „Hofbräuhaus am Platzl“ oder kurz „Hofbräuhaus“ ________________ und es (9) ________ nicht nur von Touristen gerne ________________, sondern auch von Einheimischen zum Stammtisch.

1. gründen (Präteritum)
2. verwenden (Präteritum)
3. versorgen (Präteritum)
4. öffnen (Präteritum)
5. werden (Perfekt)
6. nennen (Präteritum)
7. verlegen (Präteritum)
8. bezeichnen (Präsens)
9. besuchen (Präsens)

der **Stammtisch**, -e: Damit meint man im übertragenen Sinn eine Gruppe von Personen, die sich regelmäßig in einer Kneipe bzw. Gaststätte trifft. Oft kann es ein gemeinsames Interesse geben, z. B. ein politischer Stammtisch, bei dem man über Politik redet. Es können aber auch Personen sein, die sich aus einem Verein o. Ä. kennen und die sich regelmäßig treffen möchten. In der Gaststätte gibt es auch ein Schild „Stammtisch“ und die Gruppe sitzt an diesem Tisch.

→ online

13 Konjunktiv II

Ich **würde** gern einmal zum Mond **fliegen**.

Form

→ Satzklammer, S. 178
→ Besondere Verben, S. 76

Den Konjunktiv II der meisten Verben bildet man so:

	werden (Konjunktiv II)		**Verb** (Infinitiv)
Ich	würde	gern einmal zum Mond	fliegen.
Ohne Satelliten	würden	unsere Handys nicht	funktionieren.
	Würden	Sie mir bitte bei dieser Aufgabe	helfen?

Bei *werden*, den Modalverben (*können, müssen, dürfen, sollen, wollen*) sowie *haben* und *sein* benutzt man meistens die eigenen Konjunktiv-II-Formen.

Die Endungen sind wie beim Präteritum. Nur die Stammvokale ändern sich: Präteritum a/o/u → Konjunktiv II: ä/ö/ü

Bei *sollen* und *wollen* ändert sich der Stammvokal auch im Konjunktiv II nicht.

dürfen bildet man wie *müssen*.

Infinitiv Präteritum	**werden** wurden	**können** konnten	**müssen** mussten	**sollen** sollten	**haben** hatten	**sein** waren
ich	würde	könnte	müsste	sollte	hätte	wäre
du	würdest	könntest	müsstest	solltest	hättest	wärst
er/es/sie	würde	könnte	müsste	sollte	hätte	wäre
wir	würden	könnten	müssten	sollten	hätten	wären
ihr	würdet	könntet	müsstet	solltet	hättet	wärt
sie/Sie	würden	könnten	müssten	sollten	hätten	wären

Hin und wieder findet man auch andere Verben im Konjunktiv II. Beispiele:
brauchen - sie brauchte → sie bräuchte
kommen - sie kam → sie käm**e**
gehen - sie ging → sie ging**e**
wissen - sie wusste → sie wüsste

Der Konjunktiv II wird häufig in Bedingungssätzen mit *wenn* verwendet.

Wenn wir auf dem Mond Solarkraftwerke **bauen würden**, **hätten** wir immer genug Energie.

Ich **würde** dir gerne **helfen**, wenn ich **könnte**.

→ Nebensätze mit *wenn/falls*, S. 210

Gebrauch (Beispiele)

Höflichkeit	Könnten Sie mir bitte sagen, wie viel Uhr es ist? Ich hätte gerne ein Stück Käsekuchen und einen Milchkaffee.
Ratschlag	Wir sollten uns mehr um die Erde kümmern als um den Weltraum. An deiner Stelle würde ich mehr Sport machen und weniger fernsehen.
Vorschlag	Du könntest doch mit dem Fahrrad zur Arbeit fahren statt mit dem Auto. Wir sollten mal wieder ins Theater gehen.
Wunsch	Ich hätte gerne ein E-Bike und würde gerne damit die Alpen überqueren. Wir wären so gerne mit euch in Urlaub gefahren, aber wir müssen arbeiten.
Bedingung	Wir könnten viel CO_2 sparen, wenn wir nicht so viel fliegen würden. Wenn ich zum Mond fliegen müsste, hätte ich große Angst.

Diese Wünsche und Bedingungen sind *irreal*, weil sie (zurzeit) nicht erfüllbar sind.

→ Nebensätze mit *wenn*, S. 210

16
17

1 Ergänzen Sie die Sätze mit den Verbformen im Konjunktiv II.

1. ~~können~~
2. machen
3. sollen
4. gehen
5. einladen
6. können
7. haben
8. werden
9. ~~wollen~~
10. sollen
11. können
12. werden

Höflichkeit

● (1) Könnten Sie bitte einen Tisch für vier Personen für 19 Uhr reservieren?

○ Das (2) ______ ich gerne ______, aber wir sind ausgebucht.

Ratschlag

Ihr (3) ______ euch mehr Zeit für euch nehmen.

An deiner Stelle (4) ______ ich abends früher ins Bett ______.

Vorschlag

● Ich (5) ______ euch gerne zum Abendessen ______.

○ Oh, danke, wir (6) ______ aber auch zusammen etwas kochen.

Das Verb **einladen** kann hier bedeuten:
– in ein Restaurant einladen. Der Gast erwartet dann, dass der Gastgeber die Rechnung bezahlt.
– nach Hause einladen. Der Gast erwartet dann, dass der Gastgeber das Essen vorbereitet.

Wunsch

Ich (7) ______ gerne ein neues Auto.

Er (8) ______ gerne Pilot ______, aber er hat schlechte Augen.

Bedingung

Wenn wir Energie sparen (9) wollten, dann (10) ______ wir weniger fliegen.

Ich (11) ______ dir alles erklären, wenn du zuhören (12) ______.

2 Schreiben Sie Sätze im Konjunktiv II.

1. Könntest du mir bei meinem Referat helfen?
können | helfen | du mir bei meinem Referat | ?

2. Du ______
sollten | du | lieber selbstständig lernen | .

3. ______
können | besuchen | Ihr | uns | am Wochenende | ?

4. ______
werden | fliegen | meine Tochter | gerne zum Mars | .

5. ______
sein | mein Sohn | gerne Wissenschaftler | .

6. ______
können | einkaufen | gehen du | bitte morgen für mich | ?

3 Was ist was? Ordnen Sie die Sätze aus Übung 2 zu. Es gibt zum Teil mehrere Möglichkeiten.

Wunsch 4, Ratschlag ______, Vorschlag ______, Höflichkeit ______

4 Schreiben Sie Wünsche, Ratschläge und höfliche Bitten aus Ihrem Leben.

Ich hätte gerne einen Ausbildungsplatz als Elektronikerin.

Mein Freund würde gern ...

5 Lesen Sie den Text.

a Markieren Sie die Verben im Konjunktiv II.

Sterne und Planeten haben unterschiedliche Artikel, meist sind sie maskulin, es gibt aber auch feminine. **Der** Merkur/Mars/Jupiter/Saturn/Uranus/Neptun, **die** Sonne/Venus/Erde. Vor allem bei den maskulinen Planeten lässt man den Artikel meist weg, z. B.: Mars ist der Planet, der am nächsten an der Erde ist, Jupiter ist weiter weg.

In hundert Jahren könnte vieles möglich sein, was heute nur Phantasie ist. Wenn Flüge in den Weltraum bezahlbar wären, würden Menschen vielleicht Urlaub im Weltraum machen. Es gibt auch Pläne, zum Mars zu fliegen. Wenn man auf dem Mars landen würde, wäre es vielleicht möglich, dort Häuser zu bauen. Aber die Forschung ist natürlich sehr teuer. Wenn Weltraumforscher mehr Geld hätten, könnten sie schneller Fortschritte machen. Allerdings müsste man wahrscheinlich für andere Dinge weniger Geld ausgeben. Und ganz ehrlich – ich fände das nicht gut, wenn man bei der Bildung oder der Kultur oder im Straßenbau sparen müsste, um die Raumfahrt zu bezahlen. Man sollte sich wirklich gut überlegen, was wichtig ist.

b Welche Verben stehen im Text ohne *würde* im Konjunktiv II? Notieren Sie die Infinitive.

1. können 2. ________ 3. ________ 4. ________ 5. ________ 6. ________

6 Schreiben Sie die Fragen und Antworten mit *wenn* im Konjunktiv II.

RAUMFAHRT – WAS WÜRDEN SIE MACHEN, WENN ...?

Frage: Was würden Sie machen, wenn (1) Sie Urlaub ________________________?

Sie Urlaub auf dem Mond machen können

(2) Wenn ich Urlaub ________________________

ich Urlaub auf dem Mond machen können | ich das sofort buchen

Achten Sie bei **Astronaut** auf die n-Deklination: den/dem/des Astronaut**en**.

→ n-Deklination, S. 88

Frage: Was würden Sie machen, wenn (3) ________________________?

Sie Astronaut sein

(4) ________________________

ich Astronaut sein | ich nur um die Erde fliegen und die Aussicht bewundern

Das Wort **Mond** ist verwandt mit dem Wort *Monat*, deshalb spricht man das **o** in *Mond* lang.

Frage: Was würden Sie machen, wenn (5) ________________________?

Ihre Kinder ins Weltall fliegen

(6) ________________________

meine Kinder ins Weltall fliegen | haben ich wahrscheinlich etwas Angst

jemanden zum Mond schießen: Diese Redewendung benutzt man im Konjunktiv, oft mit *können*: Ich könnte ... zum Mond schießen.
Man drückt damit aus, dass man von einer Person sehr genervt ist oder sehr wütend auf sie ist, sodass man sie am liebsten nicht mehr sehen möchte.

Frage: Was würden Sie machen, wenn (7) ________________________?

Sie eine Rakete haben

(8) ________________________

ich eine Rakete haben | ich meinen Chef zum Mond schießen

7 Ergänzen Sie die Verben im Konjunktiv II.

Raumfahrt heute und morgen – Unsere Meinung

Wissenschaft & Technik heute: Es gibt Pläne, eine bemannte Mission zum Mars zu senden. Wie finden Sie das? (1) (mitfliegen) würden *Sie da* mitfliegen *?*

Fotograf
Peter Linse

Ich finde die Idee sehr interessant, dass man zum Mars fliegen will. Aber ich stelle mir das auch sehr schwierig vor. Man (2) (müssen) __________ ja an so vieles denken, bevor man aufbrechen (3) (können) __________! Zum Beispiel (4) (brauchen) __________ man genug Lebensmittel, um einen so langen Flug zu überstehen. Außerdem (5) (müssen) __________ man ja auch zurück zur Erde kommen. Man (6) (können) __________ ja die Rakete auf dem Mars nicht einfach auftanken, oder? Das (7) (sollen) __________ man wirklich gut planen, ich (8) (wollen) __________ jedenfalls nicht den Rest meines Lebens in einer Rakete auf dem Mars sitzen. Also, ich (9) (zugucken) __________ erst mal nur __________.

Wissenschaft & Technik heute: Wie ist Ihre Meinung zur Raumfahrt allgemein? Ist das ein Thema, das Sie interessiert und (10) (sein) __________ Sie selbst gern Raumfahrerin?

Redakteurin
Ingrid Duden

Raumfahrt hat mich schon als Kind fasziniert. Wenn ich ins Weltall fliegen (11) (können) __________, (12) (fliegen) __________ ich am liebsten zu Sternen __________, die ganz weit entfernt sind. Das ist im Moment natürlich nicht möglich, aber wer weiß? Vielleicht (13) (können) __________ es irgendwann Realität werden. Früher dachte man ja auch, dass Menschen nicht fliegen (14) (können) __________, und heute ist es ganz selbstverständlich, in ein Flugzeug zu steigen. Man (15) (sollen) __________ natürlich vorsichtig sein mit Prognosen, aber ich denke, in einhundert oder zweihundert Jahren (16) (können) __________ vieles selbstverständlich sein, wovon wir heute nur träumen.

Wissenschaft & Technik heute: Was denken Sie darüber, dass viel Geld für Raumfahrt ausgegeben wird? Ist das sinnvoll oder (17) (machen) __________ Sie lieber etwas anderes damit __________?

Praktikant
Kai Otto Pierer

Wenn ich etwas zu sagen (18) (haben) __________, (19) (streichen) __________ ich alle Gelder für die Raumfahrt sofort __________. Das (20) (können) __________ man doch viel besser für andere Dinge ausgeben, wir (21) (sollen) __________ zum Beispiel die Forschung in der Medizin unterstützen, das ist doch viel wichtiger. Es (22) (sein) __________ auch möglich, das Geld an Menschen zu verteilen, die wirklich arm sind, das (23) (finden) __________ ich auch viel besser, als es für Raumfahrt auszugeben. Davon haben wir doch nichts!

bemannt: Das bedeutet, dass Menschen „dabei sind", meist bei einem Flug bzw. einem Flug ins Weltall. Das Gegenteil ist *unbemannt*, dann fliegt z. B. eine Rakete ohne Menschen ins Weltall.

die **Mission**, -en: Allgemein ist dies eine bestimmte Aufgabe, die jemand an einem anderen Ort erledigen soll. In der Raumfahrt gibt es zum Beispiel eine Mars-Mission, das heißt, die Aufgabe ist, zum Mars zu fliegen und z. B. Informationen über den Planeten zu sammeln.

Den Plural **Gelder** verwendet man, wenn z. B. ein Amt oder eine Institution Geld zur Verfügung stellt, oft für einen bestimmten Zweck oder ein Projekt, z. B. öffentliche Gelder für den Bau von Radwegen.

→ online

14 Verben und Kasus: Nominativ, Akkusativ, Dativ

Das ist **unser Garten**.
Er gefällt auch **meiner Tochter** und **meinem Mann** sehr.

→ Imperativ, S. 32

Die kürzesten Sätze bestehen nur aus einem Verb. Meistens sind es Aufforderungen oder Befehle.

Arbeite! Warte! Lies! Hör zu! Hör auf!

Bei Verben mit Präpositionen bestimmt die Präposition den Kasus.
Ich fahre mit (+ Dativ) **dem** Fahrrad durch (+ Akkusativ) **den** Wald.

Einige Verben können allein mit dem Subjekt einen Satz bilden.

Ich schlafe. **Er** arbeitet. **Der Baum** blüht.

Meistens haben Verben mindestens eine Ergänzung. Der Kasus der Ergänzung hängt vom Verb ab.

→ Präpositionen, S. 140
→ Verben mit Präpositionen, 140 und 271
→ Adjektivdeklination, S. 116

		Verb	Ergänzung
Nominativ	Das	ist	**ein** wunderschön**er** Garten.
Akkusativ	Ich	liebe	mein**en** Garten.
Dativ	Der Garten	gehört	**mir** und mein**er** Familie.

Auch mit Nominativ: *bleiben, werden*:
Du bist und bleibst ein Genie.
Er wird nie ein guter Sänger.

Die meisten Verben brauchen eine Akkusativergänzung.

Manche Verben brauchen eine Dativergänzung.
Diese Verben mit Dativ müssen Sie auf dem Niveau B1 können:

antworten	begegnen	danken	fehlen	folgen	gefallen	gehören
glauben	gratulieren	helfen	passen	raten	schmecken	vertrauen
weh tun	widersprechen	zuhören	zusehen	zustimmen		

Bitte **antworten** Sie **mir** so schnell wie möglich.
Ich **danke Ihnen** und **Ihrer** Familie ganz herzlich.
Im Winter **fehlt mir** die Arbeit im Garten.

Wenn beide Ergänzungen Pronomen sind, dann steht die Akkusativergänzung **vor** der Dativergänzung:
Wir wünschen **ihn** (= den Apfelbaum) **uns** schon seit Jahren.

Nur sehr wenige Verben brauchen in der Regel zwei Ergänzungen: Akkusativ und Dativ.

geben leihen schenken wünschen

		Dativergänzung	Akkusativergänzung	
Zadie	schenkt	ihr**em** Mann	**einen** Blumenstrauß.	
Mein Nachbar	leiht	**mir**	**seinen** Rasenmäher.	
Wir	wünschen	**uns**	**einen** Apfelbaum.	(für unseren Garten)

→ Sätze und Ergänzungen, S 174

der **Rasenmäher**, -

18

1 Lesen Sie die Sätze. Markieren Sie die Verben mit Akkusativ blau und die Verben mit Dativ rot.

1. Ich habe einen Garten.
2. Mein Garten fehlt mir sehr, wenn ich reise.
3. Ich finde meinen Garten nämlich wunderschön.
4. Ich höre den Vögeln zu und genieße die Ruhe.
5. Meine Frau hilft mir bei der Gartenarbeit.
6. Wir mögen unsere Äpfel. Die Würmer mögen sie auch.
8. Es gefällt uns sehr, wenn die Natur wieder bunt wird.
9. Ich liebe den Wald, besonders im Herbst.

2 Verben mit Dativergänzung. Schreiben Sie die Sätze.

1. Ich helfe dir am Wochenende bei der Apfelernte.
helfen | ich | dir | am Wochenende | beim der Apfelernte | .
2. ______
schmecken | meinen Kindern | grüne Äpfel | .
3. ______
zustimmen | meiner Idee | Sie | ?
4. ______
gratulieren | unsere Chefin | ihren Mitarbeiterinnen | immer zum Geburtstag | .
5. ______
vertrauen | wir | unseren Kindern | !
6. ______
stehen | dir | das Hemd | sehr gut | .

3 Verben mit zwei Ergänzungen. Schreiben Sie die Sätze.

1. Leihst du unserem Sohn dein Fahrrad?
leihen | du | unserem Sohn | dein Fahrrad | ?
2. ______
wünschen | ich | mir | eine Gartenschaukel | zum Geburtstag | .
3. ______
geben | ich | Ihnen | meine Heckenschere | .
4. ______
leihen | ihr | uns | euren Rasenmäher | ?
5. ______
haben ... geschenkt | wir | unseren Eltern | einen Apfelbaum zum Hochzeitstag | .

die **Gartenschaukel**, -n

die **Heckenschere**, -n

4 Schreiben Sie je eine Aussage über sich mit den Verben rechts.

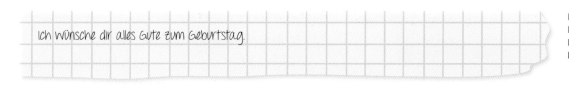

Ich wünsche dir alles Gute zum Geburtstag.

Ich wünsche ...
Ich vertraue ...
Ich gratuliere ...
Ich schenke ...

5 Markieren Sie die Ergänzungen: grün (Nominativ), rot (Dativ), blau (Akkusativ).

beitreten (unregelm.): Wenn man Mitglied in einem Verein wird, sagt man: Ich trete dem Verein bei.

pachten (regelm.): Wenn man ein Stück Land „mietet", benutzt man das Verb *pachten*. Ich pachte einen kleinen Garten.

Kleingärten in Deutschland

Der Name sagt es: Ein Kleingarten ist ein kleiner Garten in einer Art Park – einer Kleingartenanlage. Dort sind viele Kleingärten und ein Verein verwaltet diese Gärten. Man kann diesem Verein beitreten und dann einen Kleingarten pachten.
Für viele Menschen war ein Kleingarten früher eine Möglichkeit, im Grünen zu sein und Obst und Gemüse anzubauen. Ein Kleingarten ist auch heute noch eine Alternative, wenn man kein teures Haus mit Garten kaufen kann. Es gibt auch einen sozialen Aspekt, denn man lernt Menschen kennen und trifft sich bei Feiern.
Man muss aber auch Regeln beachten, wenn man einen Kleingarten pachtet. Zum Beispiel muss man den Garten pflegen und darf nur bestimmte Blumen anpflanzen.
Viele Menschen bleiben Mitglied im Kleingartenverein, auch wenn sie selbst keinen Garten mehr pachten. Sie unterstützen so den Verein und treffen weiterhin ihre Freunde.

Besuchen Sie doch mal eine Kleingartenanlage! Die Gärtnerinnen und Gärtner dort schenken Ihnen vielleicht sogar Blumen oder Gemüse.

6 Ergänzen Sie die Wörter links im Nominativ oder Akkusativ.

1. ~~ein Kleingarten~~
2. mein Garten
3. der Garten
4. keine Zeit
5. ein Apfelbaum
6. erste Äpfel
7. eine nette Dame
8. ihr Geburtstag

Ich habe seit einem Jahr (1) einen Kleingarten, und ich liebe (2) ________! Zuerst fand ich (3) ________ etwas klein. Aber ganz ehrlich: Ich hätte gar (4) ________ für einen größeren Garten. Im Frühjahr habe ich (5) ________ angepflanzt, und ich hoffe, dass ich nächstes Jahr die (6) ________ ernten kann. Meine Nachbarin dort ist (7) ________, und wir haben auch schon (8) ________ zusammen gefeiert.

7 Ergänzen Sie die Wörter links im Akkusativ oder Dativ.

1. ~~ein Kleingarten~~
2. Freunde
3. die Natur
4. die Regeln
5. der Rasen
6. kleine Blumen
7. kein Baum
8. ein Weg
9. ein Werkzeugkasten
10. er
11. Freunde
12. er
13. er
14. ein Foto

Wir hatten mal (1) einen Kleingarten gepachtet, und meine Erfahrungen sind gemischt. Einerseits konnten wir am Wochenende (2) ________ einladen und (3) ________ genießen. Aber man muss (4) ________ beachten. Man durfte (5) ________ nicht nach 18 Uhr mähen. Vorne musste ich (6) ________ pflanzen, aber ich durfte (7) ________ einpflanzen. Und man musste (8) ________ vom Eingang zur Gartenhütte haben - graue Steine! Außerdem hat mein Nachbar (9) ________ ausgeliehen – und er hat (10) ________ nie zurückgegeben! Wir sind aber (11) ________ geblieben. Morgen gratuliere ich (12) ________ zum Geburtstag und ich schenke (13) ________ (14) ________ von uns im Garten – mit dem Werkzeugkasten.

8 Ergänzen Sie die Verben rechts.

besuchen • haben • haben • helfen • lieben • ~~pachten~~ • schenken • sind • verbringen

Vor fünf Jahren sind wir nach Deutschland gekommen und vor zwei Jahren konnten wir endlich einen Schrebergarten (1) pachten. Wir (2) ______ unseren kleinen Garten sehr. Werktags (3) ______ wir leider wenig Zeit, aber am Wochenende (4) ______ wir fast immer die Laubenkolonie. Wir (5) ______ auch das nächste Wochenende im Garten. Samstag (6) ______ unsere Nachbarn Hochzeitstag und wir (7) ______ ihnen einen neuen Grill. Die beiden (8) ______ sehr nett und im Sommer sitzen wir oft zusammen im Garten und plaudern. Sonntag (9) ______ wir unserem Freund Thomas dabei, seine neue Gartenhütte aufzubauen.

Schrebergarten ist ein anders Wort für *Kleingarten*. Andere Wörter dafür sind *Datsche* (vor allem in Ostdeutschland) oder *Laube*. Eine **Laubenkolonie** ist eine *Kleingartenanlage*.

plaudern: ein umgangssprachliches Wort für *sich unterhalten*.

9 Ergänzen Sie die Wörter im Nominativ, Akkusativ oder Dativ.

- ● Ihr habt doch letztes Jahr (1) (ein Kleingarten) einen Kleingarten gepachtet, oder? Wie ist das denn so?
- ○ Ich finde (2) (er) ______ super, aber (3) (mein Freund) ______ gefällt (4) (der Garten) ______ der Nachbarn besser. In unserem Garten fehlt (5) (er) ______ noch (6) (ein Haselnussstrauch) ______. Jetzt haben wir schon (7) (ein Birnbaum) ______. Du kannst (8) (ich) ______ glauben, Birnen aus dem eigenen Garten schmecken (9) (unsere Kinder) ______ besser als gekaufte.
- ● Helfen deine Kinder (10) (du) ______ auch bei der Gartenarbeit?
- ○ Naja. Bis jetzt hat Max nur (11) (seine Schwester) ______ bei der Arbeit zugesehen.
- ● Typisch! Hatte euer Kleingartenverein vor kurzem nicht (12) (ein Jubiläum) ______?
- ○ Stimmt. Der Bürgermeister hat (13) (der Verein) ______ zum 75-jährigen Bestehen gratuliert und (14) (die Vorsitzende) ______ für ihre Arbeit gedankt. Sie macht das super.
- ● Und wie sind (15) (eure Nachbarn) ______ dort?
- ○ Also, eigentlich nett, aber ich begegne (16) (sie, Pl.) ______ nicht mehr so oft. Sie sind selten im Garten.
- ● Kann ich (17) (ihr) ______ da mal besuchen?
- ○ Ja, klar!
- ● Was denkst du, passt es (18) (du) ______, wenn ich Samstagnachmittag komme?
- ○ Natürlich. Du weißt ja, wo (19) (die Kleingartenanlage) ______ ist. Geh am besten durch den Haupteingang und folge dann (20) (die Schilder) ______ zum Vereinsheim. Kurz vor dem Vereinsheim siehst du (21) (unser Garten) ______ auf der linken Seite.

die **Haselnuss**, ¨-e

→ online

15

Reflexive Verben

Kurz nach Mitternacht **treffen sich** die Leute auf der Straße und **schauen sich** das Feuerwerk **an**. Die Nachbarn **wünschen sich** „Ein gutes neues Jahr". Alle **freuen sich**.

Formen

Reflexivpronomen sind einfach für dich. Merk dir nur 3. Person: sich.

→ Personalpronomen, S. 8

Reflexivpronomen

Das Reflexivpronomen hat nur in der 3. Person Singular und Plural eine eigene Form: *sich*. Alle anderen Formen sind identisch mit den Personalpronomen im Akkusativ und Dativ.

	Singular					Plural		
	1. (ich)	2. (du)	3. (er)	3. (es)	3. (sie)	1. (wir)	2. (ihr)	3. (sie/Sie)
Akkusativ	mich	dich	sich	sich	sich	uns	euch	sich
Dativ	mir	dir	sich	sich	sich	uns	euch	sich

Verben

Manche Verben sind immer reflexiv, d. h. sie haben immer ein Reflexivpronomen. Andere Verben können reflexiv oder nicht reflexiv verwendet werden.

immer reflexiv		nicht reflexiv und reflexiv		
sich bedanken	sich freuen	ärgern	–	sich ärgern
sich beeilen	sich ereignen	gratulieren	–	sich gratulieren
sich bewerben	sich erholen	waschen	–	sich waschen
sich erkälten	sich verlieben	wünschen	–	sich wünschen
...	...	...		...

Ich bedanke mich.
Sie hat sich erkältet.

Lena ärgert dauernd ihren Bruder.
Paul hat sich sehr geärgert.

Reflexiv und reziprok
Manche Verben drücken aus, dass etwas zwischen zwei Personen passiert. Diese nennt man reziprok.

Sie wünschen sich (gegenseitig) alles Gute.
Sie beschimpfen sich (gegenseitig).
Sie gratulieren sich (gegenseitig) zu ihrem Erfolg.

Gebrauch

In den meisten Fällen steht das Reflexivpronomen im Akkusativ.

Ich freue mich auf das neue Jahr.
Meine Kinder freuen sich auf das Feuerwerk am Silvesterabend.
Du musst dich beeilen, sonst verpasst du das Feuerwerk.
Er ärgert sich immer am Neujahrstag, wenn er an Silvester zu viel getrunken hat.
Am 1. Januar treffen **wir** uns immer mit Freunden zum Neujahrsspaziergang.

Wenn es im Satz bereits eine Ergänzung im Akkusativ gibt, steht das Reflexivpronomen im Dativ.

Hast **du** dir das Feuerwerk angeschaut?
Er hat sich für 200 Euro Feuerwerkskörper gekauft.
Ich habe mir ein neues Fahrrad gekauft.

19

1 Was passt zusammen? Es gibt mehrere Möglichkeiten.

1. Wir wünschen euch
2. Sie hat sich gestern im Supermarkt
3. Ich habe mich
4. Nach Mitternacht treffen sich oft
5. Viele Deutsche schauen sich jedes Silvester
6. Mein Sohn hat sich letztes Jahr

____ a) die Nachbarn auf der Straße zum Feiern.
____ b) „Dinner for one" im Fernsehen an.
____ c) 50 Raketen für das Feuerwerk gekauft.
____ d) beim Böllern die Finger verbrannt.
__1__ e) alles Gute für das neue Jahr.
____ f) in der Neujahrsnacht erkältet.

„Dinner for One" ist ein kurzer englischsprachiger Sketch, der immer zu Silvester im Fernsehen kommt. In den englischsprachigen Ländern ist er völlig unbekannt. Man findet den Film auch im Internet.

2 Akkusativ oder Dativ? Markieren Sie das passende Pronomen.

1. Dieses Jahr werde ich *mir* / *mich* kein Silvesterfeuerwerk mehr kaufen.
2. Ich habe *mir* / *mich* an Silvester in meinen neuen Nachbarn verliebt.
3. Im neuen Jahr will ich *mir* / *mich* weniger Stress machen und ruhiger leben.
4. Bisher habe ich *mir* / *mich* fast immer an Silvester erkältet.

Die Deutschen geben jedes Jahr etwa 130 Millionen Euro für Feuerwerkskörper (**Böller** und **Raketen**) aus. Es kommt an Silvester regelmäßig zu Bränden und Verletzungen, und es wird so viel Feinstaub produziert wie durch den Autoverkehr in Deutschland in zwei Monaten.

3 Ergänzen Sie die Reflexivpronomen.

1. Mein Sohn freut __sich__ fast mehr auf Silvester als auf Weihnachten.
2. Am 1. Januar müssen wir ________ immer von der Silvesterparty erholen.
3. Wenn der Winter beginnt, freue ich ________ auf das Skifahren.
4. Ich konnte nie verstehen, dass ihr ________ über das langweilige Bleigießen gefreut habt.
5. Im Januar will ________ meine Tochter auf ihre erste Stelle bewerben.

Bleigießen: Man machte etwas Blei in einem großen Löffel über einer Kerze flüssig und gab es dann in kaltes Wasser. Aus den dabei entstehenden Figuren „las man die Zukunft". Aus gesundheitlichen Gründen ist Bleigießen seit 2018 nicht mehr erlaubt.

4 Schreiben Sie die Sätze.

1. Ich ärgere mich über die Geldverschwendung an Silvester.
sich ärgern | ich | über die Geldverschwendung an Silvester | .
2. ________________
sich beeilen | du | müssen | .
3. ________________
sich wünschen | wir | gegenseitig | alles Gute für das neue Jahr | .
4. ________________
sich duschen | ich | müssen | nachher | .
5. ________________
sich bewerben | ihr | können | auf die freie Stelle | .

5 Schreiben Sie die Sätze über sich und Ihre Freunde mit den Verben rechts.

sich ärgern
sich freuen
sich wünschen
sich erholen

Ich freue mich auf ... Mein ... wünscht sich ...

das **Reet** (nur Sing.): Eine Bezeichnung für Schilfrohr, eine Pflanze, die an Ufern bzw. auf nassem Boden wächst. Wenn das Schilfrohr getrocknet ist, benutzt man es in manchen Regionen von Deutschland zum Dachdecken (Reetdach bzw. Reetdachhaus). Die Reetdachdeckerei gehört seit 2014 zum immateriellen UNESCO-Weltkulturerbe.

6 Markieren Sie die reflexiven/reziproken Verben und die Reflexivpronomen.

Silvester in Deutschland

Ihr interessiert euch dafür, den Jahreswechsel in Deutschland zu feiern? Wir haben für euch einige Informationen und Tipps zusammengestellt.
Zu Silvester treffen sich viele Menschen privat zum Feiern, aber auch Veranstaltungen wie Silvesterkonzerte oder Silvestermenüs in Restaurants sind beliebt. Wenn ihr euch dafür interessiert, solltet ihr euch aber rechtzeitig um Karten oder Reservierungen kümmern. Besonders beliebt sind auch zentrale Feiern in größeren Städten, wo man sich gemeinsam um Mitternacht ein Feuerwerk anschauen kann. Unsere Redakteurin Janina war in Berlin: „Ich hatte mich sehr auf das Feuerwerk über dem Brandenburger Tor gefreut. Wenn ihr die Gelegenheit habt, euch das selbst anzuschauen – macht es! Es hat sich auf jeden Fall gelohnt!" Wenn du dir überlegst, selbst ein Feuerwerk zu machen, achte auf die Gesetze und Regeln: Zwar dürfen alle ab 18 Jahren am 31.12. und 1.1. Knaller bzw. Böller und Raketen zünden, aber nicht überall. Ihr müsst euch deshalb unbedingt informieren, wenn ihr euch nicht sicher seid. Zum Beispiel gibt es in Ostfriesland Gegenden mit Reetdachhäusern, hier ist Feuerwerk nicht erlaubt, weil sich das Reet leicht entzünden kann. Fragt doch mal Freunde, ob sie sich vorstellen können, den nächsten Jahreswechsel in Deutschland zu erleben. Vielleicht sehen wir uns ja dort!

das/die **Raclette**: Eigentlich ein Käse, der in der Schweiz und Frankreich hergestellt wird. Man bezeichnet damit aber auch ein Gericht, bei dem man verschiedene Gemüse- oder Fleischsorten und Raclettekäse auf den Tisch stellt. In der Tischmitte steht ein kleiner „Ofen". Jeder bekommt eine sehr kleine Pfanne und kann nach Wunsch etwas in die Pfanne tun, zuletzt kommt eine kleine Scheibe Raclettekäse drauf. Die Pfanne wird dann in den kleinen Ofen geschoben.

7 Setzen Sie die Pronomen links ein (1–7) oder ergänzen Sie sie (8–13).

dich • ~~euch~~ • mir • mir • sich • uns • uns

- ○ Habt ihr (1) euch an Silvester das Feuerwerk in der Innenstadt angeschaut?
- ● Nein, wir haben (2) ______ erst mit den Kindern beschäftigt und dann Raclette gemacht.
- ○ Das klingt gemütlich. Wir haben (3) ______ mal wieder gute Vorsätze ausgedacht ...
- ● Ach ja. Darüber mache ich (4) ______ auch immer Gedanken – aber dabei bleibt es dann auch.
- ○ Das kenne ich. Man sollte (5) ______ auch keine unmöglichen Ziele setzen.
- ● Ehrlich gesagt lese ich lieber die Zukunft und nehme (6) ______ nichts bewusst vor.
- ○ Aha ... Und wie machst du das? Stellst du (7) ______ vor den Spiegel und sprichst mit ihm?
- ● Unsinn! Informier (8) ______ doch mal über Bleigießen. Das ist jetzt zwar verboten, aber wir haben (9) ______ eine gute Alternative ausgedacht: Wir nehmen einfach Wachs statt Blei.
- ○ Oh, eine tolle Idee. Und hast du (10) ______ deine Zukunft in Wachs angeschaut?
- ● Naja, das Wachs hat (11) ______ zu einer seltsamen Figur geformt. Ehrlich gesagt frage ich (12) ______ heute noch, was das sein sollte.
- ○ Vielleicht solltest du (13) ______ vornehmen, mal zum Optiker zu gehen?

der **Vorsatz**, ¨-e, sich etwas vornehmen: Wenn man plant, etwas zu tun, sagt man auch *Ich nehme mir vor, ...* Ein *Vorsatz* ist eine *Absicht*, etwas zu tun. Besonders zum Jahreswechsel überlegen viele Leute, was sie im nächsten Jahr machen bzw. anders machen wollen, sie haben *(gute) Vorsätze fürs neue Jahr.*

das **Wachs**, -: Wachs ist ein bestimmter Stoff, der z. B. von Bienen zum Bau ihrer Bienenwaben (ihrer „Wohnungen") benutzt wird. Auch Kerzen sind aus Wachs.

8 Ergänzen Sie die Reflexivpronomen, wo es nötig ist.

VORSÄTZE FÜR DAS NEUE JAHR

A

Für das neue Jahr haben wir (1) uns vorgenommen, mehr Sport zu treiben. Wir haben (2) _____ am Silvesterabend die Hand darauf gegeben und wir wollen (3) _____ das auch unbedingt tun. Man muss ja fit bleiben und kann (4) _____ nicht immer nur ausruhen.
Wir haben (5) _____ gefragt, welche Sportart wir (6) _____ am besten zusammen machen könnten, und als erstes ist (7) _____ Radfahren eingefallen. Wir bewegen (8) _____ einfach gerne draußen. Mal sehen, ob das wirklich klappt und wir (9) _____ an diesen Vorsatz halten.

(sich) **die Hand auf etwas geben**: Wenn man jemandem etwas verspricht, sagt man auch:
Ich gebe dir die Hand darauf!

B

Mein Vorsatz für das neue Jahr? Ich möchte (1) _____ öfter mit meinen Freundinnen verabreden. Wenn wir (2) _____ in den letzten Monaten getroffen haben, war es immer etwas hektisch. Ich kann (3) _____ zum Beispiel gut vorstellen, weniger zu arbeiten und (4) _____ dann natürlich auch weniger Geld zu verdienen. Aber dann müsste ich (5) _____ morgens nicht immer beeilen, um pünktlich ins Büro zu kommen. Ich könnte (6) _____ in Ruhe Frühstück machen und (7) _____ mehr um meine Hobbys kümmern. Das wäre super. Ich hoffe, ich kann (8) _____ umsetzen, was ich (9) _____ jetzt vornehme.

umsetzen: Mit diesem Verb drückt man aus, dass man etwas plant und es dann auch tut. Man fragt z. B.:
Wie willst du diesen Plan umsetzen?

C

Ich mache (1) _____ gerne Sport, meine Frau bewegt (2) _____ auch gerne, nur unsere Kinder haben (3) _____ immer über unseren Urlaub beschwert: „Papa, können wir (4) _____ nicht einfach mal an den Strand legen wie andere Familien auch? Ohne dass du (5) _____ einen Jetski oder so was ausleihst!" Also ist unser Vorsatz, im neuen Jahr einen ruhigen Strandurlaub auf Spiekeroog zu machen. Als ich (6) _____ das Freunden erzählt habe, haben sie (7) _____ nur angeschaut und gemeint: „So einen Vorsatz hätte ich auch gerne." Aber sie können (8) _____ halt nicht vorstellen, dass meine Frau und ich (9) _____ am Strand einfach nur langweilen werden. Meine Frau und ich trösten (10) _____ damit, dass wir ja mal ohne die Kinder an einem Triathlon teilnehmen können. Ach, das ist auch ein guter Vorsatz fürs neue Jahr – ich erkundige (11) _____ gleich mal, wann bei uns in der Nähe ein Triathlon stattfindet.

Spiekeroog: eine ostfriesische Insel vor der Küste von Niedersachsen. Auf dieser Insel dürfen keine Autos fahren (mit Ausnahme von z. B. Krankenwagen). Mehrere deutsche Bundespräsidenten haben Urlaub auf Spiekeroog gemacht: Gustav Heinemann, Richard von Weizsäcker und besonders oft war Johannes Rau mit Familie auf Spiekeroog.

der **Triathlon**: Eine Sportart bzw. ein Wettbewerb, der aus drei Sportarten besteht: Schwimmen, Radfahren, Laufen.

D

Also, ich sollte (1) _____ mehr um meine Gesundheit kümmern. Das sagt auch meine Frau, ich glaube, sie macht (2) _____ Sorgen um mich. Erst mal muss ich (3) _____ informieren, was ich am besten essen sollte. Ich kann (4) _____ zwar vorstellen, dass ich (5) _____ etwas gesünder ernähre, aber ich mag Kuchen und Pudding so gerne! Ich kann (6) _____ wirklich nicht vorstellen, dass ich (7) _____ nie wieder etwas Süßes essen soll. Aber vielleicht mache ich (8) _____ da zu viele Gedanken und sollte (9) _____ erst mal anfangen, etwas zu ändern. Es wäre auch gut, wenn ich (10) _____ mehr bewege, meine Frau und ich wollen (11) _____ nächste Woche mal Fahrräder ansehen und vielleicht kaufe ich (12) _____ gleich eins.

sich (zu viele) **Gedanken machen**: Wenn man (zu) viel über etwas nachdenkt und sich auch Sorgen macht, sagt man z. B.:
Ich mache mir Gedanken über die Zukunft.

→ online

16 Die Verben *legen – liegen, stellen – stehen, setzen – sitzen, hängen – hängen*

Deine Hausschuhe **stehen** nicht unter dem Sofa.
Vielleicht hast du sie unters Bett **gestellt**.

Das Verb *hängen* kann sowohl Bewegung als auch Zustand beschreiben.

Nach *legen/stellen/setzen* stehen oft die Präpositionen **auf**, **hinter**, **in**, **neben**, **unter**, **zwischen**. *hängen* wird oft verwendet mit **an**, **in**, **über**.

→ Wechselpräpositionen, S. 148

Bewegung →

Die Verben *legen, stellen, setzen* und *hängen* beschreiben eine Bewegung →.
Nach der Präposition steht eine Akkusativergänzung

Sie **legt** das Buch auf **den** Tisch.

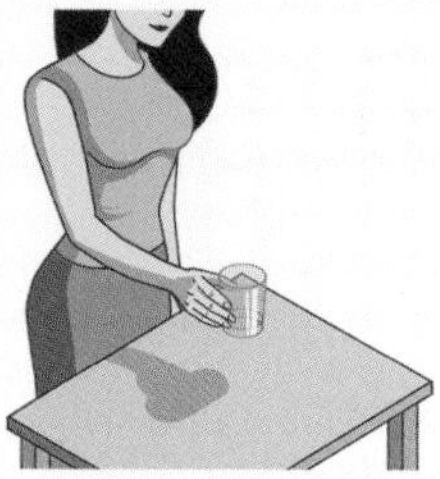

Sie **stellt** ein Glas auf **den** Tisch.

Sie **setzt** sich auf **den** Stuhl.

Sie **hängt** das Bild an **die** Wand.

Die Verben *legen, stellen, setzen* und *hängen* als Bewegung sind regelmäßig:
legen/legte/gelegt – stellen/stellte/gestellt – setzen/setzte/gesetzt – hängen/hängte/gehängt

● Hast du meinen Mantel in den Schrank **gehängt**?
○ Nein, ich habe ihn auf das Bett **gelegt**.

Zustand ●

Die Verben *liegen, stehen, sitzen* und *hängen* beschreiben einen Zustand ●.
Nach der Präposition steht eine Dativergänzung.

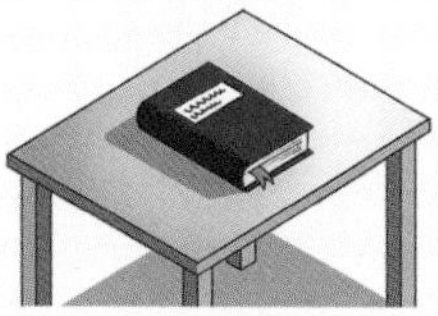

Das Buch **liegt** auf **dem** Tisch.

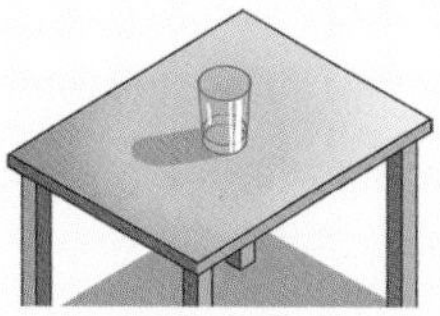

Das Glas **steht** auf **dem** Tisch.

Sie **sitzt** auf **dem** Stuhl.

Das Bild **hängt** an **der** Wand.

Die Verben *liegen, stehen, sitzen* und *hängen* als Zustand sind unregelmäßig:
liegen/lag/gelegen – stehen/stand/gestanden – sitzen/saß/gesessen – hängen/hing/gehangen

Zustand ● Hat hier nicht ein Bild **gehangen**?
Bewegung ○ Ja, das habe ich jetzt ins Schlafzimmer **gehängt**.

20

1 Welches Verb passt zu den Bildern? Schreiben Sie.

hängen
hängen
~~stehen~~
liegen
legen
stellen
sitzen
(sich) setzen

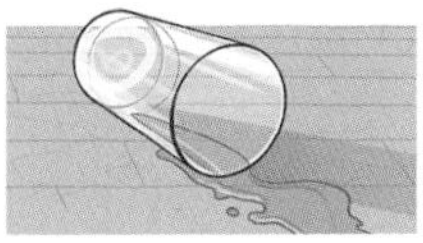

1. stehen 2. ________ 3. ________ 4. ________

5. ________ 6. ________ 7. ________ 8. ________

2 Bewegung oder Zustand? Markieren Sie das jeweils passende Verb.

1. Ich habe deine Brille auf den Tisch im Wohnzimmer *gelegt* / *gelegen*.
2. Nach dem Essen *legt* / *liegt* sich mein Mann immer 10 Minuten auf unser Sofa.
3. *Stell* / *Steh* die Teller bitte auf den Tisch und *leg* / *lieg* die Messer rechts neben die Teller.
4. Wir *stehen* / *stellen* noch im Stau und kommen etwa 30 Minuten später.
5. Möchten Sie sich nicht *setzen* / *sitzen*? Danke, ich habe drei Stunden im Zug *gesetzt* / *gesessen*.
6. Im Bundesligaspiel Bayern gegen Schalke *stellt* / *steht* es zur Halbzeit 1 zu 1.
7. München *liegt* / *legt* im Süden von Deutschland.
8. Gestern *hängte* / *hing* in unserem Bad eine riesige Spinne von der Decke.

Die **Bundesliga** ist die höchste Spielklasse im Fußball und anderen Sportarten in Deutschland. Die Fußballbundesliga gibt es seit 1963. In dieser Liga spielen 18 Teams um die deutsche Meisterschaft. Ein Fußballspiel dauert 90 Minuten. Es werden zwei Halbzeiten mit je 45 Minuten gespielt. Bei längeren Unterbrechungen des Spiels gibt es Nachspielzeiten.

3 Ergänzen Sie die Sätze.

1. • Wo liegt ________ meine Brille? ○ Ich habe sie auf deinen Nachttisch g________.
2. • Wohin wollen wir das Bild h________? ○ Ich habe es schon ins Wohnzimmer g________.
3. • S________ du bitte die Butter in den Kühlschrank? ○ Sie S________ schon im Kühlschrank.
4. • Dein Pullover l________ schon wieder auf dem Boden. ○ Ich l________ ihn gleich weg.
5. • S________ dich nicht auf den Stuhl, er ist kaputt. ○ Oh, ich habe gestern drauf g________.

Auf Deutsch ist die **Brille** Singular.

eine Brille

zwei Brillen

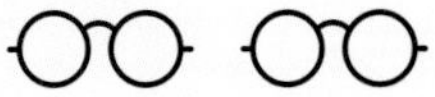

4 In Ihrer Wohnung – Schreiben Sie wie im Beispiel.

Mein Bett steht im Schlafzimmer. Meinen Fernseher habe ich auch ins Schlafzimmer gestellt.
In der Küche ...

5 Ergänzen Sie die passende Form von *liegen*, *stehen*, *sitzen*, *hängen*.

die **Garderobe**, -n: hier eine Möglichkeit, Kleidung (vor allem Jacken und Mäntel) aufzuhängen oder ein separater Raum in einer Wohnung bzw. einem Haus für Bekleidung. Ein kleiner separater Raum für Bekleidung wird auch *begehbarer Kleiderschrank* genannt.

Kleine Änderung – große Wirkung

Ihre Wohnung gefällt Ihnen nicht mehr? Sie haben das Gefühl, dass die Möbel am falschen Platz (1) __________? Ihre Jacken (2) __________ auf dem Bett, weil die Garderobe zu klein ist? An der Wand (3) __________ kein Bild, weil Sie sich nicht für ein Motiv entscheiden können? Sie (4) __________ nicht gerne am Küchentisch, weil der Raum so dunkel ist?
Manchmal ist es ganz leicht, etwas zu ändern – wir haben einige Tipps für Sie.

6 Ergänzen Sie die passende Form von *legen*, *stellen*, *setzen*, *hängen*.

das **Baukastensystem**, -e: wenn man einzelne Teile auswählen und so etwas selbst zusammenstellen kann (hier z. B. die Teile eines Schranks).

Zum Beispiel gibt es günstige Möbel im Baukastensystem, die leicht sind und die Sie einfach mal an einen anderen Platz (1) __________ können. Wenn Sie einen leeren Bilderrahmen an die Wand (2) __________, können Sie Ihre eigenen Fotos verwenden und auch öfter mal das Motiv tauschen – ganz wie es zu Ihrer Einrichtung, der Jahreszeit oder Ihrer Stimmung passt. Und einen weiteren Tipp hat uns ein Leser gegeben: „Wir haben uns gar nicht mehr gerne ins Wohnzimmer (3) __________, weil wir die Farbe des Sofas furchtbar finden. Vor 20 Jahren war dunkelgrau mal modern, aber jetzt? Ein neues können wir uns aber nicht leisten, deshalb hat meine Frau einfach ein paar bunte Decken auf das Sofa (4) __________. Jetzt ist es bunt und ich (5) __________ mich wieder gerne darauf."

7 Akkusativ oder Dativ? Ergänzen Sie die Artikel.

- ● Gestern hat der Kellerschlüssel noch auf (1) __________ Kommode gelegen, aber jetzt ist er nicht da. Kannst du mir sagen, wohin du (2) __________ Schlüssel gelegt hast?

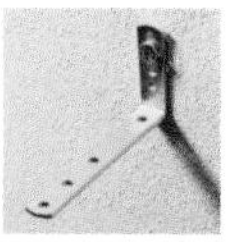

- ● Hast du eigentlich schon das neue Bild an (3) __________ Wand gehängt?
- ○ Nein, an (4) __________ Wand hing das Bücherregal und ich muss erst die Löcher schließen.

- ● Auf (5) __________ Tisch stand doch gestern die Vase, die uns meine Mutter geschenkt hat …
- ○ Ähm, ja, ich habe sie in (6) __________ Keller gestellt, die gefiel mir nicht.

- ● Neulich habe ich bei dir auf (7) __________ Sofa gesessen, das war unglaublich bequem!
- ○ Ja, als ich mich im Möbelhaus auf (8) __________ Sofa gesetzt habe, wusste ich sofort, dass ich es kaufen will.

8 Ergänzen Sie die Verben rechts in der passenden Form.

hängen • hängen • hängen • hängen • legen • liegen • liegen • stehen • stehen • stehen • stellen • stellen • stellen • stellen • stellen

Karens Blog: Mein Leben und ich

Endlich eine neue Wohnung

Max und ich sind ja neulich umgezogen. Und wir hatten einige Diskussionen darüber, wie wir die neue Wohnung einrichten sollen.
Ich habe mal einige Sachen aufgeschrieben, über die wir gesprochen haben. Zum Beispiel ging es gleich los damit, dass ich eine super Idee für unseren neuen Balkon hatte.

Ich: Also, ich glaube, ich (1) __________ ein Planschbecken auf unseren neuen Balkon.
Er: Bloß nicht! Du hast auf unseren letzten Balkon ein Trampolin (2) __________, und das ist nicht gut gegangen!
Dazu muss ich euch sagen, dass in unserer letzten Wohnung Max' Basketballkorb in unserem Schlafzimmer (3) __________ hat. Natürlich wollte ich dann ein Trampolin auf den Balkon (4) __________, das versteht ihr doch, oder? Naja, es ging dann so weiter:
Er: Ich glaube, ich (5) __________ das Foto von meiner Mutter ins Badezimmer.
Ich: Wie bitte? Das (6) __________ du auf keinen Fall ins Badezimmer. Ehrlich gesagt, ich möchte es an gar keine Wand in unserer Wohnung (7) __________.
Er: Dann (8) __________ ich aber wenigstens den Teppich in den Flur, den sie uns geschenkt hat.

Ich: Das hässliche Ding? Aber gut, im Flur ist wenig Licht, wenn er da (9) __________, sieht man ihn fast nicht.
Ich weiß nicht, ob ich es euch mal berichtet hatte, aber der Teppich ist orange mit grünen Punkten. Furchtbar! Der Teppich hat auch schon in unserer alten Wohnung (10) __________, allerdings unter dem Sofa.
Und apropos furchtbar: Meine Eltern haben uns zum Umzug einen modernen Sessel geschenkt, der ist mindestens genauso furchtbar. Total hässlich und unbequem. Im Moment (11) __________ er auch im Keller und nicht in der Wohnung, aber wenn meine Eltern demnächst zu Besuch kommen, müssen wir ihn ins Wohnzimmer (12) __________. Ich hoffe, er geht nicht kaputt, wenn er ein paar Wochen im Keller (13) __________ hat, unser Keller ist nämlich feucht, manchmal (14) __________ auch Wasser auf dem Boden. Andererseits: Wenn der Stuhl kaputt geht, können wir ihn zum Sperrmüll (15) __________ und sind ihn los. Das wäre ganz praktisch.
Naja, jetzt ist erst mal alles in Ordnung und wir freuen uns über die neue Wohnung.

das **Planschbecken**, -

das **Trampolin**, -e

der **Sperrmüll** (nur Sing.): Große (= sperrige) Dinge, die zu groß für die Mülltonne sind, werden von einer besonderen Müllabfuhr abgeholt. Man muss diesen Müll anmelden und einen Termin für die Abholung vereinbaren. Die Abholung ist kostenlos.

→ online

17 Besondere Verben

Tastatur auf Schweizerdeutsch

In der Schule **lässt** man uns nicht Dialekt **sprechen**.
Wir müssen Hochdeutsch sprechen.

→ Hochdeutsch, S. 78

Wahrnehmungsverben und Bewegungsverben + Infinitiv

Nach diesen Verben steht oft ein zweites Verb im Infinitiv.

→ Infinitiv mit *zu*, S. 230

Verben der Wahrnehmung: hören, sehen, fühlen, spüren ...
Verben der Bewegung: gehen, laufen, fahren, bleiben ...

● Mein neuer Kollege spricht bayerischen Dialekt.
○ Wirklich? Ich habe ihn noch nie Dialekt **sprechen** **hören**.

● Ich **gehe** jeden Donnerstag Fußball **spielen**.
○ Echt? Ich habe dich noch nie im Leben Fußball **spielen** **sehen**.

Mein Sohn wohnt in Italien, aber er **kommt** mich jedes Jahr zweimal **besuchen**.

lassen

nicht selbst machen	Rita **lässt** im Sommer den Balkon (Akk.) **renovieren**. Ich habe mir (Dat.) die Haare (Akk.) von meiner Freundin **schneiden lassen**.
erlauben/verbieten nicht stören	Ich **lasse** dich (Akk.) Computer spielen, aber nicht mehr als eine Stunde! **Lassen** Sie mich (Akk.) bitte **ausreden**! **Lass** mich (Akk.) in Ruhe!
nicht mitnehmen	Ich **lasse** mein Auto (Akk.) lieber **stehen** und fahre mit der Straßenbahn.
freundlich auffordern	**Lass** uns (Akk.) anfangen, wir können nicht länger warten.

lassen - sie lässt - sie ließ - sie hat gelassen/lassen
werden - sie wird - sie wurde - sie ist geworden

→ Liste der unregelmäßigen Verben, S. 264

	lassen	werden		lassen	werden
ich	lasse	werde	wir	lassen	werden
du	lässt	wirst	ihr	lasst	werdet
er/es/sie	lässt	wird	sie/Sie	lassen	werden

Als Vollverb drückt *werden* einen Prozess oder eine Veränderung aus.
Als Hilfsverb bildet *werden* mit einem anderen Verb das Futur oder das Passiv.

werden

Vorgang/Prozess	Meine Tochter **wird** Deutschlehrerin. Von Kaffee **wird** mir schnell schlecht.
Futur	Im nächsten Jahr **werde** ich einen Sprachkurs in Schwyzerdütsch **machen**.
Passiv	In der Schweiz **werden** vier Sprachen und sehr viele Dialekte **gesprochen**. Das erste Auto **wurde** 1881 in Mannheim der Öffentlichkeit **vorgestellt**.

→ Futur, S. 48
→ Passiv, S. 56

Die Schweizer Dialektvarianten des Deutschen heißen Schwyzerdütsch.

1 Wahrnehmungs- und Bewegungsverben – Schreiben Sie die Sätze.

1. Ich gehe am Wochenende Fahrrad fahren.
   Ich | Fahrrad fahren | gehen | am Wochenende | .
2. ____________________
   Ich habe | sprechen | hören | noch nie jemanden | Plattdeutsch | .
3. ____________________
   Ich | bleiben | sitzen | ein wenig in der Sonne | .
4. ____________________
   Wir | fahren | einkaufen | meistens am Samstag | .
5. ____________________
   Ich habe | sehen | spielen | gestern | meine Tocher | Tennis | .

Plattdeutsch nennt man verschiedene Dialekte in Norddeutschland, die dem Holländischen sehr nahe sind.

Plattdeutsch

Ik heff di leev.

Hochdeutsch

Ich hab dich lieb.

2 Welcher Satz links passt zu welchem Satz rechts? Ordnen Sie zu.

1. Bitte stören Sie mich nicht.	__ a) Wir können Sie leider nicht reinlassen.
2. Ich hole meine Sachen morgen ab.	__ b) Ich lasse mein Auto stehen.
3. Die Vorstellung ist komplett ausverkauft.	__ c) Ich lasse meinen Koffer heute hier stehen.
4. Ich gehe zu Fuß zur Arbeit.	__ d) Lass uns nach Hause gehen.
5. Wir müssen langsam los, es ist spät.	1 e) Lassen Sie mich bitte in Ruhe. Ich muss arbeiten.

3 Schreiben Sie die Passivsätze neu. Verwenden Sie *lassen* wie im Beispiel.

1. Mein Fahrrad wird repariert.	Ich lasse mein Fahrrad reparieren.
2. Saschas Wohnung wird renoviert.	Sascha
3. Unsere Küche wird frisch gestrichen.	Wir
4. Meine Festplatte wird neu formatiert	Ich
5. Oles Internetanschluss wird geprüft.	Ole

4 Verbinden Sie 1–5 und a–e.

1. In Deutschland wird	__ a) auch von gebildeten Menschen gesprochen.
2. Früher wurde der Dialekt	__ b) die Dialekte vielleicht ganz verschwinden.
3. In ein paar Jahrzehnten werden	__ c) viele regionale Varianten benutzt.
4. Dadurch werden leider viele	1 d) immer weniger Dialekt gesprochen.
5. Für das Wort „Frikadelle" werden	__ e) schöne Wörter und Ausdrücke verloren gehen.

Ein Wort, vier Dialektvarianten:

Hochdeutsch:
die Frikadelle

Berlin:
die Bulette

Stuttgart:
das Fleischküchle

München:
das Fleischpflanzerl

Wien:
das Fleischlaberl

5 Was machen Sie selbst? Was lassen Sie machen? Schreiben Sie je drei Beispiele.

Meine Wäsche wasche ich selbst. Mein Auto lasse ich an der Tankstelle waschen.

6 Ergänzen Sie die Verben rechts.

aufsteigen • fühlen • gähnen • ~~gehen~~ • hören • hören • husten • klingeln • knabbern • nachschauen • rascheln • sehen • sehen • zukommen

Der Dieb

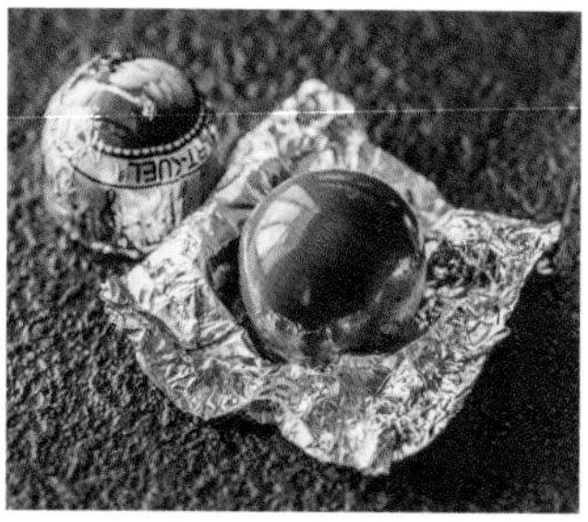

Im Urlaub in Salzburg hatten Margot und ich ein besonderes Erlebnis. Wir sind abends in Salzburg Mozartkugeln kaufen (1) gegangen. Am nächsten Morgen wollten wir sie probieren, aber die Schachtel war offen und leer! Ich fühlte Angst (2) ___________. War ein Dieb in der Wohnung? Ich habe die Polizei gerufen, was Margot verrückt fand. Sie fing an zu backen. Etwas später hörte ich es (3) ___________: „Dingdong!". An der Tür waren zwei Polizisten, der eine öffnete den Mund – und ich sah ihn (4) ___________. „Nur nicht hudeln!" sagte er. „Wie bitte?", entgegnete ich. Er winkte ab und fragte: „Was riecht denn so lecker?" Der andere Polizist schüttelte den Kopf: „Oh weh, ich sehe eine Katastrophe auf Sie (5) ___________. Mein Kollege liebt Mehlspeisen! Am liebsten mit Schlagobers und einer Melange! Aber zum Diebstahl. Haben Sie den Dieb reinkommen (6) ___________?" Margot antwortete: „Nein, aber ich habe ihn essen (7) ___________!" Der Polizist war irritiert: „Sie hören auch die Flöhe (8) ___________, oder?" Margot wurde sauer. „Ich habe ihn wirklich essen (9) ___________! Da ist das Geräusch wieder!" Der Polizist nickte. „Stimmt. Ich höre es im Mist (10) ___________. Ich gehe mal (11) ___________." Plötzlich kam etwas aus dem Eimer. „Da!", rief ich. „Ich habe etwas am Boden laufen (12) ___________!". Und dann fühlte ich etwas an meinen Zehen (13) ___________. Margot lachte: „Bevor du die Angst wieder in dir aufsteigen (14) ___________, schau mal: Das ist eine Maus." Die Polizisten lachten: „Sollen wir den Dieb verhaften?"

die **Mozartkugel**, -n: Eine österreichische Spezialität aus Marzipan, Nougat und Schokolade (siehe dazu auch S. 102).

hudeln: österreichisch und auch bayrisch für *(sich) beeilen*
die **Mehlspeise**, -n: österreichisch für *Süßspeise*
das **Schlagobers**: österreichisch für *geschlagene Sahne*
die **Melange**: österreichisch für *Milchkaffee*
der **Mist**: österreichisch für *Abfall, Müll*

die Flöhe husten hören: Man benutzt diesen Ausdruck, wenn man sagen will, dass jemand auch Kleinigkeiten wahrnimmt und wichtig findet. Oft drückt man damit auch aus, dass jemand schon Kleinigkeiten für ein Problem hält.

7 Markieren Sie *lassen* + Verb und ordnen Sie die Verwendung zu.

Dialekte – Geschichten aus dem Unterricht

Eine Schülerin von mir war nach Deutschland gekommen, und hat die deutsche Sprache in Mainz gelernt. Sie hat also etwa zwei Jahre lang alle Menschen Mainzer Dialekt reden hören. Und lassen Sie mich auch sagen: Ihre Lehrerin in ihrem ersten Deutschkurs hat auch Dialekt gesprochen. In meinem Kurs hat sie zum ersten Mal jemanden Hochdeutsch reden hören. In einer Pause kam sie dann mit einer Grammatik-Frage zu mir. Sie hat mich erst antworten lassen, bevor sie fragte: „Entschuldigung, aber woher kommen Sie eigentlich? Sie sprechen einen so komischen Dialekt." Ich habe wahrscheinlich erst mal den Mund offenstehen lassen, weil mich die Frage so überrascht hat. Dann habe ich mich gefragt: Lasse ich diese Schülerin glauben, dass ich einen Dialekt spreche? Natürlich nicht! Aber ich war neugierig und habe gefragt: „Ihre letzte Deutschlehrerin hat Sie immer Ihren leichten Dialekt sprechen lassen?" Nun schaute mich die Schülerin mit großen Augen an: „Ich spreche Dialekt?" Dann mussten wir beide lachen. Anschließend habe ich sie eine Aufgabe machen lassen, in der es um Dialekt ging. Das fand sie sehr interessant. Sie spricht bis heute im Unterricht den leichten Dialekt – den kann sie nicht zu Hause lassen.

nicht selbst machen: ___________

erlauben / verbieten: ___________

nicht stören: lassen ... sagen

nicht mitnehmen: ___________

das **Hochdeutsch**: So nennt man umgangssprachlich die deutsche Standardsprache, in der die Regeln für die Standard-Aussprache beachtet werden und es keinen besonderen Wortschatz gibt, den man nur in einer Gegend versteht. Vor allem in Niedersachsen spricht man überwiegend Hochdeutsch, es gibt aber auch hier oft regionale Dialekte. Nachrichtensprecher und Moderatoren im Fernsehen und im Radio sprechen auch Hochdeutsch. (siehe dazu auch Kap. 31).

8 Lesen Sie die Texte.

Angst vor Dialekten? Ihre Erfahrungen und Meinungen

a Markieren Sie *werden* + Verb und ordnen Sie die Verwendung zu.

Wir werden für ein Jahr nach Zürich ziehen, weil meine Frau dort für ein Schweizer Unternehmen arbeiten wird. Mir wird etwas mulmig, wenn ich an das Schweizerdeutsch denke. Ich weiß nicht, ob wir das verstehen werden. Meine Frau meint: „Das wird schon klappen." Sie ist sehr optimistisch, aber ich werde zur Sicherheit einen kleinen Kurs in Schweizerdeutsch machen. Der Kurs wird sogar von der Firma meiner Frau bezahlt. Ich hoffe, dass meine Frau sich am neuen Arbeitsplatz wohlfühlen wird.

Vorgang / Prozess: __________

Futur: werden ... ziehen

Passiv: __________

mir ist / wird mulmig: umgangssprachlicher Ausdruck dafür, dass man ein bisschen Angst hat.

das wird schon klappen: Man verwendet den Ausdruck, wenn man für etwas Zukünftiges Mut machen will.
Morgen habe ich meine Prüfung. – Keine Sorge, das wird schon klappen.

b Ergänzen Sie die Formen von *werden*.

Im Sommer (1) werden meine Frau und ich zusammen mit meiner Schwester und ihrem Mann Urlaub in Norddeutschland machen. Außerdem (2) __________ wir vielleicht noch unsere Tochter mitnehmen. Allerdings (3) __________ sie bald fünfzehn und hat keine Lust mehr auf Familienurlaub. Wir (4) __________ in eine Region fahren, wo Plattdeutsch gesprochen (5) __________. Das (6) __________ bestimmt interessant. Mein Schwager (7) __________ ein Wörterbuch „Deutsch – Platt" mitnehmen. Meine Schwester meint, dass wir Verständigungsprobleme haben (8) __________, aber das glaube ich nicht. Wenn wir Hochdeutsch sprechen, (9) __________ uns die Leute verstehen. Und immerhin kann ich auf Plattdeutsch fragen „Was muss ich bezahlen?", das heißt „Wat mutt ik laten?" Da (10) __________ nichts schiefgehen.

Die **Dialekte** in Deutschland unterscheiden sich teilweise sehr stark von Standarddeutsch, sodass man manche Dialekte auch als deutscher Muttersprachler nur schwer oder gar nicht verstehen kann.

c Ergänzen Sie die Verben rechts und die Form von *werden*.

Nächstes Jahr (1) werde ich hier in Graz meine Matura machen – so heißt in Österreich das Abitur. Leider weiß ich noch nicht, was ich (2) __________ __________, deshalb (3) __________ ich in den Ferien Praktika __________, um verschiedene Berufe kennenzulernen. Zuerst (4) __________ ich in Dresden in einem Restaurant __________. Die Arbeit in der Küche finde ich spannend und ich überlege, ob ich Koch (5) __________ __________. Dresden liegt in Deutschland, in Sachsen. Ich weiß, dass man dort Sächsisch spricht, und ich hoffe, dass ich alles (6) __________ __________. Ich habe gehört, dass vor allem die Aussprache anders ist. Naja, es (7) __________ schon __________.

arbeiten
klappen
~~machen~~
machen
sollen
sollen
verstehen

→ online

W WIEDERHOLUNG
Kapitel 12 bis 17

→ Passiv, S. 56

1 Schreiben Sie die Passivsätze in den angegebenen Zeitformen.

1. Ostern wird im Frühjahr gefeiert.
   Ostern | feiern | im Frühjahr (Präsens)
2. ____________________
   Adu | geboren | in Nigeria (Präteritum)
3. ____________________
   die Getränke | liefern | heute Morgen (Perfekt)
4. ____________________
   Ihr Testergebnis | zuschicken (Präsens)
5. ____________________
   unsere Homepage | überarbeiten | im Sommer (Präteritum)
6. ____________________
   mein Leserbrief | veröffentlichen | nicht (Perfekt)
7. ____________________
   die Abgabefrist | verlängern | um zwei Wochen (Perfekt)
8. ____________________
   der Schrank | bauen | in Frankreich (Präteritum)
9. ____________________
   mein Fahrrad | stehlen | gestern (Perfekt)
10. ____________________
    die Gesetze | diskutieren | im Bundestag (Präsens)

Bewerten Sie sich selbst:

→ Konjunktiv II, S. 60

2 Ratschläge, Vorschläge, Höflichkeit. Ergänzen Sie *sein*, *haben* und Modalverben im Konjunktiv II. Probleme? Links gibt es Hilfe.

dürfte • hätten • hättest • ~~könntest~~ • könntest • könntet • müssten • müsstet • solltest • wäre • wären

1. Könntest du mir morgen helfen?
2. Ich w__________ dir sehr dankbar, wenn du mir helfen k__________.
3. D__________ ich Sie mal etwas fragen?
4. Sie m__________ bitte etwas lauter sprechen.
5. Du s__________ die Texte genauer lesen.
6. Ich dachte, die Texte w__________ einfacher zu verstehen.
7. K__________ ihr uns morgen zum Bahnhof bringen?
8. H__________ Sie einen Moment Zeit für mich?
9. Ihr m__________ mal mit eurer Tochter sprechen.
10. H__________ du vielleicht einen Kuli für mich?

Bewerten Sie sich selbst:

3 Wünsche – Schreiben Sie die Sätze im Konjunktiv II.

→ Konjunktiv II, S. 60

1. Ich würde gerne bei einer Filmproduktion arbeiten.
ich | gerne | arbeiten | bei einer Filmproduktion
2. ______
mein Bruder | gerne | sein | Musiker
3. ______
wir | gerne | haben | noch viel mehr Spaß
4. ______
meine Freunde | gerne | sein | Schriftsteller
5. ______
Silke | gerne | mehr reisen
6. ______
du | gerne | machen | eine Fortbildung | ?
7. ______
wir | gerne | haben | mehr Ferien
8. ______
du | gerne | reisen | nach Afrika | ?

Bewerten Sie sich selbst:
☺ 😐 ☹

4 Nicht erfüllbare Wünsche und Bedingungen – Schreiben Sie die Wenn-Sätze wie im Beispiel.

→ Konjunktiv II, S. 60

1. Ich habe Zeit. Ich lerne kochen.
Wenn ich Zeit hätte, würde ich kochen lernen.
2. Er hat genug Geld. Er lebt auf den Malediven.
______
3. Sie ist talentiert. Sie wird Schauspielerin.
______
4. Wir haben genug Geld. Wir kaufen eine größere Wohnung.
______
5. Du bist schlau. Du hörst mit dem Rauchen auf.
______
6. Ihr habt Glück. Ihr gewinnt morgen im Lotto.
______
7. Ich lerne viel. Ich kann die Prüfung bestehen.
______
8. Sie trainiert jeden Tag. Sie gewinnt den Wettbewerb.
______
9. Du gehst früher schlafen. Du bist morgens nicht so müde.
______
10. Das Wetter ist gut. Wir machen eine Wanderung.
______

Bewerten Sie sich selbst:
☺ 😐 ☹

→ Verben und Kasus, S 64

5 Schreiben Sie die zwölf Verben in die Tabelle. Probleme? Links gibt es Hilfe.

In jeder Spalte sind es vier Verben.

~~antworten~~ • bauen • danken • erhalten • fahren • geben • gefallen • kündigen • leihen • schmecken • schenken • wünschen

mit Akkusativ	mit Dativ	mit Dativ und Akkusativ
	antworten	

Bewerten Sie sich selbst:

6 Verben und Kasus – Markieren Sie die richtigen Formen.

→ Verben und Kasus, S 64

1. Das Auto gehört *mich* / *mir* und *meine* / *meiner* Schwester.
2. Wir haben zu Hause *einen* / *einer* wunderschönen Balkon.
3. Ich wünsche *mir* / *mich* zum Geburtstag *ein* / *einen* schönen Kuli.
4. Können Sie bitte *diesen* / *dieses* Brief heute noch abschicken?
5. Kira hat *ihrem* / *ihren* Job gekündigt.
6. Kannst du *mir* / *mich* morgen *dein* / *deinem* E-Bike leihen?

Bewerten Sie sich selbst:

→ Verben und Kasus, S 64

7 Ergänzen Sie die Pronomen und Artikel in dem Beschwerdebrief. Probleme? Links gibt es Hilfe.

den • den • der • ein • ~~eine~~ •
einen • keinen • ~~Ihnen~~ •
Ihnen • Ihnen • mir • mir •
mir • Sie • Sie • Sie • Sie

Sehr geehrte Damen und Herren,

vor fünf Wochen habe ich (1) ___Ihnen___ (2) ___eine___ Bestellung für einen Wasserfilter geschickt. Der Filter kam aber nicht, wie (3) ________ auf der Homepage versprochen hatten, nach zwei Tagen an, sondern erst nach 16 Tagen. Beim Auspacken musste ich dann feststellen, dass (4) ________ (5) ________ (6) ________ falschen Filter geschickt haben. Ich habe (7) ________ Filter wieder verpackt und (8) ________ zurückgeschickt. Wenige Tage später haben (9) ________ (10) ________ dann erneut (11) ________ Paket geschickt und es war wieder nicht (12) ________ richtige Wasserfilter. Ich schicke (13) ________ das Paket noch heute wieder zurück und möchte nun (14) ________ weiteren Filter haben. Bitte überweisen (15) ________ (16) ________ (17) ________ bereits bezahlten Betrag zeitnah auf mein Konto zurück.

Mit freundlichen Grüßen

Reza Germann

Bewerten Sie sich selbst:

8 Reflexive Verben – Schreiben Sie die Sätze wie im Beispiel. Probleme? Rechts gibt es Hilfe.

→ Reflexive Verben, S. 68

euch • mich • sich • sich •
sich • uns

1. Er ärgert sich über den Konsumrausch an Weihnachten.
sich ärgern über | er | den Konsumrausch an Weihnachten
2. ______________________
sich freuen auf | seine Kinder | die Geschenke
3. ______________________
sich erkälten | wir | oft in der Silvesternacht
4. ______________________
sich erholen | ich | am 1. Januar
5. ______________________
sich wünschen | die Nachbarn | ein gutes neues Jahr
6. ______________________
sich treffen | ihr | an meinem Geburtstag

Bewerten Sie sich selbst:

9 Ort und Richtung – Markieren Sie die passenden Artikel und Verbformen.

→ *legen – liegen* ..., S. 72

1. ● Ich habe Ihnen die Bewerbungen auf *den / dem* Tisch *gelegt / gelegen*.
○ Die *legen / liegen* aber nicht auf *meinem / meinen* Tisch.
2. ● Können wir uns jetzt an *den / dem* Tisch *setzen / sitzen*, das Essen wird kalt.
○ Wir haben uns schon alle an *den / dem* Tisch *gesessen / gesetzt* und warten nur noch auf dich.
3. ● Ich möchte heute die Bilder in der neuen Wohnung an *die / der* Wand hängen.
○ In meinem Arbeitszimmer hängen schon Bilder an *der / die* Wand.

Bewerten Sie sich selbst:

10 *lassen* – Schreiben Sie die Sätze.

→ Besondere Verben, S. 76

1. Meine Wohnung wird renoviert. Ich lasse meine Wohnung renovieren.
2. Aylas Auto wird repariert. ______________________
3. Unsere Wohnung wird frisch gestrichen. ______________________
4. Oskars Festplatte wird neu formatiert. ______________________
5. Unsere Hochzeitskarten werden gedruckt. ______________________

Bewerten Sie sich selbst:

11 *Lass mich!* – Schreiben Sie die Sätze wie im Beispiel.

→ Besondere Verben, S. 76

1. in Ruhe lassen – (du) mich Lass mich in Ruhe!
2. arbeiten lassen – Sie / uns ______________________
3. schlafen lassen – (ihr) mich ______________________
4. die Nachrichten hören lassen – (du) / mich ______________________
5. den sonnigen Tag genießen – (ihr) / uns ______________________
6. spielen lassen – (du) / mich, Mama ______________________

Bewerten Sie sich selbst:

18 Nomen: Pluralformen

Die **Weißwurst** ist die berühmteste bayrische Spezialität.
- Ich hätte gerne drei **Weißwürste**.

Im Singular gibt es im Deutschen drei bestimmte Artikel:
der, das, die.
Im Plural gibt es nur einen Artikel: *die.*

→ Nomen: bestimmte und unbestimmte Artikel, S. 92

feminin = weiblich
maskulin = männlich
neutral = sächlich

¨ bedeutet, dass der Vokal im Plural wechselt:
a, o, u → ä, ö, ü

Im Deutschen gibt es viele unterschiedliche Pluralformen. In dieser Tabelle finden Sie die wichtigsten:

Beispiele	Pluralendungen	Anmerkungen
der Kollege - die Kollegen die Brezel - die Brezel**n** die Gabel - die Gabel**n** die Rechnung - die Rechnung**en**	-(e)n	alle Nomen auf *-e* viele Nomen mit dem Artikel *die* alle Nomen mit diesen Endungen: *-ung, -heit, -keit, -tät, -ion, -or*
die Köchin - die Köchin**nen** die Lehrerin - die Lehrerin**nen** die Kundin - die Kundin**nen**	-nen	alle femininen Berufs- oder Rollenbezeichnungen mit der Endung *-in*
das Brot - die Brot**e** die Wurst - die W**ü**rst**e**	(¨)-e	viele Nomen mit einer Silbe
das Glas - die Gl**ä**s**er** das Ei - die Ei**er**	(¨)-er	viele kurze Nomen mit dem Artikel *das*
der Löffel - die Löffel der Braten - die Braten die Mutter - die M**ü**tter das Brötchen - die Brötchen	(¨)–	viele Nomen auf *-el, -er, -en* alle Nomen auf *-chen*
das Steak - die Steak**s** das Taxi - die Taxi**s** der PKW - die PKW**s**	-s	viele Wörter aus dem Englischen viele Nomen auf *-a, -i, -y* fast alle Abkürzungen
das Dat**um** - die Dat**en** die Firm**a** - die Firm**en** das Vis**um** - die Vis**a**	andere Formen	oft bei Nomen aus dem Lateinischen oder Griechischen

der Bus – die Busse
das Thema – die Themen
der Kaktus – die Kakteen
das Praktikum – die Praktika
das Album – die Alben
der Modus – die Modi
das Antibiotikum – die Antibiotika

Keinen Plural haben meistens Nomen für etwas, das man nicht zählen kann:

- der Hunger, der Durst, der Sport, die Musik, die Literatur, die Liebe, das Wetter, das Klima ...
- das Obst, das Fleisch, die Milch, der Käse, das Gemüse, das Gold, das Plastik, die Polizei ...
- das Kochen, das Lesen, das Sprechen ...

Manche dieser Nomen bilden Komposita, wenn sie etwas Zählbares bezeichnen sollen:
der Sport - die Sportarten, der Käse - die Käsesorten, das Obst - die Obstsorten, das Plastik - die Plastiksorten, die Kleidung - die Kleidungsstücke

Ich mag Sport, aber nicht alle Sportarten. Schwimmen mag ich z. B. nicht.

Keinen Singular haben einige Ländernamen, geographische Namen und andere Sammelbegriffe:

- die USA, die Malediven, die Alpen, die Anden ...
- die Leute, die Eltern, die Möbel ...

22

1 Schreiben Sie die Nomen mit Artikel im Singular.

1. die Tische	der Tisch	6. die Brüder	
2. die Stühle		7. die Schwestern	
3. die Kartoffeln		8. die Onkel	
4. die Teller		9. die Praktika	
5. die Kellnerinnen		10. die Busse	

Am besten lernen Sie Nomen immer mit dem Artikel und der Pluralform.

die Wurst, ¨e

Ich hätte gerne zwei Weißwürste.

2 Welche Pluralformen haben einen Umlaut? Ergänzen Sie ¨.

die Würste	die Brote	die Apfel	die Garten	die Kunden
die Bucher	die Blumen	die Baume	die Fotos	die Arzte
die Huhner	die Hunde	die Vogel	die Katzen	die Fuße

3 Zählbar oder nicht zählbar? Welche Nomen haben keinen Plural? Markieren Sie.

das Obst	die Birne	die Kartoffel	der Zucker	die Brezel	das Mehl
der Hunger	die Mahlzeit	der Durst	das Getränk	die Musik	das Lied
das Gewürz	das Salz	das Fleisch	das Steak	das Geschirr	das Glas
der Chef	das Geld	die Übung	die Krankheit	der Schüler	der Erfolg

Kartoffeln gibt es in Europa seit dem 16. Jahrhundert. Aber erst im 18. Jahrhundert haben sie sich in Deutschland verbreitet. In seinem „Kartoffelbefehl" von 1756 zwang Friedrich von Preußen seine Bauern zum Kartoffelanbau.

4 Notieren Sie nun die Pluralformen zu den Nomen mit Plural aus Aufgabe 3.

die Birnen ______________________________

____

5 Ergänzen Sie die Sätze mit dem Nomen im Singular oder im Plural.

1. Meine Brüder (Bruder) und mein Vater kochen gerne.
2. Kauf bitte noch zwei ____________ (Brezel) und ein ____________ (Brot) ein.
3. Ich koche gerne mit vielen ____________ (Gewürz) und wenig ____________ (Salz).
4. Ich esse gerne ____________ (Obst). Am liebsten ____________ (Apfel).
5. Wie viel ____________ (Geld) zahlst du für die Wohnung?
6. Ich kann vor ____________ (Müdigkeit) kaum noch stehen.

die **Brezel** (schweizerisch auch: **Bretzel**), -n: Sie ist seit dem 15. Jahrhundert das Wahrzeichen der Bäcker und vor allem in Süddeutschland sehr beliebt. Sie wird gerne auch mit Butter gegessen.

6 Notieren Sie Personen und Dinge, die in Ihrem Leben im Plural wichtig sind.

die Blumen im Garten, meine Eltern, ...

Manche Nomen haben keinen Plural. Machen Sie dann in der Tabelle bei Plural einen Strich.

der **Ingwer** (nur Sing.): eine Pflanze, die man frisch oder getrocknet als Gewürz benutzt.

der **Eisschnee** (nur Sing.): in ganz kleine Stücke geschlagenes Eis, sodass es aussieht wie Schnee.

7 Markieren Sie die Nomen und ergänzen Sie die Tabelle.

Eine bayerische Spezialität

Im letzten Urlaub waren wir zum ersten Mal in München. Natürlich haben wir auch Weißwürste probiert. Mein Mann fand sie nicht so toll, aber ich mochte sie sehr. Deshalb wollte ich wissen, wie sie gemacht werden, und habe den Kellner in dem Restaurant gefragt. Er hat mir gesagt, woher sie sie bekommen, und dann bin ich zu der Metzgerei gegangen und habe gefragt. Der Mitarbeiter war sehr freundlich und hat uns erklärt, dass die wichtigste Zutat Kalbfleisch ist. Außerdem braucht man Speck und natürlich Gewürze, zum Beispiel Pfeffer und etwas Ingwer. Zu meiner Überraschung braucht man für die Herstellung auch noch Eisschnee – damit hatte ich nicht gerechnet. Die letzte Zutat wollte mir der Mitarbeiter nicht verraten, er sagte mit einem Augenzwinkern: „Das ist ein Geheimnis, nur mein Chef weiß das." Na, ob er da die Wahrheit gesagt hat? Egal: Das ist mein neues Lieblingsgericht.

Singular	Plural	Singular	Plural
Spezialität	Spezialitäten		
Urlaub			
M			
W	Weißwürste		

→ Hefe siehe Kapitel 12, S. 58

die **Prise**, -n: eine sehr kleine Menge von etwas, das man streuen kann (z. B. Salz oder andere Gewürze). Man nimmt z. B. eine Prise Salz mit Zeigefinger und Daumen und streut es dann ins Essen.

gehen lassen: So nennt man es, wenn man einen Hefeteig an einen warmen Ort stellt, damit die Hefe „arbeiten" kann. Die Teigmenge verdoppelt sich dadurch ungefähr.

die **Natronlauge**, -n: eine Flüssigkeit, in die bestimmte Backwaren (Laugengebäck) getaucht werden. Durch die Lauge bekommt das Gebäck die typische braune Oberfläche. Eine reine Natronlauge ist gefährlich und wird zum Reinigen benutzt, beim Backen verwendet man eine stark verdünnte Lauge (= mit viel Wasser).

8 Markieren Sie die nicht zählbaren Nomen und notieren Sie die Artikel.

Wie werden eigentlich Laugenbrezeln hergestellt?

Zuerst muss man einen Hefeteig aus Mehl, Wasser, Hefe, Salz und Zucker machen. Alle Zutaten sollten Zimmertemperatur haben. Die Hefe wird mit etwas Zucker im Wasser aufgelöst und dann zum Mehl gegeben. Dann kommt noch eine Prise Salz dazu und der Teig wird geknetet. Es gibt spezielle Küchenmaschinen oder auch Brotbackautomaten, mit denen man den Teig kneten kann. Aber man kann das auch einfach mit den Händen machen. Danach muss man den Hefeteig anderthalb bis zwei Stunden gehen lassen. Dann teilt man den Teig in kleine Stücke und formt aus den Stücken anschließend dünne Rollen und diese dann zu Brezeln. Man muss die Teiglinge – so nennt man „rohes" Gebäck, das noch nicht im Backofen war – dann kurz in Natronlauge tauchen. Jetzt kann man die Brezeln auf Backblechen in den heißen Ofen schieben – nach ungefähr 20 Minuten sind sie fertig.

der Hefeteig,

9 Ergänzen Sie die Nomen rechts im Plural.

- Schön, dass wir uns endlich hier in München treffen! Wie viele (1) Tage bleibst du eigentlich?
- ○ Wahrscheinlich drei, dann fahre ich zu meinen beiden (2) ____________ im Schwarzwald.
- Ach, wie schön!
- ■ Wusstest du eigentlich, dass man früher in (3) ____________ fast nichts zu essen kaufen konnte?
- Och nö, Johannes, diese (4) ____________ sind nicht so spannend.
- ○ Lass doch, ich finde das interessant!
- Das sagst du jetzt noch, warte ab ...
- ○ Also, warum konnte man hier früher kein Essen kaufen?
- ■ Das war so: In (5) ____________ wird auch eine Sorte Bier hergestellt, die man kühl lagern muss, das sogenannte untergärige Bier. Aber (6) ____________ gibt es ja noch nicht seit so vielen Jahren. Also, jedenfalls nicht in Deutschland. Wusstet ihr, dass es in der Hälfte aller (7) ____________ in den USA schon im Jahr 1937 solche (8) ____________ gab?
- Also, (9) ____________ wie du sind manchmal anstrengend! In welchem Lexikon hast das wieder gelesen? Die meisten Menschen lesen abends (10) ____________ oder andere (11) ____________, aber keine (12) ____________!
- ■ Na und? Ich lerne halt immer was dabei.
- ○ Zurück zu der Geschichte: Das Bier oder genauer gesagt die Bierfässer mussten kühl lagern ...
- ■ Genau, und deshalb haben die großen (13) ____________ in der Nähe der Isar (14) ____________ für die (15) ____________ angelegt. In der Nähe des Flusses blieb es auch bei hohen (16) ____________ im Sommer relativ kühl. Und dann haben sie (17) ____________ und (18) ____________ aufgestellt, damit die Leute dort Bier trinken konnten.
- ○ Und was hat das damit zu tun, dass die (19) ____________ keine (20) ____________ verkaufen durften?
- ■ Naja, diese Flächen in der Nähe der Isar waren sehr beliebt, und die kleinen (21) ____________ in der Stadt hatten kaum noch (22) ____________. Damit sie überhaupt noch eine Chance haben, gab es ein Gesetz, dass in den (23) ____________ an der Isar nur Brot verkauft werden durfte.
- Apropos: Sollen wir erst mal Brot und Obazda bestellen?
- ○ Okay. Ich verteile schon mal (24) ____________ und Besteck. Da sind ja (25) ____________ und (26) ____________ in dem Krug.
- Nee, lass mal, man nimmt einfach etwas Brot und tunkt das in den Obazda.

1. ~~Tag~~
2. Tante
3. Biergarten
4. Geschichte
5. Brauerei
6. Kühlschrank
7. Haushalt
8. Gerät
9. Besserwisser
10. Krimi
11. Roman
12. Lexikon
13. Bierbrauer
14. Keller
15. Fass
16. Temperatur
17. Tisch
18. Bank
19. Gastwirt
20. Speise
21. Brauerei
22. Kunde
23. Biergarten
24. Serviette
25. Messer
26. Gabel

der **Obazda**, **Obatzda**, -: eine Käsecreme, die früher aus Käseresten hergestellt wurde. Heute gibt es viele verschiedene Rezepte, meist kommt außer Käse auch Butter, Paprika und Kümmel in den Obazda.

tunken: Man benutzt dieses Verb besonders im Zusammenhang mit Essen, wenn man etwas Festes in etwas Flüssiges bzw. Flüssigeres „tut", z. B. tunkt man Brot in die Käsecreme oder Chips in einen Dip.

→ online

19

Deklination: Nomen und Personalpronomen

Als Ärztin brauche ich von **den Patienten** genaue Informationen über **ihre** Krankheitssymptome.

Die lateinischen Begriffe sind:
Numerus (Zahl), Genus (Geschlecht), Kasus (Fall).

Die grammatischen Geschlechter haben meistens nichts mit dem Geschlecht im Sinne von Männern und Frauen zu tun. So heißt es zum Beispiel *das Mädchen* obwohl dieses definitiv nicht neutral, sondern weiblich ist. Das grammatische Geschlecht kann auch regional unterschiedlich sein. So gibt es z. B. Dialekte, in denen man *der Butter* statt *die Butter* sagt.

Deklination der Nomen

Es gibt in der deutschen Grammatik	**2** Anzahlen:	Singular und Plural
	3 „Geschlechter“:	Maskulinum, Neutrum, Femininum
	4 Fälle:	Nominativ, Akkusativ, Dativ, Genitiv

	Singular			Plural			
	Maskulinum	Neutrum	Femininum				
Nominativ	der Arzt	das Haus	die Ärztin	die	Ärzte	Häuser	Ärztinnen
Akkusativ	den Arzt	das Haus	die Ärztin	die	Ärzte	Häuser	Ärztinnen
Dativ	dem Arzt	dem Haus	der Ärztin	den	Ärzten	Häusern	Ärztinnen

Medikamente werden von **Ärzten** verschrieben.
Kranke werden in **Krankenhäusern** behandelt.
Die Behandlung hängt von den **Untersuchungen** ab.

Wenn die Pluralendung schon *-n* bzw. *-en* ist, dann bleibt die Form im Dativ gleich.

Die n-Deklination

Einige Nomen bekommen im Akkusativ, Dativ (und Genitiv) ein *-(e)n*.
Es sind immer maskuline Nomen, meist mit diesen Endungen:

-e	der Kollege	**auch:**
-ist	der Internist	der Herr
-ent	der Patient	der Mensch
-ant	der Elefant	der Nachbar
-at	der Kandidat	

Nominativ	der Kollege	der Patient
Akkusativ	den Kollegen	den Patienten
Dativ	dem Kollegen	dem Patienten

Das ♥ bekommt im Dativ *-en*. Behalten Sie das im Herzen!

Deklination der Personalpronomen

Formen

Nominativ	ich	du	er	es	sie	wir	ihr	sie/Sie
Akkusativ	mich	dich	ihn	es	sie	uns	euch	sie/Sie
Dativ	mir	dir	ihm	ihm	ihr	uns	euch	ihnen/Ihnen

→ Verben und Personen, S. 8

Der Kasus der Personalpronomen hängt vom Verb oder von der Präposition ab.

→ Sätze mit Ergänzungen, S. 174

Gebrauch

Die Personalpronomen stehen für eine Person / Sache, die den Hörenden/Lesenden bekannt ist.

Ich besuche meinen Bruder. **Er** liegt im Krankenhaus. Gestern habe ich mit (+ Dativ) **ihm** telefoniert.
Meine Schwester hat bald Geburtstag. **Sie** wird 30. Ich schenke (+ Dativ) **ihr** ein Abo fürs Theater.
Mein Chef ist sauer, weil ich **ihn** kritisiert habe.

23

1 Schreiben Sie die Sätze mit den markierten Nomen im Plural.

1. Der Kranke wird vom **Arzt** untersucht. Der Kranke wird von den Ärzten untersucht.
2. Sie wird von der **Schwester** gepflegt. Sie wird von ______.
3. Ich diskutiere oft mit dem **Chef**. Ich diskutiere oft mit ______.
4. Meine **Freundin** ist **Lehrerin**. Meine ______ sind ______.

2 Die n-Deklination. Ergänzen Sie *-(e)n*, wo das notwendig ist.

1. Ich habe heute mit einem Journalisten über unseren Plan - gesprochen.
2. Er kann mit seinem Kollege___ ganz offen sprechen, aber mit seiner Kollegin___ nicht.
3. Wir haben jetzt eine Praktikantin___ und einen Praktikant___ in unserer Firma.
4. Wir mögen unseren Nachbar___ sehr. Er ist Student___.

3 Ergänzen Sie die Personalpronomen.

Dialog 1

- Guten Tag Frau Santos! Wie geht es (1) Ihnen?
- ○ Danke, (2) m______ geht es gut und (3) I______?
- Auch gut. Ich habe neulich mit Ihrem Mann gesprochen. Hat Georg es (4) I______ erzählt?
- ○ Nein, davon hat (5) e______ (6) m______ gar nichts erzählt.
- Ach? (7) W______ hatten ein sehr nettes Gespräch. (8) W______ haben viel gelacht.

Dialog 2

- Wo sind eigentlich Ayla und Antonia? Hast (1) d______ (2) s______ gesehen?
- ○ Nein, (3) i______ habe (4) s______ nicht gesehen. (5) S______ waren doch bei (6) d______ hier?
- Nein, hier waren (7) s______ nicht. Und ich muss dringend mit (8) i______ sprechen.
- ○ Warum rufst (9) d______ (10) s______ nicht an?
- (11) I______ habe ihre Handynummer nicht.
- ○ Ah, da kommen (12) s______ ja. Wo wart (13) i______ denn? Wir haben (14) e______ gesucht.
- (15) W______ haben nur schnell Kaffee für (16) u______ und für (17) e______ in der Kantine geholt.

das **Handy**, -s: kein englisches Wort, sondern ein deutsches Kunstwort für Mobiltelefone. Die Herkunft ist nicht bekannt. Bildung: englisch/deutsch *hand/Hand* + englische Endung *-y*.

4 Personalpronomen für Sie. Schreiben Sie Sätze wie im Beispiel.

Mein Vater ist 48 Jahre alt. Er tut alles für mich. Er hat mir viel geholfen.
Meine Mutter/Schwester/Freundin /Eltern ...

5 Ergänzen Sie die Wörter links im Plural.

1. ~~Patient~~
2. Zahnarzt
3. Kind
4. Besuch
5. Praxis
6. Kind
7. Wand
8. Spielsache
9. Buch
10. Sofa
11. Plastikstuhl
12. Behandlungsraum
13. Kinderlied
14. Farbe
15. Klang
16. Sohn
17. Tochter
18. Termin
19. Kind
20. Zahn

spielerisch: etwas nicht ganz ernst machen, etwas beim Spielen oder wie in einem Spiel machen. Man verwendet es oft im Zusammenhang mit Kindern, die etwas spielerisch lernen oder machen.

Beim Zahnarzt

Es gibt noch immer einige (1) Patienten, die Angst vor (2) ________ haben. Gerade bei (3) ________ werden (4) ________ beim Zahnarzt manchmal zum Problem. In einigen (5) ________ wie unserer hat man sich darauf spezialisiert, (6) ________ zu behandeln, und zwar fast spielerisch. Die (7) ________ sind bunt gestaltet und im Wartebereich gibt es (8) ________ und (9) ________ sowie zwei (10) ________. (11) ________ gibt es bei uns nicht. Außerdem läuft in den (12) ________ Musik. Das müssen keine (13) ________ sein, die Hauptsache ist, die Musik macht gute Laune.

Die meisten Eltern sind ganz begeistert von den (14) ________ und den (15) ________ in der Praxis und sie begleiten ihre (16) ________ und (17) ________ noch lieber zu den (18) ________. Mundhygiene ist wichtig und (19) ________ sollten früh lernen, dass es ganz selbstverständlich ist, sich die (20) ________ zu putzen.

6 Ersetzen Sie die Nomen durch Pronomen.

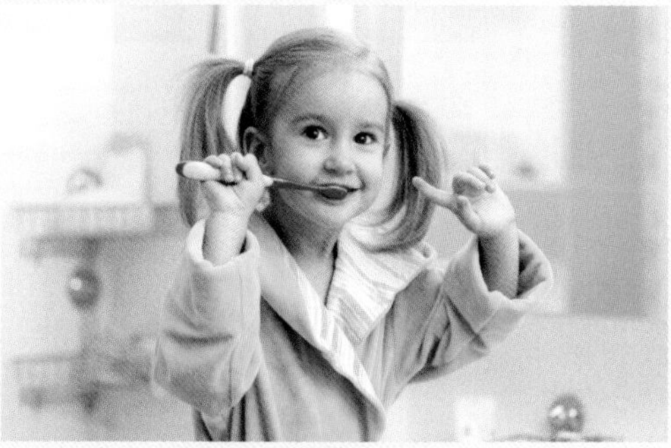

Die Kinder sind dann entspannter als in einer normalen Praxis und (1) (die Kinder) sie haben weniger Angst. Die erste Untersuchung ist spielerisch und (2) (die Untersuchung) ________ soll den Kindern erst mal Spaß machen. Ich zeige (3) (den Kindern) ________ zuerst alles im Behandlungsraum, auch den Bohrer, und sie dürfen (4) (den Bohrer) ________ natürlich auch mal anfassen. Dann spreche ich mit den Eltern und wenn (5) (die Eltern) ________ Fragen haben, beantworte ich (6) (die Fragen) ________ natürlich. Nach der Behandlung gebe ich den kleinen Patienten ein Geschenk, und (7) (die kleinen Patienten) ________ dürfen (8) (das Geschenk) ________ natürlich mit nach Hause nehmen. Übrigens bekommen die Kinder eine Zahnbürste. (9) (Die Zahnbürste) ________ ist besonders bunt und nicht so langweilig – mit (10) (der Zahnbürste) ________ macht das Putzen noch etwas mehr Spaß. Ein Mädchen hat mich gestern gefragt, wie man Zahnarzt wird, und ich habe es (11) (dem Mädchen) ________ erklärt. Das fand (12) (das Mädchen) ________ sehr spannend. Ich freue mich immer, wenn Patienten Interesse an dem Beruf haben.

die **Praxis**, Praxen: hier die Räume, in denen ein Arzt arbeitet.

Die Hände **wäscht** man, die Zähne **putzt** man.

der **Bohrer**, -: allgemein ein Werkzeug, mit dem man auch in feste Materialien Löcher machen (= bohren) kann.

(7) Ergänzen Sie in den Lücken 1–22 die Pronomen rechts. Im letzten Abschnitt entscheiden Sie selbst, welches Pronomen passt.

~~du~~ • du • er • es • es • ich • ich • ich • ich • ich • ihm • ihn • ihn • ihn • ihnen • ihr • ihr • mich • sie • sie • wir

lästig: nervig, störend

- Hast (1) _du_ einen guten Hausarzt? (2) ____ hatte leider etwas Pech mit meinen letzten beiden Hausärzten und war mit (3) ____ gar nicht zufrieden. Vor allem Herr Dr. Grob war nicht so toll ...

○ Oh, hast (4) ____ schlechte Erfahrungen mit (5) ____ gemacht?

- Naja, für (6) ____ sind Patienten wohl eher lästig, und als (7) ____ letztes Jahr so oft Kopfschmerzen hatte, hat (8) ____ (9) ____ nicht richtig ernst genommen.

○ Also, (10) ____ bin seit letztem Jahr bei Frau Günther, das ist eine ganz junge Ärztin und (11) ____ ist super. Und die Praxis ist gut gelegen, direkt vor (12) ____ gibt es auch eine Bushaltestelle.

- Prima, (13) ____ haben kein Auto mehr, Inge und (14) ____ haben (15) ____ verkauft. (16) ____ brauchen ja nur selten ein Auto und dafür war (17) ____ einfach zu teuer. Aber noch mal zu Frau Günther: Wie ist es mit einem Termin bei (18) ____? Muss man lange auf (19) ____ warten?

○ Meist bekomme (20) ____ innerhalb von 10 Tagen einen Termin, aber manchmal bekommt man (21) ____ auch erst in drei Wochen. Und die Mitarbeiterinnen sind sehr nett, (22) ____ kümmern sich wirklich ganz toll um die Patienten.

Eine Person, die bei einem Arzt bzw. einer Ärztin in der Praxis arbeitet und z. B. Termine macht, Blut abnimmt, heißt seit 2006 *medizinische/r Fachanstellte/r*. Bis 2006 hieß der Beruf *Arzthelfer/in*, aber diese Personen wurden oft **Sprechstundenhilfe** genannt. Diese Bezeichnung wird umgangssprachlich auch heute noch benutzt.

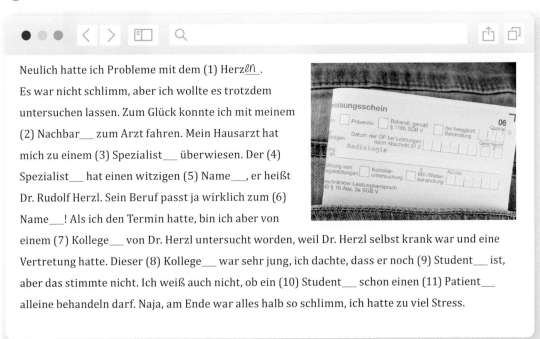

- Das hört sich gut an. Kannst (23) ____ (24) ____ vielleicht die Telefonnummer geben?

○ Ja, einen Moment, (25) ____ ist im Handy gespeichert.

- Danke (26) ____! Hoffentlich bin (27) ____ mit (28) ____ auch so zufrieden, wie (29) ____ es bist.

○ (30) ____ bin gespannt, was (31) ____ zu (32) ____ sagst. Ruf (33) ____ doch nach deinem ersten Termin mal an und erzähl, wie es war.

(8) Die n-Deklination. Ergänzen Sie *-(e)n*, wo es nötig ist.

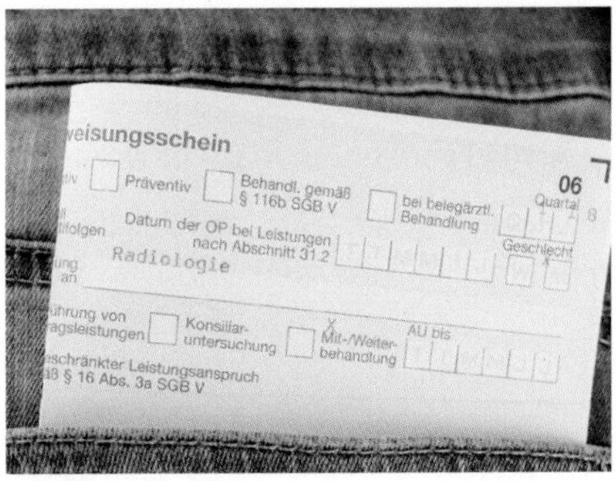

Neulich hatte ich Probleme mit dem (1) Herz_en_. Es war nicht schlimm, aber ich wollte es trotzdem untersuchen lassen. Zum Glück konnte ich mit meinem (2) Nachbar___ zum Arzt fahren. Mein Hausarzt hat mich zu einem (3) Spezialist___ überwiesen. Der (4) Spezialist___ hat einen witzigen (5) Name___, er heißt Dr. Rudolf Herzl. Sein Beruf passt ja wirklich zum (6) Name___! Als ich den Termin hatte, bin ich aber von einem (7) Kollege___ von Dr. Herzl untersucht worden, weil Dr. Herzl selbst krank war und eine Vertretung hatte. Dieser (8) Kollege___ war sehr jung, ich dachte, dass er noch (9) Student___ ist, aber das stimmte nicht. Ich weiß auch nicht, ob ein (10) Student___ schon einen (11) Patient___ alleine behandeln darf. Naja, am Ende war alles halb so schlimm, ich hatte zu viel Stress.

überweisen, die **Überweisung**, -en: Wenn man vom Hausarzt zum Spezialisten geschickt wird, bekommt man vom Hausarzt eine Überweisung.

halb so schlimm: umgangssprachlicher Ausdruck, wenn etwas nicht so schlimm ist, wie man vorher gedacht hat.

→ online

20 Nomen und Artikel: bestimmt – unbestimmt

● Möchtest du ein Bild kaufen?
○ Ja, das Bild mit der roten Figur ist toll.

→ Artikelwörter, S. 92
→ Possessivartikel, S. 96
→ Adjektive Deklination, S. 116

Formen

	Maskulinum	Neutrum	Femininum	Plural
Nominativ	der ein kein	das ein kein	die eine keine	die — keine
Akkusativ	den einen keinen	das ein kein	die eine keine	die — keine
Dativ	dem einem keinem	dem einem keinem	der einer keiner	den — keinen

Der unbestimmte Artikel *ein* hat keine Pluralform.

Im Akkusativ unterscheidet sich nur das Maskulinum vom Nominativ. Maskulinum hat ein *-n* am Ende.

Die Formen von Maskulinum und Neutrum sind im Dativ gleich. Das Femininum hat ein *-r* am Ende und der Plural ein *-n*.

Im Singular dekliniert man *kein* wie *ein*.
Im Plural dekliniert man *kein* wie *die* (Plural): ***die*** *-* ***keine****,* ***den*** *-* ***keinen****.*

Ich kenne deutsche Musiker*innen, aber keine Maler*innen.

→ Negation, S. 186

Mit dem * (Sternchen) kann man in einem Nomen männliche und weibliche Formen verbinden. Andere Konventionen dafür sind z. B.: Musiker/innen, MalerInnen, Verkäufer_innen.

Gebrauch

Der unbestimmte Artikel steht meist vor einer neuen Information.
Der bestimmte Artikel verweist auf eine schon bekannte Information.

1. neue Information	Das ist **eine** Skulptur.
2. bekannte Information	**Die** Skulptur zeigt
3. neue Informationen	**eine** Frau mit **einem** Kopfhörer.
1. bekannte Information	● Möchten Sie **die** Skulptur kaufen?
2. neue Information	○ Nein, ich möchte lieber **ein** Gemälde oder **eine** Fotografie.

Ohne Artikel verwendet man oft Nomen in diesen Fällen.

nicht zählbare Nomen	● Ich habe **Hunger** und **Durst**. ○ Du hast **Glück**, ich habe etwas zu essen da. Ich habe viel **Zeit**, aber ich brauche **Geld**. Ich male gern mit **Ölfarben** oder **Aquarellfarben**.
Name Beruf/Hobby	Ich heiße **Oskar** und das ist **Julia**. Ich bin **Ingenieurin** von Beruf. Ich spiele gern **Tennis** oder höre **Musik**.
Nationalität/Sprache	Sie ist **Deutsche** und spricht auch **Englisch** und **Arabisch**.
Material	Ist die Tasche aus **Leder** oder aus **Plastik**?

Ölfarben bestehen aus Ölen als Bindemitteln und Farb-Pigmenten, **Aquarellfarben** (Wasserfarben) bestehen aus wasserlöslichen Bindemitteln und Farb-Pigmenten. Ölfarben sind nach dem trocken stabiler als Wasserfarben.

24

1 Bevor Sie die Übungen auf dieser Seite machen, überlegen Sie bitte: Wie heißen die bestimmten Artikel zu diesen Nomen?

1. _die_ Skulptur	4. ____ Job	7. ____ Pizzeria	10. ____ Arbeitsstelle
2. ____ Künstler	5. ____ Fotografie	8. ____ Pizza	11. ____ Firma
3. ____ Bild	6. ____ Gast	9. ____ Salat	12. ____ Ausbildungsplatz

Lernen Sie Nomen immer mit Artikel. Nur wenn Sie den Artikel kennen, können Sie richtig deklinieren.

die Kunst, ⸚e

Er ist Künstler, aber er kann von der Kunst nicht leben.

2 Alles Akkusativ: Ergänzen Sie die Artikel zu den Nomen.

1. Hast du _das_ Bild gemalt?
2. Meine Freundin hat e____ Skulptur gekauft.
3. Viele halten Gerhard Richter für d____ bedeutendsten deutschen Künstler der Gegenwart.
4. E____ Bild von Gerhard Richter kann heute fast niemand mehr kaufen.
5. Wer Kunst sammelt, muss e____ gut bezahlten Job haben.
6. Ich habe k____ teuren Bilder an der Wand, nur Poster.

Gerhard Richter (*9.2.1932) ist Maler, Bildhauer und Fotograf. Bilder von ihm haben bei Auktionen Preise von über 30 Millionen Euro erzielt.

3 Alles Dativ: Schreiben Sie die Artikel zu den Nomen.

→ Sätze mit Ergänzungen, S. 174
→ Präpositionen, S. 140

1. Wir schenken d_em_ Chef und d____ Chefin e____ Fotografie.
2. Frau Huber zeigt d____ Gästen ihre Bildersammlung.
3. Mit e____ Bild von Max Ernst an der Wand wäre ich glücklich.
4. Dieses Bild gehört d____ Vater von e____ Freundin.
5. Ich empfehle d____ Gästen gerne unser vegetarisches Menü.

4 Akkusativ oder Dativ? Ergänzen Sie die Artikel.

→ Sätze mit Ergänzungen, S. 174

1. Dieses Haus gehört d_em_ Besitzer von e____ Pizzeria in d____ Stadt.
2. Beim Italiener esse ich am liebsten d____ Pizza Napoli mit e____ kleinen Salat.
3. ● Was wollen wir d____ Kunden in diesem Jahr zu Weihnachten schenken?
   ○ Wir könnten statt Geschenken e___ Spende an e___ Umweltprojekt machen.

5 Bestimmter Artikel, unbestimmter Artikel oder kein Artikel? Markieren Sie.

1. ● Wie findest du *das* / *ein* / – Bild?
   ○ Super, *das* / *ein* / – Bild wie dieses hätte ich auch gerne.
2. Die Industrie sucht zurzeit dringend *den* / *einen* / – Metallfacharbeiter. Martha hat deshalb sofort *die* / *eine* / – Arbeitsstelle bei *der*/ *einer* / – großen Firma gefunden.
3. Mein Freund sucht *einen* / *den* / – Job, aber bis heute hat er *die* / *keine* / – Stelle gefunden.
4. Thea sucht *den* / *einen* / – Ausbildungsplatz als Kauffrau.

Kauffrau / Kaufmann: Berufe, die sich mit dem Handel von Waren und Dienstleistungen beschäftigen (Bürokauffrau/mann, Diplomkauffrau/mann, Außenhandelskauffrau/mann, Betriebswirt/in).

städtisch: ein Museum, Theater etc., das von der Stadt betrieben wird. Es gibt auch Einrichtungen, die von einem Bundesland betrieben werden (z. B. Landesbibliothek) oder vom Staat (z. B. Staatsgalerie, Staatsoper).

Elisabeth Ahnert (1885-1966) war eine deutsche Künstlerin. Sie wurde in Chemnitz geboren.

Man benutzt das Verb **laufen** im Zusammenhang mit Veranstaltungen, wenn man sagt bzw. fragt, bis wann es diese Veranstaltung gibt, z. B.
Wie lange läuft „Romeo und Julia" noch? = Wie lange wird „Romeo und Julia" noch im Theater gezeigt?

6 Markieren Sie die Artikel: grün (Nominativ), rot (Dativ), blau (Akkusativ). Denken Sie auch an *kein*.

- Interessierst du dich eigentlich für Kunst?
- ○ Ja, aber ich war schon lange in keiner Ausstellung mehr. Ich hatte einfach keine Zeit.
- Dann habe ich einen Vorschlag: Im Städtischen Museum ist eine Ausstellung zu Elisabeth Ahnert.
- ○ Oh, der Name sagt mir gar nichts.
- Ehrlich gesagt hatte ich auch noch keine Werke von ihr gesehen, aber der Artikel in der Zeitung war spannend. Sollen wir die Ausstellung besuchen? Donnerstags ist sie auch am Abend geöffnet, das passt wahrscheinlich gut zu den Arbeitszeiten von dir, oder?
- ○ Ja, das klingt gut! Weißt du, bis wann die Ausstellung noch läuft?
- Das habe ich wieder vergessen, aber es gibt doch bestimmt eine Internetseite zu der Ausstellung.
- ○ Ja, klar. Es gibt ja heute für alles eine Internetseite.
- Auf der Internetseite zu der Ausstellung findet man sicher auch die Öffnungszeiten und die Eintrittspreise.
- ○ Bestimmt! Dann können wir den Besuch bald planen. Aber ich glaube, ich möchte vorher noch ein Buch oder einen Artikel über Elisabeth Ahnert lesen, damit ich nicht ganz dumm in die Ausstellung gehe.
- Oh, das ist eine gute Idee – ich glaube, das mache ich auch.

7 Setzen Sie die Artikel links ein (1–15) bzw. ergänzen Sie die unbestimmten Artikel in der passenden Form (16–21).

das • das • das • den • den • der • der • die • die • ein • ein • ~~einer~~ • kein • kein • keinen

- Gestern habe ich auf (1) einer Internetseite Werbung für (2) ____ Buch über deutsche Malerinnen des 19. und 20. Jahrhunderts gesehen.
- ○ Oh, (3) ____ Buch würde mich auch interessieren. Kannst du mir (4) ____ Titel sagen?
- Klar, ich schaue nachher auf (5) ____ Internetseite nach, ich finde (6) ____ Buch bestimmt wieder.
- ○ Super, aber es ist (7) ____ Problem, wenn du (8) ____ Buch nicht wiederfindest. In (9) ____ Stadtbibliothek können wir uns sicher auch ein Buch über Malerei ausleihen.
- Ach ja. Ich glaube aber, ich habe gar (10) ____ Ausweis mehr für (11) ____ Stadtbibliothek. Hast du (12) ____ Ausweis etwa noch?
- ○ Ja. Also, es ist jetzt (13) ____ elektronischer Ausweis, (14) ____ echter Ausweis mehr. Aber ich gehe ab und zu in (15) ____ Stadtbibliothek und leihe mir Bücher aus.
- Du hast recht. Ausleihen ist (16) ______ gute Alternative, man muss Bücher ja nicht immer gleich kaufen. Aber zurück zum Thema Kunst und unserem Museumsbesuch: Mach du doch (17) ______ Vorschlag, an welchem Tag wir gehen sollen. Ich bin flexibel.
- ○ Alles klar, ich muss mal in den Kalender schauen und dann nehme ich (18) ______ Woche, in der ich nicht so viel zu tun habe. Ich schicke dir dann (19) ______ Nachricht mit (20) ______ Terminvorschlag.
- So machen wir das. Ich freue mich wirklich schon auf den Ausflug!
- ○ Ich mich auch! Das war wirklich (21) ______ gute Idee.

die **Alternative**, -n: eine andere Möglichkeit, z. B. zu einem Plan oder einem Termin:
Samstag kann ich nicht in die Ausstellung, aber Sonntag wäre eine gute Alternative für mich.

8 Ergänzen Sie die bestimmten Artikel in der passenden Form.

(1) Der deutsche Maler Franz Marc wurde 1880 in München geboren und gehört zu (2) ______ wichtigsten expressionistischen Malern. Er starb 1916. Zu (3) ______ häufigsten Motiven auf (4) ______ Bildern von Franz Marc zählen Tiere. (5) ______ Gemälde wurden ab 1911 immer abstrakter. Zu (6) ______ bekanntesten Gemälden von Franz Marc gehört ein Bild, das blaue Pferde zeigt: „Der Turm der blauen Pferde". (7) ______ Bild entstand 1913, ist aber seit 1945 verschwunden.

Zu (8) ______ gleichen Zeit wie Franz Marc lebte auch (9) ______ deutsche Maler Paul Klee. Paul Klee wurde 1879 in (10) ______ Schweiz geboren, aber weil (11) ______ Vater Deutscher war, hatte auch Paul Klee (12) ______ deutsche Staatsangehörigkeit. (13) ______ Gemälde von Paul Klee lassen sich nicht einer einzigen Epoche bzw. Stilrichtung zuordnen, denn (14) ______ Werk von Paul Klee ist sehr vielfältig und umfangreich. (15) ______ Maler selbst führte eine Liste über (16) ______ Werke. Bis zu seinem Tod 1940 hatte Paul Klee (17) ______ Titel von über 700 Gemälden in (18) ______ Liste eingetragen, dazu kamen mehrere Tausend Zeichnungen und weitere Kunstwerke.

Der **Expressionismus** war ein künstlerischer Stil zu Beginn des 20. Jahrhunderts, vor allem in der Malerei und Literatur.

die **Epoche**, -n: ein Zeitabschnitt, in dem es bestimmte künstlerische und kulturelle, auch architektonische, Schwerpunkte gab, z. B. Gotik, Romantik.

die **Lithografie**, -n: ein bestimmtes Druckverfahren, das es seit dem frühen 19. Jahrhundert gibt.

9 Wo fehlt ein Artikel? Ergänzen Sie in der passenden Form.

Meine Freundin und ich waren gestern in (1) einer Ausstellung. Dort haben wir (2) ______ Werke von Käthe Kollwitz gesehen. Käthe Kollwitz war (3) ______ deutsche Künstlerin, die von 1867 bis 1945 gelebt hat. Bekannt wurde sie vor allem für ihre Lithografien, und in (4) ______ Museum wurden einige gezeigt. Ich hatte vor (5) ______ Besuch ehrlich gesagt (6) ______ Ahnung, was (7) ______ Lithografie ist. Als wir im Museum waren, habe ich übrigens auch (8) ______ Katalog zu (9) ______ Ausstellung gekauft. Normalerweise mache ich das nicht, weil ich (10) ______ Kataloge selten lese, und sie sind ja ganz schön teuer. Aber ich fand (11) ______ Künstlerin und (12) ______ Werk so spannend, dass ich sicher war: In (13) ______ Katalog werde ich auch in (14) ______ Zukunft immer wieder lesen.

Leider wurden nicht (15) ______ bekanntesten Lithografien von Käthe Kollwitz gezeigt, die (16) ______ Weberaufstand zeigen. Aber (17) ______ Werke, die ausgestellt wurden, fand ich auch sehr interessant. Es gab (18) ______ Werk, das ich am besten fand – es waren einfach viele sehr gut. (19) ______ Darstellung von (20) ______ Menschen ist oft sehr realistisch. Manchmal denkt man, (21) ______ Person auf dem Bild würde einen wirklich ansehen. Ich finde es faszinierend, wenn (22) ______ Künstlerin so etwas schafft.

Ich hätte selbst nicht gedacht, dass (23) ______ Ausstellung so (24) ______ Wirkung auf mich haben könnte. Und bislang hatte das auch noch (25) ______ Ausstellung geschafft – oder genauer gesagt noch (26) ______ Künstler und (27) ______ Künstlerin. Wenn ihr mal (28) ______ Gelegenheit habt, euch (29) ______ Werke von Käthe Kollwitz anzusehen: Macht das unbedingt.

das **Werk** (nur Sing.): So nennt man die Gesamtheit aller Kunstwerke, die ein Künstler geschaffen hat, z. B. alle Bilder eines Malers bzw. einer Malerin.
das **Werk**, -e: Ein einzelnes Kunstwerk kann auch als Werk bezeichnet werden, häufiger aber wird der Plural verwendet, wenn man über bestimmte (einzelne) Kunstwerke spricht.

Weber ist ein Handwerksberuf, den es heute nur noch selten gibt. Im deutschsprachigen Raum protestierten Weber häufiger gegen schwierige Arbeits- und Lebensbedingungen, dies nennt man **Weberaufstand**. Der bekannteste und größte Weberaufstand war der Schlesische Weberaufstand im Jahr 1844. Mit diesem Weberaufstand haben sich anschließend viele Künstler, u. a. Käthe Kollwitz, beschäftigt.

→ online

21 Possessivartikel und -pronomen und *kein* als Pronomen

Unsere Nachbarinnen sind super nett, und **eure**?

Formen: Possessivartikel und -pronomen und *kein* als Pronomen

→ Personalpronomen Akkusativ/Dativ, S. 88

personal	ich	du	er	es	sie	wir	ihr	sie/Sie
possessiv	mein	dein	sein	sein	ihr	unser	euer	ihr/Ihr

→ *ein/kein*, S. 92

		Maskulinum	Neutrum	Femininum	Plural
Nominativ	Possessivartikel	mein	mein	meine	meine
	Possessivpronomen	meiner	mein(e)s	meine	meine
	kein	keiner	kein(e)s	keine	keine
Akkusativ	Possessivartikel	meinen	mein	meine	meine
	Possessivpronomen	meinen	mein(e)s	meine	meine
	kein	keinen	kein(e)s	keine	keine
Dativ	Possessivartikel	meinem	meinem	meiner	meinen
	Possessivpronomen	meinem	meinem	meiner	meinen
	kein	keinem	keinem	keiner	keinen

Bei *euer* gibt es eine Besonderheit im Plural: *eu(e)re*. Das *e* entfällt meistens.

Die Formen der Possessivartikel sind identisch mit *ein/kein* als Artikel.
Genauso wie *mein* funktionieren: *dein, sein, ihr, unser, euer, ihr/Ihr.*

Gebrauch

Vor dem Nomen steht der Artikel. Wenn kein Nomen folgt, dann steht das Pronomen.

- ● Mein Nachbar ist ein total netter Mensch und deiner?
- ○ Meiner ist total unsympathisch, ein richtiger Idiot.
- ● Meine Freundin trifft sich sogar häufiger mit ihren Nachbarn. Sie kochen zusammen oder gehen aus.
- ○ Mein Nachbar wohnt mit seiner Mutter und seinem Bruder zusammen. Der hat keine Freunde.
- ● Echt keine?
- ○ Mit dem redet doch keiner.

- ● Trefft ihr euch manchmal mit euren Nachbarn?
- ○ Ja, wir grillen im Sommer auf ihrer Terrasse oder kochen in unserer Küche oder in ihrer.

25

1 Ergänzen Sie die Possessivartikel.

	Maskulinum (der)	Neutrum (das)	Femininum (die)	Plural (die)
ich	mein Nachbar	____ Dorf	____ Nachbarin	____ Bekannten
du	____ Sohn	dein Kind	____ Frau	____ Töchter
er	____ Chef	____ Gehalt	seine Arbeit	____ Kollegen
es	____ Vater	____ Elternhaus	____ Mutter	seine Geschwister
sie	____ Vermieter	____ Zuhause	____ Wohnung	____ Nachbarn
wir	____ Freundeskreis	____ Leben	____ Freundschaft	____ Freunde
ihr	____ Sportverein	____ Spiel	____ Freizeit	____ Feste
sie/Sie	____ Ausflug	____ Fahrrad	____ Reise	____ Hobbys

2 Ergänzen Sie die Possessivartikel.

→ Präpositionen, S. 140

- Nächste Woche mache ich (1) meine Einweihungsfeier. Dazu lade ich (2) m______ Freunde ein, aber auch (3) m______ Bruder und (4) m______ Schwester mit (5) i______ Freund.
- ○ Lädst du (6) d______ Nachbarn und (7) s______ Frau auch ein?
- ● Ja, auf jeden Fall, und (8) s______ Eltern auch. Die haben mir alle bei (9) m______ Umzug geholfen.
- ○ Hast du (10) d______ Musikanlage schon aufgebaut? Sonst kann Tim (11) s______ Anlage mitbringen.
- ● (12) M______ Nachbarn wollen (13) i______ Boxen mitbringen. Musik habe ich auf (14) m______ Handy.
- ○ Bringt (15) d______ Tante ihren neuen Freund mit?
- ● Keine Ahnung, aber (16) m______ Onkel will (17) s______ Freundin mitbringen.

Nach dem Umzug in eine neue Wohnung machen viele Menschen eine **Einweihungsfeier**. Zu diesem Fest lädt man Familienangehörige und Freunde ein. Einweihungsfeiern sind auch bei Geschäftseröffnung sehr beliebt. Hier dienen sie dazu, das neue Geschäft bei den Kunden bekannt zu machen.

3 Ergänzen Sie die Possessivpronomen und *kein*.

1. ● Hast du ein Fahrrad? ○ Nein, ich habe zurzeit keins. __________ hat jemand gestohlen.
2. Mein Handy funktioniert nicht. Kannst du mir __________ kurz leihen, Oskar?
3. Carla sucht ihren Kuli. Paula, ist das hier __________ oder __________?
4. Ich suche seit langem eine neue Wohnung, aber ich finde __________. Es ist furchtbar!
5. ● Ist das euer Auto? ○ Ja, das ist __________.
6. __________ weiß, wie wir in 50 Jahren leben werden.
7. ● Hier liegen lauter Spielsachen. Sind das __________, Lea und Tina?
8. ○ __________ sind das nicht, aber Tina hat __________ nicht aufgeräumt.

deins • deiner • eure • ihre • ihrer • keine • keiner • ~~keins~~ • meine • meins • unsers

lauter: ganz viel/viele.
Ein verbreitetes Sprichwort heißt: *Er sieht den Wald vor lauter Bäumen nicht.*
= Er sieht das Ganze (den Wald) nicht, weil er zu sehr auf die Details (die Bäume) achtet.

4 Wen und was mögen Sie (nicht)? Schreiben Sie wie im Beispiel.

Mein Zimmer mag ich sehr. Ich mag Katzen, leider habe ich keine.
Mit unseren Nachbarn sind wir gut befreundet. Wir passen auf ihre Katze auf.

5 Lesen Sie den Dialog.

a Markieren Sie die Possessivartikel und -pronomen.

- Hallo Inga, schön, dass wir uns zum Kaffee hier in eurer Wohnung treffen können. In unserer sind ja leider noch immer die Handwerker.
- ○ Klar, Marcel, wir können uns jederzeit in unserer Wohnung treffen. Möchtest du meinen Apfelkuchen probieren?
- Zu deinem Kuchen sage ich nie „Nein" – zu meinem schon, ich kann ja überhaupt nicht backen.
- ○ Das glaube ich nicht. Meine Schwester sagt auch, dass sie nicht backen kann, aber ihre Kuchen schmecken viel besser als meine. Und meine beiden Tanten können toll backen, von ihren Kuchen bekomme ich nicht genug!
- Backen liegt wohl in eurer Familie! Aber was anderes: Hast du unseren neuen Nachbarn schon kennengelernt? Ich habe ihn neulich vor unserem Haus getroffen, als Johannes und ich Sperrmüll rausgestellt haben.
- ○ Also, Klaus hat ihn neulich kennengelernt, als er sein Fahrrad aus unserem Keller geholt hat, aber ich noch nicht. Er ist erst vor einem Monat in seine Wohnung eingezogen, oder?
- Ja. Vielleicht laden wir ihn mal zum Kaffee ein, dann kann er deine Kuchen probieren.
- ○ Und natürlich auch seine Meinung dazu sagen – gute Idee.

in der Familie liegen: wenn mehrere Familienmitglieder ähnliche Interessen oder Talente haben.

→ der Sperrmüll, S. 75

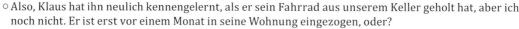

b Ergänzen Sie für 10 Possessivartikel und -pronomen aus a die Formen.

1. eurer (Wohnung): Dativ Femininum
2. ______
3. ______
4. ______
5. ______
6. ______
7. ______
8. ______
9. ______
10. ______

6 Ergänzen Sie die Wörter links.

ihr • ihrem • ihren • keine • meiner • seinem • unser • unsere • ~~unseren~~ • unseren • unserer

Gestern haben wir auf die Katzen von (1) unseren Nachbarn aufgepasst. Das hat echt Spaß gemacht. Wir dürfen in (2) ______ Wohnung leider (3) ______ Haustiere halten, (4) ______ Vermieter will das nicht. Da haben (5) ______ Nachbarn mehr Glück, (6) ______ Vermieter erlaubt das. Der Vermieter von (7) ______ Schwester ist auch nicht so streng, die darf aber nur Kleintiere halten – deshalb musste sie (8) ______ Hund abgeben, als sie umgezogen ist. Zum Glück konnte der Hund einfach zu (9) ______ Eltern, sie haben in (10) ______ Haus viel Platz und auch einen Garten. Dem Hund gefällt es wirklich gut in (11) ______ neuen Zuhause.

das **Kleintier**, -e: So nennt man kleinere Haustiere wie Fische, Vögel, Meerschweinchen.

7 Markieren Sie die passende Form.

- Hallo, Frau Werner!
- ○ Hallo Frau Idris!
- Ich habe gehört, (1) *Ihr* / *Ihrem* Auto ist kaputt gegangen. Wollen Sie sich (2) *mein* / *meins* ausleihen, um (3) *Ihre* / *Ihren* Kinder von der Schule abzuholen? Ich brauche (4) *mein* / *meins* Auto heute nämlich nicht.
- ○ Das ist ja nett! Ja, (5) *unser* / *unseren* Auto bleibt mindestens eine Woche in der Werkstatt, das ist wirklich blöd. Es wäre super, wenn ich mit (6) *Ihrem* / *Ihren* fahren könnte, ganz lieben Dank!

8 Ergänzen Sie die Wörter.

Auf gute Nachbarschaft?
Leserinnen und Leser berichten von ihren Erfahrungen

A

(1) M*eine*______ Mutter lebt in einem Haus mit Altenwohnungen und Gemeinschaftsräumen. (2) I______ Nachbarn sind sehr nett. (3) M______ Mutter unternimmt besonders viel mit (4) i______ Nachbarin Carla, sie spielen viel Schach und gehen gerne spazieren. In (5) i______ Wohnung hat meine Mutter alles, was sie braucht. Und wenn sie Hilfe benötigt, kann sie jederzeit über (6) i______ Haustelefon einen Mitarbeiter erreichen. Das ist sehr praktisch.

B

(1) M______ Nachbarn Carsten und Jochen sind sehr hilfsbereit. Letzte Woche ist (2) m______ Staubsauger kaputt gegangen, und sie haben mir sofort (3) i______ geliehen. Sie helfen auch immer (4) u______ Nachbarn Herrn Karger im 3. OG, (5) s______ Einkäufe hochzutragen. In (6) u______ Haus gibt es nämlich (7) k______ Aufzug. Wenn ich im Urlaub bin, füttern sie auch (8) m______ Kanarienvogel. Ich sollte sie wirklich mal zum Essen einladen als Dank für (9) i______ Unterstützung.

C

In (1) m______ letzten Wohnung hatten wir leider etwas Pech mit (2) u______ direkten Nachbarn. Sie haben im Sommer fast jedes Wochenende eine Party auf (3) i______ großen Terrasse gemacht und es war sehr laut. Ich arbeite im Schichtdienst, auch am Wochenende, und ich brauche (4) m______ Schlaf. Auch (5) u______ anderen Nachbarn fanden das nicht gut, und wir haben versucht, mit ihnen zu reden. Leider haben sie nicht eingesehen, dass (6) i______ Verhalten andere stört. Dann haben wir einen Brief an (7) u______ Vermieter geschrieben, aber das hat auch nichts gebracht. Vor ein paar Wochen sind wir dann umgezogen. (8) U______ neue Wohnung ist in einem sehr ruhigen Haus – zum Glück!

die **Altenwohnung**, -en: Das ist eine Wohnung, die besonders für ältere Menschen geeignet und eingerichtet ist, z. B. mit einem Aufzug im Haus, mit Griffen zum Festhalten im Badezimmer oder auch mit einem speziellen Notrufsystem, falls man hinfällt. Oft gibt es in Häusern mit Altenwohnungen auch Gemeinschaftsräume, wo man sich mit Nachbarn treffen und z. B. Gesellschaftsspiele spielen oder zusammen feiern kann. Die älteren Menschen wohnen aber alleine und haben auch keine besondere Betreuung in der Wohnung oder im Haus. Ein anderer Begriff für eine solche Wohnung ist *Seniorenwohnung*.

OG: kurz für das *Obergeschoss*. Eine Etage bzw. ein Geschoss in einem Haus, das über dem Erdgeschoss liegt.

→ online

22 Weitere Artikel und Pronomen: *dies..., welch..., jed..., alle*

● **Welche** österreichische Spezialität magst du?
○ **Alle**! Aber Sachertorte könnte ich jeden Tag essen.

Formen

Frageartikel/-pronomen: *welch...*

Demonstrativartikel/-pronomen: *dies..., jen...*
demonstrare ist Latein und heißt auf Deutsch *zeigen*. Damit bezeichnet man Wörter, die auf Personen oder Sachen verweisen.

Indefinitartikel/-pronomen: *jed..., alle*
Indefinit ist Latein und heißt auf Deutsch *unbestimmt*. Man bezeichnet damit Wörter, die eine nicht genau bestimmte Gruppe oder Anzahl benennen.

	Maskulinum	Neutrum	Femininum	Plural
Nominativ	der	das	die	die
	dieser	dieses	diese	diese
	welcher	welches	welche	welche
	jeder	jedes	jede	alle
Akkusativ	den	das	die	die
	diesen	dieses	diese	diese
	welchen	welches	welche	welche
	jeden	jedes	jede	alle
Dativ	dem	dem	der	den
	diesem	diesem	dieser	diesen
	welchem	welchem	welcher	welchen
	jedem	jedem	jeder	allen

jener/jenes/jene funktioniert wie *dieser/dieses/diese*

Bei *welch.../dies.../jed...* sind Artikel- und Pronomenformen gleich.

jeder/jede/jedes gibt es nur im Singular.
Im Plural benutzt man *alle*.

→ Bestimmte und unbestimmte Artikel, S. 92
→ Possessivartikel, S. 96
→ Adjektive Deklination, S. 116

Gebrauch

● Mir gefällt dieser **Mann**.
○ Welcher?
● Na dieser, hier oben links.
○ Oh Gott! Jeden **anderen** auf dieser Seite finde ich besser.
□ Ich finde sie alle langweilig.

welch...
fragt nach einer Auswahl aus einer begrenzten Anzahl.

● Welches Schnitzel möchtest du?
○ Natürlich dieses hier. Ich liebe Wiener Schnitzel.
● Und welchen Nachtisch möchtest du?
○ Das weiß ich noch nicht. Vielleicht diesen hier.

Statt *dies...* steht sehr oft auch der bestimmte Artikel:
• Na **der** hier oben links.

dies...
verweist auf eine Person oder Sache.

● Magst du diesen Kaffee?
○ Ja, dieser hier schmeckt mir am besten.

jen... wird in der Alltagssprache selten gebraucht. Meistens nur in der Kombination *dieser und jener*: Diesem und jenem schmeckt sie nicht, aber ich esse gerne Sachertorte.

jen...
verweist auf einzelne Personen/Sachen, die räumlich/zeitlich weiter weg sind.

Diese Schokoladentorte ist mit Zucker, aber jene dort drüben ist zuckerfrei.

jed... / alle
verweist auf jede einzelne bzw. auf alle Personen/Sachen.

Nicht jeder liebt Süßigkeiten, aber fast alle Kinder lieben sie.

26

1 Ein kleines Rätsel: Ergänzen Sie die passenden Frageartikel bzw. Fragepronomen. Kennen Sie die richtige Antwort?

1. W*elches*___ Wort passt zu dem österreichischen Wort „Paradeiser"? → Apfel - Tomate - Kirsche
2. W__________ Musiker ist in Salzburg geboren? → Beethoven - Udo Lindenberg - Mozart
3. W__________ von diesen Frauen ist Österreicherin? → Maria Theresia - Elisabeth I. - Madonna
4. Auf w__________ Berg kletterte Sir Hillary? → Zugspitze - Großglockner - Mount Everest
5. W__________ von diesen Früchten heißt auf Österreichisch Marille? → Apfel - Aprikose - Pfirsich
6. W__________ Gemüse heißt auf Österreichisch Karfiol? → Tomate - Brokkoli - Blumenkohl

1. Tomate
2. Mozart
3. Maria Theresia
4. Mount Everest
5. Aprikose
6. Blumenkohl

2 Markieren Sie die passende Form.

1. ● Ich brauche noch drei Tomaten für den Salat. Haben wir noch *diese* / *welche*?
   ○ Sind *diese* / *diesen* hier noch ok?
2. ● Ich habe zwei Kuchen gekauft. *Welchen* / *Welcher* möchtest du?
   ○ *Diesen* / *Dieser*! Der sieht lecker aus.
3. ● Ich habe die Nase voll von *dieses* / *diesem* ekelhaften Wetter! *Jeden* / *Jeder* Tag Regen!
   ○ Ich liebe *diesem* / *dieses* Wetter. Besser als *dieser* / *diese* Hitze im Sommer.
4. ● *Jedes* / *Jeder* Kaffee schmeckt mir besser als Tee.
   ○ Wirklich? Und ich verzichte für eine gute Tasse Tee auf *jeden* / *jedem* Kaffee.

die Nase voll haben von etwas: umgangssprachlicher Ausdruck, wenn man auf eine Handlung, ein Thema oder eine Person keine Lust mehr hat.

3 Ordnen Sie die Fragen und Antworten zu.

1. Was isst du am liebsten?
2. Trinkst du gern Kaffee?
3. Welche Österreicher/innen kennst du?

___ a) Mozart und diesen Popsänger ... ja ... Falco.
1 b) Diesen österreichischen Kaiserschmarren.
___ c) Ja. Ich will in Wien diese Kaffeehäuser besuchen.

Der **Kaiserschmarren** ist eine österreichische Süßspeise. Der Name kommt von Kaiser Franz Josef I. (1830–1892).

4 Ergänzen Sie die Sätze.

● Mit w*elchen*___ Freunden willst du Geburtstag feiern?
○ Mit d__________ und j__________.
● Wie bitte? Was heißt das?
○ Am liebsten würde ich mit a__________ Freunden und Freundinnen feiern.
● Aber das geht doch nicht. Es kann doch nicht j__________ kommen.
○ Aber w__________ soll ich denn nicht einladen?
● Na, d__________ und j__________ wüsste ich schon.
○ Was heißt das?
● Du musst wissen, w__________ Freunde dir am wichtigsten sind.
○ Na, d__________ und j__________ eben.

5 Formulieren Sie Rätselfragen wie in Aufgabe 1 zu Ihrem Land oder Ihrer Region.

Welche süße Spezialität kommt aus ...?

6 Markieren Sie *dies-*, *jed-*, *welch-*, *all-* und ergänzen Sie die Tabelle.

Einige typische **österreichische Süßspeisen und Torten** sind: Apfelstrudel, Kaiserschmarren, Linzer Torte, Palatschinken, Sachertorte, Salzburger Nockerl (siehe Foto).

- Welche Torte möchten Sie denn?
- ○ Hmm, ich bin nicht sicher ... am liebsten würde ich von allen Torten etwas probieren, aber das ist etwas viel. Was empfehlen Sie denn?
- Also, ich mag diese Torten am liebsten – diese hier links ist eine Sachertorte und diese hier vorne eine Nusstorte. Beide sind sehr lecker.
- ○ Gut, dann hätte ich gerne ein Stück von dieser Sachertorte. Ich bin ja noch ein paar Tage in Wien, morgen könnte ich dann ein Stück von dieser anderen Torte probieren.
- Stimmt, vielleicht schaffen Sie es dann doch, alle zu testen.
- ○ Oh, soooo lange bin ich wohl leider nicht hier. Aber ich würde tatsächlich jede Torte gerne probieren.

	Maskulinum	Neutrum	Femininum	Plural
Nominativ	dieser	d w jedes	welche	
Akkusativ	d w j			
Dativ	d w j			

7 Markieren Sie die passende Form.

MOZARTKUGELN

Fast (1) *jeder/welcher* kennt Wolfgang Amadeus Mozart und seine Musik – aber kennen Sie auch Mozartkugeln? (2) *Diese/Jede* österreichische Spezialität ist etwas für (3) *alle/jede* Liebhaber von Süßigkeiten. Es ist nicht ganz klar, wer (4) *alle/diese* Kugeln erfunden hat, und noch heute hat fast (5) *jeder/welcher* Hersteller ein anderes Rezept und (6) *alle/jede* schmecken auch etwas anders. Klar ist aber, (7) *diese/welche* Zutaten sie enthalten: Nougat, Marzipan und Schokolade. Wie Sie an (8) *diese/welche* leckeren Kugeln kommen? Die Kugeln mancher Hersteller können Sie in (9) *jedem/welchem* Supermarkt kaufen, es gibt aber auch (10) *jede/jene* Hersteller, die ihre Mozartkugeln nur im eigenen Café verkaufen. Aber Österreich ist ja immer eine Reise wert, egal, (11) *alle/welche* Mozartkugeln Sie probieren wollen.

8 Ergänzen Sie die Endungen.

Mein kulinarischer Kurzurlaub in Wien

In (1) diesem Urlaub bin ich zum ersten Mal nach Wien gefahren. (2) All___ Freunde haben gesagt, dass ich unbedingt ein Wiener Kaffeehaus besuchen muss – oder am besten (3) jed___ Kaffeehaus. Gut, (4) all___ konnte ich nicht besuchen, es gibt mehrere hundert Kaffeehäuser in Wien und ich war nur drei Tage dort. Aber ich habe mir Mühe gegeben ☺! Ich habe vor (5) dies___ Urlaub eine Freundin aus Graz gefragt, (6) welch___ Spezialitäten sie mir empfiehlt. Sie meinte, (7) jed___ österreichische Gericht ist lecker.

Ich weiß nicht, ob das stimmt, weil ich natürlich nicht von (8) all___ Gerichten etwas probieren konnte, aber (9) jed___ Gericht, das ich gegessen habe, war tatsächlich super. (10) Jed___ Kaffeehaus hat Wiener Spezialitäten auf der Karte, und in (11) all___ gibt es zum Beispiel Wiener Schnitzel, meist mit lauwarmem Erdäpfel-Salat. (12) Dies___ Gericht ist mir aber zu mächtig, deshalb wollte ich nur ein kleines Gericht bestellen. Ich habe den Kellner gefragt, (13) welch___ Vorspeise er empfiehlt, und er sagte, ich solle die Frittatensuppe probieren. (14) All___ Kaffeehäuser haben eine Frittatensuppe auf der Karte, aber in (15) dies___ Kaffeehaus war sie wirklich besonders lecker.

9 Ergänzen Sie *all-*, *dies-*, *jed-*, *welch-* in der passenden Form.

Weil ich an (1) diesem Tag viel Hunger hatte, habe ich nach der Suppe auch ein Hauptgericht bestellt, und zwar einen Backhendlsalat. Ich dachte, (2) _________ Gericht ist nicht so riesig – schließlich ist es ja ein Salat. Aber schaut euch (3) _________ riesigen Salat an! (4) _________ Mal, wenn ich „Salat" höre, muss ich jetzt daran denken, dass (5) _________ Salat fast so mächtig war wie ein Wiener Schnitzel.

Trotzdem wollte ich noch etwas Süßes und habe überlegt, (6) _________ Dessert ich nehmen soll. Es gibt in fast (7) _________ Kaffeehaus Apfelstrudel und (8) _________ habe ich auch probiert. Am besten schmeckt (9) _________ Strudel mit Vanillesoße und Sahne, finde ich – unbedingt mal probieren!

(10) _________ Getränke auf der Karte kannte ich auch aus Deutschland. Aber was für mich neu war: (11) _________ Kaffeespezialität hat in Österreich einen anderen Namen als in Deutschland. Ich habe gefragt, (12) _________ Kaffee ich bestellen muss, wenn ich einen Espresso möchte, und der Kellner tippte auf die Karte: „(13) _________ hier, einen kleinen Schwarzen." Aber er meinte, dass (14) _________ Kellner auch „Espresso" verstehen. ☺

Die **Wiener Kaffeehauskultur** gehört seit 2011 zum Kulturerbe der UNESCO. Teil dieser Kultur war bzw. ist es, dass man im Kaffeehaus auch liest, schreibt oder sich mit anderen austauscht. Ein Wiener Kaffeehaus ist deshalb – anders als viele Cafés in Deutschland – ein Ort, an dem man nicht nur etwas trinkt und isst.

der **Erdapfel**, ¨-: ein anderes Wort für *Kartoffel*, man benutzt es vor allem in Österreich und Teilen von Süddeutschland.

Wenn ein Gericht sehr satt macht, z. B. weil es sehr groß oder/und sehr fettig ist, sagt man „Das ist **mächtig**."

die **Frittate**, -n: ein österreichisches Wort für einen *Eierkuchen* (eine Art Crêpe). Für eine Frittatensuppe wird die Frittate in dünne Streifen geschnitten und in die Suppe getan.

das **Hendl**, -: Österreichisch für *Hähnchen*, ein Backhendl ist ein paniertes und gebackenes Hähnchen.

→ online

23

Indefinitpronomen

Ich liebe meine Radtouren am See, wenn abends **niemand** mehr unterwegs ist und **man** in Ruhe fahren kann.

man

Man bezeichnet eine unbestimmte Anzahl von Personen.
Nach *man* steht das Verb immer in der 3. Person Singular.
Man kommt nur im Nominativ vor. Im Akkusativ benutzt man *einen* und im Dativ *einem*.

Man kann am Bodensee wunderbare Radtouren machen.
Aber sie können **einen** schon sehr anstrengen.

Man soll jeden Tag 10.000 Schritte gehen.
Wenn **man** das gern tut, dann fällt es **einem** nicht schwer.

Nom.	man
Akk.	einen
Dat.	einem

jemand, niemand

Irgendjemand funktioniert grammatisch wie *jemand*.

Kann mir irgendjemand helfen?
Ich habe mit irgendjemandem gesprochen, aber ich weiß nicht, wer es war.

jemand = eine Person – man weiß nicht genau wer
niemand = keine Person

Nach *jemand/niemand* steht das Verb immer in der 3. Person Singular.

- Geh mal zur Tür. Da hat **jemand** geklingelt.
- ○ Nein, da ist **niemand**.

Wir brauchen **jemand(en)**, der unsere Blumen gießt.

Die Endungen im Akkusativ (*-en*) und Dativ (*-em*) lässt man beim Sprechen oft weg.

Nom.	jemand	niemand
Akk.	jemand(en)	niemand(en)
Dat.	jemand(em)	niemand(em)

alles, etwas, nichts

Beim Sprechen sagt man häufig nur *was* (statt *etwas*).
- Hast du (et)**was** vor am Wochenende?
- ○ Ja ich habe (et)**was** geplant. Ich will eine Radtour machen.

alles = eine komplette Gruppe von Sachen
etwas = (irgend)eine Sache
nichts = keine Sache

Diese Wörter werden für Sachen, Begriffe usw. verwendet.
Sie ändern die Form nie.

- Ich gehe in die Stadt. Soll ich **etwas** einkaufen?
- ○ Ja, ich schreibe dir **alles** auf, damit du **nichts** vergisst.

27

1 *man/einen/einem – er/es/sie* – Markieren Sie die passenden Pronomen im Text.

Maria liebt die Natur. (1) *Sie* / *Man* geht jeden Tag eine Stunde im Wald spazieren. (2) *Sie* / *Man* sagt, wenn (3) *man* / *einen* etwas für seine Gesundheit tun will, dann sind Waldspaziergänge ein guter Anfang. Ihr Freund Leo hat ein E-Bike gekauft. Jetzt fährt (4) *er* / *sie* jeden Sonntag durch den Wald. Er sagt, (5) *es* / *man* ist einfach toll, wenn (6) *einem* / *man* die frische Luft ins Gesicht weht. Maria findet E-Biker im Wald furchtbar, (7) *sie* / *man* findet, (8) *sie* / *man* sollte das verbieten. Du willst (9) *einem* / *man* auch jeden Spaß verbieten, ärgert sich Leo.

2 *jemand, niemand, man* – Ergänzen Sie das passende Wort.

1. • Kann mir __jemand__ sagen, wann der nächste Kurs anfängt?
   ○ Ich weiß es nicht, aber ________ findet das im Internet.
2. • Kommt ________ am Sonntag mit zum Klettern?
   ○ Ich kenne ________, der so oft klettern geht wie du.
3. • Wisst ihr, ob ________ bei uns im Wald Elektrobike fahren darf?
   ○ Ich weiß es nicht, aber ich habe dort noch nie ________ fahren sehen.
4. • ________ kann genau vorhersagen, wie der Klimawandel unser Leben verändern wird.
   ○ Aber ________ weiß schon heute sicher, dass die Änderungen groß sein werden.

~~jemand~~
jemand
jemanden
niemanden
niemand
man
man
man

3 *alles, etwas, nichts* – Ergänzen Sie das passende Wort.

→ Negation, S. 186

1. • Erklären Sie die Grammatik noch einmal. Ich habe __alles__ vergessen.
   ○ Das macht doch ________. Ich wiederhole noch einmal ________.
2. Kannst du mir hier ________ erklären? Ich habe im Unterricht ________ verstanden.
3. Er glaubt, dass er ________ besser weiß, dabei weiß er eigentlich ________.
4. • Hast du schon ________ gepackt für unseren Ausflug?
   ○ Nein, ich habe noch ________ vorbereitet. Ich mache das ________ morgen früh. Ich muss jetzt noch ________ mit meiner Chefin besprechen.

~~alles~~
alles
alles
alles
alles
etwas
etwas
nichts
nichts
nichts
nichts

4 Schreiben Sie Aussagen wie im Beispiel.

Am Anfang habe ich im Unterricht fast nichts verstanden.

etwas
alles
nichts
man
jemand

5 Ergänzen Sie *man*, *einen*, *einem*.

Radwanderwege in Deutschland

In Deutschland, Österreich und der Schweiz gibt es zahlreiche Radwanderwege. (1) Man kommt auf vielen Wegen durch besonders schöne Landschaften oder (2) ________ kann auch historische Wege nachfahren. Oder (3) ________ fährt gleich durch mehrere Länder, wie zum Beispiel auf der Via Augusta. Dieser Weg führt (4) ________ von Deutschland durch Österreich und die Schweiz bis nach Italien. Allerdings ist (5) ________ hier vom Anfang bis zum Ende auch ca. 700 Kilometer unterwegs – das ist für manch (6) ________ sicher zu viel.

Aber (7) ________ muss sich keine Sorgen machen: Eine Klassifizierung der Radwanderwege durch den ADFC hilft (8) ________, den passenden Weg auszuwählen. (9) ________ kann sich sowohl über die Strecke als auch Übernachtungsmöglichkeiten, Gastronomie oder Sicherheit informieren.

Der **ADFC** ist der **A**llgemeine **D**eutsche **F**ahrrad**c**lub.

6 Ergänzen Sie *jemand* und *niemand* in der passenden Form.

lass uns ... drückt eine freundliche Aufforderung aus.
→ *lassen*, S. 76

- ● Lass uns im Urlaub doch wieder eine Radtour machen. Sollen wir vielleicht noch (1) ________ mitnehmen?
- ○ Ehrlich gesagt kenne ich (2) ________, der so gerne Rad fährt wie du.
- ● Hm, stimmt, es müsste schon (3) ________ sein, der auch Spaß am Radfahren hat.
- ○ Das ist ja noch untertrieben. Du bist letztes Jahr 10.000 km gefahren, (4) ________ fährt so gerne Rad wie du.
- ● Na, das stimmt ja auch nicht. Es wird bestimmt noch (5) ________ geben, der mehr fährt.
- ○ Das kann ich mir kaum vorstellen ...

7 Ergänzen Sie *alles*, *etwas*, *nichts*.

Der **Bodensee** ist ein großer See im Süden von Deutschland. Er grenzt nicht nur an Deutschland, sondern auch an die Schweiz und Österreich, und der See gehört diesen drei Staaten.

Der **Königssee** ist ein großer See in Bayern.

- ● Also, wenn wir alleine fahren, könnten wir ja auch mal eine längere Radtour machen und hätten viel Zeit, um uns (1) alles anzuschauen. Der Bodensee-Königssee-Radweg z. B. führt 420 km durch tolle Landschaften. Das ist (2) ________, was ich mir sehr entspannend vorstelle!
- ○ Das ist überhaupt (3) ________, was mich besonders interessiert. Ich glaube, ich kenne am Bodensee wirklich (4) ________, und es gibt (5) ________, was ich da noch lernen könnte. Wie wäre es mit dem Mozart-Radweg? Da könnten wir zumindest (6) ________ über Mozart lernen, über sein Leben weiß ich fast (7) ________.
- ● Du willst im Urlaub (8) ________ lernen? Ehrlich gesagt möchte ich (9) ________ erleben. Also, außer Radfahren und mir die Landschaft angucken.

8 Ergänzen Sie die Indefinitpronomen.

Unsere Radwanderung durch Deutschland

Vor einiger Zeit hatten wir in einer Zeitschrift gelesen, dass (1) _man_ super mit dem Rad durch Deutschland fahren kann. Das fanden wir sehr interessant, aber wir haben uns gefragt, ob (2) __________ das nicht zu lang wird, immer auf dem Fahrrad zu sitzen – sooo klein ist Deutschland ja auch nicht. Zum Glück kannten wir aber (3) __________, der mal eine längere Radtour durch Deutschland gemacht hat, unseren Freund Ümüt. Als wir wissen wollten, ob (4) __________ das überhaupt schaffen kann, hat er nur gelacht: „Ja klar! Das ist (5) __________, was euch sicher gefallen wird. Die Radwanderwege sind toll und ich habe (6) __________ getroffen, der nicht ganz begeistert war."
Das hat uns überzeugt. Wir haben zuerst eine Auswahl getroffen, denn (7) __________ kann ja nicht (8) __________ sehen in zwei Wochen.

etwas schaffen: hier *etwas bewältigen* bzw. *etwas machen können*. Wenn etwas besonders einfach ist, sagt man: Das schaffe ich mit links.

Zuerst sind wir auf dem Berliner Mauerweg gefahren. Dieser Radwanderweg ist ca. 160 km lang und (9) __________ fährt entlang der ehemaligen Grenze bzw. Mauer zwischen Ost- und Westdeutschland – deshalb auch der Name. Gleich am Anfang hat uns (10) __________ gefragt, ob er einen Tag mit uns fahren kann, er war alleine unterwegs, weil sein Freund krank geworden war. Wir hatten natürlich (11) __________ dagegen, denn für (12) __________ alleine ist es ja nicht so schön. Wir haben uns dann auch über andere Radwege unterhalten und Thomas, so hieß unser Begleiter, hat uns von der 100-Schlösser-Route erzählt. Er ist mit (13) __________ tatsächlich einen ganzen Monat auf dieser Route gefahren, die etwa 960 km lang ist. (14) __________ fährt auf dieser Route durch das Münsterland und das Tecklenburger Land, und (15) __________ kann auf vier Rundkursen fahren, die nach den Himmelsrichtungen bekannt sind – je nachdem, welche Gegend (16) __________ am meisten interessiert. Wenn (17) __________ den ganzen Radwanderweg fährt, kommt (18) __________ übrigens an viel mehr als hundert historischen Gebäuden vorbei, hat Thomas erzählt. Er fand (19) __________ sehr schön und interessant, aber er hat ergänzt: „Das ist aber (20) __________, wenn (21) __________ nur wenig Zeit hat. Auch wenn (22) __________ nicht alles besichtigen kann, selbst für eine Handvoll Schlösser, Burgen, Kirchen oder Klöster braucht (23) __________ mehrere Tage." Wir fanden das sehr spannend, aber dafür hatten wir in diesem Urlaub zu wenig Zeit – vielleicht nächstes Jahr.

Das **Münsterland** ist eine große Region (ca. 5100 km²) um die Stadt Münster im Bundesland Nordrhein-Westfalen.

Das **Tecklenburger Land** ist eine kleine Region (ca. 800 km²) im Norden von Nordrhein-Westfalen. Diese Region grenzt u. a. an das Münsterland.

die **Handvoll** (ohne Pl.): eine Mengenangabe. Ursprünglich meinte man damit so viel, wie man in der Hand halten konnte, allgemein meint man damit eine kleine Menge von etwas.

→ online

24 Ausdrücke mit *es*

Es macht Spaß, an Fastnacht auf der Straße zu feiern.
Ich hoffe, dass **es** an Rosenmontag nicht regnet.

Im Schwarzwald heißt der **Karneval** *Fastnacht* bzw. *Fasnacht* und in München sagt man *Fasching*. Der Montag in der Karnevalswoche heißt *Rosenmontag*. Die meisten Karnevalsumzüge finden am Rosenmontag und am Fastnachtsdienstag statt.

Sie kennen *es* als Personalpronomen:

Das größte **Fest** in Köln ist der Karneval. **Es** beginnt am 11.11. und **es** endet am Aschermittwoch.

Das Wort *es* hat aber noch viele andere Funktionen. Hier einige Beispiele.

es ist/ wird/ bleibt + Nomen oder Adjektiv

Es ist Karnevalszeit. Es ist Wochenende. Es wird Sommer.
Es ist lustig hier. Es wird alles wieder gut. Es bleibt interessant.

es + Adjektiv + Verb

es leicht/schwer/genau ... nehmen	Er nimmt es mit der Wahrheit oft nicht so genau.
es eilig haben	Er hat es immer eilig.

Wetterverben

Dieses *es* zeigt: Es passiert etwas einfach so. Niemand tut etwas.

blitzen	dämmern	donnern	frieren	hageln
regnen	schneien	stürmen	tauen	winden

Es regnet/schneit/friert/taut.	Im November **regnet es** oft. Im Dezember kann **es** schon **schneien**.
	Im Winter **friert es** oft. Die Straßen können sehr glatt sein.
Es zieht!	Mach bitte das Fenster zu, **es zieht**!

Es ... + Nebensatz

Nach diesen Ausdrücken folgt oft ein Nebensatz oder ein Infinitiv mit *zu*. Das Wort *es* verweist auf den Nebensatz.

Es freut mich, dass ihr zu Besuch kommt.
= Euer Besuch freut mich.

Wenn der Nebensatz zuerst steht, fällt es weg:
Dass ihr zu Besuch kommt, freut mich.

Es freut mich,	dass ihr da seid.
Es ärgert ihn,	wenn er nicht zum Karneval gehen kann.
Es wundert sie,	dass er nicht nach Hause kommt.
Es ist schön,	dass ihr uns besuchen kommt.
Es macht Spaß,	an Karneval mit anderen zusammen zu feiern.

Die für Sie wichtigsten Verbindungen mit *es* lernen Sie am besten auswendig.

Einige häufige Ausdrücke mit *es*

Es gibt nichts mehr zu essen und zu trinken. Wir gehen nach Hause.
Es geht mir gut/schlecht.
Es reicht jetzt! Hört auf zu streiten!
Es tut mir leid!
Es tut weh.
● **Es geht um** deine Geburtstagsfeier. Wann können wir mal darüber sprechen?
○ Heute **passt es** mir nicht. Können wir das morgen besprechen?

28

1 Ordnen Sie die Satzanfänge zu.

1. Es geht bei der Besprechung um
2. Es ist schön,
3. Es bleibt
4. Es regnet
5. Hoffentlich wird es
6. Es ist ein Skandal,
7. Es freut mich,
8. Es geht mir gut,

___ a) jetzt schon drei Tage lang ohne Pause.
___ b) im nächsten Winter nicht so kalt wie im letzten.
___ c) hier in der Sonne auf der Terrasse.
___ d) in den nächsten Tagen heiß und trocken.
___ e) dass Sie dauernd zu spät zur Arbeit kommen.
___ f) meine Kinder wieder zu treffen.
___ g) seit ich regelmäßig Sport mache.
_1_ h) die Planung für den Karneval im nächsten Jahr.

2 Wo fehlt ein *es*? Ergänzen Sie oder markieren Sie mit *X*.

1. (1) _Es_ ist schön, wenn man an Karneval die ganze Nacht feiern kann.
2. Ich kann an Karneval (2) _X_ den Lärm nur schwer ertragen.
2. Morgen soll (3) ____ regnen und stürmen. Übermorgen wird (4) ____ dann schneien.
3. Wenn (5) ____ morgen so windig ist wie heute, fällt der Karnevalsumzug aus.
4. An Karneval darf man auch mal (6) ____ einen Spaß machen.
5. Sei nicht böse, er meint (7) ____ doch nur gut mit dir. Er will (8) ____ dir nur helfen.
6. Mach bitt die Fenster zu. (9) ____ donnert schon. Bestimmt gibt (10) ____ gleich ein Gewitter.
7. Wenn (11) ____ stürmt, dann bleiben wir (12) ____ besser zu Hause.
8. Ich finde (13) ____ schön, wenn (14) ____ draußen kalt ist und ich sitze (15) ____ in einer warmen Wohnung.

der **Karnevalsumzug**, ¨-e: In vielen deutschen Städten gibt es am Rosenmontag und Fastnachtdienstag große Paraden mit geschmückten Wagen, die oft satirische Kommentare zu gesellschaftlich relevanten Themen aufgreifen. Die größten Umzüge finden in Mainz, Köln und Düsseldorf statt.

3 Schreiben Sie die Sätze mit *es*.

1. _Es ist lustig, sich an Karneval zu verkleiden._
   lustig sein | sich an Karneval zu verkleiden
2. ____________________
   schön finden | ich | , wenn ich mit meinen Freunden feiern kann
3. ____________________
   leid tun | mir | , dass ich euch nicht besuchen kann
4. ____________________
   eilig haben | ich | , nach Hause zu kommen
5. ____________________
   schneien | morgen den ganzen Tag
6. ____________________
   sehr genau nehmen | sie | mit ihrer Arbeit
7. ____________________
   wichtig sein | , dass wir den Termin einhalten
8. ____________________
   nicht leiden können | die Chefin | , wenn wir nicht pünktlich liefern

4 Ausdrücke mit *es* in Ihrem Leben. Ergänzen Sie die Sätze.

Wenn es regnet, dann ...
Es freut mich, wenn ...
Es ist wichtig für mich, dass ...
Es macht mir Sorgen, dass ...

5 Lesen Sie den Text.

a Markieren Sie alle Ausdrücke mit *es*.

Die Karnevalszeit wird in Deutschland auch **fünfte Jahreszeit** genannt.

Start in die fünfte Jahreszeit

Morgen ist es wieder so weit: Um 11.11 Uhr beginnt die Karnevalssaison mit einer Veranstaltung auf dem Rathausplatz. Allerdings gibt es für morgen auch eine Warnung des Deutschen Wetterdienstes: Es soll sehr stürmisch werden. Wenn es zu windig ist, kann das Fest nicht draußen stattfinden. Es ist geplant, die Veranstaltung dann in die Stadthalle zu verlegen, die aber sehr klein ist. „Außerdem macht es einfach mehr Spaß, draußen zu feiern", ergänzt Heinrich Kaufmann vom Karnevalsverein. „Viele Jecken erinnern sich auch ans letzte Jahr, als es gestürmt und geregnet hat." Es ist klar, dass die Karnevalisten jetzt auf einen windstillen Abend hoffen. Dann wird es dieses Jahr bestimmt eine schöne Feier.

der **Jeck**, -en: eine Person, die Karneval feiert.

b Sortieren Sie die Ausdrücke aus dem Text.

1. *es* + Verb: ______________________
2. *es* + „Wetterverb": ______________________
3. *es ist/wird* + Adjektiv: es ist so weit, ______________________
4. *es ist/wird* + Nomen: ______________________
5. *es* ... + Nebensatz: ______________________

6 Ergänzen Sie die Ausdrücke links.

es brannte • es gibt • Es hat • Es ist klar • es war • es war • es war • Es wird • ~~gab es~~ • gab es • geht es • gibt es • regnete es

Die Basler Fasnacht

Die Basler Fasnacht ist die größte Schweizer Fasnacht. Unsere Leser Mirjam und Max waren dort und berichten: Die Fasnacht beginnt am Montag nach Aschermittwoch. Um 4 Uhr morgens (1) gab es den sogenannten Morgestraich. (2) __________, dass wir uns das anschauen wollten. Die ganze Stadt war dunkel, (3) __________ keine Laterne. Dann kamen die Teilnehmer mit ihren Laternen – (4) __________ zwar sehr schön, aber (5) __________ auch ein wenig gruselig. Alle dort tragen Masken, und ein paar Masken fand ich unheimlich. Dann (6) __________ mit drei Tagen voller Feiern und Bräuche weiter. Zum Beispiel werden Laternen und Wagen ausgestellt und (7) __________ die Schnitzelbängg. Schließlich (8) __________ auch jede Menge Räppli bei der Basler Fasnacht, so heißt dort Konfetti. Und: (9) __________ in Basel mehr Konfetti geworfen als in Köln oder Mainz – das hätte ich nicht gedacht! Wir hatten übrigens Glück mit dem Wetter, denn (10) __________ während der Fasnacht nicht. Am Donnerstag um kurz vor 4 Uhr (11) __________ den sogenannten Ändstraich, alle Fasnächtler versammelten sich noch einmal kurz, (12) __________ ein Pfeifen zu hören und alle zogen aus der Stadt. (13) __________ unglaublich viel Spaß gemacht.

Morgestraich (Standarddeutsch: Morgenstreich) wird der Beginn der Basler Fasnacht auf Schweizer Deutsch genannt.

Eine **Schnitzelbängg** (Standarddeutsch: Schnitzelbank) ist ein kurzer, humorvoller Vortrag in Versen oder Reimen. Die Schnitzelbängg ist ein wichtiger Teil der Basler Fasnacht, es gibt sie aber auch z. B. bei Hochzeiten.

Ändestraich (Standarddeutsch: Endstreich) wird das Ende der Basler Fasnacht auf Schweizer Deutsch genannt.

7 Wo fehlt *es*? Ergänzen Sie oder markieren Sie mit *X*.

A

- Weißt du (1) __X__, ob du auch zum Rosenmontagsumzug kommen wirst?
- ○ Ich bin (2) ______ nicht sicher. Vielleicht muss ich arbeiten. Außerdem wissen wir (3) ______ ja nicht, wie das Wetter wird. Wenn (4) ______ regnet, habe ich keine Lust, draußen an der Straße zu stehen.
- Aber wenn (5) ______ sonnig ist, macht (6) ______ bestimmt Spaß.
- ○ Ja, aber mal sehen, wie (7) ______ an dem Tag draußen aussieht.

B

- Unsere Kinder wollen (1) ______ Rosenmontag singen gehen, kommt deine Tochter Marie mit?
- ○ (2) ______ ist nicht klar, ob sie gehen kann. Sie hat eine dicke Erkältung.
- Oh nein, schon wieder? (3) ______ tut mir echt leid, dass sie krank ist.
- ○ Ja, sie hat sich so auf Rosenmontag gefreut. (4) ______ wäre wirklich blöd, wenn (5) ______ nicht klappt.
- Ich drücke (6) ______ die Daumen, dass (7) ______ ihr bald wieder gut geht.
- ○ Danke.

In verschiedenen Regionen gehen Kinder an **Rosenmontag** oder Fastnachtsdienstag in ihren Kostümen durch die Nachbarschaft und klingeln an den Häusern bzw. Wohnungen. Wenn die Bewohner öffnen, singen die Kinder ein Lied bzw. sagen einen Reim auf, um Süßigkeiten zu bekommen. Ein Reim ist z. B. der folgende:

Ich bin der kleine König,
gib mir nicht zu wenig.
Lass mich nicht zu lange
steh'n,
denn ich muss noch weiter
geh'n.

8 Ergänzen Sie die Ausdrücke rechts mit *es*.

Kindheitserinnerungen: Rosenmontag von Tür zu Tür

(1) __Es war__ immer __spannend__, wenn wir geklingelt haben. Wir wussten ja nicht, wer aufmachte! Mir (2) ____________ öfter ____________, dass jemand genervt war – ich habe mich gefragt, warum die Leute dann überhaupt die Tür aufgemacht haben? Naja, meistens (3) ____________ aber ____________ ____________. Und (4) ____________ natürlich ____________, die ganzen Süßigkeiten zu sammeln!

Einmal (5) ____________ an Rosenmontag ____________ – und ich hatte ein Eisbär-Kostüm! Das war vielleicht was, ein weißer Bär im Schnee. (6) ____________ einerseits gut ____________, denn ich habe mich wie ein richtiger Bär in der Arktis gefühlt. Andererseits (7) ____________ ein bisschen ____________, weil man mich im Schnee nicht so gut gesehen hat. Am Nachmittag (8) ____________ fast zu einem Unfall ____________, als ein Nachbarskind im Pinguinkostüm auf mich zu rannte und mich übersehen hat – (9) ____________ aber noch ____________. Später habe ich gelernt, dass Pinguine ganz woanders leben als Eisbären, da (10) ____________ ich ____________ noch witziger, dass wir uns damals in diesen Kostümen begegnet sind.

(1) ~~spannend sein (Präteritum)~~
(2) passieren (Perfekt)
(3) Spaß machen (Perfekt)
(4) toll sein (Präteritum)
(5) schneien (Perfekt)
(6) passen (Perfekt)
(7) gefährlich sein (Präteritum)
(8) kommen (Perfekt)
(9) gut gehen (Perfekt)
(10) finden (Präteritum)

→ online

W WIEDERHOLUNG
Kapitel 18 bis 24

→ Nomen und Plural, S 84

1 Schreiben Sie die Pluralformen.

1. der Kollege	die Kollegen	6. der Computer	________
2. die Schülerin	________	7. das Heft	________
3. das Buch	________	8. der Ordner	________
4. der Chef	________	9. die Arbeitszeit	________
5. das Projekt	________	10. das Datum	________

Bewerten Sie sich selbst: ☺ 😐 ☹

→ Nomen und Plural, S 84

2 Welche Nomen sind (meistens) nicht zählbar? Markieren Sie.

das Wasser	die Liebe	das Gebäck	die Sprache
das Glas	der Geliebte	der Kuchen	das Sprechen
der Durst	das Lesen	das Fleisch	das Büro
das Getränk	die Firma	das Schnitzel	die Zeitarbeit
der Regen	der Lohn	der Käse	die Bildung

Bewerten Sie sich selbst: ☺ 😐 ☹

→ Deklination: Personalpronomen, S. 88

3 Deklination der Personalpronomen. Ergänzen Sie die Sätze. Probleme? Links gibt es Hilfe.

• Es • Er • dich • du • du
• ihr • ihn • ihn • ich • euch
• mich • ihm • ihnen • ihr
wir • wir • wir • uns • mich

1. Mein Bruder wohnt in Norddeutschland. Ich habe ________ schon lange nicht gesehen. Meine Schwester lebt im Nachbardorf. Mit ________ treffe ich mich oft.
2. Gestern hat mein Chef ________ angerufen. ________ war sehr aufgeregt. ________ gab ein Problem mit einem Kunden, aber ich habe ________ beruhigt.
3. ● Möchtet ________ beiden mit ________ zweien spazieren gehen?
   ○ ________ haben heute keine Zeit. Aber am Wochenende würden ________ gerne mit ________ eine Wanderung machen.
4. ● Kann ich ________ etwas fragen, Leon? Wann willst ________ in Urlaub gehen?
   ○ Das haben meine Frau und ________ noch nicht entschieden. Aber ________ hast recht, ________ müssen das bald entscheiden.
5. Morgen treffe ich Boris und Don und gehe mit ________ etwas essen. Und am Samstag treffe ich ________ mit Jair und mache Sport mit ________.

Bewerten Sie sich selbst: ☺ 😐 ☹

4 Markieren Sie die Nomen die zur n-Deklination gehören.

→ Deklination Nomen, S 88

der Patient	der Praktikant	der Junge	der Brite	der Elefant
der Arzt	der Texter	das Mädchen	der Holländer	der Vogel
der Mitarbeiter	der Kunde	der Experte	der Amerikaner	der Löwe
der Lernende	der Journalist	der Zeuge	der Franzose	der Affe

Bewerten Sie sich selbst:

5 Bestimmte Artikel – Ergänzen Sie die Sätze. Einige Nomen sind n-Deklination.

→ Nomen und Artikel, S. 92

1. Hast du mit dem Chef (der Chef) gesprochen?
2. Können Sie ______ (der Brief) bitte gleich abschicken?
3. Frau Geri, darf ich Sie mit ______ (der Praktikant), Herrn Touré, bekanntmachen?
4. Bei ______ (die Besprechung) morgen müssen wir auch über Termine sprechen.
5. Für ______ (der Bericht) brauche ich noch zwei Tage.
6. Wir werden mit ______ (der Experte) morgen ein Gespräch haben.

Bewerten Sie sich selbst:

6 Unbestimmte Artikel – Ergänzen Sie die Sätze. Probleme? Rechts gibt es Hilfe.

→ Nomen und Artikel, S. 92

1. Ich hätte gerne ein Wiener Schnitzel mit ______ kleinen Salat dazu.
2. Bringen Sie mir bitte ______ Kirschkuchen und ______ Espresso.
3. Ich esse Obstkuchen am liebsten mit ______ Portion Schlagsahne dazu.
4. Als Veganerin kann ich Schnitzel mit ______ Käsefüllung nicht essen.
5. Sie können auch ______ Tofu-Burger mit ______ Gemüsesoße haben.
6. Ich esse tagsüber nur ______ Apfel und ______ Käsebrot.

das Schnitzel • der Salat •
der Kirschkuchen •
der Espresso • die Portion •
der Tofu-Burger •
die Gemüsesoße • der Apfel •
das Käsebrot

Bewerten Sie sich selbst:

7 Bestimmter oder unbestimmter Artikel? Ergänzen Sie die Sätze. Probleme? Rechts finden Sie Hilfe.

→ Nomen und Artikel, S. 92

- Was willst du essen? Vielleicht (1) eine Gemüsesuppe oder (2) ______ Eintopf?
- ○ Hm, kannst du (3) ______ Gemüselasagne machen, die wir vor einer Woche hatten?
- Für (4) ______ Lasagne habe ich nicht (5) ______ richtige Gemüse. Ich kann (6) ______ Risotto machen.
- ○ Gute Idee, (7) ______ Risotto war auch immer sehr gut.
- Und willst du auch (8) ______ Nachtisch?
- ○ Haben wir noch etwas von (9) ______ Schokoladenpudding von gestern?
- Nein, aber ich könnte uns (10) ______ Zitronencreme machen.

das • das • dem • die • ein •
eine • eine • einen • einen •
eine/die

Bewerten Sie sich selbst:

→ Possessivartikel und Pronomen, S. 96

8 Possessivartikel und -pronomen – Ergänzen Sie die Sätze. Probleme? Links gibt es Hilfe.

deine • deine • deine • eure •
eure • eure • ihre • ihrem •
meine • meine • meinen •
meiner • seine • seinem •
seinen • seiner • unsere •
unsere • unsere • unseren

1. ● Wann besucht ihr ____________ Eltern?
   ○ Nächsten Monat und ____________ Kinder kommen diesmal auch mit.
2. ● Ich habe ____________ Vater schon seit Wochen nicht gesehen.
   ○ Und ____________ Mutter?
   ● Auch nicht, aber mit ____________ Mutter telefoniere ich fast jeden Tag.
3. ● Paul liebt ____________ Sohn sehr und ____________ Tochter auch.
   ○ Ja, ich weiß, aber mit ____________ Bruder spricht er schon lange nicht mehr.
4. ● Kira hat ____________ Freund verlassen.
   ○ Ja, ich habe ihn schon mit ____________ neuen Freundin gesehen.
5. ● Kannst du mir ____________ Telefonnummer geben?
   ○ Ja, ____________ Mobilnummer ist 01876 33045. Und ____________?
   ● Ich muss nachschauen, ich weiß ____________ Nummer nicht auswendig.
6. ● In der Zeitung steht, die meisten Teenager finden ____________ Eltern langweilig.
   ○ Und wie findet ihr ____________ Eltern?
   ● ____________ Eltern sind ganz ok. Und wie sind ____________?
   ○ Wir finden ____________ Vater ok, aber ____________ Mutter ist sehr streng.

Bewerten Sie sich selbst: ☺ 😐 ☹

→ Weitere Artikelwörter und Pronomen, S. 100

9 Weitere Artikelwörter und Pronomen – Markieren Sie die passenden Formen von *welch...*, *dies...*, *jed...*

1. Ich stehe *jeden* / *jedem* Morgen um sieben Uhr auf.
2. ● *Welches* / *Welchen* Radioprogramm hörst du beim Frühstück?
   ○ Ich mag *diese* / *diesen* Radioprogramme morgens alle nicht.
3. Ich nehme immer den Bus um 7.57 Uhr, weil ich mit *diesen* / *diesem* Bus direkt zur Arbeit komme.

Bewerten Sie sich selbst: ☺ 😐 ☹

→ Weitere Artikelwörter und Pronomen, S. 100

10 Ergänzen Sie den Text mit den richtigen Formen von *welch...*, *dies...* oder *jed...* Probleme? Links gibt es Hilfe.

diese • diesen • diesen •
dieser • jeden • jedes •
~~Welche~~ • Welchen • Welcher

● (1) Welche Bluse gefällt dir besser, die rote oder die blaue?
○ Nimm (2) ____________ hier. Und möchtest du mal (3) ____________ Rock hier vorne anprobieren?
● (4) ____________? Etwa (5) ____________ grünen? (6) ____________ anderen Rock probiere ich, aber den nicht!
○ (7) ____________ Mal, wenn ich was vorschlage, wirst du nervös. (8) ____________ Rock gefällt dir denn?
● Keine Ahnung, aber (9) ____________ auf keinen Fall.

Bewerten Sie sich selbst: ☺ 😐 ☹

11 Wo steht *man* und wo *einen / einem*. Ergänzen Sie die Sätze. Probleme? Rechts gibt es Hilfe.

→ Indefinitpronomen, S. 104

1. • Meine Chefin kann ________________ schon ganz schön nerven.
   ○ Warum? ________________ kann mit ihr doch über alles reden?
   • Reden, reden! Sie müsste ________________ auch mal in Ruhe arbeiten lassen.
2. • ________________ sollte die Dinge alle nicht so ernst nehmen.
   ○ Ja gut, aber es kann ________________ doch auch nicht alles egal sein.
   • Nein, aber ________________ muss das Leben auch genießen können.
3. • Kinder können ________________ schon sehr anstrengen.
   ○ Ja, vor allem wenn ________________ ihnen jeden Wunsch erfüllen will.

einen (3x)
man (4x)
einem

Bewerten Sie sich selbst:

12 Ergänzen Sie die richtigen Formen von *jemand* oder *niemand*.

→ Indefinitpronomen, S. 104

1. • Kann mir ________________ von euch erklären, wie dieses Programm funktioniert?
   ○ Nein, ich kenne ________________, der das kann.
2. • Ich kann mit ________________ über meine Probleme sprechen.
   ○ Hast du denn schon mal ________________ angesprochen?
   • Nein, und ich will auch momentan mit ________________ reden.

Bewerten Sie sich selbst:

13 Ergänzen Sie *alles*, *etwas* oder *nichts*.

→ Indefinitpronomen, S. 104

1. • Ada, darf ich dich ________________ fragen?
   ○ Du weiß doch Merle, du darfst mich ________________ fragen.
   • Kannst du mir vielleicht ________________ Geld leihen?
   ○ Leider kann ich dir ________________ geben, ich bin auch total pleite.
2. • Hast du schon ________________ über den Abschlusstest rausbekommen?
   ○ Ich habe ________________ versucht, aber ________________ erfahren.

Bewerten Sie sich selbst:

14 Ausdrücke mit *es* – Ordnen Sie 1–6 und a–f zu.

→ Ausdrücke mit es, S. 108

1. Es freut mich,	___ a) aber ich kann Ihnen da nicht weiterhelfen.
2. Es soll regnen.	___ b) bleiben wir morgen zu Hause.
3. Es tut mir leid,	___ c) dass ihr alle heute gekommen seid.
4. Ich habe es eilig.	___ d) du findest bald wieder einen guten Job.
5. Nimm es nicht so schwer,	___ e) und übermorgen wird es wieder warm.
6. Wenn es schneit,	___ f) Nimm bitte einen Schirm mit.
7. Morgen schneit es	___ g) Mein Zug fährt in 5 Minuten.

Bewerten Sie sich selbst:

25 Adjektive: Deklination

- Wollen wir einen schönen Kuchen backen?
- Oh ja, Papa mit leckeren, saftigen Äpfeln.

Nach diesen Artikelwörtern sind die Adjektivendungen wie nach *der/das/die*: *dies..., jen..., jed..., welch...*

→ weitere Artikelwörter, S. 100

Adjektive vor dem Nomen: Formen

der, das, die ...

	Maskulinum	Neutrum	Femininum	Plural
N	der saftige Apfel	das frische Ei	die rote Kirsche	die süßen Früchte
A	den saftigen Apfel	das frische Ei	die rote Kirsche	die süßen Früchte
D	dem saftigen Apfel	dem frischen Ei	der roten Kirsche	den süßen Früchten

Nach *der/das/die* gibt es nur zwei Endungen: *-e* oder *-en*.

ein, kein, mein ...

	Maskulinum	Neutrum	Femininum	Plural
N	ein saftiger Apfel	ein frisches Ei	eine rote Kirsche	– süße Früchte
A	einen saftigen Apfel	ein frisches Ei	eine rote Kirsche	– süße Früchte
D	einem saftigen Apfel	einem frischen Ei	einer roten Kirsche	– süßen Früchten

- Nomen immer mit Artikel lernen, denn ohne die Artikel lernt man die Adjektivendungen nie.
- Machen Sie sich Lernkarten.
- Die häufigste Endung ist *-en*.

Im Singular ist die Adjektivendung nach *kein, mein, dein, sein* ... wie nach *ein*.
Im Plural ist die Adjektivendung nach *kein, mein, dein, sein* ... immer *-en*:

N (Nominativ) keine süßen Kekse/Eier/Kirschen
A (Akkusativ) keine süßen Kekse/Eier/Kirschen
D (Dativ) keinen süßen Keksen/Eiern/Kirschen

Nach den Possessivartikel *mein, dein, sein, ihr, unser, euer, ihr* ... sind die Adjektivendungen wie nach *ein/kein*.

→ Possessivartikel, S. 96

ohne Artikel

de(r) → **frische(r)**

	Maskulinum	Neutrum	Femininum	Plural
N	saftiger Apfel	frisches Ei	rote Kirsche	süße Früchte
A	saftigen Apfel	frisches Ei	rote Kirsche	süße Früchte
D	saftigem Apfel	frischem Ei	roter Kirsche	süße Früchten

Ein hat keinen Plural. Die Deklination ist dann wie ohne Artikel.

Bei der Deklination ohne Artikel sind die Adjektivendungen wie die letzten Buchstaben des bestimmten Artikels: *der/das/die*.

Gebrauch

Nur Adjektive, die zu einem Nomen gehören, werden dekliniert. Sonst bleiben sie unverändert.

Ich liebe **süße** Kirschen. Die Kirschen sind dieses Jahr besonders **süß**.
Die Pflaumen sind **reif**. Lass uns einen **tollen** Pflaumenkuchen backen.

die **Pflaume**, -

1 Markieren Sie die passenden Adjektivformen im Dialog.

29

- Ich liebe die (1) *schönen* / *schön* Nachmittage am Sonntag.
- Was? Wieso? Sonntagnachmittage finde ich furchtbar (2) *langweilige* / *langweilig*.
- Es ist doch (3) *schön* / *schöne*, wenn (4) *nette* / *netten* Freunde da sind und man zusammen einen (5) *guter* / *guten* Kaffee trinkt und ein (6) *lecker* / *leckeres* Stück Kuchen isst.
- Ja, ja, und man sich (7) *langweilige* / *langweiligen* Familiengeschichten erzählt, die niemand (8) *interessant* / *interessante* findet.
- Du sitzt wohl lieber vor deinem (9) *riesig* / *riesigen* Bildschirm und spielst (10) *blöden* / *blöde* Computerspiele.
- Ja genau. Ich liebe (11) *spannende* / *spannenden* Spiele. Aber einen (12) *guten* / *guter* Kaffee mit einem (13) *großen* / *großem* Stück Kirschkuchen mag ich auch.

Die berühmtesten **Kuchen** aus den deutschsprachigen Ländern sind vermutlich die Sachertorte aus Wien und die Schwarzwälder Kirschtorte. Andere beliebte Kuchen sind u. a. Apfelkuchen, Käsekuchen, Linzer Torte, Bienenstich und Streuselkuchen.

2 Adjektive nach den bestimmten Artikeln. Ergänzen Sie die Endungen.

Ebenso nach: *dies..., jen... jed..., welch...*

1. Die echt*en* Weißwürste bekommt man nur in Bayern in einem schön___ Biergarten.
2. Ich liebte früher den frisch___ Pflaumenkuchen, den die lieb___ Oma meines Freundes machte.
3. Wir fahren morgen mit den neu___ E-Bikes in die Berge. Diese toll___ Bikes fahren fast 40 km/h.
4. Die schönst___ Radwanderungen kann man im flach___ Münsterland machen.

Das **Münsterland** liegt nördlich des Ruhrgebiets. Die flache, sehr schöne Landschaft eignet sich gut für Radtouren. Die Stadt Münster ist die „Fahrrad-hauptstadt" von Deutschland.

3 Adjektive nach den unbestimmten Artikeln. Ergänzen Sie die Endungen.

1. Ich hätte gerne ein klein*es* Stück Apfelkuchen mit einem klein___ bisschen Sahne.
2. Mein neu___ Kaffeeautomat macht einen wunderbar___ Espresso.
3. Kannst du mit deiner toll___ Maschine auch einen richtig___ Cappuccino machen?
4. Bringst du bitte vom Supermarkt eine frisch___ Melone und einen groß___ Kopfsalat mit?

4 Adjektive vor dem Nomen ohne Artikel. Ergänzen Sie die Endungen.

1. Heute: Frisch*er* Apfelkuchen mit zuckerfrei___ Sahne, nur 3,90
2. Verkaufe fast neu___ Rennrad (neu 1800 Euro). Suche preiswert___ E-Bike.
3. Wir suchen zuverlässig___ Verkäufer und zwei freundlich___ Kurierfahrer.
4. Biete fast neu___ Kopfhörer. Suche gebraucht___ Kaffeemaschine.

5 Welche Adjektive machen Ihr Leben schöner? Schreiben Sie Aussagen wie im Beispiel.

Ich liebe meine bunten Sommerkleider.

Nächstes Jahr möchte ich mir ein schönes, leichtes Fahrrad kaufen.

Kirschwasser ist ein alkoholisches Getränk, das aus Kirschen hergestellt wird.

das **Biskuit**, -s: ein lockeres Gebäck aus Ei, Mehl und Zucker.

Der **Konditor** ist in Deutschland ein Ausbildungsberuf. Als Konditor stellt man vor allem Kuchen und Torten her. Ein Bäcker stellt im Gegensatz dazu Brot und Brötchen her. In Deutschland kann man deshalb in einer Bäckerei keine Torten und nur einfache Kuchen oder Teilchen kaufen. Oft sind traditionelle Betriebe aber „Bäckerei und Konditorei", sodass man dort sowohl Brot und Brötchen als auch Kuchen und Torten kaufen kann. Viele Konditoreien haben auch ein Café, in dem man die hauseigenen (= hier: in unserem Haus/unserer Küche hergestellt) Kuchen und Torten essen kann.

6 Markieren Sie die Adjektivendungen: grün (Nominativ), blau (Akkusativ), rot (Dativ).

Die berühmte Schwarzwälder Kirschtorte ist heute weltweit bekannt. Niemand weiß genau, wo sie erfunden wurde, aber wahrscheinlich gab es im späten 19. Jahrhundert ein Dessert mit ähnlichen Zutaten: Sauerkirschen wurden mit Kirschwasser und Sahne serviert. Seit den 1930er Jahren wurde die Kirschtorte dann immer bekannter und jetzt zählt sie zu den bekanntesten deutschen Torten.
Die Kirschtorte enthält nicht viele Zutaten: dunkle Biskuitböden, geschlagene Sahne, eingemachte Kirschen und zartbittere Schokoladenraspeln. Aber natürlich hat jeder einzelne Konditor sein eigenes Rezept für diese leckere Spezialität. Wer vergleichen möchte, wie unterschiedliche Torten schmecken, kann das auch auf dem kleinen Schwarzwälder Kirschtortenfest machen, das es seit 2006 gibt. Auf diesem Fest sind nicht nur einige der besten Konditoren aus dem Schwarzwald zu Gast, sondern es kann sich auch jeder „normale" Mensch anmelden und seine eigene Kirschtorte anbieten. Worauf warten Sie noch? Machen Sie doch mal Urlaub im wunderschönen Schwarzwald, genießen Sie die ruhige Natur und vor allem ein großes Stück Schwarzwälder Kirschtorte.

7 Ergänzen Sie die Adjektivendungen für Nomen ohne Artikel (Werner), Nomen mit unbestimmtem Artikel (Andrea) und Nomen mit bestimmtem Artikel (Norbert).

Mein Lieblingskuchen als Kind

reif (Adj.): Wenn Obst oder Gemüse „fertig" ist, also geerntet und gegessen werden kann, sagt man: Es ist reif. Man benutzt das Wort manchmal auch im übertragenen Sinn, z. B. Die Idee ist noch nicht reif (= noch nicht fertig, noch nicht zu Ende gedacht).

Werner (54)

Meine Oma hat früher immer Hefekuchen gebacken, der mit (1) reifem Obst aus unserem kleinen Garten belegt war. Am besten fand ich den Kuchen mit (2) süß___ Äpfeln. Meine Oma hat (3) gewaschen___ Äpfel auf den Hefeteig gelegt und dann oft (4) süß___ Streusel darauf gemacht – das ist eine Mischung aus Mehl, Butter und Zucker. Von dem Apfelkuchen habe ich immer mindestens zwei Stücke gegessen, und am liebsten habe ich auf den Kuchen noch (5) geschlagen___ Sahne getan. Köstlich!

Andrea (31)

In unserer Familie hat niemand gerne gebacken, aber ich mochte Kuchen so sehr! Deshalb habe ich mit zehn Jahren selbst angefangen zu backen. Zuerst habe ich einen (1) einfachen Zitronenkuchen gemacht, das Rezept hatte ich aus einem (2) alt___ Kochbuch von meiner Oma. Naja, es hat nicht ganz geklappt, nach einer (3) lang___ Zeit im Ofen hatte der Kuchen eine (4) schwarz___ Kruste. Ich habe es aber noch einmal versucht, und dann genau auf eine (5) klein___ Uhr in der Küche geguckt, damit der Kuchen nicht wieder zu dunkel wird. Das Ergebnis war super: Ich habe einen sehr (6) lecker___ Kuchen aus dem Ofen geholt – und meine Schwester hat sofort ein (7) groß___ Stück gegessen.

die **Kruste**, -n: allgemein eine harte äußere Schicht, hier die äußere Schicht des Kuchens. Auch bei einem Brot sagt man „Es hat eine dunkle/helle Kruste.", wenn man die äußere Schicht meint.

Norbert (38)

Die (1) kleine Bäckerei in unserer Nähe hatte nicht so viel Kuchen, aber im (2) benachbart___ Stadtteil war die (3) bekanntest___ Konditorei der Stadt – und es war auch die (4) teuerst___ Konditorei weit und breit. Aber der (5) frisch___ Baumkuchen dort war ein Gedicht! Und die (6) köstlich___ Berliner erst, einfach traumhaft. Am liebsten mochte ich die (7) fruchtig___ Marmelade in den (8) lecker___ Berlinern, die war besonders gut. Ach, vielleicht sollte ich diesen (9) toll___ Laden mal wieder besuchen und schauen, ob es dort noch immer das (10) groß___ Sortiment und diese (11) hoh___ Qualität gibt.

8 Ergänzen Sie die Adjektivendungen.

Dresden für Leckermäuler

In der (1) letzten Woche habe ich einen (2) toll___ Ausflug nach Dresden gemacht. Ich bin noch nie in dieser (3) schön___ Stadt gewesen und habe mir vorher überlegt, welche (4) interessant___ Sehenswürdigkeiten ich mir anschauen möchte. An einem Tag habe ich eine (5) kulinarisch___ Rundreise durch Dresden und die Umgebung gemacht. Zum Glück ist ja Vorweihnachtszeit – da gab es in allen Bäckereien den (6) bekannt___ Dresdener Stollen, der ja die (7) sächsisch___ Landeshauptstadt im Namen trägt. Ich habe diese (8) köstlich___ Spezialität tatsächlich in (9) unterschiedlich___ Bäckereien probiert, und jeder Stollen hat anders geschmeckt. Natürlich habe ich immer nur eine (10) dünn___ Scheibe gegessen ;-). Jeder (11) örtlich___ Hersteller hat ein (12) geheim___ Rezept, und manche verkaufen den (13) lecker___ Stollen auch übers Internet.

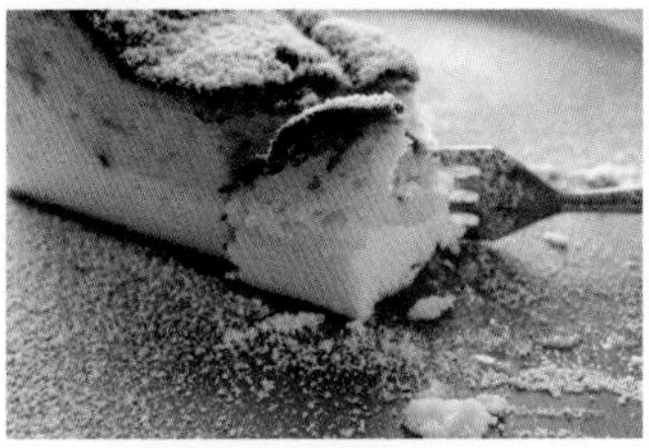

Aber ich wollte nicht nur den (14) bekannt___ Stollen probieren, sondern auch Eierschecke. Diesen (15) lustig___ Namen habe ich zwar schon oft gehört, aber gegessen hatte ich das noch nie. Eierschecke ist eine Spezialität in ganz Sachsen und Thüringen. Es gibt (16) verschieden___ Varianten, aber es ist immer ein (17) dünn___ Hefeteig, auf dem eine (18) locker___ Masse verteilt wird. Diese Masse besteht u.a. aus Quark und Eiern – daher kommt auch der (19) witzig___ Name. Ich habe eine (20) selten___ Variante probiert, mit Rosinen und Mandeln – sehr lecker!
Meine nächste (21) kulinarisch___ Reise geht nach Österreich, genauer gesagt in die Stadt Linz. Dort möchte ich unbedingt Linzer Torte probieren. Eine (22) gut___ Freundin von mir hat schon mal Linzer Torte selbst gemacht. Ich erinnere mich, dass man dafür (23) gemahlen___ Mandeln und (24) rot___ Johannisbeergelee braucht. Wenn ich diesen (25) lecker___ Kuchen in Linz gegessen habe, werde ich wieder davon berichten.

das **Leckermaul**, ¨-er: So nennt man umgangssprachlich Menschen, die gerne Süßigkeiten essen. Ein anderes Wort ist *Naschkatze*.

Jedes deutsche Bundesland hat eine eigene Hauptstadt, die **Landeshauptstadt**.

die **Johannisbeere**, -n

das **Gelee**, -s: ähnlich wie Marmelade, aber nur aus Fruchtsaft hergestellt.

→ online

26

Vergleiche und Steigerung

Ich hatte am ersten Schultag die **beste** Schultüte.
Sie war schön**er** und grö**ßer** als alle anderen.

Zum ersten Schultag bekommen viele Kinder eine „Schultüte“. In dieser Tüte sind meistens Süßigkeiten und kleine Geschenke.

Formen

Grundform	Komparativ	Superlativ	
schön billig	schöner billiger	am schönsten am billigsten	der/das/die schönste der/das/die billigste

Regelmäßige Formen mit Umlaut *ä, ö, ü*

alt	älter	am ältesten	der/das/die älteste ...
jung	jünger	am jüngsten	der/das/die jüngste ...
groß	größer	am größten	der/das/die größte ...
gesund	gesünder	am gesündesten	der/das/die gesündeste ...
krank	kränker	am kränksten	der/das/die kränkste ...

Diese Schreibvarianten gibt es meistens wegen der einfacheren Aussprache.

Besonderheiten in der Schreibung

dunkel – dunkler – am dunkelsten
nah – näher – am nächsten
hoch – höher – am höchsten
teuer – teurer – am teuersten

→ Adjektive: Deklination, S. 116

Unregelmäßige Formen

gut	besser	am besten	der/das/die beste ...
gern	lieber	am liebsten	der/das/die liebste ...
viel	mehr	am meisten	der/das/die meiste ...

Auch Komparative und Superlative vor dem Nomen haben Adjektivendungen.

Tina war das Mädchen mit der schönst**en** Schultüte. Sie hatte die meist**en** Süßigkeiten in der Tüte.

Gebrauch

(genauso)/so ... wie zeigt Gleichheit an, *als* weist auf Unterschiede hin.

Superlative vor einem Nomen haben immer den bestimmten Artikel.
Das war **der** heißeste Sommer seit Jahren.

Grundform
A = B oder A ≠ B

Meine Lehrerin ist so **alt** wie meine Mama, aber nicht so **alt** wie Papa.
Sport mache ich genauso **gern** wie Musik.
Kunst mache ich nicht so **gern** wie Sport.

Komparativ
A ↑ oder ↓ B

Die Eltern der Schulanfänger waren **nervöser** als die Kinder selbst.
Tina mag Deutsch **lieber** als Mathe.
Ich habe mich für den **billigeren** Schreibtisch entschieden.

Superlativ

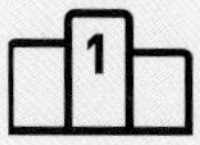

In Turnen war ich gut, aber in Leichtathletik war ich immer **am besten**.
Ich bin immer **am weitesten** von allen gesprungen.
Die **besten** Schüler sind manchmal die **schlechtesten** Sportler.

1 Komparativ – Ergänzen Sie die Sätze.

billig • gesund • ~~groß~~ • klein • langweilig • schnell

30
31

1. In den letzten Jahren sind die Schultüten immer ___größer___ geworden.
2. Die Schultüte von unserer Tochter ist etwas ____________ als die von den anderen.
3. Unsere Tochter hat Obst in der Tüte. Das ist ____________ als Schokolade.
4. Sie findet aber, dass Obst viel ____________ ist als Schokolade.
5. Mit dem Fahrrad ist unsere Tochter ____________ in der Schule als mit dem Bus.
6. Das Essen in der Kantine ist ____________ als im Restaurant.

die **Kantine**, -n: Restaurant in einer Firma, Behörde oder Schule, wo man relativ günstig zu Mittag essen kann. In Universitäten nennt man sie *Mensa*.

2 Komparativ – Verbinden Sie 1–6 mit a–f. Ergänzen Sie die Adjektive in a–f.

alt • gut • ~~viel~~ • viel • teuer • warm

1. In Deutschland sind die Sommer warm.
2. In Norddeutschland isst man
3. Mir gefällt München
4. Köln (50 n. Chr.) ist viel
5. In der Stadt ist das Leben
6. Die Deutschen trinken

___ a) ___mehr___ Kartoffeln als Nudeln.
___ b) ____________ als Berlin.
___ c) ____________ als auf dem Land.
___ d) ____________ Bier als Wein.
_1_ e) Aber in Italien sind sie ____________.
___ f) ____________ als New York (1624 n. Chr.)

n. Chr = nach Christi Geburt, also in unserer Zeitrechnung
v. Chr = vor Christi Geburt, also vor unserer Zeitrechnung

3 Superlative – Ergänzen Sie und markieren Sie die Lösung.

~~berühmt~~
hoch
groß
klein
lang
schnell

1. Das ___berühmteste___ Fest Deutschlands findet in *Frankfurt / Stuttgart / München* statt.
2. Der ____________ Berg der Alpen ist *das Matterhorn / der Mont Blanc / der Eiger*.
3. Der ____________ Fluss in Deutschland ist *die Donau / die Elbe / der Rhein*.
4. Die ____________ Stadt Österreichs ist *Graz / Wien / Salzburg*.
5. Der ____________ Zug in Deutschland heißt *IC / EC / ICE*.
6. Das ____________ deutsche Bundesland ist *Bayern / Brandenburg / Bremen*.

4 Vergleiche – Schreiben Sie die Sätze.

1. Meine Frau feiert ____________________________________.
Meine Frau | Geburtstag als Weihnachten | feiern | gern | .

2. ____________________________________
Deutschland | wie die Schweiz | teuer | sein | nicht so | .

3. ____________________________________
Ich finde | Selberkochen | Spaß | machen | viel | als | Fertiggerichte kaufen | .

5 Schreiben Sie Vergleiche für sich.

interessanter als
am liebsten
genauso gut wie
der/das/ die schönste ...

Das schönste Geschenk für mich ist freie Zeit.

6 Lesen Sie den Zeitungsartikel.

Mit dem / (Schrägstrich) kann man in einem Nomen männliche und weibliche Formen verbinden. Andere Konventionen dafür sind z. B.: Musiker*innen, MalerInnen, Verkäufer_innen.

das **i-Dötzchen**, -: ein anderes Wort für Schulanfänger.

a Markieren Sie die Adjektive und ergänzen Sie die Tabelle.

Neue Grundschule nimmt Arbeit auf

Nach der Eröffnung des modernsten Schulgebäudes hier in Weilerhofen fand gestern die Einschulung statt. 59 Schülerinnen und Schüler werden in drei Klassen gehen – die größte Klasse wird die 1a mit 22 Schüler/innen, in der 1b sind 20 Schüler/innen und die 1c wird mit 17 Schüler/innen die kleinste Klasse sein. Viele Schülerinnen und Schüler hatten eine große Schultüte dabei, die sie am liebsten sofort ausgepackt hätten. Die meisten i-Dötzchen wurden auch von beiden Elternteilen begleitet.

Die Erwartungen an die neue Schule sind hoch. Vater Robert Schmidt: „Wir denken, dass die Kinder hier die beste Ausstattung zum Lernen haben. Der Bau war natürlich teuer, aber es ist ja eine Investition in die Zukunft. Und ganz ehrlich: Das neue Einkaufszentrum war ja viel teurer als die Schule!"

Grundform	Komparativ	Superlativ
m		der/das/die modernste
		am liebsten

1. ~~hoch~~
2. gern
3. wichtig
4. groß
5. schlau
6. viel
7. viel
8. gut
9. groß
10. klein
11. gut
12. interessant
13. lecker

→ Adjektive: Deklination, S. 116

Ein **Schulbus** fährt in Deutschland meist in ländlicheren Regionen Schulkinder morgens zur Schule und mittags zurück von der Schule. Mit diesem Bus können keine normalen Fahrgäste fahren. Nicht zu allen Schulen fahren Schulbusse, oft benutzen Schülerinnen und Schüler auch Linienbusse (= öffentlicher Nahverkehr), die auf ihrer normalen Route dann auch in der Nähe einer Schule halten.

b Ergänzen Sie die Adjektive links im Komparativ. Vergessen Sie nicht die Adjektivendungen.

Noch (1) __höhere__ Erwartungen hat Verena, die (2) ______ zur Schule geht als zu Hause zu bleiben: „Lernen ist für mich (3) ______ als spielen. Wenn ich (4) ______ bin, möchte ich nämlich alles können." Das konnte Direktorin Tamara Lanz zwar nicht versprechen, aber sie war sicher, dass Verena schon bald (5) ______ sein wird als jetzt und (6) ______ Spaß in der Schule haben wird als alleine zu Hause. Die Direktorin hofft auch, dass sich im nächsten Jahr noch (7) ______ Schüler/innen hier anmelden werden, wenn es eine noch (8) ______ Anbindung an den Schulbus geben wird. Die Klassen sollen aber nicht (9) ______ werden: „In (10) ______ Klassen können die Kinder (11) ______ lernen", betonte Frau Lanz.

Nach dem Ende der Feier war für die Kinder aber (12) ______, die Schultüten zu öffnen und nachzuschauen, ob andere vielleicht (13) ______ Sachen haben.

7 Ergänzen Sie die Adjektive im Komparativ und Superlativ.

● Hast du auch so einen schönen Stift in deiner Schultüte?

○ Ja, und ich finde meinen noch (1) s__________. Olgas Stift ist aber (2) a____ s__________.

● Schau mal, ich habe viele Bonbons in meiner Schultüte!

○ Du hast (3) m__________ Bonbons als ich. Aber Tarek hat (4) d____ __________ in seiner Schultüte.

● Und schau mal, ich habe ein Quiz. Das sieht schwierig aus.

○ Oh, das ist (5) __________ als mein Spiel. Aber weißt du, was (6) a____ __________ ist? Jetzt jeden Morgen so früh aufzustehen.

8 Ergänzen Sie die Adjektive rechts im Komparativ oder Superlativ.

1. ~~aufgeregt~~
2. früh
3. ~~schön~~
4. lecker
5. witzig
6. lang
7. günstig
8. gut
9. lecker
10. hart
11. gut
12. langweilig
13. lustig
14. interessant
15. gesund
16. gut
17. gern
18. gern
19. viel
20. gesund
21. viel

Abenteuer Klassenlehrer

Ich glaube, ich war (1) aufgeregter als meine Schülerinnen und Schüler. Ich bin immer früh in der Schule, aber an dem Tag bin ich noch (2) __________ gekommen. Ich wollte, dass die Kinder die Einschulung als den (3) schönsten Tag des Jahres in Erinnerung behalten. Dafür habe ich eine Menge gemacht, zum Beispiel einen Kuchen gebacken, und der Kuchen sollte natürlich der (4) __________ Kuchen aller Zeiten sein. Außerdem wollte ich die (5) __________ Spiele für den Tag mitbringen und habe (6) __________ als jemals davor Spiele gesucht – und ein paar der (7) __________ Spiele habe ich sogar gekauft, weil ich sie nicht ausleihen oder selbst basteln konnte. Ich war für den Tag also (8) __________ vorbereitet als für jeden anderen Tag – dachte ich.

Als ich den Kuchen verteilt habe, meinte ein Mädchen, dass sie zu Hause (9) __________ Kuchen bekommen würde. Und ein Junge sagte, der Kuchen sei (10) __________ als seine Zähne – und hat ihn dann liegenlassen. Bei den Spielen wurde es auch nicht (11) __________: Einige Kinder meinten, das wäre ja (12) __________ als im Kindergarten und ein Junge sagte, sein Opa wäre (13) __________ als ich.

Ich glaube, fürs nächste Mal muss ich mir echt was einfallen lassen und mir (14) __________ Sachen ausdenken. Und vielleicht bringe ich (15) __________ Essen mit als einen Kuchen, denn einige Eltern haben sich beschwert und gesagt, es wäre (16) __________, wenn ihre Kinder Obst statt Kuchen von mir bekommen hätten. Stimmt ja, ich dachte nur, dass die Kinder Kuchen (17) __________ mögen als einen Apfel. Ich selbst esse von allen Sachen (18) __________ Kuchen und dachte, die (19) __________ Kinder mögen ihn auch, und bei der Einschulung muss man ja nicht unbedingt das (20) __________ Essen mit den (21) __________ Vitaminen haben, oder?

sich etwas einfallen lassen: Diese Wendung benutzt man, wenn man ausdrücken möchte, dass man eine gute Idee braucht. Man benutzt die Wendung meist ganz allgemein mit *was* oder *etwas*, z. B. Lass dir doch was einfallen!, aber man kann auch konkreter werden: Lass dir eine gute Lösung einfallen!

→ online

27

Grund- und Ordnungszahlen

Meistens stellt man Maibäume **am 30. April** oder direkt **am 1. Mai** auf.

Grundzahlen = Kardinalzahlen

Formen: Grundzahlen

Am Anfang steht die Null: 0.

Die Zahlen bis zwölf schreibt man in Texten meistens als Wort, ab 13 meistens als Ziffer.

1	eins	11	elf	21	einundzwanzig
2	zwei	12	zwölf		...
3	drei	13	dreizehn	30	dreißig
4	vier	14	vierzehn	40	vierzig
5	fünf	15	fünfzehn	50	fünfzig
6	sechs	16	sechzehn	60	sechzig
7	sieben	17	siebzehn	70	siebzig
8	acht	18	achtzehn	80	achtzig
9	neun	19	neunzehn	90	neunzig
10	zehn	20	zwanzig	100	(ein)hundert
				101	(ein)hundert(und)eins

13 → dreizehn

21 → einundzwanzig

Statt *hundert**und**eins* sagt man oft *hunderteins*.

1 000	(ein)tausend	1 000 000	eine Million (Mio.)
100 000	(ein)hunderttausend	1 000 000 000	eine Milliarde (Mrd.)

Ordnungszahlen = Ordinalzahlen

→ Adjektive: Deklination, S. 116

Formen: Ordnungszahlen

1.	erste	11.	elfte
2.	zweite	12.	zwölfte
3.	dritte	13.	dreizehnte
4.	vierte	14.	vierzehnte
5.	fünfte	15.	fünfzehnte
6.	sechste	16.	sechzehnte
7.	siebte	17.	siebzehnte
8.	achte	18.	achtzehnte
9.	neunte	19.	neunzehnte
10.	zehnte	20.	zwanzigste

Bis 19.: Zahlwort + t + **Adjektivendung**:

Der vierte Mai ist ein Sonntag.
Am zweit**en** Weihnachtsfeiertag arbeite man in Deutschland nicht. Das ist ein Feiertag.

Ab 20.: Zahlwort + st + **Adjektivendung**:

Der 30. (dreißigst**e**) Stock ist die Chefetage.
Ich arbeite im 22. (zweiundzwanzigst**en**) Stock.

Ordnungszahlen können auch als Nomen gebraucht werden.
Er kam als **Erster** durchs Ziel.
Die **Ersten** werden die Letzten sein.

Gebrauch

addieren – zusammenzählen
subtrahieren – abziehen
multiplizieren – malnehmen
dividieren – teilen

die Grundrechenarten	Addition	2 + 2 = 4	Zwei **plus** zwei **gleich** vier.
	Subtraktion	12 - 3 = 9	Zwölf **minus** drei **gleich** neun.
	Multiplikation	7 • 3 = 21	Sieben **mal** drei **gleich** einundzwanzig.
	Division	10 : 2 = 5	Zehn **geteilt durch** zwei **gleich** fünf.

Man sagt auch: Zwei plus zwei **ist** vier.

die Uhrzeit: Es ist 9 Uhr 14. Es ist 18 Uhr 43.

Datum: Heute ist der 4. April. Mein Vater hat am 8. April Geburtstag.

→ Uhrzeit und Datum, S. 128

Reihenfolgen: der zweite Besucher, die 32. Woche, im dritten Stock, der erste Platz

Gruppen: Arbeiten Sie bitte zu zweit/dritt/viert/fünft/sechst ... .

32
33

1 Schreiben Sie die Grundzahlen in Worten.

3	drei	13	______	21	______
6	______	16	______	72	______
7	______	17	______	84	______
8	______	18	______	97	______
30	______	60	______	105	______

2 Vier Grundrechenarten – Rechnen Sie und notieren Sie die Zahlwörter.

1. 5 + 5 = ? fünf plus ______ gleich ______
2. 17 - 17 = ? ______ ______ ______ ______ ______
3. 18 • 3 = ? ______ ______ ______ ______ ______
4. 12 : 4 = ? ______ ______ ______ ______ ______

3 Das Stundenglas – Ergänzen Sie die Zahlen als Wörter.

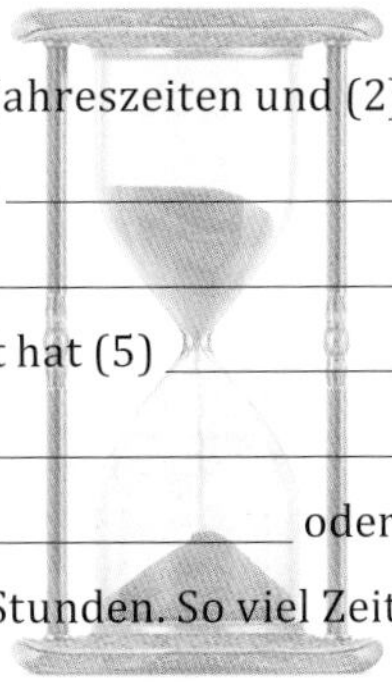

Ein Jahr hat (1) vier Jahreszeiten und (2) ______ Monate.
Das sind (3) ______ oder
(4) ______ Tage.
Ein Monat hat (5) ______
oder (6) ______ Tage.
Der Februar hat nur (7) ______ oder (8) ______ Tage.
Ein Tag hat (9) ______ Stunden. So viel Zeit und doch vergeht sie so schnell.

Das **Stundenglas** oder die **Sanduhr** ist eine alte Form zur Messung der Zeit. Heute findet man es manchmal noch als Uhr zum Zeitmessen beim Eierkochen oder Zähneputzen.

4 Ergänzen Sie die die Ordnungszahlen. Achten Sie auf die Endungen.

1. Der erste ______ (1.) Tag des Jahres ist fast überall ein Feiertag.
2. Am ______ (2.) Geburtstag meiner Tochter haben wir ein großes Fest gemacht.
3. Zu ihrem ______ (4.) Geburtstag darf Tessa vier Freundinnen einladen.
4. Beim 100 Meter Lauf war ich früher immer der ______ (1.).
5. Unsere Firma feiert bald ihr ______ (50.) Firmenjubiläum.
6. Zu unserem ______ (10.) Jahrestag machen wir ein großes Fest mit allen Freunden.
7. Der Tag der Deutschen Einheit ist immer am ______ (3.) Oktober.
8. Wir wohnen jetzt im ______ (11.) Stock eines Hochhauses.

Jahrestag bezeichnet das Datum, an dem sich ein Ereignis vor einem oder mehr Jahren ereignet hat: Beginn einer Beziehung, Gründung eines Unternehmens, Erinnerung an ein besonderes Ereignis ...

5 Zahlen in Ihrem Leben – Schreiben Sie.

Mein erstes Wort auf Deutsch war ... An meinem 18. Geburtstag ...

Geburtstag
Hochzeitstag
Arbeitstag
Sohn/Tochter

6 Ergänzen Sie die Zahlwörter links. Nicht alle Wörter passen.

dreißigsten
dreiunddreißigsten
dreizehnten
einhundertfünfzig
eins
~~eintausendfünfzig~~
einundzwanzig
ersten
fünfhundert
fünftausend
neunzehn
neunzig
sieben
siebenunddreißigsten
siebten
zwölf

Bodenhausen hat Geburtstag

Dieser Mai wird ganz besonders in Bodenhausen: Unsere kleine Stadt hat Geburtstag, sie wurde vor (1) eintausendfünfzig (1050) Jahren gegründet. Zu diesem Anlass wird es am (2) ______ (1.) Mai ein großes Maifest geben. Natürlich wird am (3) ______ (30.) April auch wieder ein Maibaum aufgestellt, in diesem Jahr immerhin schon zum (4) ______ (37.) Mal. Und es gibt einen neuen Rekord: Der Baum ist (5) ______ (19) Meter hoch! (6) ______ (12) Männer und Frauen der Freiwilligen Feuerwehr Bodenhausen stellen den Maibaum auf. Das Maifest wird bis zum (7) ______ (7.) Mai dauern. Die Stadt erwartet über (8) ______ (500) Besucher*innen von außerhalb, und es gibt ein tolles Programm, das Sie im Internet finden.

7 Beantworten Sie die Fragen und schreiben Sie Grundzahlen aus.

14.00 Uhr auf der Wiese am Kirchplatz:

Wer weiß es?

Quiz für alle von 5 bis 100 Jahren

- Los geht's mit der ersten Frage: Bis zu diesem Jahr wurden siebenunddreißig Maibäume aufgestellt. Wie viele Maibäume waren es bis zum letzten Jahr?
- ○ (1) ______.
- Genau! Und was die Höhe angeht: Dieses Jahr ist der Maibaum neunzehn Meter hoch, letztes Jahr war er anderthalb Meter kleiner – wie hoch war er letztes Jahr?
- ○ (2) ______ Meter.
- Richtig! Jetzt wird es komplizierter: Der Maibaum wiegt dieses Jahr 684 Kilogramm und wurde von 12 Personen auf den Festplatz getragen. Wie viele Kilogramm hat jede der 12 Personen getragen?
- ○ (3) ______ Kilogramm.
- Super! Und jetzt eine letzte Frage für die echten Rechenkünstler: Wie lautet die nächste Primzahl in dieser Reihe: eins, drei, fünf, sieben, elf, dreizehn, siebzehn, neunzehn, …
- ○ (4) ______.
- Stimmt! Wer alles richtig beantwortet hat, bekommt jetzt einen kleinen Preis.

Bei Längenangaben (und auch Gewichten) spricht man Angaben wie 19,5 Meter meist *neunzehneinhalb Meter*. Man kann aber auch *neunzehn Komma fünf Meter* sagen.

Eine Besonderheit ist 1,5: Hier sagt man meist **anderthalb**. Man kann aber auch *eineinhalb* oder *eins Komma fünf* sagen.

die **Primzahl**, -en: eine natürliche Zahl, die man nur durch eins und durch sie selbst teilen kann.

8 **Schreiben Sie die Ordnungszahlen aus. Manchmal sind es Nomen. Denken Sie auch an die Endungen.**

Rückblick aufs Maifest

Bei Nacht und Nebel

Es war das (1) ___erste___ (*1.*) Mal, dass bei uns ein Maibaum gestohlen wurde. Jochen erzählt: „Schon zum (2) ______ (*3.*) Mal haben meine Freunde und ich den Diebstahl geplant, aber bislang hat es nie funktioniert. Beim (3) ______ (*1.*) Versuch wurden wir vom (4) ______ (*2.*) Vorsitzenden des Maibaumvereins entdeckt, der den Baum bewacht hat. Und als wir es das (5) ______ (*2.*) Mal probieren wollten, war das Wetter zu schlecht: Zum (6) ______ (*1.*) Mal gab es bei uns Ende April Schnee und es war zu gefährlich. Aber jetzt hat es geklappt! Wir haben den Baum zu zehnt getragen, der (7) ______ (*11.*) und der (8) ______ (*12.*) haben Schmiere gestanden." Im Nachbardorf sind die Diebe erfolgreicher: Dort wurde der Baum zum (9) ______ (*23.*) Mal gestohlen.

bei Nacht und Nebel: Damit meint man, dass etwas passiert ist, ohne dass andere es gemerkt haben.

Der **Maibaumdiebstahl** ist eine Tradition. Es ist eher ein Spiel, kein echter Diebstahl. Die „Diebe" müssen den Maibaum wegbringen, ohne gesehen zu werden. Wenn sie das schaffen, muss der Besitzer des Maibaums oder der Veranstalter den Maibaum suchen. Wenn er ihn und die Diebe findet, muss er ein „Lösegeld" für den Maibaum zahlen. Meist heißt das, er muss alle Getränke bezahlen, die die „Diebe" trinken.

Schmiere stehen: ein umgangssprachlicher Ausdruck im Zusammenhang mit einem Diebstahl, es bedeutet *aufpassen, ob jemand kommt bzw. guckt.*

9 **Schreiben Sie die Zahlen. Denken Sie an den Punkt bei Ordnungszahlen.**

Helfer blicken auf das Maifest zurück

Julia

„Das Maifest war schön", sagt Julia, „aber auch anstrengend. Wir haben mit (1) ___5___ Erwachsenen Spiele für die Kinder organisiert – und es waren an jedem Tag über (2) ______ Kinder beim Maifest! Aber uns war wichtig, dass die Kinder Spaß haben. Deshalb haben wir bei unseren Spielen und Wettbewerben auch jedem Kind einen Preis gegeben – ob (3) ______, (4) ______, (5) ______ oder (6) ______ war egal. Bei so vielen Kindern brauchten wir viele Preise, wir haben insgesamt über (7) ______ verteilt. Allerdings gab es manchmal auch nur ein Bonbon als Preis, das heißt, bei (8) ______ Tüten mit je (9) ______ Bonbons waren das schon (10) ______ Preise. Anders ging das nicht, sonst wäre ich verrückt geworden! Es war auch so schwierig: Wir haben (11) ______ Gruppen gebildet, in denen zwischen (12) ______ und (13) ______ Kinder waren. Ganz ehrlich: Das war anstrengend. Aber die Kinder hatten eine schöne Zeit, das ist das Wichtigste."

1. fünf
2. einhundert
3. Erster
4. Zweiter
5. Zwölfter
6. Siebenundzwanzigster
7. fünftausend
8. fünfzig
9. dreißig
10. eintausendfünfhundert
11. vier
12. siebzehn
13. fünfundzwanzig

Carsten

„Ich war jetzt schon zum (1) ______ Mal beim Maifest", berichtet Carsten. „An das Maifest vor (2) ______ Jahren erinnere ich mich gerne, weil ich da meine Frau kennengelernt habe. Wir feiern bald unseren (3) ______ Hochzeitstag. Dieses Mal habe ich geholfen, die Stände zu schmücken. Wir haben ungefähr (4) ______ Ballons aufgeblasen – ohne Pumpe! Und dann haben wir aus (5) ______ Zweigen und (6) ______ Blumen (7) ______ Gestecke gemacht. Wir machen das jedes Jahr selbst, es macht einfach Spaß, mit den anderen zusammen das Fest vorzubereiten."

1. sechzehnten
2. zehn
3. fünften
4. dreihundertfünfzig
5. einhundertzwölf
6. sechshundertdreiundsiebzig
7. sechsunddreißig

→ online

28 Uhrzeit und Datum

Hier waren Deutschland und
Europa bis zum 2. Februar 1990
um 15 Uhr geteilt.

Am 9. November 1989 kurz vor 19 Uhr öffnete die Regierung der DDR die Grenzübergänge in Berlin.

Die 12- und die 24-Stunden-Uhr

→ Präpositionen und Zeit, S. 144
→ Adverbien: Ort und Zeit, S. 132

In einigen Regionen gibt es eine weitere Variante:
8.15: Es ist viertel 9.
8.45: Es ist dreiviertel 9.

Diese Varianten müssen Sie nicht aktiv können, aber es ist wichtig, dass Sie sie verstehen.

Ich komme um 9 Uhr zu dir.

Wie spät ist es?

Es ist ...

Es ist kurz vor halb neun.

... 8 Uhr.

... 8 Uhr.
... 20 Uhr.

... 5 **nach** 8.

... 8 Uhr 5.
... 20 Uhr 5.

... Viertel **nach** 8.

... 8 Uhr 15.
... 20 Uhr 15.

... 5 **vor** halb 9.

... 8 Uhr 25.
... 20 Uhr 25.

Im Alltag gibt man Uhrzeiten oft nicht genau an, sondern ungefähr.

- ● Wann kommt ihr nach Hause?
- ○ **Um** sieben.
- ø **Kurz nach** sieben.
- # **Gegen** halb acht.
- ◊ **So etwa** um neun.

... halb 9.

... 8 Uhr 30.
... 20 Uhr 30.

... 5 **nach** halb 9.

... 8 Uhr 35.
... 20 Uhr 35.

... Viertel **vor** 9.

... 8 Uhr 45.
... 20 Uhr 45.

... 10 **vor** 9.

... 8 Uhr 50.
... 20 Uhr 20.

... 9 Uhr.

... 9 Uhr.
... 21 Uhr.

Datum

an dem → am
in dem → im

Wochentage: *an* + Dativ

am Montag, **am** Dienstag, **am** Mittwoch ...
Am Samstag ist der erste Mai.

Monate/Jahreszeiten: *in* + Dativ

im Januar, **im** Februar ... / **im** Frühling, **im** Sommer ...
Ich bin im Mai geboren, also im Frühling.

Bis 1999 nennt man die Hunderter. Ab 2000 sagt man Tausend: <u>neunzehnhundert</u>neunundneunzig, zweitausend

Jahreszahlen

1989, im Jahr 1989 (**neunzehnhundert**neunundachtzig)
2021 (**zweitausend**einundzwanzig)
1989 fiel die Berliner Mauer.
Im Jahr 1989 fiel die Berliner Mauer.

Die Ordnungszahlen werden wie Adjektive dekliniert.

→ Adjektive: Deklination, S. 116
→ Grund- und Ordnungszahlen, S. 124

Datumsangaben mit Ordnungszahlen

- ● Wann ist der Tag der Deutschen Einheit?
- ○ Am **dritten** Oktober.

- ● Wann hast du Urlaub? Im Sommer?
- ○ Im Juli. Vom 1. (**ersten**) Juli bis zum 20. (**zwanzigsten**).

- ● Ist heute der **erste** März?
- ○ Nein, heute ist der **dritte Dritte** /der **dritte** März.

34

35

1 Ordnen Sie a–j den Uhren zu. Zu den Uhren 5–7 passen zwei Äußerungen.

1. j______ 2. ______ 3. ______ 4. ______ 5. ______ 6. ______ 7. ______

a) Es ist 23 Uhr. Sie hören die Nachrichten.
b) Ich muss heute kurz vor sechs aus dem Haus.
c) Frau Neustadt, kommen Sie bitte um 10 Uhr 15 zu mir ins Büro.
d) Du musst los! Es ist schon fünf vor halb sieben.
e) Der ICE 534 fährt heute um 18.35 auf Gleis 1.
f) Kann ich dich morgen um 11 Uhr besuchen?
g) Was? Schon Viertel nach 10? Heute rast die Zeit wieder.
h) Der nächste Bus fährt um 6 Uhr 35.
i) Ich bin kurz nach halb 7 wieder zu Hause.
j) Es ist jetzt 5 Uhr 27.

Begrüßungen im Tagesablauf

Guten Morgen!
morgens bis etwa 11 Uhr
Guten Tag!
mittags/nachmittags bis etwa 18 Uhr
Guten Abend!
abends ab 18 Uhr
Gute Nacht!
zum Abschied am Ende des Tages
Mahlzeit!
um die Mittagszeit in einigen Teilen Süddeutschlands, Österreichs und der Schweiz

2 Was passt zusammen? Ordnen Sie zu.

1. Der Zweite Weltkrieg war am achten Mai neunzehnhundertfünfundvierzig zu Ende.
2. Am dreizehnten Achten neunzehnhunderteinundsechzig, begann die DDR mit dem Mau der Berliner Mauer.
3. Am dritten Zehnten neunzehnhundertneunzig wurde aus der BRD und der DDR wieder ein deutscher Staat.
4. Am dreizehnten Juli zweitausendvierzehn wurde Deutschland in Rio de Janeiro Fußballweltmeister.
5. Seit dem ersten Ersten zweitausendzwei gibt es den Euro als Bargeld.
6. Mein Sohn ist am sechsten Februar zweitausendfünf geboren.

___ a) 13.07.2014
___ b) 06.02.2005
_1_ c) 08.05.1945
___ d) 13.08.1961
___ e) 03.10.1990
___ f) 01.01.2002

Von 1949 bis zur Wiedervereinigung 1990 waren die **BRD** (Bundesrepublik Deutschland) und die **DDR** (Deutsche Demokratische Republik) zwei getrennte Staaten.

3 Termine – Ergänzen Sie den Text.

(1) _Am_ Montag lernt Nesrin immer Deutsch. Ihr Kurs beginnt (2) ________ 9 (3) ________ und er ist (4) ________ 12 zu Ende. (5) ________ Mai wird sie die B1-Prüfung machen. (6) ________ Dienstag hat sie um Viertel (7) ________ drei einen Friseurtermin. Sie nimmt den Bus um zwanzig (8) ________ drei, damit sie pünktlich dort ist. (9) ________ Samstagabend geht Nesrin mit ihrer Freundin aus. Die beiden treffen sich (10) ________ 19 Uhr vor dem Kino. Der Film beginnt um (11) ________ acht und ist (12) ________ zehn Uhr zu Ende.

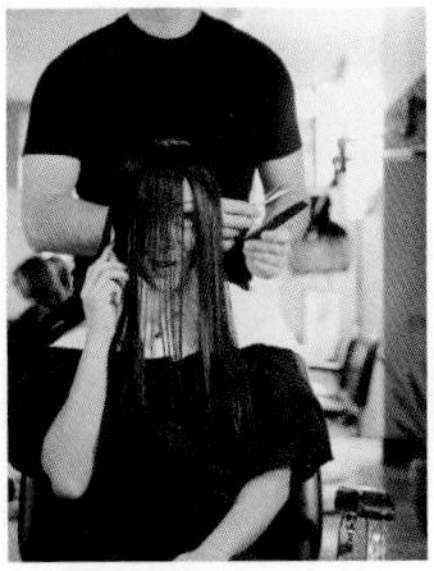

~~Am~~
Am
Am
Im
gegen
halb
kurz nach
nach
Uhr
um
um
vor

4 Wichtige Uhrzeiten und Daten in Ihrem Leben. Notieren Sie.

Ich muss jeden Morgen um ... aufstehen.
Der Geburtstag von meiner Tochter ist ... Im Juli besuche ich ...

5 Lesen Sie die Texte.

a Schreiben Sie die Daten und Uhrzeiten links aus.

1. ~~01.10.1990~~
2. 06.30 Uhr
3. 12.15 Uhr
4. 31.12.1989
5. 09.11.1989
6. 13.30 Uhr
7. 15 Uhr

Wie haben Sie die Deutsche Wiedervereinigung erlebt? Leser*innen berichten.

Ulrike aus der Nähe von Leer

Ich bin zwei Tage vor der Wiedervereinigung, am (1) ersten Oktober neunzehnhundertneunzig, mit einer Freundin nach Berlin gefahren. Wir sind morgens um (2) ______ mit dem Zug losgefahren und um (3) ______ in Berlin angekommen. Wir waren beide sehr aufgeregt. Für mich war es das erste Mal in Berlin, meine Freundin war einige Monate vorher schon mal zu Silvester dort, am (4) ______ ______. Ich weiß noch, dass sie eigentlich kurz nach dem Mauerfall am (5) ______ ______ nach Berlin fahren wollte, aber sie hatte gerade eine neue Stelle angetreten und bekam keinen Urlaub. Jedenfalls waren wir mittags in Berlin und wollten möglichst viel sehen, also sind wir vom Bahnhof zur Pension gelaufen. Gegen (6) ______ ______ waren wir dort – das weiß ich deshalb noch genau, weil wir noch nicht ins Zimmer konnten, das war erst ab (7) ______ ______ möglich. Naja, das war ja nicht schlimm, wir sind noch mal rausgegangen, und die Atmosphäre in der Stadt war wirklich unglaublich toll.

die **Pension**, -en: Das Wort hat mehrere Bedeutungen, hier ist es ein kleines Hotel mit einfachen Zimmern.

b Welche Daten und Uhrzeiten passen? Ordnen Sie zu. Nicht alles kann zugeordnet werden.

a) dreiviertel drei • b) dreiviertel zwei • c) dreiviertel zwölf • d) dritte Oktober neunzehnhundertneunundachtzig • e) dritte Oktober neunzehnhundertneunzig • f) Mitternacht • g) viertel drei • h) viertel elf • i) viertel zwei • j) zwei Minuten nach Mitternacht • k) zwei Minuten vor Mitternacht • l) zweite Oktober neunzehnhundertneunzig

Ingrid und Klaus aus der Nähe von Karlsruhe

Der (1) (03.10.1990) l war ja ein Mittwoch, und wir mussten am Nachmittag zurück nach Karlsruhe fahren, weil wir am nächsten Tag arbeiten mussten. Immerhin haben wir aber am Abend zuvor, am (2) (02.10.1990) ___, um kurz vor Mitternacht das Hissen der Fahne der Deutschen Einheit erlebt. Wir waren gegen (3) (22.15 Uhr) ___ am Abend in Richtung Reichstag gegangen, um uns das anzuschauen und kamen gegen (4) (23.45 Uhr) ___ dort an. Um genau (5) (23.58 Uhr) ___ begann das Hissen der Fahne und genau um (6) (00.00 Uhr) ___ war die Fahne ganz oben. Und dann wurde auch noch die Nationalhymne gespielt – wir waren schon sehr bewegt, muss ich sagen. Wir sind dann auch noch eine Weile gelaufen und erst gegen (7) (1.15 Uhr) ___ wieder im Hotel gewesen. Mein Mann ist so gegen (8) (1.45 Uhr) ___ eingeschlafen, aber ich war noch bis (9) (2.45 Uhr) ___ wach, ich war einfach zu aufgeregt.

hissen: So nennt man es, wenn eine Fahne auf einem Mast (= einer Fahnenstange) nach oben gezogen wird.

Die deutsche **Nationalhymne** ist die dritte Strophe aus „Das Lied der Deutschen" von August Heinrich Hoffmann von Fallersleben (1798-1874). Die Melodie ist die Kaiserhymne von Joseph Haydn (1732-1809).

6 **Ergänzen Sie die Daten und Uhrzeiten in Zahlen (1-7) und ergänzen Sie die Präpositionen (8-18).**

Mein Leben und ich: Die Fußball-WM 2014

An die Fußballweltmeisterschaft 2014 erinnere ich mich noch sehr gut – auch weil ich am (1) (sechzehnten Juni) __16.6.__ einen runden Geburtstag hatte, ich bin 30 geworden, und an dem Tag hatte die deutsche Nationalmannschaft ihr erstes Spiel. Ich habe erst überlegt, meine Geburtstagsfeier zu verschieben, weil ich selbst gerne Fußball gucke. Aber während der WM gab es einfach gar keinen guten Tag, die Vorrunde ging vom (2) (zwölften Juni) ________ bis (3) (dreizehnten Juli) ________ und die Deutschen hatten am (4) (einundzwanzigsten Juni) ________ und (5) (sechsundzwanzigsten Juni) ________ ihre weiteren Vorrunden-Spiele. In der Zeit gab es eh keine gute Gelegenheit für eine Geburtstagsfeier, also habe ich mit Freundinnen Fußball geguckt. Um (6) (sechs Uhr abends) ________ war Anstoß für das Spiel der deutschen Mannschaft, und wir haben uns um (7) (halb fünf abends) ________ in meinem Lieblingscafé getroffen, dort ist bei Europa- und Weltmeisterschaften immer Public Viewing. Die Partie ging dann ja 4:0 aus – und das gegen Portugal, das war der Hammer.

Beim Finale (8) __am__ 13.07. war dann richtig viel los in dem Café. Obwohl der Anstoß erst (9) ____ 20.30 Uhr war, haben wir uns schon (10) ____ 18.30 Uhr getroffen – und da war es schon total voll! Zum Glück hatte ich reserviert und wir hatten einen guten Tisch und konnten den riesigen Fernseher gut sehen. Meine Freundinnen hatten überlegt, auf die Fanmeile nach Berlin zu fahren. Zwei von ihnen waren (11) ____ Juli 2010 dort, als die deutsche Mannschaft im Halbfinale der WM gegen Spanien gespielt hat, und sie meinten, die Atmosphäre wäre unvergleichlich. In dem Café war es aber auch super. In der Halbzeitpause (12) ____ 21.45 Uhr (13) ____ 22 Uhr haben wir mit anderen über das Spiel diskutiert, wir waren alle echt skeptisch und dachten, dass wahrscheinlich Argentinien gewinnt. Als es nach 90 Minuten Spielzeit (14) ____ 22.45 Uhr noch immer 0:0 stand, waren wir noch angespannter – wird es vielleicht Elfmeterschießen geben? Dann ging es weiter, die deutsche Mannschaft war am Ball und spielte in Richtung Tor, alle feuerten sie an und einige sprangen schon vom Stuhl, und (15) ____ 23.13 Uhr schoss Götze – und „Tooooor" schrie der Kommentator im Fernsehen und wir alle auch. Dann hieß es noch Daumendrücken für die restliche Spielzeit – dann war Deutschland Fußballweltmeister.

Das war ein tolles Erlebnis und (16) ____ Sommer gehen wir jetzt oft zum Public Viewing, auch wenn keine WM oder EM ist. Letztes Jahr hatte ich (17) ____ Juni Besuch von einer Freundin aus Australien, sie war auch ganz begeistert. Und (18) ____ Dienstag gehe ich mit einer Freundin wieder in das Café, um Champions League zu gucken, obwohl gar keine deutsche Mannschaft spielt. Aber das Rudelgucken macht echt Spaß. :-)

Im Deutschen nennt man den 30., 40., 50. usw. Geburtstag einen **runden Geburtstag**. Den 10. und 20. Geburtstag nennt man meist noch nicht so.

Im Deutschen heißt es **Public Viewing**, wenn man öffentlich (zum Beispiel in einem Restaurant oder auf einem Platz) die Übertragung einer Sportveranstaltung im TV sieht, meist mit vielen anderen Menschen. Die Bezeichnung gibt es seit der Fußball-Weltmeisterschaft 2006, die in Deutschland stattgefunden hat.

Das ist der Hammer! ist ein umgangssprachlicher Ausdruck, wenn man etwas besonders toll findet.

die **Fanmeile**, -n: Seit der Fußball-WM 2006 gibt es in Deutschland Übertragungen von Spielen der deutschen Mannschaft auf öffentlichen Plätzen. Diese Bereiche werden Fanmeile genannt. Die größte Fanmeile in Deutschland ist in Berlin auf der Straße des 17. Juni vor dem Brandenburger Tor.

das **Rudelgucken**: ein anderes, umgangssprachliches Wort für *Public Viewing*.

→ online

29

Adverbien

Das Ideal
Ja, das möchste:
Eine Villa im Grünen mit großer Terrasse,
vorn die Ostsee, **hinten** die Friedrichstraße;
mit schöner Aussicht, ländlich-mondän,
vom Badezimmer ist die Zugspitze zu sehn,
aber **abends** zum Kino hast dus nicht weit.

Auszug aus „Das Ideal" von Kurt Tucholsky.
möchste = möchtest du; **dus** = du es; **Friedrichsstraße:** Straße in Berlin; **Zugspitze:** höchster deutscher Berg

Kurt Tucholsky (1890–1935) war ein deutscher Schriftsteller und Journalist.

Funktionen

Grammatikwörter:
lokal = Ort / Richtung
temporal = Zeitpunkt/-dauer / Häufigkeit
modal = Art und Weise

Adverbien werden nicht dekliniert und meistens auch nicht gesteigert.

● Ort Frage: wo?	→ Richtung Frage: wohin?
hier, da, dort, unten, oben, rechts, links, vorne, hinten, nebenan, gegenüber, draußen, drinnen …	hin, her, dahin, daher, dorthin, dorther weg, fort, zurück, vorwärts, rückwärts abwärts, aufwärts, bergab, bergauf …

Viele Orts- / Richtungsadverbien findet man in trennbaren Verben: hierbleiben, hinfahren, herkommen, fortfahren …
Komm mal bitte **her**, ich will dir was zeigen.

→ Trennbare Verben, S. 16

● Zeitpunkt/-abschnitt Frage: wann?	→ Zeitdauer Frage: wie lange?
jetzt, gleich, eben, nun, gerade, bald, neulich, kürzlich, damals … heute, gestern, vorgestern, morgen, übermorgen … morgens, mittags, nachts, montags, dienstags, werktags, sonntags …	lange, bisher, längst, noch …

montags = immer am Montag
morgens = immer am Morgen
…

●●● Häufigkeit Frage: wie oft?	→→→ Reihenfolge
immer, oft, häufig, meistens, manchmal, selten, nie, einmal, zweimal …	Anfang: zuerst, zunächst Mitte: dann, danach, anschließend Ende: schließlich, zuletzt

Art und Weise Frage: wie?
anders, besonders, fast, gern, genauso, jedoch, kaum, nur, sehr, vermutlich, vielleicht …

Adverbien im Satz

Adverbien können an verschiedenen Stellen stehen. Wenn das Adverb betont werden soll, steht es auf Position 1.

Position 1	Position 2		Ende
Die Zeit	ist	**immer**	stärker als die Liebe.
Immer	ist	die Zeit	stärker als die Liebe.
Stärker als die Liebe	ist	**immer**	die Zeit.

Viele Adjektive können auch adverbial verwendet werden. Dann werden sie nicht dekliniert.
Er arbeitet **schnell** und **genau**.

Gebrauch

Adverbien geben an, wo, wann oder wie etwas passiert. Dabei beziehen sie sich:

auf das Verb	Vor der Prüfung lernen alle **tagsüber** und **nachts**. Sie reitet **gern**.
auf andere Adverbien	Der Aussichtspunkt liegt **weiter** oben.
auf Adjektive	Sie ist eine **ziemlich** gute Schriftstellerin. Sie arbeitet **fast immer** fehlerlos.

1 Schreiben Sie die passenden Adverbien unter die Zeichnungen.

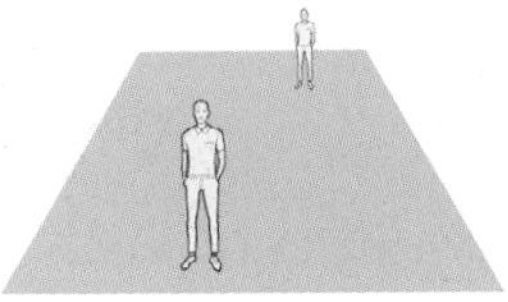

1. vorne – hinten   2. ______   3. ______

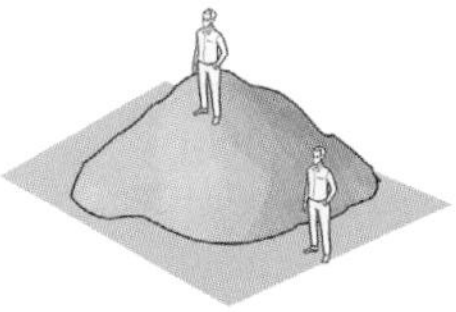
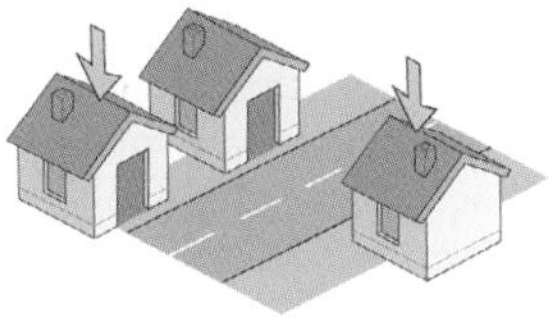
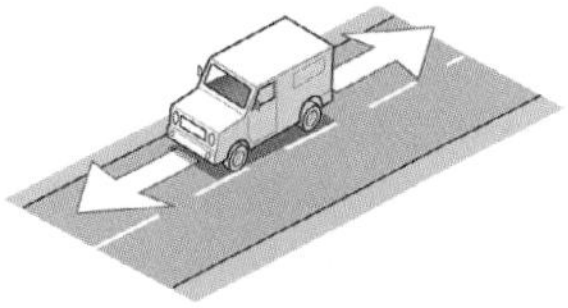

4. ______   5. ______   6. ______

2 Ort und Richtung – Welches Adverb passt? Markieren Sie.

1. Das Wetter ist schön. Wir können *draußen* / *dorthin* auf dem Balkon essen.
2. ● Gehst du morgen arbeiten? ○ Nein ich bleibe *hin* / *hier* zu Hause.
3. ● Wo gehst du *hier* / *hin*? ○ Nirgendwo, ich bleibe *hier* / *her*.
4. *Hier* / *Dort* bei uns ist es im Oktober schon kalt, aber *dort* / *vorne* am Mittelmeer ist es noch warm.
5. Meine Tante und ich sind Nachbarn. Ich wohne in Haus Nr. 23 und sie *nebenan* / *gegenüber* in Nr. 25. Meine Großelter wohnen *nebenan* / *gegenüber* auf der anderen Straßenseite in Nr. 24.

3 Zeitpunkt, Zeitdauer, Wiederholung – Ergänzen Sie das passende Adverb.

1. Tagsüber arbeite ich, ______ lebe ich, und ______ ruhe ich mich aus.
2. ● Wann gehst du zum Bahnhof? ○ ______ sofort. Ich muss mich beeilen.
3. ● Kommst du mal bitte? ○ Ich komme ______. Einen Moment bitte.
4. ● Fährst du ______ oder ______ nach Hause? ○ Nein, erst am Samstag.
5. ______ war ich in der Stadt, aber die Geschäfte waren alle zu.
6. ● Du hast uns ______ nicht mehr besucht. ○ Ich habe leider ______ Zeit.

abends
gestern
gleich
heute
jetzt
lange
nachts
morgen
selten
~~tagsüber~~

4 Häufigkeit – Schreiben Sie die passenden Adverbien zur Prozentzahl.

100 %	80 %	70 %	50 %	30 %	10 %	0 %
immer						

5 Wichtige Uhrzeiten und Daten in Ihrem Leben. Notieren Sie.

Neulich habe ich zum ersten Mal ...   Bald werde ich ...

morgens/abends
draußen
niemals
neulich
bald

das **Hörspiel**, -e: Ein Hörspiel ist wie ein Theaterstück, das man nur hört. Es gibt verschiedene Rollen und manchmal auch einen Erzähler, der die Situation oder den Ort beschreibt. Im Unterschied dazu meint man mit einem **Hörbuch** ein Buch, das bereits veröffentlicht wurde und als Hörbuch von jemandem vorgelesen wird.

übel = schlecht

das **Drama**, Dramen: allgemein ein Text, in dem es verschiedene Rollen gibt. Oft meint man damit ein Theaterstück. Ein Schriftsteller, der Dramen schreibt, heißt auch *Dramatiker.*

Im deutschsprachigen Raum ist der Roman ***Der Verdacht*** vor allem durch den Film *Es geschah am helllichten Tag* von 1958 mit den Schauspielern Heinz Rühmann (1902–1998) und Gert Fröbe (1913–1988) in den Hauptrollen bekannt geworden. Dürrenmatt schrieb zuerst zusammen mit Ladislao Vajda und Hans Jacoby das Drehbuch für den Film und anschließend den Roman.

6 Lesen Sie den Text.

a Markieren Sie die Adverbien.

Friedrich Dürrenmatt

Friedrich Dürrenmatt war ein Schweizer Schriftsteller. Er wurde 1921 in Stalden geboren und ist 1990 in Neuenburg gestorben. Dürrenmatt war ein ziemlich schlechter Schüler und hat diese Zeit später als die „übelste Zeit" seines Lebens bezeichnet. Dürrenmatt hat schon früh angefangen zu malen. Damals wollte er auch Maler werden, entschied sich jedoch nach dem Studium gegen diesen Beruf und wurde Schriftsteller.

Zuerst hatte Dürrenmatt keinen großen Erfolg als Schriftsteller und die Situation war für ihn schwierig. Aber langsam wurde er bekannter, bekam dann in den späten 1940er Jahren mehr

Aufträge und es ging schließlich auch finanziell bergauf. Besonders bekannt sind heute Dürrenmatts Dramen, zum Beispiel *Der Besuch der alten Dame* oder *Die Physiker*, und seine Krimis *Der Richter und sein Henker* sowie *Der Verdacht.* Dürrenmatt hat aber auch neben der Schriftstellerei immer gern gemalt und gezeichnet. Oft hat er selbst Zeichnungen zu seinen Texten angefertigt.

Ab 1952 wohnte Dürrenmatt in einem Haus in Neuenburg. Dort lebte er bis zu seinem Tod.

b Sortieren Sie die Adverbien aus a.

Ort/Richtung	Zeit/Häufigkeit	Art und Weise
______	______	ziemlich
______	______	______
Reihenfolge	______	______
______	______	______
______		______
______		

7 Ergänzen Sie die temporalen Adverbien.

anschließend
damals
dauernd
~~häufig~~
nachts
selten

das lyrische Ich (nur Sing.): So nennt man es, wenn in einem Gedicht in der 1. Person (ich) geschrieben wird, es ist quasi der „Erzähler" des Gedichts.

Heinrich Heine (1797–1852) war ein deutscher Schriftsteller. Eine der berühmtesten Zeilen von Heine stammt aus dem Gedicht *Nachtgedanken*: „Denk ich an Deutschland in der Nacht, / Dann bin ich um den Schlaf gebracht". Diese Zeile wird (1) häufig so interpretiert, dass das lyrische Ich (2) ______ nicht schlafen kann, weil es (3) ______ an die Probleme in Deutschland denken muss. Das ist zwar nicht ganz falsch, weil es (4) ______, als Heine das Gedicht geschrieben hat, viele politische Probleme in Deutschland gab. Nach dieser bekannten ersten Zeile geht es in dem Gedicht (5) ______ jedoch um die Trennung von der Mutter, die das lyrische Ich seit 12 Jahren nicht gesehen hat. Dieser Teil wird aber (6) ______ erwähnt, wenn das Gedicht bzw. die Zeile zitiert wird – viele kennen nur die erste Zeile.

8 Ergänzen Sie die lokalen und temporalen Adverbien.

bergauf • dahin • dann • dort • zuerst

Marie von Ebner-Eschenbach (1830–1916) war eine mährisch-österreichische Schriftstellerin. Sie interessierte sich früh für Literatur und wurde von ihrer Stiefmutter gefördert, die oft ins Theater ging und Marie (1) ________ mitnahm. Ab 1856 lebte Marie von Ebner-Eschenbach in Wien und machte (2) ________ später auch eine Ausbildung zum Uhrmacher – für Frauen ganz ungewöhnlich zu jener Zeit. In Wien begann sie selbst zu schreiben, (3) ________ ohne Erfolg, aber (4) ________ ging es für sie als Schriftstellerin (5) ________, als sie Romanen und Erzählungen veröffentlichte.

fördern: ein anderes, eher formelles Wort für *unterstützen*, meist im Zusammenhang mit einem bestimmten (Berufs-) Ziel. Oft wird jemand mit Geld gefördert, aber auch andere Hilfe ist gemeint, z. B. wichtige Kontakte vermitteln, durch die ein Künstler bekannt wird.

9 Ergänzen Sie die modalen Adverbien.

genauso • gern • kaum • ~~sehr~~ • vielleicht

Erich Kästner (1899–1974) war ein deutscher Schriftsteller. Er wurde vor allem durch seine Kinderbücher (1) __sehr__ bekannt. Kinder lesen auch heute noch (2) ________ Kästners Romane *Emil und die Detektive* (1931) oder *Pünktchen und Anton* (1933). (3) ________ bekannt sind aber auch Kästners Gedichte und Aphorismen. Es gibt viele Gedichtbände von Kästner, der (4) ________ bekannteste Gedichtband ist *Doktor Erich Kästners Lyrische Hausapotheke* (1936). In seinen späteren Lebensjahren veröffentlichte Kästner (5) ________ neue Bücher. Dennoch ist er bis heute einer der erfolgreichsten deutschen Schriftsteller.

der **Aphorismus**, Aphorismen: ein kurzer Satz bzw. Gedanke mit einer wichtigen Aussage. Manchmal wird es auch *Lebensweisheit* genannt. Einige Schriftsteller und Philosophen haben außer längeren Texten auch Aphorismen geschrieben und veröffentlicht.

10 Ergänzen Sie die Adverbien rechts.

außerdem • bald • besonders • bisher • dort • dort • dorther • erst • jedoch • nebeneinander • neulich • sehr • vielleicht • wahrscheinlich • ziemlich • zurück

(1) __N__ war ich bei einem Vortrag über deutschsprachige Schriftstellerinnen. Das war (2) ________ informativ und ich habe von vielen Autorinnen gehört, die ich (3) ________ noch nicht kannte. (4) ________ interessant fand ich den Lebenslauf von Marieluise Fleißer. Sie wurde 1901 in Ingolstadt geboren. Ab 1920 hat sie in München studiert, (5) ________ hat sie auch angefangen zu schreiben. Später ging sie nach Berlin, hatte (6) ________ ab 1932 große finanzielle Probleme, sodass sie (7) ________ nach Ingolstadt ging. Sie heiratete und arbeitete in Ingolstadt, hatte aber (8) ________ viel später, in den 1960er Jahren, wieder Zeit zu schreiben. (9) ________ ging es in dem Vortrag auch um Else Lasker-Schüler. Sie wurde in Wuppertal geboren und meine Ururgroßeltern kamen auch (10) ________. Ich habe mich gefragt, ob sie sich (11) ________ gekannt haben – aber Wuppertal ist (12) ________ groß, meine Ururgroßeltern kannten die Familie Schüler (13) ________ nicht. 1894 zog Else Lasker-Schüler mit ihrem Mann nach Berlin. (14) ________ lernte sie 1912 Franz Marc kennen und schrieb sich mit ihm besondere Postkarten. Die Karten von Franz Marc hatten auf der Vorderseite eine Zeichnung und auf der Rückseite Text, Lasker-Schüler hatte dagegen Text und Bild auf derselben Seite (15) ________ angeordnet.

Ich möchte möglichst (16) ________ etwas von diesen beiden Autorinnen lesen.

die **Postkarte**, -n: Eine Karte mit wenig Platz für Text und oft einem bekannten Motiv auf der Vorderseite, z. B. einer Sehenswürdigkeit. Ein anderes Wort für solche Postkarten ist *Ansichtskarte*. Man kann aber auch leere Postkarten (ohne Motiv) verschicken und hat dann mehr Platz für Text oder kann selbst etwas zeichnen bzw. malen.

→ online

W

WIEDERHOLUNG Kapitel 25 bis 29

→ Adjektive: Deklination, S. 116

1 Adjektive vor oder ohne Nomen – Ergänzen Sie die passenden Endungen, soweit das notwendig ist. Probleme? Links gibt es Hilfe.

1 x -er
10 x -en
5 x -e
5 x keine Endung

- ● Am Samstag haben wir einen (1) tollen__ Ausflug gemacht.
- ○ Bei dem (2) schön_____ Wetter musste man ja raus in die (3) frei___ Natur.
- ● Ja, deshalb sind wir mit unseren (4) neu____ Fahrrädern den Rhein entlanggefahren.
- ○ Ihr habt (5) neu_____ Fahrräder, das ist ja (6) toll___! Davon wusste ich ja gar nichts.
- ● Ja, wir haben uns zwei (7) wunderbar___ E-Bikes gekauft. Die waren nicht (8) billig___, aber sie sind (9) fantastisch____.
- ○ Habt ihr damit auch schon eine (10) schwierig_____ Tour gemacht? Es heißt ja, dass man damit auch einen (11) steil___ Berg problemlos hinaufkommt.
- ● Ja, mit einem (12) gut___ E-Bike ist das kein Problem.
- ○ Aber das kostet Energie, oder? Wie viele Kilometer kann man mit einem (13) voll____ Akku fahren?
- ● Das kommt ganz drauf an. Ein (14) voll____ Akku kann bis zu 200 Kilometer reichen, aber wenn du einen (15) hoh____ Berg nach dem anderen rauffährst, dann sind es (16) maximal____ 120 Kilometer.
- ○ Wie viele Kilometer seid ihr gefahren?
- ● Insgesamt 100 Kilometer. Wir sind am (17) früh____ Morgen losgefahren und waren erst am (18) spät____ Nachmittag wieder zu Hause.
- ○ Das ist eine (19) toll____ Leistung. Ich bin sehr beeindruckt.
- ● Ja, wir waren sehr (20) müde____ und sind am Sonntag nicht aus dem Haus.

Bewerten Sie sich selbst: ☺ 😐 ☹

→ Adjektive: Deklination, S. 116

2 Adjektive vor dem Nomen ohne Artikel. – Ergänzen Sie die Endungen. Probleme? Links gibt es Hilfe.

e • e • e • e • em • en • en •
er • er • er • er • es • es

1. Angebot: große__ Currywurst mit scharf____ Soße für lächerlich____ 2,30 Euro.
2. Wir verkaufen: genial____, preiswert____ Saugroboter, mit perfekt____ Wischfunktion.
3. Verkaufe neuwertig_____ Handy XP2013 mit eingebaut_____ Infrarotkamera.
4. Suche gebraucht_____ E-Bike mit groß____ Akku.
5. Heute im Angebot: frische_____ Pilze, mit lecker_____ Sahnesoße für nur 7,90 Euro.
6. Dringend gesucht: engagiert_____ Mitarbeiterin oder engagiert_____ Mitarbeiter im Verkauf.

Bewerten Sie sich selbst: ☺ 😐 ☹

3 Vergleiche – Schreiben Sie die Sätze.

→ Vergleiche, S. 120

1. Ich mag das Frühjahr genauso wie den Sommer.
Ich | das Frühjahr | den Sommer | genauso wie | mögen
2. ______
Mein Sohn | meine Tochter | in Mathe | nicht so gut wie | sein
3. ______
Meine Kinder | wir | ins Kino | nicht so gern wie | gehen
4. ______
Mein Chef | meine Chefin | genauso viel wie | arbeiten
5. ______
Ich | das Kunstmuseum | das Technikmuseum | genauso interessant wie | finden
6. ______
Joggen | Schwimmen | nicht so gesund wie | sein

Bewerten Sie sich selbst: ☺ 😐 ☹

4 Vergleiche – Schreiben Sie die Sätze.

→ Vergleiche, S. 120

1. Mein Bruder ist jünger als ich.
Mein Bruder | jung | als ich | sein
2. ______
Meine Wohnung | dunkel | als deine | sein
3. ______
Unsere Freunde | viel | Miete | als wir | bezahlen
4. ______
Ihre Wohnung | groß | als unsere | sein
5. ______
Meine Frau | häufig | als ich | kochen
6. ______
Mein Sohn | gern | Pommes | als Nudeln | mögen
7. ______
Unsere Eltern | wenig | als wir | Gemüse | essen

Bewerten Sie sich selbst: ☺ 😐 ☹

5 Superlative – Ergänzen Sie die Adjektive und Adverbien.

→ Vergleiche, S. 120

1. Gestern habe ich in einem japanischen Restaurant das teuerste (teuer) Essen meines Lebens gegessen. Aber es war auch das ______ (gut) Essen, das ich je hatte.
2. Mein ______ (schön) Erlebnis in diesem Jahr war die Aufführung unserer Theatergruppe. Das war der ______ (glücklich) Tag für mich.
3. Beim Sportfest ist meine Schwester von uns allen am ______ (weit) gesprungen.
4. Wenn du effizient lernen willst, dann übst du am ______ (gut) täglich.
5. Frau Bauer war im letzten Monat unsere ______ (erfolgreich) Verkäuferin.
6. In meiner Freizeit sehe ich am ______ (gern) Filme im Kino.

Bewerten Sie sich selbst: ☺ 😐 ☹

→ Grund und Ordnungszahlen, S. 124

6 Grundzahlen – Ergänzen Sie die Zahlenreihen. Probleme? Links gibt es Hilfe.

7, 9, 11
8, 16, 32
330, 440
51, 68
100.000, 1.000.000

1. eins – drei – fünf – sieben – ______ – ______
2. eins – zwei – vier – ______ – ______ – ______
3. einhundertundzehn – zweihundertundzwanzig – ______ – ______
4. siebzehn – vierunddreißig – ______ – ______
5. eintausend – zehntausend – ______ – ______

Bewerten Sie sich selbst: ☺ 😐 ☹

→ Grund und Ordnungszahlen, S. 124

7 Ordnungszahlen – Schreiben Sie die Daten wie im Beispiel.

1. 1.1. Neujahrstag: Am ersten Ersten ist Neujahrstag.
2. 20.3. Frühlingsbeginn ______
3. 1.5. Tag der Arbeit ______
4. 20.6. Sommerbeginn ______
5. 22.9. Herbstbeginn ______
6. 21.12. Winterbeginn ______

Bewerten Sie sich selbst: ☺ 😐 ☹

→ Grund und Ordnungszahlen, S. 124

8 Grund- und Ordnungszahlen – Ergänzen Sie die Zahlwörter.

Mein Büro liegt im siebten (7.) Stock eines Hochhauses mit ______ (18) Stockwerken. Auf den ersten ______ (3) Etagen ist ein Shopping-Center. Im ______ (4.) und ______ (5.) Stock gibt es verschiedene Arztpraxen und ab dem ______ (6.) Stock beginnen die Büros. Im ______ (16.) bis ______ (18.) Stock sind dann Wohnungen. Morgens laufe ich immer vom ______ (1.) bis in den ______ (3.) Stock und nehme von dort den Aufzug zum ______ (7.) Stock. Das ist gesund, sagt mein Arzt.

Bewerten Sie sich selbst: ☺ 😐 ☹

→ Uhrzeit und Datum, S. 128

9 Uhrzeiten, Tage, Jahreszeiten – Ergänzen Sie die Sätze.

1. Unsere Konferenz beginnt um 8 Uhr 30, also ______ neun.
2. Bitte kommen Sie ______ Dienstag ______ 10 ______ in mein Büro.
3. Das Produkt soll ______ Sommer auf den Markt kommen.
4. Der Zug fährt ______ 8 ______ 23 ab und kommt ______ 10 ______ 50, also 10 ______ elf, an.
5. Unser Flug nach Rio startet ______ Dienstag ______ 22 ______ 45. Wir landen in Rio ______ Mittwoch ______ Viertel ______ sechs Ortszeit, also 5 ______ 45.

Bewerten Sie sich selbst: ☺ 😐 ☹

10 Adverbien – Markieren Sie das passende Adverb.

→ Adverbien, S. 132

1. Im Sommer bin ich am liebsten *draußen* / *vorne* an der frischen Luft.
2. Ich wohne in der Blumenstraße 34 und meine Eltern wohnen *drinnen* / *gegenüber* in der 33.
3. Meine Mutter wohnt *unten* / *vorne* im Erdgeschoss und meine Tante *hinten* / *oben* im vierten Stock.
4. Biegen Sie an der Kreuzung *geradeaus* / *rechts* ab.
5. Mein Mann besucht seine Eltern und ich fahre morgen auch *dorther* / *dorthin*.
6. Fahrrad fahren *bergab* / *bergauf* ist einfach, anstrengend wird es, wenn es *bergab* / *bergauf* geht.
7. Momentan ist die Chefin *weg* / *zurück*, aber heute Nachmittag um 15 Uhr ist sie *weg* / *zurück*.
8. Frau Bezos ist momentan nicht *hier* / *dort*. Sie ist *unten* / *oben* im Keller.

Bewerten Sie sich selbst:

11 Schreiben Sie die Sätze.

→ Adverbien, S. 132

1 Ich fahre heute nach Hause.
nach Hause | fahren | heute

2. Meine Tochter ____________________
müde sein | morgens | immer

3. Frau Bunk ____________________
übermorgen | von ihrer Dienstreise | zurückkommen

4. Wir ____________________
unsere Betriebsfeier | machen | im Mai | immer

5. Meine Arbeit ____________________
Spaß machen | meistens | mir

Bewerten Sie sich selbst:

12 Schreiben Sie die Sätze neu mit dem Adverb am Satzanfang.

→ Adverbien, S. 132

1. Ich habe manchmal keine Lust mehr zum Arbeiten.
Manchmal habe ich keine Lust mehr zum Arbeiten.
2. Ich hatte neulich einen sehr unfreundlichen Kunden.
____
3. Es war vielleicht auch nicht mein Tag.
____
4. Der Kunde hatte vermutlich auch einen schlechten Tag.
____
5. Seine aggressive Art hat mich besonders geärgert.
____
6. Der Kunde hat sich vorgestern bei der Chefin über mich beschwert.
____

Bewerten Sie sich selbst:

30

Präpositionen und Kasus

Der Käse **aus der** Schweiz ist **wegen seines** Aromas weltweit berühmt. Wir Käser und Käserinnen leben **für unseren** Käse.

Präpositionen beschreiben die Beziehung zwischen zwei Elementen:

Er arbeitet ← bei → einer Käserei.

Die Präposition steht vor der Sache/Person, auf die sie sich bezieht:

Er verdient gut **mit dem Käse**.

Präpositionen haben einen festen Kasus: Dativ, Akkusativ oder Genitiv.

Dativ	Sie kommt **aus der Schweiz**.
Akkusativ	Sie arbeitet **für eine Schweizer Schokoladenfirma**.
Genitiv (selten)	Sie kann sich **trotz ihres guten Gehalts** keine Wohnung in Zürich leisten.

Das sind die wichtigsten Präpositionen mit Dativ, Akkusativ oder Genitiv. Es gibt noch mehr. Sie kommen aber im Alltag nicht so häufig vor.

Immer mit Dativ

aus	Ich bin **aus** der Schweiz
bei	und arbeite **bei** einer Käserei.
seit	Ich fahre **seit** einem Jahr
nach	**nach** dem Frühstück
von	**von** der Wohnung
mit	**mit** dem Fahrrad
zu	**zu** meiner Arbeit.
außer	**Außer** mir macht das niemand.

Immer mit Akkusativ

bis	**Bis** gestern bin ich
für	**für** meine Fitness
gegen	**gegen** den Wind
ohne	**ohne** eine Pause
durch	**durch** die Schweiz und
um	**um** den Bodensee gelaufen.

Immer mit Genitiv

statt	**statt** einer Wanderung
trotz	**trotz** des schlechten Wetters
während	**während** der Arbeit
wegen	**wegen** der Kälte

Es gibt auch einige Adjektive und Nomen mit festen Präpositionen:
- fertig mit, glücklich über, müde von, stolz auf, schuld an ...
- die Angst vor, der Ärger über, die Freude an, der Glückwunsch zu ...

→ Adjektive mit Präpositionen, S. 280
→ Nomen mit Präpositionen, S. 278

Verben mit Präpositionen

Viele Verben haben feste Präpositionen bei sich. Die Bedeutung der Präpositionen (Ort, Zeit ...) ist dann oft nicht mehr erkennbar.

Akkusativ	achten auf	Er muss **auf sein** Gewicht **achten**, wenn er so viel Käse isst.
	informieren über	Bitte **informieren** Sie mich **über ihre** Sonderangebote.
Dativ	anmelden bei	Ich habe mich **bei einem** Kochkurs **angemeldet**.
	träumen von	Wir **träumen von einer** riesigen Tafel Schokolade.

→ Liste der Verben mit Präpositionen, S. 271
→ Präpositionen und Zeit, S. 144

Lernen Sie diese Verben immer mit der Präposition.

37

1 Markieren Sie die passende Präposition.

1. Ein berühmtes Schweizer Gericht kommt *aus* / *bei* / *zu* Zürich: das Kalbsgeschnetzelte.
2. Rösti macht man *durch* / *aus* / *nach* Kartoffeln, Butter und eventuell Kräutern.
3. *Ohne* / *Aus* / *Durch* Salz kann ich nicht kochen.
4. Ich liebe Käsefondue *durch* / *von* / *mit* einem schönen Schweizer Weißwein.
5. *Statt* / *Während* / *Bei* der Sommerferien gibt es immer viel Verkehr auf den Straßen.
6. Meine Tochter ist *seit* / *um* / *gegen* einem Jahr Vegetarierin.
7. Man kann heute wunderbar *mit* / *aus* / *von* dem Fahrrad *um* / *durch* / *gegen* den Bodensee fahren.
8. *Trotz* / *Durch* / *Gegen* des Regens hatten wir eine sehr schöne Wanderung.
9. *In* / *Auf* / *Durch* St. Gallen gibt es eine weltberühmte Bibliothek aus dem 8. Jahrhundert.
10. Diese Bibliothek müssen wir *bei* / *nach* / *wegen* unserem nächsten Besuch unbedingt besichtigen.

Kalbsgeschnetzeltes ist ein typisches Schweizer Gericht aus Kalbfleisch mit einer hellen Soße.

die **Rösti** (nur Sing.)

2 Ergänzen Sie die Sätze mit den Elementen rechts. Zwei passen nicht.

1. Auf meinem neuen Grill wird das Fleisch immer perfekt.
2. ______ tägliche Tafel Schokolade kann Beat nicht leben.
3. ______ Milch kann man sehr viele Produkte machen.
4. ______ Computer kann man heute Videoclips ganz einfach produzieren.
5. ______ Anstrengungen hat Maruska die Stelle nicht bekommen.
6. ______ Widerstand hat Luka sein Projekt verwirklicht.
7. ______ Stadtpark kann man auch nachts sicher laufen.
8. ______ Abschlussprüfung macht Lea ein soziales Jahr.

~~Auf meinem neuen~~
Mit frischem
Aus frischer
Durch unseren
Gegen harten
Mit einem schnellen
Nach ihrer
Ohne seine
Statt seiner
Trotz großer

Freiwilliges Soziales Jahr: Nach dem Schulabschluss arbeiten viele junge Deutsche ein Jahr freiwillig in einer sozialen Einrichtung (Altenheim, Kindergarten ...). Manche arbeiten auch in sozialen Projekten im Ausland.

3 Ergänzen Sie die Endungen, wenn das notwendig ist.

1. Der beste Käse kommt aus der Schweiz, sagen die Schweizer.
2. Der Kanton Appenzell ist auch durch sein___ Käse weltberühmt.
3. Für meine Kinder mache ich oft Nudeln mit ein___ schön___ Käsesoße.
4. Nach ein___ guten Essen sollte man einen langen Spaziergang machen.
5. Zu ein___ schön___ Abend gehört für viele ein schönes Glas Rotwein.
6. Trotz d___ teur___ Hotels ist die Schweiz bei Touristen sehr beliebt.
7. Die Landschaft um d___ Genfer See ist wunderschön.
8. Nach Zermatt am Matterhorn kann man nicht mit d___ Auto fahren.

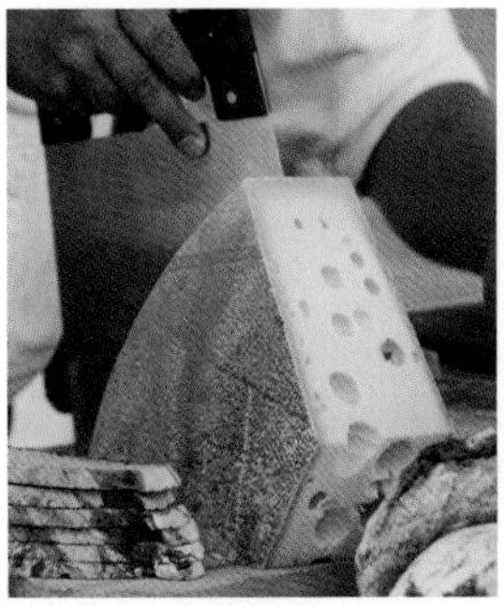

→ Adjektive: Deklination, S. 116
→ Artikel, S. 92

das **Matterhorn**: einer der höchsten Berge in den Schweizer Alpen.

4 Schreiben Sie über sich. Benutzen Sie jede Präposition aus der Randspalte einmal.

Ich fahre mit dem Bus zur Arbeit.

mit • von • nach • aus • durch • gegen

5 Markieren Sie die Präpositionen, Artikel und Kasusendungen: blau (Akkusativ), rot (Dativ), gelb (Genitiv).

der **Mitmach-Kurs**, -e: ein Kurs, in dem man selbst etwas macht, z. B. malt, schreibt, bastelt oder kocht.

Mitmach-Kurs Schweizer Küche

Sie interessieren sich für die traditionelle Schweizer Küche? Und Sie kochen gerne zusammen mit anderen Menschen? Dann haben wir das Richtige für Sie: Machen Sie einen kulinarischen Ausflug durch die schöne Schweiz und besuchen Sie an unserer Kochschule den Kurs *Grundlagen der Schweizer Küche*! Wir zaubern aus leckeren Zutaten bekannte Schweizer Gerichte. Wie wäre es mit Zürcher Geschnetzeltem aus magerem Kalbfleisch? Oder mit einem leckeren Dessert? Und was wäre die Schweizer Küche ohne einen leckeren Käse? Sie bekommen interessante Informationen zu den bekanntesten Käsesorten.
Sie können während des Kurses auch Ihr Lieblingsgericht kochen – bringen Sie einfach ein Rezept aus einem Kochbuch oder aus dem Internet mit. Unsere Kursleiter verfeinern das Rezept mit raffinierten Gewürzen und geben Ihnen Tipps für eine schnelle Zubereitung. Nach dem Kurs bekommen Sie die beliebtesten Rezepte von unserem Kursleiter als kleines Rezeptbuch.

Das sagen Kunden zu unserem Angebot:

„Dank des Kurses *Einfach und trotzdem raffiniert* kann ich jetzt ohne großen Aufwand leckere Gerichte für meine Freunde zaubern!“ (Marita W.)

„Meine Familie freut sich jetzt immer auf das Essen, das ich sonntags koche. Ohne den Kochkurs *Nur einmal etwas Leckeres kochen* hätte ich das nicht geschafft.“ (Jonas K.)

Sie sehen: Teilnehmende aus früheren Kursen sind begeistert von unserem Angebot!

Über uns:

Seit zehn Jahren organisieren wir professionelle Kochkurse zu kleinen Preisen.

Melden Sie sich bis Ende des Monats bei unserer Kochschule für diesen Kurs an! Für die ersten zehn Anmeldungen gibt es einen hochwertigen Kochlöffel gratis.

Kochschule *Nur nix anbrennen lassen!*
www.nurnixanbrennenlassen.eu

raffiniert: hier: außergewöhnlich, besonders

der **Kochlöffel**, -

nix: umgangssprachlich für *nichts*. In vielen Regionen in Deutschland verwendet man *nix* beim Sprechen.

6 Markieren Sie die passende Präposition.

Basler Läckerli sind eine Spezialität (1) *aus* / *von* der Schweiz. (2) *Bei* / *Nach* der Bezeichnung gibt es auch die Schreibweise „Leckerli“ mit einem „e“. Der Name leitet sich (3) *von* / *zu* der Stadt Basel ab.
Basler Läckerli sind eine Art Lebkuchen, ein süßes Gebäck (4) *bei* / *mit* orientalischen Gewürzen. Lebkuchen werden (5) *aus* / *seit* dem 15. Jahrhundert gebacken und das erste bekannte Rezept für Basler Läckerli stammt (6) *aus* / *von* dem 17. Jahrhundert.
Traditionell werden Basler Läckerli (7) *aus* / *nach* Mehl, Honig, kandierten Früchten und Nüssen hergestellt. Im Anschluss (8) *an* / *bis* das Backen werden die Läckerli (9) *aus* / *mit* einer Zuckerglasur eingepinselt.
Basler Läckerli bekommt man (10) *statt* / *während* der Vorweihnachtszeit genauso wie andere Lebkuchen auch in deutschen Bäckerei oder Konditoreien. (11) *Durch* / *Für* viele Menschen gehören Lebkuchen (12) *bei* / *zu* Weihnachten wie ein Tannenbaum.

Kandieren ist eine Methode, um Früchte haltbar zu machen. Dafür wird das Wasser in den Früchten reduziert und man gibt viel Zucker hinzu. Kandierte Früchte sind deshalb sehr süß.

→ Bäckerei/Konditorei, S. 118

7 Ergänzen Sie die Präpositionen.

an • bei • bei • bis • für • um • wegen • ~~zu~~ • zu

- ● Stell dir vor, ich gehe morgen (1) _zu_ einem Kochkurs!
- ○ Huch, du interessierst dich (2) _____ Kochen? Das wusste ich nicht. Was macht ihr denn?
- ● Es geht (3) _____ die Schweizer Küche. Die finde ich ganz toll!
- ○ Oh, ich kenne nur Käsefondue. Das machen wir immer (4) _____ Silvester. Ohne ein Käsefondue ist es (5) _____ uns kein richtiger Silvesterabend.
- ● Das kann ich gut verstehen. Aber ehrlich gesagt habe ich mich (6) _____ der leckeren Süßspeisen angemeldet. Ich liebe ja auch Schweizer Schokolade!
- ○ Dann komme ich demnächst mal (7) _____ dir und kann lecker essen! (8) _____ mir gibt es ja nur Fertiggerichte.
- ● Gerne! Dann (9) _____ bald!

das **Fertiggericht**, -e: eine fertige Mahlzeit, z. B. eine Tiefkühlpizza oder ein Mikrowellengericht.

8 Ergänzen Sie die Präpositionen und die Artikel. Manchmal wird der Artikel mit der Präposition zusammengezogen.

~~an~~ • an • auf • aus • außer • bei • bei • für • für • mit • nach • seit • statt • trotz • um • von • zu

Letzte Woche habe ich (1) _an_ e_inem_ Kochkurs teilgenommen. Es ging (2) _____ d_____ Schweizer Küche, und ich habe mich sogar (3) _____ d_____ Kurs vorbereitet und ein Rezept rausgesucht. Ich wollte gerne Basler Läckerli machen, weil eine Freundin (4) _____ d_____ Schweiz mir davon erzählt hatte. Als ich die Werbung (5) _____ d_____ Kurs gesehen habe, dachte ich gleich daran. Direkt (6) _____ m_____ Ankunft im Kurs gab es aber eine Enttäuschung: Wir haben (7) _____ allen Teilnehmern Rezeptideen gesammelt und abgestimmt – und niemand wollte Basler Läckerli machen. Alle haben sich (8) _____ Rösti und Wurst entschieden. Naja, was sollte ich machen? Ich habe dann zusammen (9) _____ e_____ älteren Mann, Egon, gekocht. Zuerst brauchten wir für die Rösti Pellkartoffeln. Kartoffeln kochen kann ich schon (10) _____ m_____ zehnten Geburtstag, damals habe ich sie aber zu früh aus dem Topf geholt. Das ist mir jetzt (11) _____ Glück nicht passiert. (12) _____ Reiben der Pellkartoffeln gab es aber ein kleines Missgeschick und ich brauchte ein Pflaster. ☹ Danach habe ich das Reiben Egon überlassen. ☺ (13) _____ d_____ Pellkartoffeln

braucht man nur noch etwas Salz. Unser Kursleiter meinte, dass man auch etwas Milch dazugeben kann – das macht man (14) _____ Berner Rösti so. Das wollte ich ausprobieren, aber leider bin ich (15) _____ d_____ heiße Pfanne gestoßen und habe mir einen Finger verbrannt. ☹ (16) _____ d_____ kleinen Probleme hat der Kurs aber viel Spaß gemacht. Nur habe ich (17) _____ e_____ Zertifikats zwei Pflaster bekommen.

die **Pellkartoffel**, -n: So nennt man Kartoffeln, die man mit der Schale kocht und erst nach dem Kochen schält. Ein anderes Wort für Schale ist *Pelle*, daher kommt diese Bezeichnung.

→ online

31 Präpositionen und Zeit

Meinen ersten Fernseher habe ich 1969 **im** Sommer gekauft.
Zwei Jahre **nach** dem Beginn des Farbfernsehens in Deutschland.

Diese Präpositionen ordnen Ereignisse nach der Zeit (Uhrzeit, Tageszeit, Tage, Wochen, Monate, Jahre ...):

Jahreszahlen stehen meistens ohne Präposition: 1967 startete in Deutschland das Farbfernsehen. **Oder**: Im Jahr 1967 ...

fünf vor 12

um 12 Uhr

fünf nach 12

1967

ab: Etwas beginnt zu einem bestimmten Zeitpunkt. Ab 10 Uhr / Montag / nächster Woche ist das Geschäft geöffnet.

seit: Etwas hat in der Vergangenheit begonnen und dauert bis jetzt an. Seit 12 Uhr / gestern / Montag / letzter Woche / 1969 ...

8:00 → 12:00
von acht bis zwölf Uhr

8:00 ←•→ 12:00
zwischen 8 und 12 Uhr

8:00 •→
ab 8.00 Uhr

8:00 ——→
seit 8 Uhr

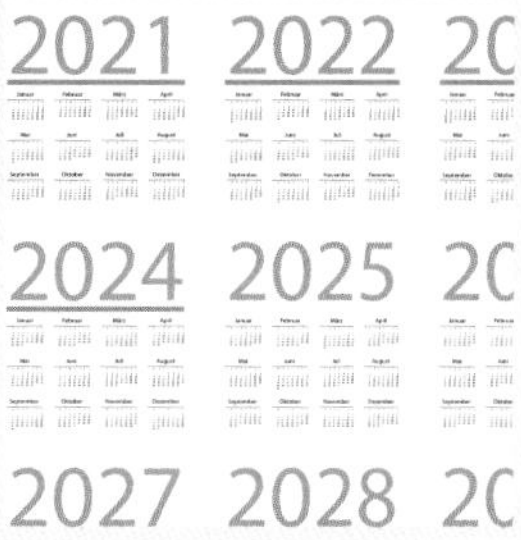

von 2021 bis 2024

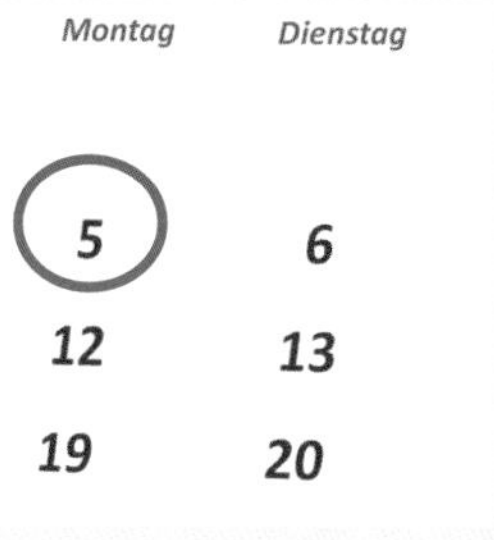

am Montag

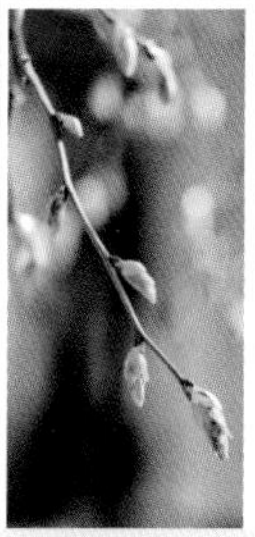

im Frühling / im Mai

vom 4.5. bis zum 8.5

Zeitpunkt ●

Die Nachrichten beginnen immer **um** 8 Uhr. Sie gehen **bis** Viertel **nach** 8.
Wir essen **vor** den Nachrichten zu Abend. **Nach** dem Spielfilm gehe ich ins Bett.
Vor der Arbeit gehe ich joggen und **nach** der Arbeit einkaufen.
Die Konferenz beginnt **am** Montag **um** 10 Uhr.
Ab 27. September bin ich im Urlaub. Ich bin **bis** Ende Oktober weg.
Seit neun Uhr ist das Schwimmbad offen.

→ Datum, S. 128

Die Präpositionen *an*, *in*, *von* bilden oft ein Wort mit dem Artikel *dem*: **am** (an de**m**), **im** (in de**m**), **vom** (von de**m**)

→ Präpositionen und Kasus, S. 140
→ Wechselpräpositionen, S. 148

Zeitrahmen [ ]

Die Quiz-Sendung läuft immer samstags **zwischen** 20:15 Uhr und 23 Uhr.
Von 21:30 **bis** 22:15 will ich meine Ruhe. Da kommt meine Lieblingsserie.
Die Miniserie läuft **vom** 1.6. **bis zum** 3.6. D. h. **von** Montag **bis** Mittwoch.
Du sitzt jetzt schon **seit** sechs Uhr vor dem Fernseher, d. h. **seit** vier Stunden.

am und *im*

Tage	am	**Am** Samstag sehe ich nie fern.
Tageszeiten	am	**Am** Nachmittag mache ich Sport.
Monate	im	Dieses Jahr fahre ich **im** September nach Spanien.
Jahreszeiten	im	**Im** Sommer bleibe ich zu Hause.

Ausnahme: *in der Nacht*
In der Nacht schlafe ich.

38

1 Welche Präposition passt? Markieren Sie.

1. • *Um / Am / Im* wie viel Uhr kommt die Tagesschau im Ersten?
   ○ *Um / Von / Bis* 20 Uhr.
2. • Bist du heute *zwischen / nach / um* 3 und 5 Uhr zu Hause?
   ○ Nein, erst *ab / zwischen / vor* 5.
3. Wollen wir *vor / von / bis* den Nachrichten essen oder erst *zwischen / nach / bis* dem Krimi?
4. • *Seit / Ab / Vor* wann läuft der Film schon?
   ○ Er hat *um / bis / seit* 21 Uhr angefangen.
5. • Kommst du *um / am / ab* Wochenende?
   ○ Ja, ich komme *um / zwischen / ab* 10 und 11 am Samstag.
6. Wir gehen *am / um / im* Frühling wieder wandern. *Am / Nach / Um* 13. März geht es los.

Die 20 Uhr Nachrichten im ersten Programm (**Das Erste**) sind die älteste und bekannteste deutsche Nachrichtensendung mit bis zu 10 Millionen Zuschauern. Das Zweite Deutsche Fernsehen (ZDF) sendet die Abendnachrichten (heute) um 19 Uhr. Neben diesen beiden öffentlich-rechtlichen Sendern gibt es viele private Fernsehsender.

2 Ergänzen Sie die passenden Präpositionen.

• Chef, ich möchte dieses Jahr (1) ___im___ Juni Urlaub machen, geht das?

○ Wann genau?

• (2) __________ 12. Juni (2) __________ zum 3. Juli.

○ Das geht nicht. Ihre Kollegin ist (3) __________ dem 1. und dem 23. Juni auch nicht da.

• Hm, geht es dann (4) __________ dem 24. Juni?

○ Ja, ok. (5) ________ 24. Juni können Sie Ihren Urlaub beginnen.

ab
am
~~im~~
vom ... bis
zwischen

Die **Haupturlaubszeit** in den DACH-Ländern (Deutschland, Österreich, die Schweiz) liegt zwischen Ende Juni und Mitte September und wird weitgehend durch die Schulferien der Kinder bestimmt.

3 Ergänzen Sie *seit* oder *ab*.

1. • ___Seit___ wann hast du einen neuen Fernseher?
   ○ ________ gestern.
2. • Läuft die neue Serie ________ morgen?
   ○ Die läuft schon ________ letztem Montag.
3. ________ letztem Montag funktioniert mein Internet nicht mehr.
4. ________ nächster Woche bekomme ich eine neue Internet-Verbindung.
5. ________ Jahren will ich schon Sport machen, aber ________ Mai wird alles anders.

4 Ordnen Sie die Antworten den Fragen zu.

1. Ab wann wird es endlich Winter?	___ a) Zwischen 8 und 9 ungefähr.
2. Bis wann hast du morgen Zeit?	___ b) Bis mittags. Nachmittags muss ich lernen.
3. Von wann bis wann arbeitest du?	___ c) Ich habe die Stundenzahl im Mai erhöht.
4. Wann kommst du nach Hause?	___ d) Montag bis Freitag von 8 bis 17 Uhr.
5. Seit wann arbeitest du Vollzeit?	_1_ e) Ich finde es schon seit Wochen viel zu kalt.

5 Die Zeit für Sie – Schreiben Sie Sätze mit den Präpositionen in der Randspalte.

Von 2005 bis 2015 bin ich in die Schule gegangen.

von ... bis
ab
seit
zwischen

ARD: Arbeitsgemeinschaft der öffentlich-rechtlichen Rundfunkanstalten der Bundesrepublik Deutschland
BR: Bayrischer Rundfunk
NDR: Norddeutscher Rundfunk
WDR: Westdeutscher Rundfunk
ZDF: Zweites Deutsches Fernsehen

Öffentlich-rechtliche Sender versorgen die Bürgerinnen und Bürger mit einem Informations- und Bildungsangebot. Damit die Sender das unabhängig machen können, müssen z. B. in Deutschland alle Haushalte Gebühren für die öffentlich-rechtlichen Sender zahlen.

der **Ermittler**, -: So nennt man allgemein eine Person, die einen Kriminalfall untersucht und aufklären will, z. B. eine Polizeikommissarin, ein Privatdetektiv.

6 Lesen Sie den Text.

a Markieren Sie die Präpositionen mit Zeitangaben.

Fernsehen in Deutschland

Am 9. Juni 1950 wurde die ARD gegründet, zu der Fernsehsender wie der BR, NDR oder WDR gehörten. Diese Sender gibt es bis heute. Im Jahr 1952 ging „Das Erste“ auf Sendung, und seit 1963 gibt es auch ZDF.

Viele können sich heute gar nicht mehr vorstellen, dass das Fernsehen damals schwarz-weiß gewesen ist. Aber es stimmt: Bis 1967 wurden alle Sendungen des deutschen Fernsehens in Schwarz-Weiß ausgestrahlt. Am 25. August 1967 war es so weit: Willy Brandt, der von 1966 bis 1969 Vizekanzler der Bundesrepublik Deutschland war, drückte auf der Internationalen Funkausstellung in Berlin symbolisch den Knopf, mit dem das Farbfernsehen gestartet wurde. Zu jener Zeit hatte aber fast niemand zu Hause einen Farbfernseher, denn die Geräte waren sehr teuer. Das änderte sich im Jahr 1974, als Deutschland bei der Fußball-Weltmeisterschaft ins Finale kam: Vor dem Finale am 7. Juli 1974 kauften viele Menschen einen Farbfernseher, um das Spiel zu sehen.

Es gibt einige Fernsehsendungen, die bis heute sehr bekannt sind. Dazu gehören zum Beispiel die Nachrichtensendungen der beiden öffentlich-rechtlichen Sender: „Das Erste“ zeigt von 20 Uhr bis 20.15 Uhr die „Tagesschau“, und das ZDF strahlt um 19 Uhr die Nachrichtensendung „heute“ aus. Außerdem wurden einige Unterhaltungssendungen sehr bekannt, zum Beispiel die Spielshow „Wetten, dass ...?“. Sie wurde immer an einem Samstagabend ausgestrahlt und erzielte hohe Einschaltquoten. Am Sonntagabend läuft bis heute um Viertel nach acht der „Tatort“, eine Krimireihe der ARD mit unterschiedlichen Ermittlern. Von 1979 bis 1998 hat das ZDF in der Adventszeit eine Weihnachtsserie gezeigt – eine Fernsehserie, die die Zeit bis Weihnachten etwas verkürzen sollte.

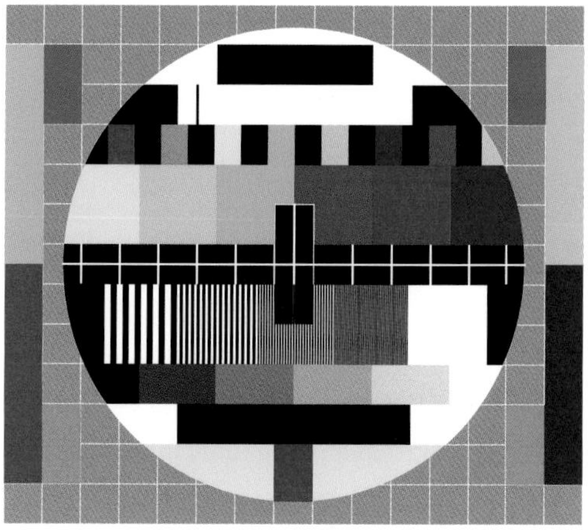

Und dann gab es früher auch noch den Sendeschluss, normalerweise nach den letzten Nachrichten, die ein Nachrichtensprecher vorlas. Nachts wurden die Sender abgeschaltet oder es wurde das sogenannte Testbild gezeigt, bis das Programm am nächsten Vormittag wieder startete. Den Sendeschluss gibt es aber schon seit Mitte der 1990er Jahre bei den meisten Programmen nicht mehr: Man kann rund um die Uhr fernsehen – wenn man will.

b Sortieren Sie die Präpositionen mit Zeitangaben aus a.

Zeitpunkt	Zeitrahmen	Wochentage / Monat
Am 9. Juni 1950,	bis heute,	

7 **Ergänzen Sie die Präpositionen zu den Zeitpunkten (1–9), den Zeitrahmen (10–15) und Tagen/Tageszeiten bzw. Monaten/Jahreszeiten (16–21).**

Welche Rolle spielt Fernsehen für Sie?

Heute gibt es kaum eine Wohnung ohne Fernseher, viele Haushalte haben sogar mehrere Geräte. Aber wie oft und wofür werden sie eigentlich eingeschaltet? Unsere Leserinnen und Leser berichten.

In unserer Familie sehen wir nicht viel fern. Manchmal schauen die Kinder (1) vor dem Abendessen eine Kindersendung, sonst bleibt der Fernseher meist aus. Aber (2) ____ der Vorweihnachtszeit schauen wir immer alle zusammen weihnachtliche Filme oder Serien an. Bei meinen Eltern war das zumindest früher anders. (3) ____ 20 Uhr haben sie immer die Nachrichten gesehen, die gingen (4) ____ 20.15 Uhr. (5) ____ den Nachrichten haben sie einen Krimi oder eine Ratesendung geschaut. (6) ____ Silvester haben sie immer (7) ____ 23.45 Uhr eine Silvestershow geguckt, dann sind sie zum Feuerwerk nach draußen gegangen. (8) ____ ein paar Jahren kommen sie aber (9) ____ Silvester zu uns. Fernsehen ist wohl doch zu langweilig geworden.

an • an • bis • bis • in • nach • seit • um • ~~vor~~

die **Ratesendung**, -en: abgeleitet vom Verb *raten*. Eine Sendung, in der Teilnehmer Fragen beantworten müssen. Ein Beispiel für eine beliebte Ratesendung ist *Wer wird Millionär?*. Oft nennt man eine Ratesendung heute auch *Quizsendung*.

Bei mir läuft der Fernseher meistens nur (10) ________ 18 Uhr und 20 Uhr. Mehr als zwei Stunden am Tag möchte ich nicht in die Glotze gucken. (11) ________ Montag (12) ________ Freitag schaue ich gerne eine Vorabendserie, danach dann die Nachrichten. Eine Ausnahme mache ich manchmal bei Sportveranstaltungen, die sehe ich ganz gerne. 2019 habe ich (13) ________ 20. April (14) ________ zum 6. Mai die Snooker-Weltmeisterschaft geguckt. Eine Freundin meinte damals Anfang Mai: „Bist du krank? Du sitzt ja (15) ________ zwei Wochen nur vorm Fernseher!" Aber ich fand das so interessant!

bis • bis • seit • vom • von • zwischen

die **Glotze**, -n: umgangssprachlich für *der Fernseher*.

Ich mache den Fernseher schon (16) ____ Morgen an. Vor allem (17) ____ Winter ist es morgens so lange dunkel und so still, da brauche ich Unterhaltung. Wenn ich (18) ____ Nachmittag von der Arbeit zurückkomme, mache ich ihn auch gleich wieder an, und dann läuft er die ganze Zeit, oft auch noch (19) ____ der Nacht. Letztes Jahr (20) ____ Januar hatten wir wegen eines kaputten Kabels einen Tag kein Fernsehen – ausgerechnet (21) ____ einem Samstag! Ich wusste gar nicht, was ich machen soll.

am • am • an • im • im • in

8 **Ergänzen Sie *am* oder *an*.**

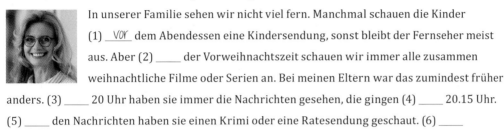

Ich sehe kaum noch fern, weil Streamen viel praktischer ist. Manchmal kommen im Fernsehen (1) ____ einem Mittwoch ganz spät interessante Sendungen – wer kann denn so spät (2) ____ einem Werktag fernsehen, wenn man (3) ____ nächsten Morgen früh aus dem Bett und zur Arbeit muss? Bei Streamingdiensten kann ich gucken, wann ich will. Und man bekommt Empfehlungen, das finde ich auch super. (4) ____ Freitag habe ich eine Serie geguckt, die mir empfohlen wurde, und sie war wirklich gut. Und was Fernsehen angeht: (5) ____ Wochenenden ist das Fernsehprogramm ja sowieso langweilig, die ganzen Spielshows interessieren mich nicht. Genauso wie (6) ____ Feiertagen, da ist das Programm auch öde. Das kann mir nicht passieren, wenn ich streame, da gibt es immer etwas Interessantes.

öde: ein umgangssprachliches Wort für *langweilig*.

→ online

32

Wechselpräpositionen

Kochen **im** Wohnwagen oder Wohnmobil ist nicht einfach. Man muss alle Sachen sofort wieder **an ihren** richtigen Platz stellen.

Die Deutschen liebe Wohnmobile. Es gibt zurzeit etwa 45.000 Wohnmobile und 25.000 Wohnwagen.

lokal = Ort / Richtung

Formen

Nach diesen lokalen Präpositionen steht der Akkusativ oder der Dativ.

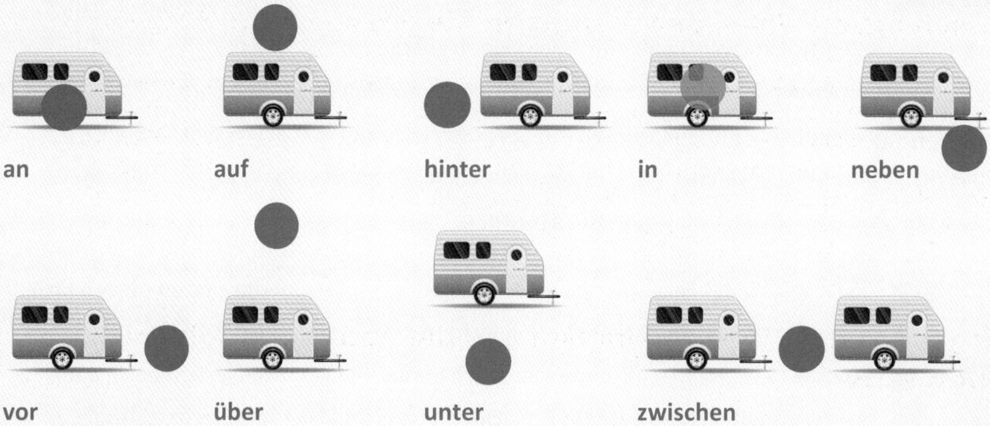

Akkusativ = Richtung →
Frage: Wohin?

Wohin springt die Katze?
Sie springt auf **das** Bett.

Dativ = Ort ●
Frage: Wo?

Wo ist die Katze?
Sie liegt auf **dem** Bett.

Gebrauch

Beispiele für Wohin-Verben:

legen	Leg die Tomaten auf den Tisch.
hängen	Er hängt das Bild an die Wand.
setzen	Kann ich mich neben dich setzen?
stellen	Stell dich zwischen die zwei Bäume.
bringen	Ich bringe meinen Sohn in die Schule.

Beispiele für Wo-Verben:

liegen	Die Katze liegt neben dem Bett.
hängen	Das Bild hängt an der Wand.
sitzen	Die Maus sitzt unter dem Tisch.
stehen	Der Laptop steht auf dem Tisch.
warten	Ich warte vor dem Kino.
sein	Meine Tochter ist in der Schule.
parken	Ich parke hinter eurem Haus.

Einige Verben können Wo- und Wohin-Verben sein, z. B.:
gehen
Ich gehe in den Betrieb.
Er geht im Kreis.
fahren
Ich fahre an den Rhein.
Ich fahre im Tunnel.
stecken
Ich stecke den Schlüssel ins Schloss.
Der Schlüssel steckt im Schloss.

Wechselpräpositionen kommen auch in Kontexten vor, die nichts mit Ort oder Richtung zu tun haben. Dann gilt:

auf / über + Akkusativ

- ● Wir sprechen morgen **über ihre** Zukunft.
- ○ Ich freue mich **auf den** Termin.

alle anderen Wechselpräpositionen + Dativ

- ● **An dem** Problem sind wir alle schuld.
- ○ Das Problem besteht **in der** schlechten Kommunikation.

→ Liste der Verben mit Präpositionen, S. 271

39

1 Markieren Sie die passende Präposition.

1. ● Hast du mein Handy gesehen? Ich hatte es hier auf / *über* das Regal gelegt.
   ○ Dein Handy liegt *in* / *an* der Küche, *auf* / *an* dem Tisch.
2. ● Sind meine Schwimmsachen schon *im* / *am* / *vor* dem Wohnmobil?
   ○ Nein, sie liegen noch *in* / *unter* deinem Zimmer.
3. Legst du bitte die Autopapiere *ins* / *ans* Handschuhfach *im* / *am* Auto?
4. Sie können Ihr Wohnmobil links *neben* / *auf* das rote Zelt da vorne stellen.
5. Achtung, *unter* / *zwischen* Ihrem Wohnwagen liegt eine Katze und schläft.
6. Ich warte *vor* / *auf* den Toiletten auf dich.
7. Das Restaurant befindet sich gleich hier *hinter* / *in* der Anmeldung.
8. Morgen fahren wir *an* / *in* den Starnberger See.

ins = in das
ans = an das
im = in dem
am = an dem

2 Lesen Sie die Sätze und markieren Sie das passende Fragewort.

1. In den Sommerferien fahren wir mit dem Wohnmobil in die Schweiz. Wo? / Wohin?
2. In der Schweiz kennen wir einen wunderbaren Campingplatz am Genfer See. Wo? / Wohin?
3. Wir stellen unser Wohnmobil immer direkt an den See. Wo? / Wohin?
4. Man kann dort wunderbare Ausflüge in der Umgebung machen. Wo? / Wohin?
5. Manchmal übernachten wir auch in den Bergen auf einer Hütte. Wo? / Wohin?
6. Am Abend legen wir gerne Würstchen auf unseren Grill. Wo? / Wohin?

3 Ergänzen Sie die Präpositionen und die Artikel im Dativ oder Akkusativ.

1. Hast du die Taschen schon ins________ Wohnmobil gestellt?
2. Wir machen gerne a________ d________ Friesischen Inseln Urlaub.
3. Am liebsten campen wir direkt a_____ ein______ See oder Fluss.
4. Beim letzten Urlaub mussten wir den Wagen n_____ d____ Restaurant vom Campingplatz stellen.
5. Wir transportieren unsere Fahrräder a____ d____ Dach vom Wohnmobil.
6. V_____ unser____ Wohnmobil stellen wir immer das Zelt für die Kinder.
7. Im Winter steht das Auto h_______ unser_____ Haus.
8. Die Fahrräder hänge ich im Winter a_____ d____ Wand i____ d____ Garage.

Die **Friesischen Inseln** liegen in der Nordsee vor der Küste von Deutschland und Dänemark.

4 Schreiben Sie die Sätze.

1. Hast du die ______________________________
   haben | legen | du | die Werkzeuge | in | der Werkzeugschrank | ?
2. ______________________________
   liegen | meine Werkzeuge | schon in | der Werkzeugschrank | .
3. ______________________________
   haben | ihr | die Hemden | hängen | in | der Schrank | ?
4. ______________________________
   hängen | die Hemden | noch an | die Wäscheleine | .

5 Wo ist was in Ihrer Wohnung? Wohin würden Sie gerne einige Dinge stellen? Schreiben Sie Aussagen wie im Beispiel.

Mein Sofa steht unter dem Fenster. Ich würde es gerne an die Wand stellen.

Ein **Wellnessbereich** ist ein Bereich, in dem man sich entspannen kann. Es gibt ihn in vielen Schwimmbädern, aber auch in Hotels oder Fitnessstudios. Oft gehören zu einem Wellnessbereich Sauna, Dampfbad, Solarium. In einer Sauna ist es sehr heiß, aber die Luft ist eher trocken. In einem Dampfbad sitzt man in viel heißem Wasserdampf, und in einem Solarium kann man sich unter Lampen legen, die wie Sonnenlicht wirken sollen.

das **Dampfbad**, ¨-er: Ein Dampfbad ist eine Wellness-Anwendung. Man sitzt in einem kleinen Raum mit viel heißem Wasserdampf in der Luft und schwitzt. Man bezeichnet mit Dampfbad aber auch den Raum, in dem es Dampfbäder gibt.

6 Markieren Sie die Wechselpräpositionen und die zugehörigen Artikel- und Adjektivendungen rot (Dat.) oder blau (Akk.).

Campingplatz Waldesruh

Unser neuer Platz liegt am Rand eines Naturparks, zwischen einem großen Waldgebiet und einem traumhaften See. Auf unserem Campingplatz genießen Sie zahlreiche Extras: Direkt hinter dem Eingang ist unsere Rezeption, die immer besetzt ist. Gleich daneben ist unser Supermarkt, da können Sie rund um die Uhr einkaufen. Am Rand des Campingplatzes gibt es außerdem einen Wellnessbereich. Entspannen Sie sich in der Sauna oder gehen Sie ins Dampfbad! Wenn es regnet, können Sie sich auf eine Liege im Solarium legen. Alle Stellplätze bieten genug Raum für Ihr Fahrzeug. Wenn Sie noch mehr Ruhe haben möchten, können Sie Ihren Wohnwagen oder Ihr Wohnmobil auch auf einen extra großen Platz stellen und haben dann vor Ihrer Tür einen kleinen Garten. Und falls Sie einen Ausflug ohne das große Wohnmobil machen möchten: Mit unseren Leihrädern können Sie in die Stadt fahren. Der Radweg geht über grüne Wiesen und durch den ruhigen Wald bis ins Stadtzentrum.

Neugierig? Im Download-Bereich finden Sie Prospekte mit weiteren Informationen. Sie können Ihren Stellplatz auch bequem auf unserer Internetseite buchen. Bis bald bei uns!

7 Ergänzen Sie die Wechselpräpositionen links.

an • ~~auf~~ • auf • in • in • in • neben • über • zwischen

- ● Ich habe (1) _auf_ einer Internetseite einiges über Campingurlaub gelesen. Wir haben das ja noch nie gemacht, aber ich glaube, es ist ganz schön – man kann spontan entscheiden, wohin man möchte.
- ○ Klingt interessant! Sollen wir uns ein Wohnmobil leihen? Wir könnten (2) ______ den Norden fahren, (3) ______ die Ostsee, und dann so lange (4) ______ einem Campingplatz bleiben, wie wir wollen.
- ● Ein Wohnmobil zu leihen, finde ich super, aber ich würde lieber (5) ______ den Süden fahren.
- ○ Na gut. Aber ich fahre mit so einem riesigen Wohnmobil nicht (6) ______ schmale Bergstraßen. Du weißt, (7) ______ der Straße ist dann gleich der Abgrund.
- ● Das muss ja auch nicht sein. Sollen wir gleich mal nachsehen, wie viel ein Wohnmobil für zwei Wochen kostet? Ich glaube, (8) ______ der Friedrichstraße ist ein Verleih für Wohnmobile und Wohnwagen.
- ○ Ja, stimmt. Der Verleih ist (9) ______ dem Baumarkt und der Gärtnerei. Lass uns mal hingehen.

der **Abgrund**, ¨-e: Wenn es sehr steil und tief nach unten geht, nennt man das einen Abgrund.

der **Baumarkt**, ¨-e: ein Geschäft, in dem man Material zum Bauen oder Renovieren kaufen kann, z. B. Farben und Tapeten, aber auch Steine, Zement und mehr.

8 Wo? Ergänzen Sie die bestimmten Artikel und die Endungen.

- ○ Das wäre also unser Wohnmobil ... sieht ja wirklich toll aus. Wo ist denn der Kühlschrank?
- ● Der ist neben (1) _dem_ klein_en_ Regal.
- ○ Ah ja. Und über (2) _____ klein___ Kühlschrank ist noch ein Gefrierschrank?
- ● Nein, das ist ein normaler Schrank. Aber in (3) _____ Kühlschrank ist ein Gefrierfach.
- ○ Wo sind denn eigentlich die Betten?
- ● Hinter (4) _____ praktisch___ Schiebetür. Zwischen (5) _____ Tür und _____ schmal___ Betten ist noch Platz für eine Kleiderbox.
- ○ Super! Aber an (6) _____ link___ Wand sind ja Kleiderhaken, ich glaube, das reicht uns.

9 Wohin? Ergänzen Sie die bestimmten Artikel und die Endungen.

neucamper123: Wir haben zum ersten Mal ein Wohnmobil ausgeliehen und möchten in Deutschland, der Schweiz oder Österreich Urlaub machen. Habt ihr Tipps, wohin wir fahren können/sollen? Danke!!

proficamper: Hallo neucamper123! Wir fahren immer in (1) __die__ deutsch_en_ Alpen – tolle Landschaft und viele schöne Plätze für Camper, die sind aber immer sehr voll. Ihr solltet das Wohnmobil aber trotzdem nicht einfach an (2) ______ Straßenrand stellen, das ist nicht erlaubt.

plappermaul: Hi, wir fahren ja immer an (3) ______ wunderbar___ Ostsee und gehen dann zu Fuß an (4) ______ weiß___ Strand. Aber wir fahren mit dem Auto in (5) ______ Urlaub, das ist bequemer.

proficamper: Musst du immer deinen Senf dazugeben? Falsches Thema! Wirf doch mal deinen Computer in (6) ______ kalt___ Ostsee, dann haben wir endlich Ruhe.

immerunterwegs: Lieber neucamper123, letztes Jahr sind wir in (7) ______ schön___ Harz gefahren. Da gibt es einen Campingplatz und ihr könnt das Wohnmobil unter (8) alt___ Bäume stellen. Traumhaft! Außerdem könnt ihr über (9) ______ toll___ Waldwege laufen. Sehr erholsam!

seinen Senf dazugeben: ein umgangssprachlicher Ausdruck dafür, dass jemand immer etwas sagt, auch wenn es gar nicht zum Thema passt.

der **Harz** (nur Sing.): ein Mittelgebirge in Norddeutschland. *Mittelgebirge* nennt man Gebirge mit Bergen zwischen ca. 500 und 1500 m Höhe. Der höchste Berg im Harz ist der Brocken mit einer Höhe von 1141 m.

10 Ergänzen Sie die Präpositionen, Artikel und Endungen. Manchmal werden Präposition und Artikel zusammengezogen.

an • an • an • an • auf • auf • hinter • ~~in~~ • ~~in~~ • in • über • vor

Unser erster Campingurlaub

Christian und ich waren zum ersten Mal mit einem geliehenen Wohnmobil unterwegs. Wir wollten eigentlich (1) __in__ __die__ schön_e_ Schweiz fahren, aber der Weg war uns etwas zu weit. Deshalb sind wir erst mal ein paar Tage (2) __im__ Süden von Deutschland geblieben. Wir waren einige Tage (3) ______ ein___ toll___ Campingplatz. Zwar gab es dort nicht so viele Extras, also keinen Supermarkt, kein Restaurant, aber die Lage war so schön! Wir haben das Wohnmobil direkt (4) ______ d___ ruhig___ Fluss gestellt und haben jeden Morgen die Vögel beobachtet, die (5) ______ klar___ Wasser gebadet haben. Nach ein paar Tagen sind wir zu einem Campingplatz gefahren, für den wir eine tolle Werbung gesehen hatten. Als wir dort angekommen sind, waren wir geschockt: (6) _____ unser___ Augen stand ein Zaun und (7) _____ d___ Zaun hing ein großes Schild: „Baustelle". (8) _____ d___ ander___ Seite des Zauns sah es nicht besser aus: Gleich (9) _____ d___ Zaun standen nämlich ein Baucontainer und ein Müllcontainer! Wir sind trotzdem ausgestiegen, haben ein Tor geöffnet und haben uns den Platz angesehen – eigentlich war es nur eine große Wiese. Ganz weit entfernt (10) _____ ander___ Ende stand ein alter Wohnwagen. Wir sind (11) ______ d___ Wiese zu dem Wohnwagen gelaufen und haben (12) ______ d___ Tür des Wohnwagens geklopft – aber keine Antwort. Da war einfach kein Mensch! Ein Glück, dass wir noch nichts bezahlt hatten. Wir sind dann wieder zu unserem Wohnmobil zurück und weitergefahren.

das **Schild**, -er: eine Tafel (oft aus Metall, aber auch aus anderen Materialien wie Holz, Pappe) mit einem Hinweis, z. B. Verkehrsschilder.

→ online

33 Präpositionaladverbien

- **Worauf** wartest du?
- ○ **Darauf**, dass du endlich weiterspielst.

Sich auf Sachen beziehen

→ Verben und Kasus, S. 174
→ Präpositionen und Kasus, S. 140
→ Verben mit Präpositionen, S. 140 und 271

Wenn die Präposition mit einem Vokal beginnt, dann steht zwischen *wo* / *da* und der Präposition ein *r*, weil man das besser sprechen kann.

Darauf kannst du lange warten: Diese Aussage hört man oft, wenn jemand eine bestimmte Aufforderung auf keinen Fall erfüllen will.
- Gibst du auf?
- ○ Darauf kannst du lange warten!

Frage: *wo(r)* + Präposition – Antwort: *da(r)* + Präposition (Präpositionaladverbien)

warten auf

- Worauf wartest du?
- ○ Auf deinen nächsten Spielzug.
- Darauf kannst du lange warten.

träumen von

- Wovon träumst du?
- ○ Von meinem Sieg gegen dich.
- Davon kannst du lange träumen.

Beispiele:

sich freuen auf	sich ärgern über	denken an	träumen von	Angst haben vor
Worauf ...? Darauf ...	Worüber ...? Darüber ...	Woran ...? Daran ...	Wovon ...? Davon ...	Wovor ...? Davor ...

Sich auf Personen beziehen

Frage: Präposition + *wen* / *wem* – Antwort: Präposition + Nomen oder Pronomen

warten auf

- Auf wen wartest du?
- ○ Auf die Chefin.
- Ich warte auch auf sie.

träumen von

- Von wem träumst du?
- ○ Von Michael.
- Ich träume auch oft von ihm.

Beispiele:

sich freuen auf	sich ärgern über	denken an	träumen von	Angst haben vor
Auf **wen** ...? Auf ...	Über **wen** ...? Über ...	An **wen** ...? An ...	Von **wem** ...? Von ...	Vor **wem** ...? Vor ...

Präpositionaladverbien und Nebensätze

→ dass-Sätze, S. 202 und 230
→ Infinitivsätze, S. 230

Das Präpositionaladverb bezieht sich auf den ganzen Nebensatz.

Ich freue mich	**darüber,**	dass du mal wieder mit mir Karten spielst.
Ich träume	**davon,**	einmal gegen dich zu gewinnen.

40

41

1 Ergänzen Sie die Sätze.

1. • Ich habe Lust auf eine Runde Skat. ○ Darauf habe ich auch Lust. Lass uns spielen!
2. • Interessierst du dich für Kartenspiele? ○ Nein, ________ habe ich mich noch nie interessiert.
3. • Ich habe von unserem letzten Urlaub geträumt. ○ ________ habe ich neulich auch geträumt.
4. • Wir haben uns über euren Besuch gefreut. ○ Wir haben uns auch sehr ________ gefreut.
5. • Meine Tochter denkt nur noch ans Feiern. ○ ________ habe ich mit 18 auch immer gedacht.

Skat ist ein sehr beliebtes Kartenspiel in Deutschland. Man braucht dazu drei Spieler. Es gibt viele Skatvereine.
Andere sehr beliebte Kartenspiele sind z. B. **Doppelkopf** (4 Spieler), **Rommé** (ab 2 Spielern) und **Mau Mau** (ab 2 Spielern).

2 Fragen nach Personen oder Sachen – Ordnen Sie die Reaktionen a–f zu.

1. Auf wen wartest du?
2. Worauf warten die Leute da drüben?
3. Mit wem wollt ihr Karten spielen?
4. Womit kann ich dir helfen?
5. Für wen strickst du den Schal?
6. Wofür nähst du das Kleid?

__ a) Für unseren Sommerfest im Sportverein.
__ b) Für meine Tochter. Sie friert immer so.
__ c) Kannst du mir Rommé erklären?
__ d) Mit euch natürlich.
__ e) Auf den Bus. Er hat Verspätung.
1 f) Auf die Chefin. Sie will mit mir sprechen.

3 *worauf – darauf* ... – Schreiben Sie die Fragen wie im Beispiel.

1. Selma interessiert sich für Würfelspiele. Wofür interessiert sie sich?
2. Eva hat von ihrem Skatturnier geträumt. ________
3. Ich habe Spaß an „Mensch ärger dich nicht". ________
4. Du musst dich auf das Turnier vorbereiten. ________

Bekannte **Würfelspiele** in den deutschsprachigen Ländern sind z. B. das Brettspiel **Mensch ärgere dich nicht** und **Kniffel/ Yahtzee**, ein Spiel mit 5 Würfeln.

4 Verbinden Sie die Sätze wie im Beispiel.

1. Ich warte auf etwas. Du spielst die nächste Karte.
   Ich warte darauf, dass du die nächste Karte spielst.
2. Er träumt von etwas. Er möchte beim Tennisturnier gewinnen.
   ____
3. Sie denkt an etwas. Sie muss ein Geschenk für ihre Tochter kaufen.
   ____

5 Beantworten Sie die Fragen für sich selbst.

Woran denken Sie oft? • An wen denken Sie oft? • Wovon träumen Sie? • Von wem träumen Sie? • Worüber können Sie sich sehr freuen? • Über wen haben Sie sich in letzter Zeit geärgert?

Ich denke oft daran, dass ich so viel Neues gelernt habe.

Als **Gesellschaftsspiele** bezeichnet man allgemein Spiele, bei denen man in einer Gruppe zusammensitzt und spielt.

6 Lesen Sie den Text.

Internationale Spieletage Essen

a Markieren Sie die Präpositionaladverbien und die Verben, die zur Präposition gehören.

Es ist die weltweit größte öffentliche Veranstaltung für Gesellschaftsspiele: die Internationalen Spieletage, kurz: *Spiel*. Vielleicht haben Sie schon einmal davon gehört oder waren selbst schon einmal dabei? Falls nicht: Wir haben spielverrückte Menschen gebeten, uns mehr darüber zu erzählen. Lesen Sie auf unserer Sonderseite, worauf die Besucher sich besonders gefreut haben, wofür die meisten Besucher sich interessierten und womit sie am liebsten gespielt haben.

b Ergänzen Sie die Präpositionaladverbien links.

dabei • dafür • dafür • dafür • damit • danach • ~~darauf~~ • darüber • worauf • worüber

Ein **Brettspiel** ist ein Spiel, bei dem man mit Figuren auf einem Spielbrett spielt. Bekannte Brettspiele sind z. B. **Schach** oder **Mühle**.

Katrin und Wanda

Wir haben uns besonders (1) darauf gefreut, bei der *Spiel* Freunde und Bekannte wiederzusehen. Das ist etwas, (2) ________ man vielleicht nicht nachdenkt, aber wir haben in den letzten Jahren so viele Menschen bei den Spieletagen kennengelernt – das ist toll. Wir lieben es, Brettspiele zu spielen, und (3) ________ muss man sich halt treffen, das geht nicht online. Also, es geht vielleicht, aber (4) ________ hat man nicht so viel Spaß wie bei einem richtigen Spieleabend. Leider wohnen wir alle weit voneinander entfernt, deshalb sind die Spieletage eine tolle Gelegenheit, sich zu treffen. Wir nehmen uns auch immer extra Urlaub (5) ________ und die Spieletage sind etwas, (6) ________ wir uns jedes Jahr besonders freuen. Im letzten Jahr haben wir dort mit unseren Freunden ein neues Spiel ausprobiert und (7) ________ fast den ganzen Tag verbracht – es hat einfach so viel Spaß gemacht! Schon schade, dass unsere Freunde so weit weg wohnen. Unsere Freunde haben neulich (8) ________ gefragt, ob wir uns vielleicht doch mal bei ihnen treffen sollen. Wir haben (9) ________ nachgedacht, aber im Moment fehlt uns leider die Zeit (10) ________. Naja, die nächsten Spieletage kommen bestimmt.

die **Runde**, -n: Damit meint man allgemein eine kleine Gruppe von Menschen, mit denen man zusammensitzt. Beim Spielen meint man damit entweder eine kleine Gruppe Menschen, die zusammen ein Spiel spielt (Skatrunde = die drei Personen, die zusammen Skat spielen) oder eine bestimmte Anzahl an einzelnen Spielen.

c Ergänzen Sie die Präpositionaladverbien *wo(r)-*.

Carlo

(1) ________ ich in diesem Jahr die meiste Zeit verbracht habe? Kartenspiele! Es erscheinen nicht so viele neue Kartenspiele wie zum Beispiel Brettspiele, deshalb ist das etwas, (2) ________ man immer ein bisschen suchen muss. Ich mag Kartenspiele aber sehr. Zu Hause habe ich eine Skatrunde mit Nachbarn und mit meinen Kindern spiele ich ziemlich oft Mau-Mau. Unsere Mau-Mau-Abende sind etwas, (3) ________ die Kinder sich den ganzen Tag freuen und (4) ________ uns auch niemand stören darf. Es gibt immer Salzbrezeln zum Knabbern und manchmal fällt meinen Kindern „aus Versehen" eine auf den Boden, (5) ________ sich unser Hund besonders freut. Naja, so ist es ein schöner Abend für alle.

knabbern: Wenn man salzige Snacks wie Chips oder Salzstangen isst, benutzt man das Verb *knabbern*. Zum Beispiel:
Bringst du morgen Abend etwas zu knabbern mit?
Ich knabbere ganz gerne Sesamcracker.
Bei süßen Snacks benutzt man das Verb *naschen*.

d Ergänzen Sie die Präpositionaladverbien *da(r)-*.

Die Kleinwebers

Unser erster Besuch der *Spiel* fing nicht so gut an: Wir hatten uns sehr (1) ________ gefreut und dachten, wir könnten gleich morgens spielen. Leider hatte wir nicht (2) ________ gerechnet, dass wir am Eingang erst mal über eine Stunde in einer wahnsinnig lange Schlangen stehen würden. Unsere Vorbereitung war nicht super, wir hätten vorher (3) ________ fragen sollen, wie voll es wird. Gut, wir fanden es auch nicht so schlimm, aber unsere Söhne haben sich ziemlich (4) ________ geärgert und waren richtig schlecht gelaunt. Zum Glück können sie heute aber auch (5) ________ lachen.

7 Ergänzen Sie die Präpositionaladverbien.

Deutsche Spieleklassiker

Vor allem in Deutschland gibt es viele beliebte Brett- und Kartenspiele, (1) darunter sind die zwei Klassiker *Die Siedler von Catan* und *Skat*.

Skat zu spielen, ist fast überall möglich, denn (2) ________ braucht man nur ein Kartenspiel und drei Personen. Wenn man Probleme (3) ________ hat, einen dritten Spieler zu finden, kann man aber auch Varianten für zwei Personen spielen, das sogenannte Offiziers- oder Bauernskat. (4) ________ benötigt man nur zwei Personen, außerdem ist ein Tisch praktisch – wenn man zu zweit spielt, hält man die Karten nämlich nicht in der Hand. Aber zurück zum „richtigen" Skat: Die Regeln sind nicht ganz leicht und man muss sich (5) ________ ein bisschen länger beschäftigen, aber dann macht es viel Spaß. Es gibt viele Skatrunden, die sich regelmäßig treffen. Häufig gibt es eine Skatkasse, in die der Verlierer einer Partie einzahlt. Wenn genug Geld da ist, entscheidet die Skatrunde, (6) ________ das Geld ausgegeben wird. Oft bezahlt man (7) ________ einen Ausflug oder ein Essen für alle.

Die Siedler von Catan – kurz: *Die Siedler* – ist ein Spiel, (8) ________ inzwischen fast die ganze Welt spricht. Als das Spiel 1995 erschien, hat der Erfinder des Spiels, Klaus Teuber, nicht (9) ________ gedacht, dass sein Spiel einmal eines der bekanntesten weltweit werden würde. Er konnte sich aber schon im selben Jahr (10) ________ freuen, dass das Spiel als „Spiel des Jahres" ausgezeichnet wurde und den „Deutschen Spielepreis" bekommen hat. Diese Auszeichnungen sind übrigens etwas, (11) ________ viele Menschen fragen, wenn sie ein neues Spiel suchen oder kaufen wollen.

die **Partie**, -n: hier: ein anderes Wort für eine *Spielrunde*. Man verwendet das Wort meist bei Brett- und Kartenspielen, z. B.: Wir spielen eine Partie Schach. Sollen wir eine Partie Rommee spielen?

Der Preis **Spiel des Jahres** wird seit 1979 von einem Verein mit dem gleichen Namen an deutschsprachige Brett- und Kartenspiele vergeben. Die Preisträger werden von einer Jury gewählt. Es gibt mehrere Kategorien, in denen der Preis vergeben wird, z. B. Kritikerpreis, Kinderpreis. Die Auszeichnung ist weltweit bekannt und gilt als die wichtigste Auszeichnung für Brett- und Kartenspiele.

Mit dem **Deutschen Spielepreis** werden seit 1990 jedes Jahr neue deutschsprachige Brett- und Kartenspiele ausgezeichnet. Um die Preisträger zu ermitteln, werden unter anderem Spieler, Journalisten, Spielehändler befragt. Die Preisverleihung findet immer auf den Internationalen Spieletagen in Essen statt.

→ online

W

WIEDERHOLUNG Kapitel 30 bis 33

→ Präpositionen und Kasus, S. 140

1 Präpositionen und Kasus – Markieren Sie die passenden Artikel.

1. Wir müssen wegen *der* / *des* Projekts unbedingt mit *der* / *die* Abteilungsleiterin sprechen.
2. Frau Weise, bitte schicken Sie Rechnung für *die* / *der* Firma Breitkopf mit *dem* / *der* Post.
3. Trotz *der* / *die* technischen Probleme sind wir heute mit *der* / *die* Renovierung fertig geworden.
4. Ohne *die* / *der* Hilfe von euch hätten wir den Termin nicht geschafft.
5. Sie müssen sich bei *eine* / *einer* Krankenkasse anmelden.
6. Das Rauchen während *der* / *die* Arbeit ist bei uns verboten.
7. Alle außer *dem* / *den* Kollegen Beyrau und *die* / *der* Kollegin Bienzle haben mitgefeiert.
8. Herr Beyrau war auf *einer* / *eine* Tagung und Frau Bienzle musste auf *ihrem* / *ihren* Sohn aufpassen.

Bewerten Sie sich selbst:

→ Präpositionen und Zeit, S. 144

2 Schreiben Sie die Antworten.

1. Wann kommst du nach Hause. (19 Uhr) Um 19 Uhr.
2. Wann machst du dieses Jahr Urlaub? (Juli) ______
3. Wann besucht ihr uns? (Wochenende) ______
4. Wohnst du hier schon lange? (3 Jahre) ______
5. Wann ist deine Fortbildung? (13. Mai – 16. Mai) ______

Bewerten Sie sich selbst:

→ Präpositionen und Zeit, S. 144

3 Präpositionen und Zeit – Ergänzen Sie die passende Präposition. Probleme? Links gibt es Hilfe.

ab • am • bis • bis • gegen • ~~im~~ • seit • um • von • von • zwischen

1. __im__ Jahr 2020 mussten wir unser Restaurant für insgesamt fast drei Monate schließen.
2. Wir haben ______ Beginn dieses Jahres mehr als 3 Millionen Euro Umsatz gemacht.
3. ______ Juli ______ Dezember haben wir noch Aufträge für weitere 6 Millionen Euro.
4. Unser Problem ist, dass wir ______ Januar bisher kaum Aufträge haben.
5. Wir haben ______ Mittwoch eine Planungskonferenz für das nächste Jahr.
6. Die Konferenz beginnt pünktlich ______ 10 Uhr und endet so ______ 17 Uhr oder 17.30 Uhr.
7. Mittagspause machen wir ______ 12 Uhr 30 und 14 Uhr.
8. Das Geschäftsessen heute Abend geht vermutlich ______ 20 Uhr ______ 22 Uhr.

Bewerten Sie sich selbst:

→ Wechselpräpositionen, S. 148

4 Wechselpräpositionen – Markieren Sie die passenden Formen nach der Präposition.

1. Hast du die Milch in *den* / *dem* Kühlschrank gestellt?
2. Die Milch steht noch auf *den* / *dem* Tisch.
3. Sie können Ihr Fahrrad vor *den* / *dem* Haus abstellen.
4. Vor *unseren* / *unserem* Haus gibt es einen Spielplatz.
5. Bald zieht in die Wohnung neben *unsere* / *unserer* eine Familie ein.

Bewerten Sie sich selbst:

5 Wechselpräpositionen – Ergänzen Sie Präpositionen. Probleme? Rechts gibt es Hilfe.

→ Wechselpräpositionen, S. 148

an • hinter • in • neben •
neben • über • unter • vor •
~~zwischen~~ • zwischen

1. Meine Parkbank steht _zwischen_ zwei Bäumen. Ich sitze gern auf dieser Bank und rechts ______ mir sitzt dann oft meine Katze Murr.
2. Ich wohne im 2. Stock. ______ mir im 1. Stock wohnt Familie Wild und ______ mir im 3. Stock Frau Bechmann.
3. Leider geht ______ unserem Hauseingang eine sehr laute Straße vorbei. Aber ______ dem Haus haben wir einen schönen Garten. Von dort aus kann man direkt ______ den Fluss gehen. ______ dem Garten und dem Fluss ist ein Fußweg.
4. Bitte stellen Sie die Waschmaschine ______ die Küche gleich ______ die Spülmaschine.

Bewerten Sie sich selbst: ☺ 😐 ☹

6 Schreiben Sie die Sätze.

→ Wechselpräpositionen, S. 148

1. _Ich stelle den Käse in den Kühlschrank._
   ich | stellen | der Käse | in | der Kühlschrank
2. ______
   dein Essen für heute | stehen | in | der Backofen
3. ______
   wir | bringen | das Auto | in | die Reparatur
4. ______
   die Äpfel | hängen | an | der Baum
5. ______
   ich | hängen | die Kugeln | an | der Weihnachtsbaum
6. ______
   der Bus 33 | warten | an | die Haltestelle
7. ______
   Sie | können | einsteigen | gleich | in | dieser Bus
8. ______
   der Bus | fahren | an | der Bahnhof
9. ______
   ich | sitzen | gern | auf | mein Sofa
10. ______
   Sie | können | sich setzen | gerne | auf | der Sessel

Bewerten Sie sich selbst: ☺ 😐 ☹

7 Präpositionaladverbien – Ergänzen Sie und ordnen Sie 1–8 und a–i zu.

→ Präpositionaladverbien, S. 152

~~auf wen~~ • damit • daran •
darüber • darüber • davon •
für wen • mit wem • ~~wofür~~ •
womit • ~~woran~~

1. _Auf wen_ warten Sie?
2. ______ kann ich Ihnen helfen?
3. _Woran_ denkst du gerade?
4. Mein Traum wäre eine Reise zum Nordpol.
5. ______ würdest du gerne reisen?
6. _Wofür_ machst du die Fortbildung?
7. ______ hast du die Blumen gekauft?

___ a) ______ träume ich auch.
___ b) ______ muss ich nachdenken. Mit dir!
___ c) ______ verdiene ich mehr Geld.
_1_ d) Auf Ihre Technikerin, Frau Kürten.
___ e) Für dich natürlich.
___ f) Ich denke ______, dass ich alt werde.
___ g) Mit Informationen zu meinem Vertrag.

Bewerten Sie sich selbst: ☺ 😐 ☹

34 Komposita

Wien ist die Stadt für **Musikfreunde**.
Höhepunkte sind jedes Jahr der **Opernball**
und das **Neujahrskonzert** der Wiener Philharmoniker.

Komposita aus Nomen

Deutsch ist für seine Komposita berühmt, also für seine langen, zusammengesetzten Wörter. Ein Kompositum kann aus zwei Elementen bestehen oder aus sehr vielen. Hier ist das im Moment vermutlich längste deutsche Wort:

(das) Grundstück (die) Genehmigung (die) Übertragung

die Grundstück**s**verkehr**s**genehmigung**s**zuständigkeit**s**übertragung**sverordnung**

(der) Verkehr (die) Zuständigkeit die Verordnung

Das Grundwort steht immer am Ende	→	**Verordnung**
und bestimmt den Artikel:	→	**die**
Die Bestimmungswörter definieren die Bedeutung des Grundworts genauer:	→	das Grundstück, der Verkehr, die Genehmigung, die Zuständigkeit, die Übertragung

Das Fugen-s steht oft (aber nicht immer) zwischen den einzelnen Elementen.

Bestimmungswort	**Grundwort**	→	**Kompositum**
das Volk	die Musik	→	die Volksmusik
die Musik	der Verein	→	der Musikverein
die Oper	der Ball	→	der Opernball
das Neujahr	das Konzert	→	das Neujahrskonzert
der Chef	der Dirigent	→	der Chefdirigent
die Welt, die Klasse	die Musikerin	→	die Weltklassemusikerin

Komposita mit anderen Wortarten

Adjektiv	+ Nomen	neu	+ das Jahr	→	das Neujahr
Präposition	+ Nomen	vor	+ das Spiel	→	das Vorspiel
Verb	+ Nomen	sing(en)	+ der Vogel	→	der Singvogel
Adverb	+ Nomen	kontra	+ der Baß	→	der Kontrabass
Nomen	+ Adjektiv	die Welt	+ berühmt	→	weltberühmt
Adjektiv	+ Adjektiv	dunkel	+ blau	→	dunkelblau
Verb	+ Adjektiv	abfahr(en)	+ bereit	→	abfahrbereit

Besonders beliebt sind lange Wörter in der Rechtssprache und der Sprache der Verwaltung.

Und was bedeutet dieses Wort genau? Das wissen wir leider auch nicht. Fragen Sie einen Anwalt oder Juristen. Jedenfalls ist es eine Verordnung ☺.

Der Wortakzent ist fast immer auf dem ersten Wort, z. B.: die <u>Volks</u>musik, die <u>Welt</u>stadt
Wenn er auf dem zweiten Wort liegt, dann soll meist ein Kontrast betont werden, z. B.: Volks<u>musik</u> – Volks<u>tanz</u>.

Ein **Ball** kann im Deutschen sowohl ein Sportgerät (Fußball, Tennisball) als auch eine Tanzveranstaltung sein (Opernball, Sommernachtsball …). Der Kontext ist meistens eindeutig.

der **Kontrabass**, ¨-e

42

1 Markieren Sie die Elemente der Komposita in den Sätzen.

1. Im Spätsommer genieße ich mit meiner Großfamilie eine Urlaubswoche in einem Ferienhaus.
2. Das Haus liegt an einem kilometerlangen Sandstrand.
3. Unsere Freunde stehen mit ihrem Wohnwagen auf einem Campingplatz.
4. Ich sitze im Strandkorb und beobachte die Seevögel am dunkelblauen Himmel.
5. Ich liebe die Sommerabende in der salzhaltigen Luft am Meer.
6. Nach diesem Kurzurlaub beginnt dann wieder das hochanstrengende Arbeitsleben.

Der Begriff **Großfamilie** bezeichnet einerseits einfach eine Familie mit vielen Familienmitgliedern, andererseits im Gegensatz zu *Kleinfamilie* (Mutter, Vater, Kind/er) den Familienverband mit Großeltern, Tanten, Onkeln usw.

2 Markieren Sie die Komposita und notieren Sie die Elemente. Arbeiten Sie mit dem Wörterbuch.

1. Jedes Jahr warten die Opernliebhaber auf der ganzen Welt auf den Wiener Opernball. die Oper, der Liebhaber ____
2. Das Sommernachtskonzert findet traditionell im Schlosspark Schönbrunn statt. ____
3. Das Symphonieorchester besteht aus 60 Profimusikern und -musikerinnen. ____
4. In der Grundschule hat mir der Musikunterricht immer am besten gefallen. ____
5. Mein Opa hat jede Woche im Männerchor gesungen. ____
6. Die Eintrittskarte für den Opernabend war mir zu teuer. ____

Bei langen Wörtern sollten Sie immer versuchen, die einzelnen Elemente zu verstehen.

Schloss Schönbrunn bei Wien war vom 18. bis ins 20. Jahrhundert der Sommersitz der deutschen und später österreichischen Kaiser*innen. Heute sind das Schloss und sein Park Touristenattraktionen.

3 Ergänzen Sie die Artikel.

1. der Konzertbesuch	6. ____ Spielwiese	11. ____ Einkaufszettel
2. ____ Kinderchor	7. ____ Lesezeichen	12. ____ Wochenendeinkauf
3. ____ Symphonieorchester	8. ____ Grammatikübung	13. ____ Olivenöl
4. ____ Streichinstrument	9. ____ Prüfungstermin	14. ____ Großpackung
5. ____ Konzertsaal	10. ____ Kriminalroman	15. ____ Einzelhandelsgeschäft

4 Notieren Sie fünf Komposita, die für Sie wichtig sind.

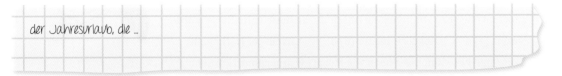

der Jahresurlaub, die ...

5 Lesen Sie den Text.

Peter und der Wolf ist ein Musikmärchen von Sergei Prokofjew. Es ist auch in Deutschland sehr bekannt.

das **Streichinstrument**, -e: So heißen Instrumente, die man mit einem Bogen spielt. Man streicht mit dem Bogen über die Saiten des Instruments.

a Markieren Sie die Komposita.

Sommerprogramm für Kinder und Jugendliche

Unser Konzerthaus hat während der Sommerferien ein ganz spezielles Angebot für Schülerinnen und Schüler: eine besondere Konzertreihe und einen „Tag der offenen Tür“.
Wenn ihr zwischen 6 und 10 Jahre alt seid, könnt ihr unsere Kinderkonzerte besuchen. Das Orchester spielt Musikstücke aus bekannten Märchenfilmen, und jeden Sonntagvormittag gibt es eine Sondervorstellung von „Peter und der Wolf“.
Alle Musikfans zwischen 8 und 18 Jahren, die selbst musizieren oder sich für Musikunterricht interessieren, können unser Orchester und unsere Musiker persönlich bei unserem „Tag der offenen Tür“ kennenlernen. Ihr könnt auch Streichinstrumente ausprobieren oder einen Taktstock in die Hand nehmen und Dirigent spielen. Ihr braucht dafür keine Eintrittskarte, aber ihr müsst euch online anmelden, damit wir planen können. Wenn ihr unter 14 Jahre alt seid, muss euch ein Elternteil zur Veranstaltung begleiten. Dort wird es übrigens auch eine kleine Getränkeauswahl und ein Kuchenbuffet geben. Wir freuen uns auf euch!

das **Buffet**, -s: eine Auswahl an Essen und Getränken. Man kann aussuchen, was und wie viel man möchte, und nimmt sich die Sachen selbst vom Buffet.

b Sortieren Sie die Komposita aus a und trennen Sie die Teile mit einem Strich.

der	das	die
______	Sommer|programm	______
______	______	______
______	______	______
______	______	______
______	______	
	______	
	______	

nur Plural ______

6 Ergänzen Sie die Artikel.

musizieren: ein formelles Wort für *Musik machen*.

Wolfgang Amadeus Mozart (1756–1791) war ein österreichischer Komponist und Musiker. Mozart galt als (1) e_____ Wunderkind, da er bereits als Kind musizierte und komponierte. Berühmt ist auch (2) d_____ Kindergeige von Mozart, auf der er bereits als Vierjähriger spielte. Von 1769 bis 1772 unternahm Mozart (3) s_____ erste Italienreise. Insgesamt bereiste er das Land dreimal, um dort unter anderem Musik zu studieren. Im Anschluss an diese erste Reise wurde Mozart (4) d_____ Konzertmeister (5) d_____ Salzburger Hofkapelle. Heute sind viele Kompositionen von Mozart weltberühmt. Ein sehr bekanntes Stück ist „(6) E_____ kleine Nachtmusik“.

7 Lesen Sie den Text und bilden Sie die Komposita, die in die Lücken passen.

~~Abend~~ • Augen • Bühnen • Hinter • Kunst • Neu • Noten • Opern • Orchester • Pausen • Phantasie • Schaden • Sitz • Zuschauer

bild • blatt • blick • freude • gespräche • graben • inszenierung • ort • raum • reihen • sänger • tür • turnerin • ~~vorstellung~~

Zauberflöte unfreiwillig komisch

In der gestrigen (1) Abendvorstellung um 20 Uhr fand in der Oper die Premiere der „Zauberflöte“ statt und die Besucher waren sehr gespannt auf die (2) N__________ der bekannten Oper. Das Interesse war riesig und alle Tickets waren innerhalb von fünf Minuten ausverkauft.

Nach dem Applaus zu Beginn senkte sich die Bühne mit dem Orchester ab und die Musiker verschwanden im (3) O__________. Nur die Zuschauer in den oberen (4) S__________ konnten noch ein paar Musiker sehen.

Der Vorhang ging auf und – nun ja: Man hatte vorab gehört, dass das (5) B__________ sehr einfach sein soll, aber selbst das war übertrieben. Die Bühne war einfach leer. Und das soll der wunderbare (6) P__________ sein, an dem diese Oper spielt? Die (7) O__________ gaben ihr Bestes, um das auszugleichen, doch leider ging einiges schief. Während der ersten Arie gab es einen lauten Knall und ein Scheinwerfer ging aus – das kann natürlich immer mal passieren. Der tapfere Tamino stand auch nur für einen (8) A__________ im Dunkeln, dann ging das Licht wieder an und es ging ohne Unterbrechung weiter. Die Zuschauer hatten die erste Panne gerade vergessen, als plötzlich ein (9) N__________ durch die Luft flog. Niemand weiß, wie das passieren konnte, und zum Glück irritierte es nur die Zuschauer, aber nicht die Musiker.

Dann hatte die Königin der Nacht ihren großen Auftritt. Aber wie soll das auf einer leeren Bühne gehen? Vielleicht kommt sie mit einem Seil von der Decke herab, wie eine (10) K__________? Die Lösung sah viel einfacher aus: Sie sollte durch die (11) H__________ auf die Bühne kommen. Dumm nur, dass diese Tür verschlossen war. So hörte man im (12) Z__________ den Anfang der Arie, danach ein verzweifeltes Rütteln an der Tür, dann wurde die Arie immer leiser. Bei den Zuschauern gab es ein wenig (13) S__________. In der Pause drehten sich die (14) P__________ nur um die Frage: Was kann noch schiefgehen?

Die Zauberflöte ist eine Oper von Wolfgang Amadeus Mozart. Die Oper wurde 1791 in Wien uraufgeführt (= zum ersten Mal aufgeführt).

die **Arie**, -n: ein klassisches Gesangsstück für eine Person.

der **Scheinwerfer**, -

Tamino ist eine Figur in der „Zauberflöte“.

Die **Königin der Nacht** ist eine Figur in der „Zauberflöte“.

→ online

35 Wortbildung: neue Wörter ableiten

Ich **messe** jetzt Ihren Blutdruck. Nach der **Messung** sprechen Sie dann mit dem Arzt.

Nomen aus Verben, Adjektiven, anderen Nomen

Nomen aus Verben
Artikel = das

schwimmen → das Schwimmen
lernen → das Lernen
blau → das Blau

Nomen auf ***-ung*** aus Verben
Artikel = die

untersuchen → die Untersuchung
forschen → die Forschung
impfen → die Impfung

Nomen auf ***-heit***, ***-keit*** aus Adjektiven
Artikel = die

gesund → die Gesundheit
krank → die Krankheit
fähig → die Fähigkeit
tätig → die Tätigkeit

Nomen auf ***-er*** aus Nomen
Artikel = der
weibliche Form: ***-er*** + ***-in***

die Apotheke → der Apotheker → die Apothekerin
die Tat → der Täter → die Täterin
das Ausland → der Ausländer → die Ausländerin
England → der Engländer → die Engländerin

Nomen auf ***-chen***, ***-lein*** aus Nomen
Artikel = das

das Haus → das Häuschen – das Häuslein
das Bier → das Bierchen
der Hund → das Hündchen

Mit *-chen* und *-lein* werden Nomen „verkleinert“. Dabei verändert sich oft der Vokal *a - ä, o - ö, u - ü.*

Die Nachsilbe *-lein* findet man noch oft in älteren Texten. Im Alltag wird es nur noch selten verwendet.

Vorsilbe *un-*

un- macht aus vielen Adjektiven ihr Gegenteil:

fähig ↔ unfähig
fair ↔ unfair
gefährlich ↔ ungefährlich
gesund ↔ ungesund
glücklich ↔ unglücklich
treu ↔ untreu

Nicht immer können Gegenteile mit *un-* gebildet werden, z. B. ist *teuer* das Gegenteil von *billig*. *Unbillig* bedeutet etwas ganz anderes.

Nachsilben: *-lich*, *-ig*, *-isch*

Diese Nachsilben machen aus Nomen Adjektive:

der Freund → freundlich
das Haus → häuslich
der Tag → täglich
das Jahr → jährlich

der Arzt → ärztlich
das Dorf → dörflich
die Woche → wöchentlich
die Minute → minütlich

das Amt → amtlich
der Beruf → beruflich
der Monat → monatlich
die Stunde → stündlich

der Wind → windig
die Zeit → zeitig

die Sonne → sonnig
der Nebel → neblig

die Freude → freudig
die Trauer → traurig

der Sturm → stürmisch
der Regen → regnerisch

die Stadt → städtisch
Österreich → österreichisch

die Sympathie → sympathisch
die Allergie → allergisch

Die Vorsilbe *in-* hat die gleiche Bedeutung wie *un-*. Man findet sie oft bei Fremdwörtern: inkompetent, inkonsequent, inakzeptabel ...

Lernen Sie Adjektive immer in Gegensatzpaaren:
schön ↔ hässlich
gesund ↔ ungesund
billig ↔ teuer

43
44

1 Tätigkeitsbezeichnungen und Nationalitäten – Notieren Sie die männliche und die weibliche Form.

1. lehren ___der Lehrer – die Lehrerin___
2. malen ______
3. backen ______
4. Spanien ______
5. die Schweiz ______
6. Österreich ______

Bei den Nationalitäten gibt es viele Varianten:
Frankreich, der Franzose, die Französin
Dänemark, der Däne, die Dänin
Polen, der Pole, die Polin
Portugal, der Portugiese, die Portugiesin
...

2 Bilden Sie aus den Wörtern in der Randspalte Nomen und ergänzen Sie.

1. Das ___Hören___ funktioniert noch ganz gut. Ich verstehe noch alles im Radio.
2. Mit dem ______ habe ich Probleme. Ich brauche bald eine Brille.
3. Beim ______ habe ich Probleme mit den kleinen Buchstaben.
4. Ich liebe das ______ des Himmels an schönen Sommertagen.
5. Ihr ______ ist sehr gut. Sie macht kaum noch Fehler.

blau
deutsch
~~hören~~
lesen
sehen

3 Nomen oder Verb – Ergänzen Sie. Zwei bleiben übrig.

1. Zurzeit ___forschen___ viele Wissenschaftler*innen an neuen Impfstoffen. Wir können nur hoffen, dass die ______ bald erfolgreich sein wird.
2. Die Ärztin wird Ihre Nieren ______. Die ______ dauert 15 Minuten.
3. Wir können Ihre Krankheit ______, aber die ______ dauert sehr lange.
4. Die ______ gegen Grippe hilft, aber wenige Menschen lassen sich ______.

Allergie, allergisch
Behandlung, behandeln
Erkältung, sich erkälten
Forschung, ~~forschen~~
Impfung, impfen
Untersuchung, untersuchen

4 Ergänzen Sie die passenden Adjektive.

1. Im Herbst ist es oft sehr windig, manchmal sogar richtig ___stürmisch___.
2. Bei deinen Rückenproblemen würde ich mir ______ Rat einholen.
3. Ich bin sehr ______, deshalb gehe ich auch nicht gern zum Zahnarzt.
4. Es ist nicht gut, wenn ein Arzt ______ zu den Patienten ist.
5. Man soll sich ______ dreimal die Zähne putzen.
6. Meine Hausärztin ist mir sehr ______. Ich mag sie, weil sie immer genug Zeit hat.

ängstlich
ärztlichen
~~stürmisch~~
täglich
sympathisch
unfreundlich

5 Schreiben Sie über sich mit diesen Nomen und Adjektiven.

Ich möchte gerne ein freundlicher Mensch sein.

fleißig • freundlich • unruhig • sympathisch • das Leben • die Gesundheit • die Sicherheit

Ein/e medizinische/r Fachangestellte/r hieß früher *Arzthelfer/in* und auch heute verwendet man diese Bezeichnung im Alltag noch oft.

Als **Sekundarschulen** bezeichnet man Schulen, die man nach einer Primarschule besucht. Auf der Primarschule wird eine Grundbildung vermittelt. In Deutschland heißt die Primarschule *Grundschule*, die Sekundarschulen sind z. B. *Realschulen* oder *Gymnasien*.

6 Lesen Sie den Text.

a Markieren Sie die Nomen mit den Endungen *-ung*, *-heit*, *-keit*.

Berufe im Gesundheitswesen

Sie interessieren sich für einen Beruf, in dem Sie Menschen helfen können? Dann kommt für Sie vielleicht eine der folgenden Tätigkeiten im Gesundheitsbereich in Frage.

Werden Sie **medizinische/r Fachanstelle/r** und unterstützen Sie Ärzte in ihrer Praxis. Sie sind keineswegs nur für Terminvereinbarungen zuständig, sondern übernehmen auch Aufgaben wie Blutabnahmen oder kümmern sich um weitere Fragen und Wünsche der Patienten.

Als **Diätassistent/in** beraten Sie Menschen allgemein zum Thema „Ernährung". Mit Ihrer Unterstützung lernen Menschen zum Beispiel, was sie essen können, wenn sie die Ernährung wegen einer Krankheit umstellen müssen.

Oder arbeiten Sie bei der Rettung – so nennt man in Österreich den Rettungsdienst. Als **Notfall- oder Rettungssanitäter/in** sind Sie oft als Erste/r vor Ort, um Menschen in Not zu helfen. In Deutschland und der Schweiz haben diese Tätigkeiten viele Gemeinsamkeiten, jedoch müssen Sie in der Schweiz eine Sekundarschule abgeschlossen haben, um die Zulassung zur Ausbildung zu erhalten.

b Ergänzen Sie zu den markierten Nomen das passende Verb bzw. Adjektiv.

Gesundheit – gesund, Tätigkeiten – tätig,

Meist bezeichnet man mit einem **Wohnheim** eine Wohnanlage, in der man ein privates Zimmer mieten kann, z. B. auch *Studierendenwohnheim*. Das ist nicht immer eine ganze Wohnung und man muss sich manchmal Küche und Badezimmer mit anderen teilen. In einer **Wohnanlage** hat man eine eigene Wohnung für sich. Außerdem gibt es in der Anlage Gemeinschaftseinrichtungen, z. B. für Sport. In Wohnanlagen für Menschen, die Hilfe brauchen, gibt es auch Betreuer und regelmäßige Veranstaltungen zur Freizeitgestaltung oder für die Gesundheit.

7 Lesen Sie den Text.

a Wo fehlt *-er* oder *-er + in*? Ergänzen Sie. Einige Lücken bleiben leer (= X).

Was ist eigentlich … betreutes Wohnen?

Nicht immer kommen Menschen im Alltag alleine zurecht. Manche haben Glück und der (1) Nachbar_X_ hilft ihnen im Alltag. Andere brauchen mehr Unterstützung oder für ein Weilchen Gesellschaft, dann hilft eine (2) Sozialarbeit___ oder ein (3) Therapeut___. Es gibt viele Möglichkeiten, die (4) Hilfebedürftigen___ zu unterstützen. Wenn jemand eine (5) Begleitung___ zum Einkaufen oder bei Terminen braucht, kommt ein (6) Mitarbeit___ oder eine (7) Mitarbeit___ eines Betreuungsdienstes vorbei und man geht gemeinsam zum (8) Arzt___ oder Amt. Das gibt den Menschen auch ein Stückchen Sicherheit. Wenn jemand nicht alleine wohnen kann, ist der Umzug in ein Wohnheim oder eine Wohnanlage oft eine gute Lösung. Hier lebt man als (9) Miet___ im eigenen Zimmer oder der eigenen Wohnung, hat aber ein Betreuungsangebot vor Ort. Manchmal leben auch die (10) Betreu___ in der Wohnanlage.

b Notieren Sie die Nomen mit *-chen* aus a. Ergänzen Sie die nicht verkleinerte Form.

8 Bilden Sie Adjektive mit den Nachsilben *-lich*, *-ig*, *-isch*. Denken Sie auch an die Adjektivendung.

Arbeiten Sie mit einem Wörterbuch, wenn Sie die Adjektive nicht kennen, z. B. www.pons.com.

Als mobile Pflegekraft unterwegs – Pflegerin Helena Schneider berichtet von ihrer Arbeit

Ich arbeite in der mobilen Pflege, das heißt, ich besuche pflegebedürftige Menschen zu Hause in ihrer Wohnung und unterstütze sie. Ich versuche immer, (1) (Zeit) ____________ bei den Pflegebedürftigen zu sein, aber manchmal ist auf den Straßen viel los und es wird etwas (2) (Hektik) ____________. Zum Glück bin ich aber meistens noch (3) (Punkt) ____________ bei den Klienten. Ich helfe oft bei ganz (4) (Alltag) ____________ Dingen, beim Zähneputzen oder Anziehen. Ein paar Menschen, die ich betreue, können sich noch gut bewegen, aber sie sind alleine unsicher. Dann begleite ich sie (5) (Natur) ____________ und wir laufen ein wenig im Hausflur oder gehen die Treppen hoch und runter. Alleine finden es ältere Menschen oft (6) (Gefahr) ____________, auch wenn sie einen Rollator haben. Man muss ja auch (7) (Vorsicht) ____________ sein. Ich liefere übrigens kein Essen aus, dafür ist jemand anders (8) (Zustand) ____________. Ich bereite manchmal das Essen vor, mache belegte Brote oder so was. Die meisten Menschen, die ich betreue, sind nicht (9) (Wahl) ____________ beim Essen. Auch putzen ist nicht meine Aufgabe. Klar, wenn der Küchentisch etwas (10) (Schmutz) ____________ ist, mache ich schnell sauber, aber das war's. Also, mir macht die Arbeit viel Spaß.

der **Rollator**, -en

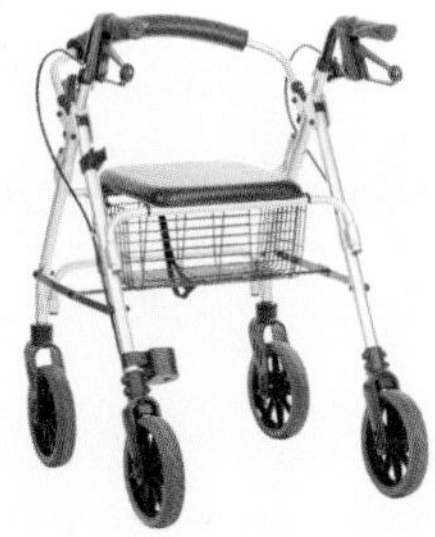

9 Ergänzen Sie die Wörter rechts. Manchmal müssen Sie erst ein Nomen bilden, damit es passt.

abwechseln • Apotheker • Apotheker • beraten • beraten • erkälten • herstellen • mischen • übernehmen • übernehmen • Vertreter

Schon mein Vater war (1) __Apotheker__ und ich habe diese Apotheke von ihm (2) ____________. Seit der (3) ____________ sind jetzt schon zehn Jahre vergangen, und es war natürlich nicht immer leicht. Ich freue mich, wenn ich Menschen helfen und (4) ____________ kann. Nicht alle wissen, dass man in einer Apotheke auch eine (5) ____________ bekommen kann. Aber wenn man eine einfache (6) ____________ mit Schnupfen und Husten hat und nicht sofort zum Arzt gehen möchte, kann man auch erst in eine Apotheke kommen und eine (7) ____________ wie mich fragen, was helfen könnte. Ich arbeite aber nicht immer im Verkaufsraum, sondern auch in den anderen Räumen der Apotheke. Früher haben Apotheker viele Medikamente selbst gemischt, heute muss ich nur selten eine eigene (8) ____________ aus verschiedenen Zutaten anfertigen – aber es kommt noch vor. Ziemlich oft spreche ich mit (9) ____________ von Firmen, die ihre Produkte in meiner Apotheke verkaufen wollen. Das sind manchmal Firmen, die auf die (10) ____________ von Medikamenten spezialisiert sind – also Pharmaunternehmen, aber manchmal auch Hersteller von Hustenbonbons. Es wird in diesem Beruf wirklich nie langweilig, es gibt immer viel (11) ____________.

das **Pharmaunternehmen**, -: eine Firme, die Medikamente herstellt.

→ online

36

W-Fragen und Antworten

● **Wie viel** Geld haben wir im Sparschwein?
○ Wir haben 23 Euro und 17 Cent.

→ Ja/Nein-Fragen, S. 170
→ Trennbare Verben, S. 16
→ Perfekt, S. 36 und 40
→ Modalverben, S. 24 und 28
→ Satzklammer, S. 178

Auf W-Fragen reagiert man oft nur mit der wichtigsten Information.
● Wie viel sparst du im Monat?
○ 100 Euro

Die Fragewörter *wer* / *wen* / *wem* fragen nach Personen.
Bei Sachen benutzt man im Nominativ und Akkusativ *was*. Mit *wessen* fragt man nach Personen und Sachen.

wer und *was* bei Personen:
● Wer ist Paul?
○ Der Mann rechts im Bild.
● Was ist Paul?
○ Er ist Bäcker.

Viele Fragewörter verbinden sich mit Adverbien oder Präpositionen.
wie viel, wie lange, wie oft ...
woher / wohin ...
wofür, wovon ...

→ Präpositionaladverbien, S. 152

was für ein/... fragt allgemein:
Auswahl aus einer unbestimmten Anzahl.
welch... fragt konkret:
Auswahl aus einer bestimmten Anzahl.
welch... wird wie die bestimmten Artikel dekliniert.

→ Weitere Artikelwörter und Pronomen, S. 100

W-Fragen	Position 2		Ende	Antworten	Position 2		Ende
Wie viel	sparst	du im Monat?		Ich	spare	100 Euro.	
Was	hast	du mit dem Geld	gemacht?	Ich	habe	es	ausgegeben
Wie	verdienen	Sie Ihr Geld?		Ich	arbeite	als Verkäufer.	
Wann	willst	du das E-Bike	kaufen?	Ich	will	es im Sommer	kaufen.

Die W-Fragewörter stehen immer vor dem konjugierten Verb.

Die W-Fragewörter

Wer	kann mir helfen?	– Inga.	(Nominativ)
Was	kann mir helfen?	– Urlaub!	(Nominativ)
Wen	schlagt ihr als Gruppenleiterin vor?	– Dich.	(Akkusativ)
Was	schlagt ihr vor?	– Einen Spaziergang.	(Akkusativ)
Wem	gehört der Geldbeutel hier?	– Meiner Freundin.	(Dativ)
Wessen	Geldbeutel ist das?	– Pauls.	(Genitiv)

Wann kommst du heute nach Hause?
Um wie viel Uhr macht die Bank zu?

Wo ist mein Geld sicherer: auf der Bank oder zu Hause?
Woher soll ich das Geld für die nächste Miete nehmen?
Wohin gehst du?

Wie geht es dir?
Wie lange musst du für deine große Reise sparen?
Wie viel verdient man als Verkäuferin im Monat?
Wie viele Menschen wohnen in Berlin?

Was für einen Pullover willst du dir kaufen?
Welchen Pullover kaufst du, den roten oder den blauen?

Wofür gibst du am meisten Geld aus?
Wovon träumst du?

Warum sparst du so viel?
Weshalb gibst du dein Geld nicht aus?
Wieso bist du so geizig?

Warum / *Weshalb* / *Wieso* haben die gleiche Bedeutung. *Warum* benutzt man am häufigsten.
Auf die Frage mit *warum* antwortet man meistens mit einem Nebensatz mit *weil*:

Weil ich in drei Jahren eine Weltreise machen will.

→ Nebensätze, S. 202

45

1 Ordnen Sie die Fragen und Antworten zu.

1. Wie viel verdienst du im Monat?
2. Wofür sparst du Geld?
3. Wann kaufst du dir ein neues Fahrrad?
4. Wie viel Geld brauchst du im Monat?
5. Wer kann mir 10 Euro leihen?
6. Was für eine Reise möchtest du machen?
7. Wie lange kannst du mir das Geld leihen?
8. Wovon bezahlst du die Raten vom Auto?

__ a) Ich habe einen zweiten Job angenommen.
__ b) Ich habe leider auch kein Geld dabei.
__ c) Irgendwann will ich in Island wandern.
__ d) Im nächsten Frühjahr.
__ e) 450 € für die Miete und 800 € für Essen usw.
__ f) Bis nächste Woche.
1 g) Das fragt man nicht! Aber okay: 2500 € brutto.
__ h) Ich möchte eine Eigentumswohnung kaufen.

In den deutschsprachigen Ländern spricht man nur über das eigene Gehalt, wenn man sich sehr gut kennt.

2 Markieren Sie die passenden Fragewörter.

1. *Wer* / *Was* ist der reichste Mensch der Welt?
2. *Wie lange* / *Wie viel* lebst du schon hier?
3. *Was* / *Wen* triffst du heute Abend?
4. *Was* / *Wie* verdient Bill Gates pro Minute?
5. *Wovon* / *Wofür* sparst du Geld?
6. *Wen* / *Wem* möchtest du zu deiner Geburtstagsfeier einladen?

3 Schreiben Sie die Fragen und die Antworten.

1. Wie hoch ist ________
wie hoch | sein | Miete | deine | ? – zahlen | monatlich | 650 € | ich | .

2. ________
wie viele | Stunden | arbeiten | du | pro Woche | ? – normalerweise | arbeiten | 35 Stunden | ich | .

3. ________
wie | kommen | nach Würzburg | ich | ? – nehmen | können | den Regionalzug | Sie | .

4. ________
woher | deine Eltern | kommen | ? – kommen | aus Bagdad | mein Vater und meine Mutter | .

5. ________
wem | die Blumen | du | schenken | wollen | ? – habe gekauft | für meinen Freund | die Blumen | ich | .

6. ________
was für eine | wollen | Wohnung | du | mieten | ? – mit einem Balkon | wollen | mieten | eine Wohnung | ich | .

7. ________
welchen | Job | annehmen | du | ? – nächsten Monat | anfangen | als Fahrer | ich | .

8. ________
wie viel | ausgeben | Geld | du | für Essen | ? – brauchen | zwischen 400 und 500 Euro | ich | im Monat | .

Im deutschen Eisenbahnsystem gibt es verschiedene Zugkategorien: Die schnellsten Verbindungen sind die **ICEs/ECEs** (Intercity/EuroCity-Express) danach folgen die **IC/EC**-Züge und die **Regionalzüge** (Regionalexpress RE / Regionalbahn RB).

4 Schreiben Sie fünf Fragen, die Sie schon immer mal stellen wollten.

Wie viel Geld verdient eigentlich mein Mann?

der **Fuchs**, ¨-e

jeden Cent/Euro zweimal umdrehen: Damit meint man, dass eine Person auch vor ganz kleinen Geldausgaben (ein Cent, ein Euro) sehr lange überlegt bzw. überlegen muss, ob sie das Geld ausgeben will oder kann.

5 Markieren Sie das passende Fragewort.

Schon gewusst?

(1) *Was* / *Woher* ist eigentlich ein Sparfuchs?
Ein Sparfuchs ist eine Person, die sehr genau darauf achtet, nicht viel Geld auszugeben – und zwar unabhängig davon, ob die Person Geld hat oder nicht. Man könnte auch sagen: Ein Sparfuchs ist ein sehr sparsamer Mensch, der jeden Cent zweimal umdreht. (2) *Woher* / *Wohin* kommt das Wort? Das ist nicht ganz klar. Vielleicht daher, dass ein Fuchs als schlau gilt – und ein Sparfuchs seine Intelligenz benutzt, um überall zu sparen. (3) *Was* / *Wie* ist das in Ihrem Umfeld? (4) *Wen* / *Wer* ist ein Sparfuchs? (5) *Welches* / *Welche* Tricks wendet er oder sie an, um noch einen Cent zu sparen? (6) *Warum* / *Worauf* achtet er oder sie immer darauf, sparsam zu sein? Und fragen Sie ihn oder sie doch mal: (7) *Wofür* / *Wonach* sparst du? Aber natürlich können Sie auch von einem Sparfuchs lernen. Fragen Sie ruhig: (8) *Wie viel* / *Wie* könnte ich Geld sparen? Vielleicht werden Sie dann ja selbst zum Sparfuchs.

6 Ergänzen Sie die Fragewörter.

Ostwestfälische Bank – **FAQ**

1. __Wie__ kann ich meinen Kundenberater erreichen? Nur per E-Mail?
2. Ich gehe gerne noch persönlich zur Bank. ________ finde ich die nächste Filiale?
3. ________ sind Ihre Filialen geöffnet?
4. Mit ________ Benutzernamen muss ich mich anmelden?
5. Ich habe mich bereits online registriert. ________ muss ich das jetzt noch einmal machen?
6. Meine Frage ist hier nicht aufgeführt. An ________ kann ich mich wenden?

7 Ergänzen Sie das passende Fragewort und schreiben Sie die W-Fragen.

Betongold ist ein anderes Wort für gekaufte Immobilien. *Beton* bezieht sich auf das Baumaterial vieler Häuser, *Gold* betont, dass es eine sichere Geldanlage ist bzw. sein soll.

Betongold – Bausparen mit Sicherheit

1. Für W________________________
für | sein | Ihr Angebot | geeignet

Für alle, die gerne in den eignen vier Wänden leben oder ihr Eigenheim renovieren möchten.

2. ________________________
hoch | mein Einkommen | sein | müssen

Das kann man nicht pauschal sagen. Wir berechnen aber, ob Ihr Einkommen hoch genug für Ihre Pläne ist.

3. ________________________
abschließen | ich | einen Vertrag | können

Ganz einfach im Internet. Klicken Sie auf „Neuer Antrag".

4. ________________________
mit | sprechen | können | über eine Vertragsänderung

Unsere Kundenberater helfen Ihnen bei allen Wünschen. Rufen Sie uns einfach an.

8 **Schreiben Sie mit den Fragewörtern rechts W-Fragen zu den Antworten.**

~~Warum~~ • Was für • Welche • Wie • Wie viel • Wo

Rund ums Sparen – Sie fragen, wir antworten

Zum Weltspartag beantworten wir wieder Fragen unserer Leserinnen und Leser.

1. Warum sollte ich jetzt schon ______________________

Je früher Sie beginnen, desto mehr Zeit haben Sie, mit kleinen Beträgen viel anzusparen. Deshalb sollten Sie jetzt schon für die Rente sparen.

2. ______________________

Am sichersten sind klassische Anlageformen wie Festgeld.

3. ______________________

Allgemein kann man schwer sagen, wie viel Sie im Monat sparen sollten. Es kommt darauf an, wie viel Sie zurücklegen können und wofür Sie sparen.

4. ______________________

Einen Bausparvertrag können Sie heutzutage einfach im Internet abschließen. Aber natürlich können Sie auch in eine Bausparkasse gehen.

5. ______________________

Es gibt ein paar Punkte, wie Sie einen unseriösen Anbieter erkennen. Hüten Sie sich vor „Anlageberatern“, die Ihnen einen hohen Gewinn in kurzer Zeit versprechen – das ist immer zu schön, um wahr zu sein.

6. Ich will für meinen Enkel sparen.

Sie haben viele Möglichkeiten, um für Ihren Enkel zu sparen. Sie könnten einen Bausparvertrag abschließen, dann kann er sich früh seine erste Wohnung kaufen.

Der **Weltspartag** findet immer in der letzten Oktoberwoche statt. In Deutschland, aber auch in vielen anderen Ländern, sollen vor allem Kinder am Weltspartag den Umgang mit Geld lernen. Dafür gibt es für Kinder am Weltspartag von den Banken und Sparkassen besondere Angebote oder Geschenke, z. B. ein Sparschwein.

das Sparschwein

seriös: Ein seriöses Angebot kommt von einem professionellen Anbieter und ist realistisch. Hier heißt es, dass der Anbieter z. B. nicht unrealistisch hohe Zinsen verspricht. Das Gegenteil ist *unseriös*.

→ online

37 Ja/Nein-Fragen und Antworten

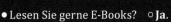

- Lesen Sie gerne E-Books? ○ **Ja.**
- Lesen Sie keine gedruckten Bücher? ○ **Doch.**

Ja/Nein-Fragen

Ja/Nein-Fragen heißen auch Entscheidungsfragen, weil sie als Reaktion eine Entscheidung fordern. Die Antworten beginnen oft mit *Ja / Nein* oder *Doch*.

→ Imperativ, S. 32

Bei Ja/Nein-Fragen steht das Verb am Anfang.

Oft beantwortet man Ja/Nein-Fragen nur mit *Ja* oder *Nein*.
- Kommst du morgen?
○ Ja.

Ja/Nein-Fragen / **Antworten**

Position 1			**Ende**	**Antworten**
Lesen	Sie	gerne Romane?		**Ja**, ich lese sehr gerne. **Nein**, ich lese nur Zeitungen.
Leihst	du	Bücher	aus?	**Nein**, die meisten Bücher kaufe ich. **Ja**, ab und zu schon.
Kauft	ihr	Bücher online?		**Ja**, fast immer. **Nein**, in der Buchhandlung.
Hast	du	früher mehr	gelesen?	**Ja**, da hatte ich mehr Zeit. **Nein**, früher habe ich ferngesehen.
Willst	du	dir ein E-Book	kaufen?	**Ja**, vielleicht nächstes Jahr? **Nein**, ich mag E-Books nicht.

Man kann die Entscheidung natürlich auch vermeiden:

Lesen Sie viel?

Ich lese ab und zu.

Manchmal schon, aber nicht so oft.

Es geht so.

Auf Ja/Nein-Fragen mit Negation (*nicht / kein …*) antwortet man mit *Nein* als Bestätigung (+) oder *Doch* als Widerspruch (–).

Ja/Nein-Fragen mit Verneinung / **Antworten**

Position 1			**Ende**	**Antworten**	
Lesen	Sie	**keine** Romane?		**Nein**, ich lese nicht gern. **Doch**, ich lese sehr gern.	+ -
Magst	du	Krimis **nicht**?		**Nein**, ich mag Krimis nicht so sehr. **Doch**, ich liebe Krimis.	+ -
Lest	ihr	**nie** Bücher?		**Nein**, wir lesen nie Bücher. **Doch**, wir lesen, aber nicht sehr oft.	+ -
Habt	ihr	**nie** gerne	gelesen?	**Nein**, wir haben Hörbücher gehört. **Doch**, wir haben Comics gelesen.	+ -

Alternativfragen kann man nicht mit *ja / nein* oder *doch* beantworten.

Leihst du Bücher oder kaufst du sie?

Ich leihe mir Bücher. Meistens gehe ich in die Bibliothek.

46

1 Schreiben Sie die Fragen und beantworten Sie sie mündlich für sich.

1. heißen / Montero / Sie / ? Heißen Sie Montero?
2. sein / Sie / 29 / alt / Jahre / ? ______
3. wohnen / in Deutschland / Sie / ? ______
4. lesen / Zeitungen / du / ? ______
5. haben / einen E-Book-Reader / du / ? ______
6. leihen / Bücher / du / in der Bibliothek / ? ______

Nein, ich heiße ...

2 Schreiben Sie Ja/Nein-Fragen zu den Antworten in der du- und Sie-Form.

1. Liest du Zeitungen? / Lesen Sie Zeitungen?
   Zeitungen | lesen
2. ______
   gern ins Kino | gehen
3. ______
   Bücher | kaufen
4. ______
   Zeit | am Wochenende | haben
5. ______
   Fußball | spielen
6. ______
   essen | Fleisch

Nein, ich lese nur Zeitschriften.

Ja, sehr gern.

Ja, ich kaufe sie in einer Buchhandlung.

Nein, am Wochenende muss ich arbeiten.

Ja, ich spiele jeden Samstag.

Nein, ich bin Vegetarierin.

Zeitungen erscheinen täglich oder wöchentlich. Sie werden in großem Format gedruckt. **Zeitschriften** erscheinen wöchentlich oder in längeren Abständen. Sie werden meist auf besserem Papier und in kleineren Formaten gedruckt als Zeitungen.

3 Schreiben Sie die Antworten als Bestätigung und als Widerspruch.

1. Wissen Sie nicht, wo die Bibliothek ist? Nein, das weiß ich nicht. (nicht | wissen | ich)
   Doch, sie ist in der Webergasse. (in der Webergasse | sein)
2. Lesen Sie keine E-Books? ______ (lesen | ich | nur Zeitungen)
   ______ (lesen | ich | viel im Bus)
3. Kommen Sie nicht aus Köln? ______ (kommen | ich | aus Bochum)
   ______ (ich | geboren sein | hier)
4. Arbeiten Sie nicht im Supermarkt? ______ (ich |arbeiten | zurzeit nicht)
   ______ (ich |arbeiten | jeden Tag)
5. Haben Sie kein Auto? ______ (ich | Fahrrad | lieber fahren)
   ______ (ich | ein E-Auto | haben)

4 Schreiben Sie Ja/Nein-Fragen für sich und beantworten Sie sie.

Hast du Hobbys? Ja, ich ... gern.

Hobbys haben
Pläne für die Zukunft haben
keine Zeit haben
keine Kinder haben

der **Bücherwurm**, ¨-er: So nennt man eine Person, die sehr gerne und sehr viel liest. Ein anderes Wort dafür ist *Leseratte*.

der **Muffel**, -: Ein Muffel ist ein schlecht gelaunter Mensch. Wenn man das Wort mit einem anderem zusammensetzt, drückt das aus, dass jemand etwas nicht gerne macht bzw. etwas nicht mag. Ein *Lesemuffel* liest nicht gerne, ein *Schreibmuffel* schreibt nicht gerne.

5 Schreiben Sie Ja/Nein-Fragen und kreuzen Sie Ihre Antwort an.

Bücherwurm oder Lesemuffel?

	JA	NEIN	NICHT SICHER
1. Haben Ihre Eltern Ihnen vorgelesen? Ihre Eltern | Ihnen | vorlesen (Perfekt)	○	○	○
2. ______ Sie | mehr Bücher als Filme | kennen	○	○	○
3. ______ Sie | jeden Tag | in einem Buch | lesen	○	○	○
4. ______ Sie | mehr Bücher als Klamotten | kaufen	○	○	○
5. ______ Sie | schon im Kindergarten | lesen können (Präteritum)	○	○	○

Punkte: **ja:** 2 Punkte **nicht sicher:** 1 Punkt **nein:** 0 Punkte

Zählen Sie Ihre Punkte zusammen. Was sind Sie?

8-10 Punkte: Bücherwurm. Sie verbringen mehr Zeit mit Büchern als mit Freunden.
5-7 Punkte: Bücherwürmchen. Sie lesen gerne – aber Sie machen auch gerne etwas anderes.
0-4 Punkte: Lesemuffel. Sie laufen schon weg, wenn Sie das Wort „Buch“ nur hören.

6 Schreiben Sie die Ja/Nein-Fragen. Denken Sie an das Fragezeichen.

FAQs Bibliothek Neustadt

1. ______
der Ausweis | kosten | etwas
2. ______
ich | können | zurückgeben | Bücher | außerhalb der Öffnungszeiten
3. ______
haben | einen Lesesaal | Sie
4. ______
in der Bibliothek | dürfen | ich | etwas trinken
5. ______
in der Bibliothek | ich | benutzen | meinen Laptop oder mein Tablet | können
6. ______
ich | können | Kopien | machen
7. ______
die Bibliothek | geöffnet | sein | auch am Wochenende
8. ______
meine Einkaufstaschen | abgeben | müssen | am Eingang | ich

7 Schreiben Sie die Ja/Nein-Fragen und die Antworten.

1. Kennst du dich ___________________________ ?
sich auskennen | du | mit E-Book-Readern

Nicht so gut. Ich habe zwar einen, aber andere Modelle kenne ich gar nicht.

2. Ich würde gerne mal wieder einen Roman lesen. Hast du einen Tipp für mich?

Tut mir leid, ___________________________ .
leidtun | mir | aber lesen | ich | nur Sachbücher

3. ___________________________ ?
ausleihen können | das Wörterbuch | mir | du

Ich schenke es dir. Ich brauche es nicht mehr und habe es selbst aus dem Bücherschrank.

4. Sollen wir mal in der Onleihe schauen, ob es Reiseführer zu Zürich gibt?

___________________________ .
Gerne! | wir | Zeit | haben | ja gerade

5. ___________________________ ?
du | keine richtigen Bücher mehr | lesen

Doch! E-Books sind praktisch, aber abends auf dem Sofa lese ich lieber ein echtes Buch.

6. Hast du noch einen Bibliotheksausweis?

___________________________ .
für | ja | die Stadtteilbibliothek

Oft antwortet man auf eine Ja/Nein-Frage nicht direkt mit *Ja* oder *Nein*, sondern mit Umschreibungen, die Zustimmung oder Ablehnung ausdrücken, z. B.: Gerne! – Das finde ich (nicht so) gut. – Leider nicht.

In vielen Städten gibt es an öffentlichen Plätzen einen **Bücherschrank**, das ist oft ein alter Wohnzimmerschrank mit Glastür, damit man das Innere sehen kann. Man kann in den Schrank Bücher stellen, die man nicht mehr braucht, und auch selbst einfach Bücher mitnehmen, die man lesen möchte.

Über viele Bibliotheken kann man auch Bücher, Zeitschriften, oft auch Hörbücher und Musik in digitaler Form ausleihen. Das System dafür heißt in Deutschland **Onleihe** (online + Ausleihe).

8 Schreiben Sie die passenden Ja/Nein-Fragen zu den Antworten.

Buchhandlung Schröder
Umfrage des Monats: Ihre Lesegewohnheiten

1. Hast du ein ___________________________ ? Nicht nur eins, ich habe viele Lieblingsbücher.
2. ___________________________ ? Ja, ich verschenke gerne Bücher, nicht nur zu Geburtstagen.
3. ___________________________ ? Doch. Ich habe schon oft Bücher über die Onleihe ausgeliehen.
4. ___________________________ ? Ich lese lieber richtige Bücher als E-Books.
5. ___________________________ ? Doch, ich mag Hörbücher sehr gerne!

→ Hörbuch, S. 134

→ online

38 Sätze mit Ergänzungen

In der Adventszeit besuche ich **mit meiner Familie die Weihnachtsmärkte.**

Die **Adventszeit** beginnt vier Sonntage vor Weihnachten.
In dieser Zeit gibt es viele weihnachtliche Aktivitäten. Betriebe veranstalten Weihnachtsessen. Kinder basteln kleine Geschenke usw. Es gibt Weihnachtsmärkte, weihnachtliche Konzerte und Theateraufführungen.

- Das Zentrum des Satzes ist das Verb. Es bestimmt, welche Ergänzungen es im Satz gibt.
- Vor und nach dem Verb stehen weitere Elemente: mindestens das Subjekt und eventuell weitere Ergänzungen.
- Zu den Ergänzungen, die ein Verb braucht, können viele weitere Angaben kommen
- In den meisten Fällen geben die Angaben zusätzliche Informationen zu Zeit und Ort.
- Alle Elemente können aus einem Wort oder aus Wortgruppen bestehen.

→ Sätze mit Angaben, S. 182

Position 1	Position 2			
Ich	besuche	die Weihnachtsmärkte.		
Ich	besuche	in der Adventszeit		die Weihnachtsmärkte.
In der Adventszeit	besuche	ich	mit meiner Familie	die Weihnachtsmärkte.
Die Weihnachtsmärkte	besuche	ich	mit meiner Familie	in der Adventszeit.

Wenn man eine Ergänzung oder Angabe auf Position 1 stellt, dann kann man diese Information besonders hervorheben.

- Das Verb steht auf Position 2.
- Vor dem Verb kann **eine** Information stehen: das Subjekt, eine Ergänzung oder eine Angabe.
- Alle anderen Informationen stehen nach dem Verb.

→ Satzklammer, S. 178

Bei Satzklammern steht der erste Teil der Verbgruppe auf Position 2 und der zweite Teil am Satzende:
Ich **möchte** am Samstag auf den Weihnachtsmarkt **gehen**.

Subjekt und Kasus der Ergänzungen

Das Subjekt steht immer im Nominativ. Den Kasus der Ergänzung (Akkusativ, Dativ, Genitiv) bestimmt das Verb oder – bei Verben mit Präpositionen – die Präposition.

leben	+ Nominativ (= Subjekt)	Ich lebe!
kaufen	+ Akkusativergänzung	Ich kaufe einen Weihnachtsbaum.
gehören	+ Dativergänzung	Das Fahrrad gehört meiner Tochter.
schenken	+ Dativ- und Akkusativergänzung	Ich habe meiner Tochter ein Fahrrad geschenkt.
warten auf	+ Akkusativergänzung	Die Kinder warten auf den Weihnachtsmann.
spielen mit	+ Dativergänzung	Meine Tochter spielt mit ihrem neuen Tablet.

Die Ergänzungen mit Präposition nennt man Präpositionalergänzungen, denn der Kasus wird von der Präposition bestimmt: *auf* + Akkusativ, *mit* + Dativ.

Reihenfolge der Akkusativ- und Dativergänzung

- meistens Dativ vor Akkusativ:	Ich schenke meiner Tochter ein Fahrrad. Ich schenke ihr ein Fahrrad.
- bei Pronomen – Akkusativ vor Dativ:	Ich habe es (das Fahrrad) ihr (meiner Tochter) schon gekauft.

47

1 Was gehört zusammen? Markieren Sie die Wortgruppen wie im Beispiel.

1. Meine Mutter besucht uns an Weihnachten.
2. Wir fahren nach Nürnberg zum Weihnachtsmarkt.
3. Wir möchten unserem Sohn zu Weihnachten einen Kinderroller schenken.
4. Ich möchte in diesem Jahr zu Weihnachten nicht so viel Geld ausgeben.
5. Nächstes Jahr machen wir die Weihnachtsfeier am 15. Dezember in der Betriebskantine.

Die meisten Verben haben eine Akkusativergänzung. Lernen Sie die anderen Verben immer mit dem Kasus.

gehören + Dat.

Das Buch gehört mir.

2 Schreiben Sie die Sätze. Es gibt mehrere Möglichkeiten.

1. Ich schenke ______
schenken | meinen Kindern | Bücher | zu Weihnachten | ich | .
2. ______
einladen | zum Zuckerfest | wir | alle Verwandten | .
3. ______
fahren | mit der Familie | nächste Woche | ich | in den Urlaub | .
4. ______
backen | einen Käsekuchen | meine Mutter | für mich | zum Geburtstag | .
5. ______
feiern | mit über 200 Gästen | wir | die Hochzeit | in meinem Heimatland | .

Das **Zuckerfest** am Ende des Fastenmonats Ramadan wird auch in Deutschland von fast allen Muslimen gefeiert.

3 Bilden Sie Wortgruppen und schreiben Sie Sätze.

1. kaufe auf dem ich Süßigkeiten Weihnachtsmarkt
Ich kaufe auf dem Weihnachstmarkt Süßigkeiten.
Auf dem ______
Süßigkeiten ______
2. backt der in mein Adventszeit Plätzchen Mann
Mein ______
In ______
Plätzchen ______
3. schenke ich meinen Eltern Theaterkarten zu Weihnachten
Ich ______
Zu Weihnachten ______
Meinen Eltern ______

Plätzchen sind ein typisches Weihnachtsgebäck, es gibt viele unterschiedliche Sorten wie Zimtsterne, Vanillekipferl, Spitzbuben usw.

4 Schreiben Sie die Sätze für sich zu Ende.

Ich schenke ...
Bei uns zu Hause feiern wir ...
An meinem Geburtstag mache ich ...

5 Markieren Sie in jedem Satz das Verb und seine Ergänzungen.

Weihnachtsmärkte gehören in deutschen Städten genauso zur Weihnachtszeit wie die weihnachtliche Beleuchtung und die Musik. Fast jede Stadt hat einen Markt. In größeren Städten gibt es sogar in den Stadtteilen eigene Märkte. Man kann dort weihnachtliche Spezialitäten essen und Glühwein trinken. Viele Menschen kaufen hier auch die Geschenke für ihre Liebsten. Manche Weihnachtsmärkte ähneln heute eher einer kleinen Kirmes. Es gibt Kinderkarussells und manchmal sogar ein Riesenrad.

Erfurter Weihnachtsmarkt mit Karussell und Riesenrad

Einige Weihnachtsmärkte sind über Deutschland hinaus bekannt. Den Nürnberger Christkindlmarkt kennen viele Menschen in aller Welt. Viele tausend Touristen besuchen ihn jedes Jahr. Auch der Dresdner Striezelmarkt gefällt Touristen aus aller Welt. Jedes Jahr möchten viele Besucher diesen Markt erleben.

Ein **Striezel** ist ein süßes Gebäck aus Hefeteig. In manchen Regionen nennt man auch einen **Stollen** *Striezel*, aber es sind eigentlich unterschiedliche Backwaren.

6 In welche Lücken passen die Ergänzungen?

1. ~~zum Weihnachtsmarkt~~ • ~~mit den Fahrrädern~~
2. eine Kleinigkeit • ihn
3. ihr • einen Weihnachtsstern
4. ihn • ihr
5. einen anderen Wunsch • deiner Mutter
6. ihr • es
7. ihr • den Wunsch
8. beim Metzger • die Gans
9. im Internet • es
10. es • er
11. im Kinderchor • es
12. mein Gesang • dir

● Sollen wir mal (1a) mit den Fahrrädern (1b) zum Weihnachtsmarkt fahren?

○ Gerne. Wir könnten (2a) __________ besuchen und dort (2b) __________ essen.

● Super. Am Nachmittag sind wir bei deiner Mutter. Wie wär's, wenn wir (3a) __________ (3b) __________ schenken?

○ Ein Weihnachtsstern ist eine gute Idee. Dann können wir (4a) ______ (4b) ______ morgen gleich mitbringen.

● Genau. Wir könnten (5a) __________ auch (5b) __________ erfüllen und eine große Weihnachtsgans kaufen.

○ Oh nein, will sie wieder ein großes Weihnachtsessen vorbereiten?

● Naja, du kannst (6a) ______ (6b) ______ nicht verbieten, oder?

○ Stimmt. Natürlich können wir (7a) __________ (7b) __________ erfüllen, aber wir müssen (8a) __________ (8b) __________ bestellen. Die gibt's nicht auf dem Weihnachtsmarkt. Eine ganz andere Frage: Gibt es wieder ein Programm für den Weihnachtsmarkt?

● Ja, man findet (9a) __________ (9b) __________. Morgen tritt der Kinderchor auf.

○ Toll! Am liebsten mag ich das Lied „Vom Himmel hoch", hoffentlich singt (10a) ______ (10b) ______ auch.

● Ach was! Ich habe (11a) __________ auch früher (11b) __________ gesungen. Das ist aber schon eine Weile her.

○ Aber dann kannst du ja morgen mitsingen.

● Ich weiß ja nicht, ob (12a) __________ (12b) __________ gefallen würde ...

der **Weihnachtsstern**, -e: Hier ist eine Pflanze mit diesem Namen gemeint. Der Name kommt daher, dass die roten Blätter um die Blüte herum ein wenig wie ein Stern aussehen und die Pflanze im Winter (zur Weihnachtszeit) blüht.

Ein beliebtes Weihnachtsessen in Deutschland ist eine **Weihnachtsgans**. Die Gans wird im Backofen gebraten und davor manchmal auch gefüllt (z. B. mit Äpfeln). Dazu gibt es meist Kartoffelklöße und Rotkohl.

Das Lied **Vom Himmel hoch** ist ein altes deutsches Weihnachtslied. Es wurde 1535 von Martin Luther (1483-1546) geschrieben.

7 Ergänzen Sie die Verben und Ergänzungen.

1. ~~haben~~ • verkaufen • ein kleines Sortiment • alle Waren
2. eine Wechselbude • mieten
3. anbieten • sein Sortiment
4. verkaufen • keine Waren
5. Informationsmaterial • verteilen • viele Menschen • erreichen
6. finden • ein breites Angebot

Ab diesem Jahr: Wechselbuden auf unserem Weihnachtsmarkt

Sie möchten einen Stand auf unserem Weihnachtsmarkt mieten, aber Sie haben nur eine Woche Zeit? Oder Sie (1a) haben ______ nur (1b) ein ______ und Sie (1c) ______ normalerweise (1d) ______ innerhalb von wenigen Tagen? Dann (2a) ______ Sie doch (2b) ______. Das sind Buden, in denen sich die Aussteller oder Verkäufer abwechseln. Jede Woche kann ein anderer Aussteller die Bude mieten und (3a) ______ (3b) ______.
Interessant ist das Konzept aber auch, wenn Sie (4a) ______ (4b) ______, sondern die Besucherinnern und Besucher über etwas informieren wollen – zum Beispiel über Ihren Sportverein. Wenn ein Sportverein (5a) ______ zu seinem Angebot (5b) ______, hat das vielleicht nicht immer etwas mit Weihnachten zu tun, aber der Verein (5c) ______ auf diese Weise (5d) ______. Das ist praktisch für den Verein, aber auch interessant für die Besucherinnen und Besucher, denn sie (6a) ______ auf unserem Weihnachtsmarkt (6b) ______ – nicht nur Lebkuchen, Bratwurst und Glühwein.

die **Bude**, -n: hier ein anderes Wort für einen überdachten Stand, z. B. auf einem Markt.

Glühwein ist ein heißes Getränk aus Wein und Gewürzen. Man trinkt Glühwein vor allem in der Adventszeit auf Weihnachtsmärkten. Es gibt auch alkoholfreie Varianten, z. B. Glühwein mit Traubensaft statt Wein oder *Kinderpunsch*, der mit Früchtetee zubereitet wird.

8 Schreiben Sie die Sätze. Meistens gibt es mehr als eine Möglichkeit.

Wechselbuden mieten – Fragen und Antworten

Wie groß sind Wechselbuden?

1. ______________________________
unterschiedliche Größen | haben | unsere Buden | seit diesem Jahr

Mit wem schließe ich einen Vertrag ab?

2. ______________________________
abschließen | mit der Stadt | den Vertrag | Sie | wie immer

Gibt es ein Mindestalter?

3. ______________________________
____
mieten wollen | eine Bude | wenn | Sie | bei uns | mindestens 18 Jahre alt | sein müssen

Was muss ich beachten, wenn der Vertrag endet?

4. ______________________________
____
den Innenraum | am Ende der Mietzeit | hinterlassen müssen | besenrein | Sie

Wie lange darf man abends öffnen?

5. ______________________________
die Öffnungszeiten | sich orientieren an | in unserer Stadt | den Ladenschlusszeiten

besenrein bedeutet, dass man einen Raum oder eine Wohnung so sauber hinterlässt, wie es nach der Reinigung bzw. dem Fegen mit einem Besen aussieht. Man muss also z. B. nicht gründlich putzen oder die Wände streichen.

→ online

39

Die Satzklammer

In Deutschland **kann** man bei über 10.000 privaten Bäckereien täglich frisches Brot **kaufen**.

Satzklammer (Verbklammer) bedeutet, dass die Teile einer Verbgruppe im Satz vor und nach den Ergänzungen und Angaben stehen können, sie „einklammern". Die Satzklammer besteht aus zwei Teilen:

- Der erste Teil steht im Hauptsatz auf Position 2 und wird konjugiert.
- Der zweite Teil steht am Satzende. Es können verschiedene Wörter sein: Präpositionen, Infinitive, Partizipien.

Hauptsätze

→ Trennbare Verben, S. 16
→ Modalverben, S. 24 und S. 28
→ Perfekt, S. 36 und 40
→ Plusquamperfekt, S. 40
→ Futur, S 48

Im Deutschen sollte man immer auf das Ende vom Satz achten.

		Position 2		Ende
trennbare Verben	Marina	steht	jede Nacht um drei Uhr	auf.
Modalverb und Verb	Zuerst	muss	sie in der Backstube den Backofen	einschalten.
Perfekt	Gestern	hat	Marina	verschlafen.
Plusquamperfekt	Marina	war	deshalb erst um vier Uhr	aufgestanden.
Passiv	Das meiste Brot	wird	heute in Brotfabriken	gebacken.
Passiv + Modalverb	Das Brot	muss	ungefähr eine Stunde	gebacken werden.
Futur	Ab jetzt	werde	ich mein Brot selbst zu Hause	backen.

Zwischen dem ersten und dem zweiten Teil der Verbgruppe können sehr viele Informationen stehen.

Marina	will		backen.
Marina	will	Brot	backen.
Marina	will	am Mittwoch mit ihren Kindern morgens nach dem Frühstück zu Hause Brot	backen.

Fragen

→ W-Fragen, S. 166
→ Ja/Nein-Fragen, S. 170

Bei W-Fragen steht das Fragewort vor dem ersten Teil der Verbgruppe.
Bei Ja/Nein-Fragen steht der erste Teil der Verbgruppe am Satzanfang.

W-Frage	Warum	hat	Marina gestern	verschlafen?
Ja/Nein-Frage		Hat	vielleicht ihr Wecker nicht	geklingelt?

Nebensätze

→ Nebensätze, S. 202

In Nebensätzen stehen alle Verbteile zusammen am Satzende.

trennbare Verben	Marina ist müde, weil sie jede Nacht um drei Uhr aufsteht.
Modalverb und Verb	Marina ist schlecht gelaunt, wenn sie so viel arbeiten muss.
Perfekt	Der Chef ist sauer, weil Marina gestern verschlafen hat.
Passiv	Es ist eine Tatsache, dass das meiste Brot heute in Fabriken gebacken wird.
Futur	Meine Freunde sagen, dass sie ihr Brot in Zukunft selbst backen werden.

48

1 Markieren Sie die zwei Teile der Satzklammer.

1. Einen Sauerteig für Brot kann man auch eine Nacht lang ruhen lassen.
2. Am Sonntag stehe ich in der Regel nicht vor neun Uhr auf.
3. Die meisten Brötchen werden heute in Brotfabriken hergestellt.
4. Meine Mutter hat früher jeden Samstag einen Kuchen gebacken.
5. Demnächst werde ich mir einen neuen Backofen kaufen.

der **Sauerteig**, -e: Mischung aus Mehl, Wasser, Hefe und Milchsäure-Bakterien. Er wird z. B. beim Brotbacken verwendet.

2 Ergänzen Sie die fehlenden Teile der Satzklammer.

1. Gestern habe ich zum ersten Mal mein eigenes Brot gebacken.
2. In Zukunft ______ ich viel mehr zu Hause selbst kochen.
3. Am Wochenende will ich zum ersten Mal in meinem Leben einen Kuchen ______.
4. Ein gutes Brot ______ man auch nach drei Tagen noch problemlos essen.
5. Wir müssen in Zukunft wieder mehr Gemüse und weniger Fleisch ______.

~~backen~~
backen
essen
können
werden

3 Schreiben Sie die Aussagen und Fragen.

1. Ich habe gestern ______
ich | essen | haben | die beste Gemüsesuppe meines Lebens | gestern | .
2. ______
essen | so viel dunkles Brot | die Deutschen | warum | ?
3. ______
im nächsten Jahr | werden | essen | weniger Fleisch | meine Freundin und ich | .
4. ______
wollen | gemeinsam kochen | wir | am Samstag | ?
5. ______
können | mitbringen | ihr | einen Nachtisch von zu Hause | .

Denken Sie an die TEKA-MOLO-Regel!
→ Sätze mit Angaben, S. 182

Der **Nachtisch** ist der letzte Gang eines Menüs. Meistens sind es Süßspeisen, wie z. B. Schokoladenpudding, Eis oder Zitronencreme. Manche essen aber auch Käse zum Nachtisch. Ein anderes Wort für Nachtisch ist *Dessert*.

4 Schreiben Sie die Nebensätze.

1. Ich will weniger essen, weil ich zu dick ______
geworden | zu dick | ich | bin | .
2. Meine Frau will mehr selbst kochen, wenn ______
sie | arbeiten | nicht mehr so viel | muss | .
3. Ich glaube, dass ______
ich | gut backen | nie | lernen | .
4. Mein Bruder hat kochen gelernt, als ______
gewohnt | er | in einer Wohngemeinschaft | hat | .

5 Schreiben Sie drei möglichst lange Sätze über sich.

Am Sonntag werde ich am Nachmittag um vier Uhr mit allen meinen Freunden im Park grillen.

das **Grundnahrungsmittel**, -: So nennt man die Lebensmittel, die für das Überleben von Menschen am wichtigsten sind. Es sind auch die Lebensmittel, die in einer bestimmten Region am meisten vorhanden sind. Grundnahrungsmittel sind nicht in jedem Land gleich. In Deutschland sind z. B. Brot und Kartoffeln Grundnahrungsmittel.

das **Kulturgut**, ¨-er: eine Sache (= Gut), die für eine Kultur besonders wichtig ist.

6 Lesen Sie den Text.

a **Markieren Sie die Satzklammern.**

Deutsche Brotkultur

Brot ist ein Grundnahrungsmittel und die deutsche Brotkultur wurde von der UNESCO 2014 in das immaterielle UNESCO-Kulturgut aufgenommen. Kein Wunder: In Deutschland werden mehrere tausend unterschiedliche Sorten Brot hergestellt und diese Vielfalt ist einzigartig.
Aber nicht nur die Vielfalt zählt, es wird auch auf die Qualität des Brots geachtet. Das macht das Deutsche Brotinstitut. Seit 2018 ernennt dieses Institut auch das Brot des Jahres. Im Jahr 2018 ist das Dinkelvollkornbrot ausgezeichnet worden.
Auch bei den Berufen „rund ums Brot" ist eine neue Ausbildung konzipiert worden: Seit 2015 können sich Bäckermeister zum Brot-Sommelier fortbilden. Wenn Sie Bäckermeister sind: Denken Sie doch einfach darüber nach!

Schon gewusst?

In einigen Bäckereien kann man auch heute noch sogenannte „Mittagsbrötchen" kaufen. Dieser Name hat folgenden Ursprung: Bis 1990 durften Bäcker erst ab 4 Uhr arbeiten und ab 5.45 Uhr ausliefern. Der Teig für Brötchen muss aber lange ruhen, aus diesem Grund konnte man morgens noch keine ganz frischen Brötchen anbieten, sondern erst am Mittag – deshalb der Name „Mittagsbrötchen". Der Name besteht bis heute fort, auch wenn es das Nachtbackverbot nicht mehr gibt. Aber wer weiß: Vielleicht wird es in Zukunft ja wieder eingeführt?

b **Sortieren Sie Satzklammern aus a.**

trennbare Verben ______________________

Modalverben ______________________

Passiv wurde ... aufgenommen

____

Futur ______________________

7 Sie fragen – unsere Bäcker antworten.

1. machen können
2. verschlafen (Perfekt)
3. werden (Perfekt)
4. backen können
5. kneten (Passiv)
6. auswählen
7. geben (Futur)

der Feierabend (nur Sing.): ein Ausdruck für das Ende der Arbeitszeit, man sagt z. B.:
Ich habe/mache um 17 Uhr Feierabend.

a Ergänzen Sie die Verben in den Fragen.

1. Wann ________ Sie Feierabend ____________?
2. ________ Sie schon einmal ____________?
3. Warum ________ Sie Bäckerin ____________?
4. ________ man zu Hause auch gutes Brot ____________?
5. ________ der Teig noch von Hand ____________?
6. Es gibt ja zum Beispiel „Weltmeisterbrot". ________ Sie die Namen für Ihre Brote selbst ____________?
7. ________ es in Zukunft wieder mehr eigenständige Bäckereien ____________?

b Ergänzen Sie die Verben in der richtigen Zeit und Form.

1. zurückkommen
2. passieren – aufbrechen
3. backen wollen – suchen – bewerben
4. backen können – ausprobieren müssen
5. kaufen – kneten können
6. fragen müssen
7. geben – sehen können

1. Um halb zehn, und ich ___ um 10 Uhr von der Arbeit ___ nach Hause.
2. Das ___ mir noch nie ___, weil ich gegen Mitternacht zur Arbeit ___. Da bin ich wach.
3. Schon als Kind ___ ich immer etwas ___, und in einer tollen Bäckerei bei uns ___ Auszubildende ___. Da ___ ich mich dann vor sieben Jahren ___.
4. Man ___ natürlich zu Hause Brot ___. Sie ___ es einfach mal ___.
5. In meiner Bäckerei machen wir das noch, aber mein Chef ___ bald eine Knetmaschine ___, damit wir mehr Teig ___ ___.
6. Da ___ Sie meinen Chef ___, das weiß ich leider nicht.
7. Ich hoffe sehr, dass es in Zukunft wieder mehr kleine Bäckereien ___ ___. Aber wer ___ schon in die Zukunft ___?

→ Auszubildende, S. 35

das **Kaiserbrötchen**, -: eine bestimmte Sorte Brötchen, ursprünglich aus Österreich.

das **Baguette**, -s: ein bestimmtes Weißbrot, das ursprünglich aus Frankreich kommt.

8 Schreiben Sie Fragen und Antworten. Denken Sie auch an die Satzzeichen.

Bäckerin Frauke Weiß im Interview mit *Einfach Backen*

Einfach Backen: (1) Warum sind ___
warum | Bäckerin | werden (Perfekt) | Sie

Frauke Weiß: (2) ___
sich begeistern (Perfekt) | schon immer für Kaiserbrötchen und Baguettes | ich

Einfach Backen: Wie sind Ihre Pläne? (3) ___
Sie | wollen | machen | die Meisterprüfung

Frauke Weiß: Ja, die (4) ___: ___
ich | machen | möchten | gerne irgendwann

Einfach Backen: Und danach? (5) ___
nachdenken | Sie | über eine eigene Bäckerei

Frauke Weiß: Unbedingt! (6) ___
ein eigenes Geschäft | immer mein Traum | sein (Perfekt)

In einigen Ausbildungsberufen in Deutschland, Österreich und der Schweiz kann man einen **Meister** machen. Der Meister ist ein Berufsabschluss und er ist höher als eine Berufsausbildung. Wenn man einen Meister machen möchte, muss man eine abgeschlossene Berufsausbildung, z. B. zum Maler, haben und dann zur Meisterschule gehen. Wenn man die **Meisterprüfung** besteht, ist man z. B. Malermeister. Ein Meister darf andere in diesem Beruf ausbilden.

→ online

40 Sätze mit Angaben

Ich mache **im nächsten Jahr mit meinem Mann zu unserem 10. Hochzeitstag** eine Schifffahrt **auf dem Rhein**.

Ergänzungen und Angaben

→ Sätze mit Ergänzungen, S. 174

Ein grammatisch korrekter Satz muss ein Verb und seine **Ergänzungen** enthalten.

Ich mache eine Reise.

Die **Angaben** enthalten zusätzliche Informationen, die inhaltlich für die Aussage wichtig sind.

Ich mache im nächsten Jahr zum 10. Hochzeitstag mit dem Schiff eine Reise auf dem Rhein.

Arten von Angaben

Die **Loreley** ist ein Felsen (132 m) am Mittelrhein bei St. Goarshausen. Weltberühmt ist der Ort durch ein Gedicht von Heinrich Heine (1797–1856).

WANN	Zeit (temporal)	Wir besichtigen **morgen** die Loreley.
WARUM	Grund (kausal)	Mein Sohn kommt **wegen seiner Erkältung** nicht mit.
WIE	Art und Weise (modal)	Ich mache **gerne** Urlaub mit meiner Familie.
WO	Ort/Richtung (lokal)	Wir besichtigen die Burgen **am Rhein**.

Die Angaben können aus Wörtern (oft Adverbien) oder Ausdrücken bestehen:

Zeit	heute, morgen, bald, immer, seitdem, diese Woche, im Jahr 2525
Grund	deshalb, wegen des schönen Wetters, zum Hochzeitstag
Art und Weise	gut, gerne, vielleicht, leider, mit viel Freude
Ort	hier, dort, drüben, in Bingen am Rhein, in die Türkei, über den Wolken

Reihenfolge der Angaben

Die Angaben können in unterschiedlicher Reihenfolge stehen. Meistens steht aber die Temporalangabe vor der Lokalangabe. Als Orientierung gilt:

Es kommen meistens nur zwei oder drei Angaben in einem Satz vor.

temporal → kausal → modal → lokal – Merkwort: TE-KA-MO-LO

TE-KA-MO-LO

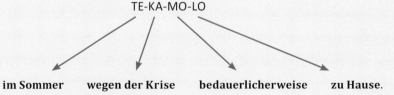

Sie bleiben **im Sommer** **wegen der Krise** **bedauerlicherweise** **zu Hause**.

Andere Reihenfolgen sind je nach Kontext möglich:

Im Frühjahr war Familie Doll noch eine Woche wandern.
Wegen der Krise bleiben sie im Sommer bedauerlicherweise zu Hause.

49

1 Ordnen Sie die Angaben in die Tabelle ein.

~~demnächst~~ • aufgrund von Regen • am Montag • hier • dort • mit Freude • schlecht • heute • am Fluss • im nächsten Winter • manchmal • in der Burg • zum Glück • mit großer Sorge • gestern • seitdem • am Ufer • eventuell • wegen der Hitze • zum Geburtstag • aus der Schweiz • daher • natürlich

Wann?	Warum?	Wie?	Wo/Wohin/Woher?
demnächst			

2 Wo passt die Angabe: bei 1 oder 2? Kreuzen Sie an.

1. Mein Mann arbeitet seit drei Jahren (1) wegen der Kinder halbtags (2̶). — zu Hause
2. Bitte (1) schreiben Sie uns (2) wegen der Lieferung. — noch heute
3. Als Kellnerin muss man täglich (1) mehr als 15 Kilometer laufen (2). — oft
4. Sie können (1) auch gerne am Wochenende (2) vorbeikommen. — natürlich
5. Letzte Woche (1) habe ich (2) zehn Stunden am Schreibtisch gesessen. — jeden Tag
6. Im August möchte Arek (1) mit seinen Kindern eine Woche (2) campen. — am Rhein

halbtags arbeiten: das bedeutet, dass man 50 % der normalen tariflichen Arbeitszeit arbeitet (100 % bedeutet *ganztags*).

3 Hier steht eine Angabe falsch. Korrigieren Sie.

1. Der Rhein seit Millionen von Jahren fließt von den Alpen in die Nordsee.
   Der Rhein fließt seit Millionen von Jahren von den Alpen in die Nordsee.
2. Ich wegen der grünen Weinberge liebe den Rhein im Frühjahr an den Ufern.
3. Im Sommer am Rhein kann man schöne Fahrradtouren machen.
4. Nach zwei Wochen Urlaub nach Hause müssen wir am Montag wieder.
5. Wir wegen des Regens haben die Wanderung am dritten Tag vorzeitig abgebrochen.

der **Weinberg**, -e: eine Fläche, die zum Weinanbau genutzt wird. Dabei muss der Weinberg kein *Berg* sein - der Weinberg kann nicht nur an einem Hang, sondern auch auf einer ebenen Fläche liegen.

4 Schreiben Sie zwei Sätze mit Angaben über sich.

Ich bin im Jahre 2021 wegen der Arbeit allein aus dem Kosovo mit dem Zug nach Deutschland gefahren.

Clemens Brentano (1778–1842) war ein wichtiger Schriftsteller der Romantik. In Brentanos Roman *Godwi* findet man die Ballade *Lore Lay*.

Heinrich Heine (1797–1856) war einer der wichtigsten deutschen Schriftsteller des 19. Jahrhunderts.

Der Original-Titel des Liedes von Heine ist *Die Lore-Ley* und die ersten Zeilen lauten:
Ich weiß nicht, was soll es bedeuten,
dass ich so traurig bin;
ein Märchen aus alten Zeiten,
das kommt mir nicht aus dem Sinn.

Der **Mäuseturm** wurde im frühen 14. Jahrhundert gebaut, 1689 zerstört und 1855/56 wieder aufgebaut. Der Name *Mäuseturm* geht auf eine Sage zurück.

5 Lesen Sie den Text.

a Markieren Sie die Angaben (TE-KA-MO-LO).

Das Obere Mittelrheintal

Seit 2002 gehört das Obere Mittelrheintal zwischen Bingen/Rüdesheim und Koblenz zum Weltkulturerbe der UNESCO. Das Mittelrheintal ist wegen der vielen Burgen in der ganzen Welt bekannt. Die meisten Burgen in dieser Gegend wurden zwischen dem 12. und 14. Jahrhundert gebaut. Sie können viele Burgen tagsüber auch von innen besichtigen. Nicht zuletzt befindet sich die berühmte Loreley im Mittelrheintal. Die Loreley ist eigentlich ein Felsen am Rheinufer. Außerdem ist die Loreley aber auch eine mythische Figur. Zum Beispiel schrieb Clemens Brentano im Jahr 1801 den Roman *Godwi*, in dem die Loreley eine Zauberin ist. Später hat der deutsche Dichter Heinrich Heine im Jahr 1824 *Das Lied der Loreley* geschrieben, dessen erste Zeilen auch heute noch in Deutschland sehr bekannt sind. Wenn Sie das Rheintal erkunden wollen, können Sie zum Beispiel mit Schiffen eine romantische Fahrt auf dem Rhein machen. Sehen Sie sich von dort aus den Binger Mäuseturm und die Burgen an, oder steigen Sie in Rüdesheim aus und wandern Sie entlang des Rheins.

b Notieren Sie Beispiele für die Angaben aus dem Text.

temporal (Zeit) seit 2020,
kausal (Grund) ______
modal (Art und Weise) ______
lokal (Ort) ______

6 An welche Position passen die Angaben: a oder b? Markieren Sie.

1. in den Jahren 1242–1259
2. 1689
3. während der nächsten etwa 150 Jahre
4. an dem Ort
5. wegen der damaligen Begeisterung für das Mittelalter und Burgen
6. von 1836 bis 1842
7. im Oberen Mittelrheintal
8. jedes Jahr
9. wegen des bunten Herbstlaubs

Bauwerke

Schloss Stolzenfels ist ein bekanntes Bauwerk im Mittelrheintal. Die ursprüngliche Burg Stolzenfels wurde (1a)___ im Auftrag des Trierer Erzbischofs (1b)___ gebaut, aber sie wurde (2a)___ im Pfälzischen Erbfolgekrieg (2b)___ zerstört. (3a) ___ verfiel die Ruine (3b)___ weiter, bis König Friedrich Wilhelm IV. (4a)___ in den Jahren 1826 bis 1833 eine Kirche (4b)___ bauen ließ. Die Kirche wurde dann (5a)___ in den Jahren 1826 bis 1833 (5b)___ zu einer Sommerresidenz ausgebaut, die wie eine Burg aussah. Das heutige Schloss Stolzenfels wurde (6a)___ dann (6b)___ gebaut. Heute ist das Schloss (7a)___ eine der bekanntesten Sehenswürdigkeiten (7b)___. Etwa eine Viertelmillion Menschen besuchen (8a)___ das Schloss (8b)___. Viele reisen im Herbst (9a)___ ins Mittelrheintal (9b)___, denn zu dieser Jahreszeit ist die Gegend besonders malerisch.

7 Ergänzen Sie die Angaben.

1. am Wochenende | ins Mittelrheintal
2. in Bingen | mit dem Bus | am Samstagmorgen
3. gemütlich | zuerst | in einer Gaststätte
4. gemeinsam | durch die kleine Stadt | eine Stunde
5. um 12 Uhr | in Rüdesheim | in einem Lokal
6. an Bord eines Schiffs | gesättigt | um 14 Uhr
7. entspannt | am Nachmittag | zur Loreley
8. zurück nach Rüdesheim | um 17 Uhr | um 18 Uhr | nach Hause

1. Machen Sie mit uns ______ einen Ausflug ______.
2. Wir kommen ______ ______ ______ an.
3. Wir frühstücken ______ ______ ______.
4. Danach laufen wir ______ ______ ______.
5. Das Mittagessen gibt es ______ ______ ______.
6. Anschließend gehen wir ______ ______ ______.
7. Wir fahren ______ ______ ______.
8. Wir kommen ______ ______ und ______ fährt unser Bus ______.

laufen: hier bedeutet es *spazieren gehen* oder *wandern*.

Wenn man auf ein Schiff geht, verwendet man den Ausdruck **an Bord gehen**. Wenn man auf einem Schiff ist, verwendet man den Ausdruck *an Bord sein*.

8 Schreiben Sie die Sätze.

● Sollen wir morgen mal nach Rüdesheim fahren?

○ Ich weiß nicht. (1) ______

ich | schon mal | dort | vor zwei Jahren | sein (Perfekt)

● Das ist doch egal. (2) ______

heute Abend | in Ruhe | die Fahrpläne für die Schiffe | im Internet | ich | suchen

○ Ach, du willst mit dem Schiff fahren? (3) ______

mir | werden | wegen der hohen Wellen | schlecht | ganz schnell

● (4) ______

auf dem Rhein | keine hohen Wellen | aber | geben | es

○ Bist du sicher? Ich glaube, (5) ______

ich | im Radio | eine Warnmeldung | hören (Perfekt) | gestern

● Oh Mann, sag doch einfach, dass du keine Lust hast.

→ online

41

Negation

Bis weit in das 20. Jahrhundert durften Frauen viele Sportarten **nicht** machen. Bis 1996 gab es auch **keinen** Frauenfußball bei den Olympischen Spielen.

Deklination von *kein*...
→ Nomen und Artikel, S. 92

Negation (Verneinung) mit *nicht* oder *kein*

Mit *nicht* verneint man Verben und ganze Aussagen.

Im vielen Ländern dürfen Frauen **nicht** Fußball spielen.

Ich arbeite zurzeit **nicht**.

Mit *kein*... verneint man Nomen.

In vielen Ländern gibt es **keinen** Frauenfußball.

Ich habe zurzeit **keine** Arbeit.

Die Stellung von *nicht* im Satz

→ Satzklammer, S. 178
→ Hauptsätze verbinden, S. 194

Nicht steht meistens vor dem Element, das verneint wird.

Ich trainiere **nicht** täglich.
(*sondern wöchentlich*)

Meine Schwester spielt **nicht** gern Fußball.
(*aber Basketball*)

Wir gehen **nicht** ins Fußballstadion.
(*sondern wir schauen das Spiel im Fernsehen*)

Wenn der ganze Satz verneint wird, steht *nicht* meist am Satzende oder vor dem zweiten Teil der Satzklammer.

Für Sport interessiere ich mich **nicht**.

Bei den Olympischen Spielen 1896 nahmen Frauen **nicht** teil.

Andere Möglichkeiten der Negation

Negationswörter können z. B. durch *noch*, *mehr* und *wieder* näher bestimmt werden.

Das Adverb **kaum** bedeutet *fast nicht* / *sehr wenig*. Es negiert fast, aber nicht ganz.

Die Vorsilben *in-*, *ir-*, *des-* verneinen meistens Adjektive aus anderen Sprachen (Latein, Griechisch).

Negationswörter

nein	● Kennst du Unterwasserrugby? ○ **Nein**, was ist das?
niemand	Heute ist wieder **niemand** zum Training gekommen.
nichts	Die Yogalehrerin hat alles erklärt, aber ich habe **nichts** verstanden.
nie / niemals	Nesrin trainiert **nie** am Tag vor einem Wettkampf.
noch nie	Ich bin **noch nie** einen Marathon gelaufen.
nie mehr / nie wieder	Ich gehe **nie mehr** / **nie wieder** Golf spielen. Das ist total langweilig.
nirgends / nirgendwo	In unserer Gegend gibt es **nirgends** einen Badesee. Warst du gestern im Stadion? Ich habe dich **nirgendwo** gesehen.
kaum	Er spielt **kaum** Tennis, aber in Squash ist er super.

Vorsilben

un-	Fußball finde ich interessant, aber Boxen finde ich **un**interessant (nicht interessant).
miss-	Die leichteren Übungen glücken meist, aber die schwierigen **miss**glücken noch oft. (nicht glücken).
in- / ir- / des-	Er ist **in**kompetent (nicht kompetent), **ir**rational (nicht rational) und **des**interessiert (nicht interessiert) an allem.

50

1 *Kein* oder *nicht*? Markieren Sie die richtige Verneinung.

1. Bis Anfang des 19. Jahrhunderts gab es *keine* / *nicht* Sportvereine.
2. Bis 1996 war Frauenfußball *kein* / *nicht* olympisch.
3. Ich liebe joggen, denn dazu braucht man *keine* / *nicht* Geräte.
4. Ich finde, Boxen ist *kein* / *nicht* Sport.
5. Meine Frau läuft in diesem Jahr *kein* / *nicht* den Berlin-Marathon, sondern den in New York.
6. Unser Sohn mag das Geräteturnen im Sportunterricht *kein* / *nicht*.

das **Geräteturnen** (z. B. am Barren)

2 Wo passt *nicht*, bei a oder b? Ergänzen Sie.

1. Rugby mag (a) ________ ich (b) __nicht__.
2. Ich kann morgen (a) ________ trainieren (b) ________, weil ich arbeiten muss.
3. Dieses Jahr werde ich (a) ________ den Berlin-Marathon (b) ________ mitlaufen.
4. Sportarten wie Schach oder Autorennen (a) ________ interessieren mich (b) ________.
5. Schach spiele ich (a) ________ gern (b) ________, aber ich liebe Kartenspiele wie Skat.

Skat ist in Deutschland ein sehr beliebtes Kartenspiel. Es gibt viele Skat-Vereine.

3 Ergänzen Sie das passende Negationswort.

1. Ich habe __noch nie__ Fußball gespielt.
2. Ich kann meine Joggingschuhe ________ finden.
3. Schwimmen macht mir ________ Spaß.
4. Du hörst mir ________ zu!
5. Ich kann ________ verstehen, dass jemand gerne über 42 Kilometer läuft.
6. • Gehst du regelmäßig ins Fitnessstudio? ○ ________, aber ab und zu.

keinen
Nein
nicht
nie
nirgends
~~noch nie~~

4 Schreiben Sie die Sätze.

1. Ich mag keinen Leistungssport.
   mögen | Leistungssport | ich | keinen | .
2. Ich ________________.
   sportlich | sein | ich | nicht | .
3. Meine Frau ________________.
   meine Frau | fahren | mit dem Fahrrad | nie | .
4. Mein Mann ________________.
   nichts | von Fußball | verstehen | mein Mann | .

der **Leistungssport**: Sportliche Aktivität, die sehr intensiv ist und mit der man hohe Leistung, z. B. in einem Wettkampf, erreichen will. Heute ist Leistungssport in vielen Fällen auch Profisport, also Sport als berufliche Aktivität.

5 Schreiben Sie Aussagen über sich mit den Negationswörtern rechts.

Ich möchte nie mehr in die Schule gehen.

nie
nicht
nie
kein/keine/keinen
niemand

6 Was passt: *kein-*, *nicht* oder *nichts*? Markieren Sie.

Wenn etwas sehr beliebt bzw. verbreitet ist, nennt man das eine **Welle**, einen **Trend** oder einen **Boom**.
Am Becker-Boom kam man in den Achtzigerjahren nicht vorbei.
Es gibt fast jedes Jahr eine neue Trendsportart.
Letztes Jahr gab es eine Welle von Anmeldungen in Fitnessstudios.

Was waren eigentlich Tennisboom und Aerobic-Welle?

Die Aerobic-Welle hatte (1) *kein* / *nichts* mit dem Meer zu tun. Aerobic ist eine Art von Gymnastik. Es wurde ab den 1960er Jahren in den USA entwickelt, war aber damals (2) *kein* / *nicht* populärer Sport. Das änderte sich erst in den frühen 1980er Jahren und dann hat der Trend auch vor Deutschland (3) *nicht* / *nichts* Halt gemacht. Man konnte (4) *kein* / *nicht* Fernsehprogramm einschalten, ohne dass irgendwann jemand Aerobic machte. Auch die Sportvereine konnten das (5) *kein* / *nicht* ignorieren und hatten schnell Aerobic-Kurse im Angebot. Zum Aerobic gehörte dann auch eine bestimmte Kleidung, die man heute (6) *nicht* / *nichts* unbedingt modisch finden würde. Auch wenn Aerobic heute (7) *nicht* / *nichts* mehr ganz so beliebt ist wie in den 80er Jahren, bieten noch viele Sportvereine und Fitnessstudios Aerobic an.
Aber Aerobic war (8) *kein* / *nicht* der einzige Sport-Trend in den 80er Jahren in Deutschland, auch Tennis war sehr beliebt. Man nannte es den „Becker-Boom", nach dem deutschen Tennisspieler Boris Becker. Er und Steffi Graf spielten an der Weltspitze und es gab fast (9) *keinen* / *nicht* Menschen, der diese Sportler (10) *nicht* / *nichts* kannte. Auch wenn man sich (11) *nicht* / *nichts* sehr für Sport interessierte, wusste man Bescheid: Es gab (12) *keine* / *nicht* Zeitung, in der (13) *nicht* / *nichts* über die beiden stand.

7 Ergänzen Sie die Wörter links.

gar nicht • keinen • keiner • nein • ~~nicht~~ • nicht • nicht • nicht • nichts • nie wieder • nirgendwo • noch nie • noch nie

mampfen: umgangssprachlicher Ausdruck für *essen*.

Wir haben gefragt: Tennisboom in Deutschland – erinnern Sie sich?

Klar! Aber ich habe nur zugeguckt und selbst (1) ___nicht___ Tennis gespielt und auch (2) __________ Aerobic-Kurs besucht. Aber an die Tennisübertragungen aus Wimbledon erinnere ich mich gut! Ich habe vor dem Fernseher gesessen, Chips gemampft und mich (3) __________ bewegt. Zum Glück habe ich später aber doch selbst Sport gemacht und dann (4) _____ _______ so viel gewogen wie damals.

(an)gucken: umgangssprachlicher Ausdruck für *(an)sehen*.

(5) __________, ich weiß eigentlich (6) __________ über den Tennisboom in den 1980er Jahren, weil ich mich (7) __________ für Sport interessiere. Ich habe auch in meinem ganzen Leben (8) _____ _______ ein Tennisspiel im Fernsehen angeguckt.

→ Discounter, S. 51

Es gab doch keinen Ort, an dem man sich vor dem Tennisboom verstecken konnte, das ging wirklich (9) __________. Sogar beim Discounter gab es damals Tennisschläger. (10) __________ meiner Freunde hat zu der Zeit (11) __________ Tennis geguckt oder gespielt. Selbst mein Vater, der vorher (12) _____ _______ Sport gemacht hat, hat einen Schläger gekauft. Der stand dann aber nur in der Ecke und er hat ihn (13) _____ _______ benutzt.

8 Lesen Sie die Notizen und ergänzen Sie *nicht* in den Nachrichten.

	Notiz	Nachricht
1.	morgen: Kegeln, übermorgen: Tennis	Wir wollen (a) _____ morgen (b) _____ Tennis spielen gehen.
2.	heute: krank	Ich kann heute leider (a) _____ zum Aerobic (b) _____ kommen.
3.	Donnerstag: lange arbeiten, Freitag: frei	Donnerstag? Wollen wir (a) _____ am Freitag (b) _____ zum Aerobic gehen?
4.	nächste Woche: schwimmen	Nein, wir gehen (a) _____ diese Woche (b) _____ schwimmen. Das ist doch für nächste Woche geplant.

9 Ergänzen Sie die Vorsilben rechts.

Gestern war ich bei einer Schnupperstunde Tennis. Ich hatte mir sogar Tennisschuhe gekauft, aber die waren gestern (1) _____auffindbar. Ich glaube, mein Bruder hat sie sich unter den Nagel gerissen. Ich musste mir dann Schuhe leihen, die aber ziemlich (2) _____bequem waren. Nicht so toll. Immerhin wurden sie aber (3) _____infiziert, bevor ich sie angezogen habe. Gleich in den ersten Minuten habe ich eine wichtige Regel (4) _____achtet, weil ich ausprobieren wollte, wie weit diese Tennisbälle fliegen. Der Trainer hat mich grimmig angesehen, ich glaube, er fand das (5) _____akzeptabel. Dann haben wir Bälle übers Netz geschlagen – oder es versucht. Mir ist das leider ziemlich (6) _____lungen, alle Bälle gingen ins Netz. Der Trainer meinte, ich sei etwas (7) _____aufmerksam und ich solle aufpassen, was er zeigt. Aber ich bin einfach (8) _____geschickt beim Sport.

des • in • miss • miss • un • un • un • un

→ Schnupperkurs, S. 10

sich etwas unter den Nagel reißen: umgangssprachlicher Ausdruck dafür, dass jemand etwas nimmt, was ihm nicht gehört.

grimmig: hier ein anderes Wort für *böse*. Man benutzt es vor allem, um den Gesichtsausdruck bzw. Blick von Menschen zu beschreiben.

10 Ergänzen Sie die Wörter rechts.

- Wir haben schon lange (1) __________ Sport mehr zusammen gemacht. Sollen wir morgen Abend Tennis spielen gehen? Ich kenne sonst (2) __________, mit dem ich spielen kann.
- ○ Mittwochabend ist es leider (3) __________, weil ich da immer länger arbeite. Vielleicht übermorgen?
- Übermorgen kann ich leider (4) __________, wir sind bis Sonntag in Hamburg.
- ○ Okay, dann ist es also auch (5) __________, dass wir uns am Wochenende treffen, oder?
- Stimmt, am Wochenende habe ich (6) __________ Zeit. Aber nächste Woche Dienstag oder Donnerstag habe ich abends (7) __________ vor.
- ○ Da ist bei meinen Eltern ein Spieleabend, es ist aber noch (8) __________, an welchem Tag genau.
- Ein Spieleabend mitten in der Woche? Kannst du das (9) __________ absagen?
- ○ (10) __________, wir haben schon dreimal abgesagt, weil wir (11) __________ Lust darauf hatten.
- Ich glaube, wir spielen (12) __________ zusammen Tennis.

keine • keine • keinen • nein • nicht • nicht • nie wieder • niemanden • noch nichts • ungünstig • unklar • unmöglich

→ Spieleabend, S. 154

→ online

W WIEDERHOLUNG
Kapitel 34 bis 41

→ Komposita, S. 158

1 Aus welchen Wörtern bestehen diese Komposita? Notieren Sie wie Beispiel.

1. die Vertragsverlängerung ____der Vertrag + die Verlängerung____
2. das Steuerberatungsbüro ____________
3. der Mieterschutzbund ____________
5. die Wanderkarte ____________
4. die Straßenbahnendhaltestelle ____________
6. die Betriebskantine ____________
7. der Prüfungsvorbereitungskurs ____________

Bewerten Sie sich selbst:

→ W-Fragen und Antworten, S. 166

2 W-Fragen – Ergänzen Sie das Fragewort. Probleme? Links gibt es Hilfe.

wann • warum/wieso • was • wem • ~~wer~~ • wessen • wie • wie viele • woher • wohin

1. ____Wer____ hat dich angerufen?
2. ____________ möchtest du heute Abend machen?
3. ____________ kommst du von der Arbeit nach Hause? Vor oder nach 7 Uhr?
4. ____________ Urlaubstage hast du noch in diesem Jahr?
5. ____________ wollen wir im Sommer in die Ferien fahren? Nach Spanien?
6. ____________ heißt deine neue Kollegin?
7. ____________ kommt deine neue Kollegin?
8. ____________ Handtasche liegt in unserem Auto?
9. ____________ gehört dieser Schal?
10. ____________ beantwortest du meine Fragen nicht?

Bewerten Sie sich selbst:

→ Ja/Nein-Fragen und Antworten, S. 170

3 Schreiben Sie die Aussagen als Ja/Nein-Fragen.

1. Sie kommen aus der Schweiz. ____Kommen Sie aus der Schweiz?____
2. Wir wollen zusammen essen gehen. ____________
3. Du siehst gerne Fernsehserien. ____________
4. Du magst wirklich keine Erdbeeren. ____________
5. Der Bus fährt alle zehn Minuten. ____________
6. Ihr besucht uns am Samstag. ____________

Bewerten Sie sich selbst:

4 W-Fragen und Ja/Nein-Fragen – Ordnen Sie die Antworten den Fragen zu.

→ W-Fragen und Antworten, S. 166
→ Ja/Nein-Fragen und Antworten, S. 170

1. Wann fährt der nächste Zug nach Köln? ___ a) Doch, die Nummer 34 in 15 Minuten.
2. Fahren Sie zum Hauptbahnhof? ___ b) Ja, gerne.
3. Gibt es keinen Bus zum Bahnhof? ___ c) Ich muss noch in die Stadt, einkaufen.
4. Welche Busse fahren am Sonntag? ___ d) Doch, ich kann dich dort rauslassen.
5. Kann ich ein Stück mit dir mitfahren? ___ e) Nein, ins Stadtzentrum zum Marktplatz.
6. Wohin fährst du? ___ f) Doch, aber das macht nichts.
7. Kommst du nicht am Bahnhof vorbei? _1_ g) Um 16.23.
8. Ist das für dich kein Umweg? ___ h) Nur die Nummer 34 jede Stunde.

Bewerten Sie sich selbst: ☺ 😐 ☹

5 Wo passen die Ergänzungen? Notieren Sie 1, 2 oder 3.

→ Sätze mit Ergänzungen, S. 174

1. Am Samstag (1) besuche ich (2). — (2) meine Schwester
2. (1) habe ich schon lange (2) nicht gesehen. — ( ) meinen Bruder
3. Das Haus (1) gehört (2). — ( ) mir
4. Ich werde (1) verkaufen (2). — ( ) das Haus
5. (1) gebe ich (2) dann etwas vom Geld ab. — ( ) meinen Kindern
6. (1) schenke (2) ich (3). — ( ) meinem Mann ( ) das Buch
7. Ich (1) schenke (2) (3) zum Geburtstag. — ( ) ihm ( ) es
8. Ich habe (1) (2) gekauft (3). — ( ) ein Hemd ( ) meinem Freund

Bewerten Sie sich selbst: ☺ 😐 ☹

6 Schreiben Sie die Sätze.

→ Sätze mit Ergänzungen, S. 174

1. Ich schenke meiner Freundin einen Urlaub.
ich | meine Freundin | ein Urlaub | schenken
2. ______
meine Firma | nach Heidelberg | einen Betriebsausflug | machen
3. ______
unsere Chefin | ihren Kindern | die Firma | übergeben | wollen
4. ______
die Bank | keinen Kredit | uns | geben
5. ______
die Handwerker | die Heizung | in unserem Haus | reparieren
6. ______
meine Frau | ein Lastenfahrrad | sich | kaufen
7. ______
ich | dir | meine alte Uhr | schenken
8. ______
wir | nach Paris | mit dem Zug | im nächsten Monat | fahren

Bewerten Sie sich selbst: ☺ 😐 ☹

→ Die Satzklammer, S. 178

7 Satzklammer (trennbare Verben) – Schreiben Sie die Sätze.

1. Wir fahren morgen weg.
   wegfahren | morgen
2. Hast du ______
   einkaufen | für das Abendessen | ? (Perfekt)
3. Ich habe ______
   aufschreiben | alles, was wir brauchen, | dir (Perfekt)
4. Warum ______
   anrufen | du | mich | nicht | übermorgen | ?
5. Ich ______
   zurückkommen | im Sommer | nach Deutschland (Futur mit *werden*)
6. Ich liebe es, ______
   zuschauen | den Kindern | beim Spielen (Infinitiv mit *zu*)

Bewerten Sie sich selbst: ☺ 😐 ☹

→ Die Satzklammer, S. 178

8 Satzklammer (Modalverben) – Schreiben Sie die Sätze wie im Beispiel.

1. Er kommt bald zurück. (wollen) Er will bald zurückkommen.
2. Sie bereitet die Prüfung vor. (müssen) ______
3. Wir sprechen miteinander. (können) ______
4. Ihr spielt mit. (dürfen) ______
5. Ich besuche meinen Onkel. (sollen) ______
6. Sie erzählt ihrem Sohn Geschichten. (müssen) ______

Bewerten Sie sich selbst: ☺ 😐 ☹

→ Die Satzklammer, S. 178

9 Satzklammer (Passiv) – Schreiben Sie die Sätze wie im Beispiel.

1. die Wohnung | renovieren Die Wohnung wird renoviert.
2. die Zimmer | frisch streichen ______
3. im Bad | neue Fliesen | legen ______
4. eine neue Heizung | einbauen ______
5. die Stromleitungen | erneuern ______

Bewerten Sie sich selbst: ☺ 😐 ☹

→ Die Satzklammer, S. 178

10 Satzklammer (Nebensätze) – Schreiben Sie die Nebensätze.

1. Sie ist nervös, weil ... / Sie fährt morgen weg. Sie ist nervös, weil sie morgen wegfährt.
2. Wir wissen, dass ... / Wir müssen mehr lernen. ______
3. Ich freue mich, wenn ... / Ihr kommt vorbei. ______
4. Wir sind froh, weil ... / Wir haben gewonnen. ______
5. Er arbeitet, obwohl ... / Er ist krank. ______

Bewerten Sie sich selbst: ☺ 😐 ☹

11 Sätze mit Angaben – Wo passen die Angaben? Kreuzen Sie 1 oder 2 an.

→ Sätze mit Angaben, S. 182

1. Unsere Freunde ziehen ~~(1)~~ nach Brasilien (2) um. — im nächsten Jahr
2. Frau Doll (1) kann (2) morgen nicht arbeiten. — wegen ihrer Erkältung
3. Wir müssen das Projekt (1) zu Ende bringen (2). — mit viel Energie
4. Unser Büro wird im Herbst (1) umgebaut (2). — für viel Geld
5. Wir investieren (1) im nächsten Jahr (2) in Digitalisierung. — intensiv
6. Der Kollege (1) hat gestern (2) gekündigt. — aus privaten Gründen

Bewerten Sie sich selbst: ☺ ☹

12 Sätze mit Angaben – Ergänzen Sie die passenden Angaben.

→ Sätze mit Angaben, S. 182

1. wegen der Trockenheit müssen wir Wasser sparen.
2. Unser Laden bleibt wegen Krankheit ____________ geschlossen.
3. Wir leben ____________ in Hamburg.
4. Wir müssen unsere Probleme morgen ____________ lösen.
5. ____________ haben wir die ganze Zeit weitergearbeitet.
6. Unsere Firma will aus Kostengründen ____________ in Vietnam produzieren.

mehr
seit 20 Jahren
so schnell wie möglich
trotz der Grippewelle
~~wegen der Trockenheit~~
zwei Wochen

Bewerten Sie sich selbst: ☺ ☹

13 Negation *(kein / nicht)* – Verneinen Sie die Aussagen / Fragen. Manchmal gibt es mehrere Möglichkeiten.

→ Negation, S. 186

1. Ich komme heute zur Arbeit. — Ich komme heute nicht zur Arbeit.
2. ● Dieses Jahr feiern wir Weihnachten. — ____________
   ○ Und feiert ihr Ostern auch? — ____________
3. Wir fahren dieses Jahr in Urlaub. — ____________
4. Seit einem Jahr habe ich ein Auto. — ____________
5. Hast du ein Fahrrad? — ____________
6. Ich kann Fahrrad fahren. — ____________

Bewerten Sie sich selbst: ☺ ☹

14 Ergänzen Sie die Negationswörter. Probleme? Rechts gibt es Hilfe.

→ Negation, S. 186

1. Heute am Samstag ist niemand im Büro. Kommen Sie am Montag wieder.
2. Ich war noch ____________ in Kanada und möchte da unbedingt mal hin.
3. ____________ gibt es so viele Eisbären wie in Kanada.
4. Man hat mir das Handy gestohlen und ich habe ____________ davon bemerkt.
5. Sie raucht ____________ mehr und möchte auch ____________ mehr anfangen.
6. ● Hast du mich gestern ____________ gesehen? ○ ____________, wo denn?
7. Wenn ____________ etwas ändert, dann ändert sich auch ____________.

nichts • nicht • nicht
nie • nie • nirgends • nichts •
nein • ~~niemand~~ • niemand •

Bewerten Sie sich selbst: ☺ ☹

42 Hauptsätze verbinden

Ich spiele gerne klassische Musik, **aber** ich mag auch Pop-Musik und Jazz, **deshalb** gehe ich häufig in Konzerte.

Es gibt drei Arten von Konnektoren zur Verbindung von Sätzen:
1. Konjunktionen, die Hauptsätze verbinden
2. Satzadverbien, die Hauptsätze verbinden (siehe unten)
3. Konjunktionen, die Haupt - und Nebensätze verbinden

→ Haupt- und Nebensatz, S. 202

Vor *und* und *oder* kann ein Komma stehen, bei allen anderen muss ein Komma stehen.

Wenn Subjekt und Verb in beiden Sätzen gleich sind, kann man sie im zweiten Satz weglassen.

→ *weil*, S. 214

Im Deutschen steht *sondern* oft nach einem Negationswort (*nicht, nichts, nie, kein ...*).

→ Negation, S 186

Die Konnektoren *und, oder, aber, sondern* verbinden oft einzelne Wörter oder Wortgruppen.
Ich spiele Violine und Cello.
Magst du Violine lieber oder Cello?
Er spielt nicht Klavier, sondern Orgel.
Sie singt nicht gut, aber laut.

→ *obwohl*, S 218

Hauptsatz 1 + Konnektor + Hauptsatz 2

Diese Konnektoren nennt man Konjunktionen. Sie verbinden zwei Hauptsätze. Sie stehen zwischen den Hauptsätzen. Man merkt sie sich am besten so: ADUSO (**a**ber, **d**enn, **u**nd, **s**ondern, **o**der).

Hauptsatz 1	Konnektor	Hauptsatz 2
Friedrich Liszt war Komponist(,)	und	(er war) auch ein berühmter Pianist.
Meine Tochter übt meistens Violine(,)	oder	(sie) hört Hip-Hop.
Ich spiele gerne Gitarre,	aber	ich habe nicht genug Zeit zum Üben.
Jeder sollte Musik machen,	denn	Musik tut uns allen gut.
Wir hören **nie** zu Hause Musik,	sondern	wir gehen lieber ins Konzert.

Bedeutung der Konnektoren (Konjunktionen):

und = Aufzählung (A und B und C)
oder = Alternative (A oder B oder C)
denn = Grund
aber = Einschränkung / Gegensatz (schon A, aber auch B)
sondern = Gegensatz (nicht A, sondern B)

Hauptsatz 1 + Konnektor im Hauptsatz 2

Diese Konnektoren nennt man Satzadverbien. Sie stehen am Anfang von Hauptsatz 2, danach folgt das Verb auf Position 2.

Hauptsatz 1	Hauptsatz 2		
	Position 1 Konnektor	Position 2 Verb	
Beethoven war mit 48 gehörlos,	deshalb	konnte	er nicht mehr als Pianist arbeiten.
Beethoven war mit 48 gehörlos,	trotzdem	komponierte	er bis zu seinem Lebensende.
Beethoven hatte Musik im Kopf,	sonst	hätte	er nicht komponieren können.

Bedeutung der Konnektoren (Satzadverbien):

deshalb = Folge / Konsequenz (B folgt wegen A.)
trotzdem = Folge / Konsequenz (B folgt trotz A.)
sonst = wenn das nicht so ist / andernfalls (Wenn A nicht passiert, dann passiert B.)

51
52

1 Markieren Sie den passenden Konnektor.

1. Meine Mutter spielt Flöte, *und / aber* sie kann sehr gut singen.
2. Meine Familie ist unmusikalisch, *denn / deshalb* kann ich auch kein Instrument spielen.
3. Unsere Tochter übt nicht gerne, *aber / trotzdem* möchte sie unbedingt Gitarre lernen.
4. Ich wäre nicht gern Profimusiker, *trotzdem / aber* Musik ist mein Hobby.
5. Carla versteht nichts von Musik, *aber / denn* sie liebt die Musik.
6. Er hört nicht gut, *deshalb / aber* hört er immer sehr laut Musik.

2 Ergänzen Sie einen passenden Konnektor. Es gibt zum Teil mehrere Möglichkeiten. Achten Sie auf die Stellung der Verben.

~~aber~~ • denn • deshalb • oder • sonst • trotzdem • trotzdem • und

1. John Lennon hat viele tolle Lieder geschrieben, aber er konnte keine Noten lesen.
2. Ich möchte Gitarre lernen, ______ ich singe gern und möchte mich begleiten.
3. Alleine lernen ist sehr schwer, ______ habe ich eine Geigenlehrerin.
4. Ein Instrument lernen ist mühsam, ______ macht es mir sehr viel Spaß.
5. Mein Sohn lernt Klavier, ______ er spielt Schlagzeug in der Schulband.
6. Wollen wir heute ins Konzert gehen, ______ wollen wir fernsehen?
7. Ich höre gerne Jazz, ______ ist mir Free-Jazz zu chaotisch.
8. Du musst jeden Tag üben, ______ lernst du nie richtig Klavierspielen.

3 Schreiben Sie die Sätze mit den Konnektoren. Vergessen Sie die Kommas nicht.

Das sind die fünf beliebtesten Musikinstrumente in Deutschland nach Zahl der Schüler*innen: Klavier, Gitarre, Violine, Blockflöte, Schlagzeug.

1. Musik ist eine Weltsprache, trotzdem verstehe ich chinesische Musik nicht.
   Musik | sein | eine Weltsprache | trotzdem | ich | verstehen | chinesische Musik | nicht | .
2. ______
   Mein Bruder | spielen | fünf Instrumente | und | er | können | gut singen | .
3. ______
   Ich | Flöte | spielen | nicht sehr gut | aber | es | machen | mir | sehr viel Spaß | .
4. ______
   Meine Tochter | spielen | Geige | und | singen | sie | im Schulchor | .
5. ______
   Der junge Beethoven | sein | Pianist | aber | er | komponieren | auch viel | .
6. ______
   Meine Schwester | Komponistin | werden | wollen | deshalb | studieren | sie | an der Musikakademie | .

Geige ist ein anderes Wort für Violine.

4 Schreiben Sie je eine Aussage über sich mit diesen Konnektoren.

aber
denn
deshalb
trotzdem

Ich spiele gerne Akkordeon, aber ich habe keine Zeit zum Üben.

Die **Neue Deutsche Welle** (NDW) war eine Musikrichtung in den frühen 1980er-Jahren. Die meisten Musikerinnen und Musiker der Neuen Deutschen Welle waren nur in Deutschland bzw. im deutschsprachigen Raum bekannt, einige wurden aber auch international bekannt, wie z. B. Falco oder Nena.

Der **deutsche Schlager** ist eine Musikrichtung, die es schon seit dem frühen 20. Jahrhundert gibt. Schlagermusik hat einfache Melodien, die man sich gut merken kann. Auch die meist deutschen Texte sind eher einfach und es geht oft um Liebe und Romantik. Deutscher Schlager wurde besonders in den 1950er Jahren populär und ist es auch heute noch.

5 Markieren Sie die Konnektoren, die zwei Hauptsätze verbinden.

Wir fragen, Leser*innen antworten

Erinnern Sie sich an … die Neue Deutsche Welle (NDW)?

Meine Eltern haben früher zu Hause musiziert, aber als Kind wollte ich kein Instrument lernen. Ich habe aber viel Radio gehört und fand die Neue Deutsche Welle ganz toll. Damals war ich gerade erst in die Schule gekommen und habe mit meiner Schulfreundin die Hits mitgesungen. Die Texte waren ja alle auf Deutsch, trotzdem habe ich nicht viel verstanden, wenn ich ehrlich bin. Die Texte waren ja eigentlich nicht für Kinder geschrieben oder sie waren einfach unsinnig. Das gehörte ja zur Neuen Deutschen Welle, denn die Künstler wollten sich von dem traditionellen deutschen Schlager abgrenzen. Meine Eltern fanden mein Interesse völlig okay, sonst hätten sie mich und meine Freundin nicht jeden Tag nach der Schule laut auf der Straße singen lassen. Ich weiß aber nicht, ob unsere Nachbarn das immer toll fanden. Jetzt möchte ich gerne selbst ein Instrument lernen, oder ich singe vielleicht mal in einem Chor mit und nicht nur auf der Straße. Das würde mir Spaß machen.

6 Ergänzen Sie die Konnektoren links.

aber • aber • aber • denn • oder • oder • sondern • sonst • trotzdem • und • und

Ich erinnere mich an einige NDW-Hits, (1) _________ ich denke auch mit Schrecken an diese Phase der deutschen Musik zurück. Die Musikerinnen und Musiker haben nicht nur experimentiert, (2) _________ auch bei Auftritten provoziert, zum Beispiel dieser Hubert Kah, der im Nachthemd im Fernsehen aufgetreten ist. Das fand ich nicht immer so gut.

Klar erinnere ich mich daran! Ich habe die NDW geliebt (3) _________ ich fand vor allem die Band Fräulein Mencke super! Dazu habe ich getanzt (4) _________ ich habe laut mitgesungen. Meine Schwester war etwas genervt davon, (5) _________ sie konnte die Musik gar nicht leiden.

Ganz selten höre ich ein Lied aus dieser Zeit im Radio, (6) _________ werden sie eher auf 80er-Jahre- oder NDW-Partys gespielt. Eine Bekannte von mir war neulich mal auf so einer Party (7) _________ sie hatte ihre Haare grün gefärbt und ein Nachthemd angezogen. Ich fand das super, (8) _________ ich hätte mich das, ehrlich gesagt, nicht getraut.

Man kann sowohl **80er-Jahre** als auch *Achtzigerjahre* schreiben. Damit ist das Jahrzehnt von 1980 bis 1989 gemeint. In formellen Texten schreibt man auch *1980er-Jahre*. Diese Wörter werden auch dekliniert, z. B. *in den 80er-Jahren*. Die Jahre 00 bis 09 kann man *Nullerjahre* nennen, oft nennt man hier aber konkrete Zahlen oder Zeiträume, z. B. *von 2000 bis 2009*.

Das ist nicht mein Geschmack. Ich gehe lieber in die Oper (9) _________ ich höre zu Hause klassische Musik. Manchmal höre ich auch Jazz, Blues oder Rock, (10) _________ am liebsten mag ich wirklich Klassik. Ich habe mich früher auch für ungewöhnliche und neue Musikrichtungen interessiert, (11) _________ konnte ich mit der Neuen Deutschen Welle nichts anfangen.

7 Ergänzen Sie.

1. unsere Kinder | singen | und
2. sein | er | aber
3. sollten | du | deshalb
4. dann | und | haben | er
5. ich | denn | wollen
6. ausziehen | ich | oder

Musik in der Bude!

Neulich habt ihr gefragt, ob meine Familie und ich Hausmusik machen. Also, ich spiele oft abends Gitarre, (1) ______________________________ ______________________________. Mein Mann will nun auch ein Instrument lernen, (2) ______________ ______________ noch unentschlossen. Unsere Kinder meinten: „Du willst dich doch mehr bewegen, (3) ______________________________ Schlagzeug lernen." Norbert war überrascht, (4) ______________________________ genickt. Ich kriegte die Krise, (5) ______________ ______________ kein Schlagzeug in der Wohnung! Er muss ein anderes Instrument lernen, (6) ______________________________. Oder übertreibe ich da vielleicht? Naja, vielleicht ein bisschen. ;-)

die **Bude**, -n: ein umgangssprachlicher Ausdruck für Wohnung oder ein Zimmer, in dem man wohnt. Oft meint man damit auch eine kleine, einfache Wohnung, z. B. *Studentenbude* = Studentenzimmer oder Studentenwohnung.

die Krise kriegen: ein umgangssprachlicher Ausdruck, den man benutzt, wenn man sich über etwas ärgert oder aufregt:
Ich krieg die Krise!

8 Schreiben Sie die Sätze.

Ukulele für Einsteiger

Geht es Ihnen auch so? (1) ______________________________
______________________________.
Sie | wenig Zeit | haben | möchten | Sie | trotzdem | lernen | ein neues Instrument

Die Lösung: Besuchen Sie unseren Ukulelen-Kurs!

(2) ______________________________
______________________________.
an einem Wochenende | kennenlernen | Sie | das Instrument | üben | und | Lieder | wir | gemeinsam

(3) ______________________________
______________________________.
brauchen | Sie | keine Vorkenntnisse | Sie | alles | lernen | im Kurs | sondern

(4) ______________________________
______________________________.
Sie | keine Ukulele | kaufen müssen | unser Kursleiter | denn | mitbringen | Ukulelen für alle

Haben wir Ihr Interesse geweckt?

(5) ______________________________
______________________________.
finden | Sie | im Internet | weitere Informationen | sich anmelden können | auch online | und | Sie

Musikschule Lautenschläger – Kirchweg 1 – Tackenburg – **www.ms-lautenschlaeger.de**

Hier hat **Einsteiger** die Bedeutung von *Anfänger*. Wenn etwas für Anfänger geeignet ist, sagt man auch, etwas ist *als Einstieg* geeignet. Dann hat Einstieg die Bedeutung von *Zugang*, z. B.:
Als Einstieg in die Welt der klassischen Musik empfehle ich dir Mozart.

→ online

43

Zweiteilige Satzverbindungen

Wir trennen **nicht nur** Plastik und Papier, **sondern** wir trennen **auch** Metall, organischen Müll und Restmüll.

→ Arten von Konnektoren, S. 194

→ *nicht ... sondern*, S. 194

Die meisten zweiteiligen Konnektoren verbinden zwei Hauptsätze, Wortgruppen oder Wörter. Wenn sie ganze Sätze verbinden, steht vor dem zweiten Teil des Konnektors ein Komma.

nicht nur ... sondern auch (zwei Dinge treffen zu)

> Wenn in den beiden Sätzen Subjekt und Verb gleich sind, dann kann man sie im zweiten Satz weglassen.
>
> → Hauptsätze verbinden, S. 194

Die Müllentsorgung ist **nicht nur** technisch schwierig, **sondern** (sie ist) **auch** teuer.
Plastikverpackungen sind **nicht nur** ökologisch furchtbar, **sondern** sie kosten **auch** viel Geld.

entweder ... oder (Alternativen)

> Zweiteilige Konnektoren können auch Wortgruppen oder Wörter verbinden. Vor *aber* und *sondern* steht dabei ein Komma.
> Gehen Sie **entweder** rechts **oder** links.
> Ich will **weder** rechts **noch** links gehen.
> Er ist **zwar** intelligent und fleißig, **aber** arrogant und schwierig.

Entweder wir verbrauchen weniger CO_2, **oder** wir heizen die Erde immer weiter auf.
Ich kaufe meine Lebensmittel **entweder** im Bioladen, **oder** (ich kaufe sie) auf dem Wochenmarkt.

weder ... noch (A nicht und B auch nicht)

Bei *weder ... noch* steht *noch* auf Position 1 gefolgt vom Verb.

Die meisten von uns wollen **weder** weniger kaufen, **noch** (wollen sie) mehr für den Müll bezahlen.
Meine Tochter isst **weder** Fleisch, **noch** (isst sie) tierische Produkte wie Eier oder Käse.

→ Hauptsätze verbinden, S. 194

zwar ... aber (Einschränkungen)

Ich versuche **zwar** im Alltag weniger Energie zu verbrauchen, **aber** das ist nicht einfach.
Wir benutzen **zwar** oft das Fahrrad, **aber** wir haben immer noch zwei Autos.

> Der Konnektor *sowohl ... als auch* verbindet Wörter und Wortgruppen, selten ganze Sätze.

sowohl ... als auch (zwei Dinge treffen zu)

Ich esse **sowohl** Fleisch **als auch** Gemüse.
Zu Hause verbrauchen wir **sowohl** zu viel Strom **als auch** zu viel Wasser.

→ Hauptsätze und Nebensätze, S. 202

je ... desto (Vergleiche)

Je ... desto/umso verbindet Nebensätze und Hauptsätze. Der Nebensatz steht vor dem Hauptsatz.

Nebensatz: ***je*** + Komparativ	Hauptsatz: ***desto/ umso*** + Komparativ
Je mehr wir konsumieren,	**desto** weniger können wir die Natur genießen.
Je wärmer die Winter werden,	**umso** weniger müssen wir in Europa heizen.

53

1 Verbinden Sie die passenden Sätze und ergänzen Sie die Kommas, wo das notwendig ist.

1. Ich fahre zwar gern Auto ,
2. Am liebsten würde ich weder Müll trennen __
3. Ich lebe weder sehr ökologisch __
4. Je früher wir alternative Energien haben __
5. Samstags gehe ich entweder einkaufen __
6. Er isst sowohl Hamburger __
7. Am Wochenende will ich entweder lesen __
8. Unsere Freizeit ist weder sehr interessant __

__ a) noch bin ich ein großer Umweltsünder.
__ b) noch besonders hektisch.
__ c) oder mit meinen Kindern spielen.
__ d) noch mich beim Einkaufen einschränken.
__ e) als auch Tofu-Burger.
1 f) aber ich benutze immer mehr das Fahrrad.
__ g) oder ich mache Sport.
__ h) desto besser ist das für das Klima.

Umweltsünder*innen sind Menschen, die keine Rücksicht auf die Umwelt nehmen, z. B. unnötig Autoabgase, CO_2 und Müll produzieren oder zu viel Energie verbrauchen.

2 Ergänzen Sie die Konnektoren.

1. Ich will weder aufräumen noch die Wohnung putzen. Ich will nur meine Ruhe!
2. Putzen macht ________ ________ keinen Spaß, ________ es kostet ________ viel Zeit.
3. ________ mehr ich selber koche, ________ mehr Spaß macht es mir.
4. Ich bin nicht sicher, ________ mache ich Risotto, ________ es gibt Suppe.
5. Ayad kocht gern. Kochen ist für ihn ________ kreativ ________ ________ entspannend.
6. ________ mehr ich die deutsche Küche kennenlerne, ________ spannender finde ich sie.
7. Meine Kinder mögen ________ Fleisch ________ Fisch. Sie wollen immer Nudeln mit Soße.
8. Freitags gab es bei uns zu Hause immer ________ Fisch ________ ein vegetarisches Gericht, aber nie Fleisch.

entweder ... oder
entweder ... oder
je ... desto
je ... desto
nicht nur ... sondern auch
sowohl ... als auch
~~weder ... noch~~
weder ... noch

3 Schreiben Sie die Sätze. Vergessen Sie die Kommas nicht.

1. Er ist weder besonders fleißig, noch ist er besonders intelligent.
   weder ... noch | er | sein | besonders fleißig | er | sein | besonders intelligent | .
2. ________________
   sowohl ... als auch | arbeiten | sie (Pl.) | sehr genau | sehr schnell | .
3. ________________
   nicht nur ... sondern auch | wir | sparen | Energie | wir | sparen | viel Geld | .
4. ________________
   entweder ... oder | ich | kochen | ich | Wohnung | putzen | .
5. ________________
   zwar ... aber | wir | den Müll | trennen | wir | zu viel Müll | produzieren | .
6. ________________
   je ... desto | häufiger | ich | zu Hause sein | mehr | ich | selbst kochen | .

4 Schreiben Sie je eine Aussage über sich mit den Konnektoren rechts.

Ich finde Sprachenlernen nicht nur sinnvoll, sondern auch spannend. ☺

nicht nur ... sondern auch
entweder ... oder
weder ... noch

5 Ergänzen Sie die Satzverbindungen.

je ... desto
je ... desto
nicht ... sondern
nicht nur ... sondern auch
nicht nur ... sondern auch
~~sowohl ... als auch~~
weder ... noch
weder ... noch
weder ... noch
zwar ... aber

Zu Besuch in Deutschland: Mein Einblick in die deutsche Müllkultur

Vor Kurzem habe ich ein Praktikum in Deutschland gemacht. Da ich (1) sowohl die Kultur als auch die Menschen besser kennenlernen wollte, habe ich in einer Gastfamilie gewohnt. Ich wollte dort (2) __________ Gast sein, __________ auch im Haushalt helfen. Dabei war die Mülltrennung eine echte Herausforderung. Ich hatte vorher schon gelesen, dass es (3) __________ eine blaue Tonne für Altpapier gibt, __________ eine gelbe Tonne für Verpackungen. Bei meiner Gastfamilie gab es auch noch eine braune Tonne für Biomüll und eine graue Tonne für Restmüll. Das war ziemlich verwirrend. Am zweiten Tag nahm ich den gebrauchten Kaffeefilter aus der Maschine, der ist ja aus Papier. „Das kommt in die blaue Tonne, stimmt's?"

Meine Gastmutter schüttelte mitleidig den Kopf: „Nein, das wirfst du (4) __________ in die blaue Tonne __________ in den gelben Sack. Das gehört in die braune Tonne."

„Warum habt ihr eigentlich eine Biotonne, ihr habt doch einen Komposthaufen im Garten?"

„Stimmt, aber hinter dem Garten stehen so viele Bäume, das ist zu viel Laub für den Komposthaufen."

Mir schwirrte der Kopf. „Aber (5) __________ mehr Mülltonnen es gibt, __________ mehr müsst ihr doch bezahlen, oder?"

Meine Gastmutter schüttelte wieder den Kopf. „Nein, man zahlt nämlich nur für die graue und die braune Tonne. Es gibt auch unterschiedliche Größen. (6) __________ größer diese Tonne ist, __________ teurer wird die Müllabfuhr. Man kann bei uns wählen, ob der Müll jede Woche, alle vierzehn Tage oder einmal im Monat abgeholt wird. Für Sonderabfälle gibt es das Schadstoffmobil."

Langsam verstand ich das System, aber eine Frage hatte ich noch: „Für Glas gibt es Container, oder? Die Flaschen kommen also (7) __________ in die graue __________ in die gelbe Tonne, richtig?"

Sie nickte. „Stimmt, Tonnen oder Container für Altglas stehen (8) __________ zu Hause, __________ auf öffentlichen Plätzen. Und die Container haben oft unterschiedliche Farben: weiß, grün oder braun."

„Ah", rief ich, „für die unterschiedlichen Farben von Glas! In den weißen Container darf ich (9) __________ grünes __________ braunes Glas werfen, sondern nur farbloses." - „Genau!"

Ich atmete durch. „Das ist (10) __________ alles ganz interessant, __________ gibt es nichts Wichtigeres?"

Meine Gastmutter zuckte mit den Schultern und lächelte. „Ganz bestimmt!" Und mit einem Augenzwinkern fügte sie hinzu: „Sollen wir mal über das Pfandsystem in Deutschland reden?"

der **Komposthaufen**: ein Abfallhaufen vor allem für pflanzliche Abfälle wie Blätter, Kartoffelschalen, aber auch tierische Abfälle wie Eierschalen. Die Abfälle werden auf natürliche Weise abgebaut. Was dann übrig bleibt, ist eine Art Erde, der *Kompost*. Mit dem Kompost kann man Pflanzen düngen.

Wenn man (zu) viele Informationen bekommt oder über (zu) viel nachdenken muss, sagt man: **Mir schwirrt der Kopf.**

→ Schadstoffmobil, S. 201

Bei Getränkeflaschen und Dosen gibt es meist ein **Pfand**, das heißt, man zahlt ein wenig Geld extra (z. B. 15 oder 25 Cent pro Flasche), aber man bekommt dieses Geld zurück, wenn man die Flasche zum Supermarkt zurückbringt. In vielen Supermärkten gibt es Pfandautomaten, in die man die Flaschen und Getränkekisten tun kann. Man bekommt dann einen Pfandbon, den man an der Kasse einlösen kann.

6 Schreiben Sie die Sätze.

1. • Willst du abwaschen oder den Müll rausbringen?
   ○ Ehrlich gesagt weder noch.
   • Was!? Du willst weder abwaschen ______________________?
2. • Kaufst du mir das Spiel und dieses Puzzle?
   ○ Nicht beides, entweder oder.
   • Also nicht beides, aber du kaufst ______________________?
3. • Möchtest du Eis oder Pudding zum Nachtisch?
   ○ Sowohl als auch!
   • Bitte!? Du möchtest ______________________?
4. • Sollen wir den hässlichen Schrank verschenken oder zum Sperrmüll stellen?
   ○ Weder noch!
   • Oh nein! Du willst ______________________?
   Willst du ihn etwa behalten?

7 Schreiben Sie die Sätze.

Wie klappt's bei Ihnen eigentlich ... mit der Müllentsorgung?

Wir wohnen in der Stadt. (1) Neben unserem ______________________.

stehen | sowohl ... als auch | Altglascontainer | ein Altpapiercontainer | neben unserem Haus

Das ist praktisch. (2) ______________________.

haben | wir | zwar ... aber | keine Glastonne | eine blaue Tonne

Aber wenn die großen Glascontainer geleert werden, ist das ganz schön laut.

Ich wohne auf dem Land. (3) ______________________.

geben | in unserem Dorf | es | weder ... noch | Altglascontainer | das Schadstoffmobil | kommen

Aber so ist das halt: (4) ______________________.

je ... desto | wohnen | man | ländlicher | weiter entfernt | Wertstoffhöfe | sein

Mein Vermieter will keine zusätzlichen Tonnen. (5) ______________________.

haben | wir | zwar ... aber | eine graue Tonne | sonst nichts

Ich verstehe das nicht. (6) ______________________.

nicht nur ... sondern auch | wir | viel Platz im Hof | haben | auch umweltfreundlicher | es wäre

In manchen Regionen in Deutschland gibt es ein **Schadstoffmobil**, d. h. einen kleinen Lastwagen, der von Ort zu Ort fährt und bei dem man Sondermüll wie alte Batterien und Farbreste abgeben kann. Für das Schadstoffmobil gibt es feste Termine.

Auf einem **Wertstoffhof**, auch: *Recyclinghof*, kann man kostenlos Sperrmüll (z. B. alte Möbel) und Elektromüll (z. B. alte Fernseher oder kaputte Küchengeräte) abgeben.

→ online

44

Haupt- und Nebensatz verbinden

Viele Menschen machen Urlaub an der Ostsee, **weil** sie die Ruhe und die frische Luft genießen wollen.

Struktur von Haupt- und Nebensätzen

→ Nebensätze, ab S. 202

Hauptsätze können alleine stehen: Ich liebe die Ostsee.
Nebensätze brauchen einen Hauptsatz: Ich liebe die Ostsee, ← weil ich die Ruhe liebe.

Im Hauptsatz steht das konjugierte Verb auf Position 2. Im Nebensatz steht es am Satzende.

Zwischen Hauptsatz und Nebensatz steht immer ein Komma.

Hauptsatz			Nebensatz		
	Position 2		**Konnektor**		**Satzende**
Wir	**fahren**	oft an die Ostsee,	weil	wir gerne	**schwimmen**.
Ich	**finde**	es auch gut,	dass	man am Strand lange	laufen **kann**.

→ Arten von Konnektoren, S. 194

Oft werden Haupt- und Nebensätze mit Konnektoren verbunden.
Diese Konnektorenen haben verschiedenen Funktionen, z. B.:

Dass-Sätze geben fast immer die Information, die zum Verständnis des Hauptsatzes unverzichtbar ist.
Was finde ich gut? Ich finde es gut, dass ...
Worauf hoffe ich? Ich hoffe, dass ...

Erklärung Ich hoffe, **dass** wir im Urlaub schönes Wetter haben.
Grund Die Ostsee ist nicht sehr tief und nicht sehr salzhaltig, **weil** sie ein Binnenmeer ist.
Zeitpunkt Die Ostsee entstand, **als** die Gletscher der Eiszeit vor 12.000 Jahren verschwanden.
Bedingung **Wenn** das Wasser immer wärmer wird, dann wird es weniger Fische geben.

Es gibt auch andere Nebensätze, z. B.:

Relativsätze In Warnemünde gibt es ein wissenschaftliches Institut, **das die Ostsee erforscht.**

Infinitivsätze Seine Aufgabe ist es, **die Lebensräume von Tieren und Pflanzen zu untersuchen.**

indirekte Fragesätze Sie möchten herausfinden, **wie sich der Klimawandel auf die Ostsee auswirkt.**

Warnemünde

Gründe kann man auch mit *denn* angeben. Nach *denn* folgt ein Hauptsatz.
→ Hauptsätze verbinden, S. 194

Nebensatz vor dem Hauptsatz

Der Nebensatz kann auch vor dem Hauptsatz stehen. Der Nebensatz ist dann die Position 1.
Das Verb des Hauptsatzes folgt auf Position 2, gleich nach dem Komma.

Nebensatz			Hauptsatz	
Position 1			**Position 2**	
Weil	wir gerne	**schwimmen,**	**fahren**	wir oft an die Ostsee.
Wenn	ich endlich	**schwimmen kann,**	**bin**	ich glücklich.

54

1 Markieren Sie die Konnektoren und die Verben in den Nebensätzen.

1. Viele Leute glauben, dass ein Urlaub an der Ostsee besonders erholsam ist.
2. Weil im Moment Reisen ins Ausland schwierig sind, bleiben viele Menschen zu Hause.
3. Dass Urlaub in Deutschland schön sein kann, war mir bisher gar nicht klar.
4. Wenn es möglich ist, fliege ich im nächsten Jahr nach Rio de Janeiro.
5. Wir hatten wunderbares Wetter, als wir im Juni an der Ostsee waren.
6. Ich gehe lieber in die Berge zum Wandern, weil ich nicht gerne am Strand liege.

2 Welche Satzteile passen zusammen? Ordnen Sie zu.

1. Ich habe Angst vor dem Meer,
2. Weil oft ein kühler Wind weht,
3. Ich genieße es,
4. Als alle in Deutschland Urlaub gemacht haben,

___ a) dass ich lange Spaziergänge machen kann.
___ b) gibt es an den Stränden viele Strandkörbe.
___ c) waren die Strände an der Ostsee überfüllt.
_1_ d) wenn die Wellen sehr hoch sind.

Der **Strandkorb** hilft bei zu viel Sonne oder Wind.

3 Verbinden Sie die Elemente zu einem Satz. Vergessen Sie das Komma nicht.

1. Ich finde, dass Urlaub an der Ostsee schön ist.
   Ich finde | Urlaub an der Ostsee ist schön | dass | .
2. ______________________________
   Wir waren 2020 auf der Insel Usedom | wir konnten nicht nach Frankreich fahren | weil | .
3. ______________________________
   Meine Kinder waren glücklich | wir haben am Bodensee gecampt | als | .
4. ______________________________
   Meine Frau möchte wieder nach Frankreich | wir haben im nächsten Jahr Ferien | wenn | .

An der deutschen Ostseeküste gibt es verschiedene Inseln. Die touristisch beliebtesten sind **Rügen**, **Hiddensee** und **Usedom**.

4 Zwei Hauptsätze oder Haupt- und Nebensatz? Schreiben Sie die Sätze.

1. Meine Kinder finden Ostseeurlaub langweilig. Man kann nicht surfen. (denn)
   Meine Kinder finden Ostseeurlaub langweilig, denn man kann nicht surfen.
2. Nächstes Jahr fahren wir zum Surfen an den Atlantik. Es gibt da höhere Wellen. (weil)
   ____
3. Das Wetter an der Ostsee ist oft kühl. Viele fahren lieber ans Mittelmeer. (weil)
   ____
4. Viele Lebewesen in der Ostsee sind in Gefahr. Das Wasser wird immer wärmer. (denn)
   ____
5. Meine Eltern möchten an der Ostsee wohnen. Sie gehen in Rente. (wenn)
   ____

5 Wie ist das bei Ihnen? Schreiben Sie die Sätze zu Ende.

Ich finde es schön, dass ...
Es nervt mich, wenn ...
Ich lerne Deutsch, weil ...
Weil ich ..., ...

6 Markieren Sie die Nebensatz-Konnektoren und unterstreichen Sie die Nebensätze.

Die See ist ein anderes Wort für *Meer*, während *der See* ein Binnengewässer ist, z. B. der Bodensee.

→ Wattenmeer, Kapitel 48, S. 219

Infoportal Deutschland: **Die Ostsee**

Der deutsche Name „Ostsee" weist darauf hin, dass diese See im Osten liegt. Genauer gesagt liegt sie im Osten, wenn man in einem Land wie Schweden oder Dänemark ist. Hier hat der Name wahrscheinlich seinen Ursprung. Die Ostsee liegt an der Küste von Mecklenburg-Vorpommern und an der östlichen Küste von Schleswig-Holstein, während die Nordsee an die Küste Niedersachsens und die westliche Küste von Schleswig-Holstein grenzt. Obwohl beide Meere im Deutschen einen ähnlichen Namen haben, sind sie sehr unterschiedlich: Zum Beispiel ist die Nordsee teilweise ein Wattenmeer, die Ostsee nicht. Wenn man sich etwas von der Küste entfernt, ist die Nordsee rauer als die Ostsee. Das ist so, weil die Nordsee nicht von mehreren Ländern umgeben ist wie die Ostsee. Gemeinsam haben beide aber, dass es an den Küsten wunderschöne Urlaubsziele gibt.

Bevor Sie an die Ostsee fahren, informieren Sie sich doch bei uns im Internet über Reiseziele und Übernachtungsmöglichkeiten. Sie können sich eine Ferienwohnung mieten oder mit Ihrem Wohnmobil auf einen Campingplatz fahren. Wenn Sie lieber etwas komfortabler Urlaub machen möchten, finden Sie an der ganzen Küste auch tolle Hotels.

7 Welcher Konnektor passt? Markieren Sie.

Der **Kreidefelsen** ist an der Küste der Insel Rügen und sehr bekannt. Der deutsche Maler Caspar David Friedrich hat den Kreidefelsen im Jahr 1818 gemalt. Das Gemälde ist ein wichtiges Werk der deutschen Romantik. (→ Epoche, S. 95)

abgefahren: hier ein umgangssprachlicher Ausdruck, wenn man etwas bemerkenswert oder überraschend findet, z. B.:
Ich laufe in den Ferien von Berlin nach Stralsund. - Das ist ja abgefahren!

Die Ostsee und wir

Ich liebe Rügen, (1) *und* / *weil* ich verbringe jeden Sommer mindestens eine Woche dort.

Wir würden gerne mal nach Wismar fahren, (2) *trotzdem* / *wenn* wir Zeit haben. Dort waren wir noch nie.

Ich kannte das Wort „Kreidefelsen" gar nicht, (3) *bevor* / *trotzdem* ich zum ersten Mal auf Rügen war. (4) *Als* / *Denn* ich den Kreidefelsen dann gesehen habe, war ich sehr beeindruckt.

Wir lieben die Ostsee, (5) *aber* / *obwohl* leider hatten wir dieses Jahr keine Zeit für einen längeren Urlaub.

Ich fahre demnächst mit einer Freundin nach Greifswald und Stralsund, (6) *da* / *denn* wir kennen die Ecke noch gar nicht. Schon abgefahren: Wir waren noch nie an der Ostsee, (7) *aber* / *obwohl* wir schon seit vielen Jahren zusammen verreisen.

Wir sind vor drei Jahren aus Berlin in die Nähe von Stralsund gezogen, (8) *und* / *weil* uns das Leben in der Stadt zu hektisch wurde. Wir wohnen nah an einem kleinen Bahnhof, (9) *sodass* / *und* wir ganz bequem mit dem Zug an den Strand auf Rügen fahren können. (10) *Aber* / *Wenn* das machen wir nur im Sommer, (11) *da* / *denn* es uns im Winter dort zu kalt ist.

8 Hauptsatz oder Nebensatz? Ergänzen Sie den Konnektor (1–5) bzw. das Verb (6–10) rechts an der richtigen Position (a oder b). Schreiben Sie die Satzanfänge groß.

Svens Alltagsblog

Ich lebe seit drei Jahren mit meiner Freundin in der Nähe der Ostsee. (1a) _______ ich hierher gezogen bin, (1b) _______ habe ich in Frankfurt gelebt. (2a) _______ ihr könnt euch denken, (2b) _______ das Leben in Frankfurt ganz anders war als hier. (3a) _______ ich wohne jetzt in einer kleinen Stadt und nicht auf dem Land, (3b) _______ ich schon ein bisschen bequem bin. (4a) _______ hier in Grimmen hat man alles vor der Haustür, (4b) _______ man auf dem Land weit von einem Supermarkt entfernt ist. (5a) _______ das wäre mir zu umständlich, (5b) _______ ich habe kein Auto. Nachdem ich (6a) _______ hierher (6b) _______ war, habe ich mich bei drei Vereinen angemeldet. Dort habe ich nette Leute kennengelernt, trotzdem (7a) _______ mir manchmal meine Freunde aus Frankfurt (7b) _______. Nächste Woche kommt einer meiner alten Freunde zu Besuch, obwohl die Fahrt (8a) _______ von Frankfurt hierher sehr lange (8b) _______. Ich freue mich schon darauf. Wenn das Wetter schön ist, (9a) _______ wir (9b) _______ nach Stralsund und nach Rügen. Wir (10a) _______ vor vielen Jahren schon mal auf Rügen (10b) _______, als wir noch studiert haben.

1. bevor
2. dass
3. weil
4. während
5. denn
6. umziehen
7. fehlen
8. dauern
9. fahren
10. sein

9 Schreiben Sie die Sätze. Manchmal gibt es zwei Möglichkeiten. Denken Sie an das Komma zwischen Hauptsatz und Nebensatz.

○ Schön, dass es geklappt hat und ich dir jetzt die Region hier um Grimmen zeigen kann.

(1) ____

____?

wissen | du | sein | Sanddornmarmelade eine Spezialität auf Rügen | dass

● Ja. (2) ____

____.

ich | haben | das | in einem Reiseführer | lesen | bevor | losfahren | sein | ich

(3) ____

____.

morgen | wenn | sein | schön | es | wir | können | fahren | mit der Fähre nach Schweden

○ Ich bin nicht sicher. (4) ____

____.

nicht so viel Zeit | haben | wir | am Nachmittag in ein Konzert | gehen | wir | weil

● Ach ja. (5) ____

____.

dann | wir | einen langen Spaziergang | machen | haben | wir | nachdem | frühstücken

Sanddorn ist eine Pflanze. Die Beeren enthalten viel Vitamin C und man kann aus ihnen verschiedene Lebensmittel machen, z. B. Marmelade oder Saft. Vor allem auf Rügen gibt es viele Spezialitäten aus Sanddorn.

Es gibt viele Fährverbindungen von der deutschen Ostseeküste aus nach Skandinavien oder in die baltischen Staaten. Von Sassnitz aus machen viele Touristen Tagesausflüge **mit der Fähre nach Schweden**.

→ online

45 Nebensätze: Zeit

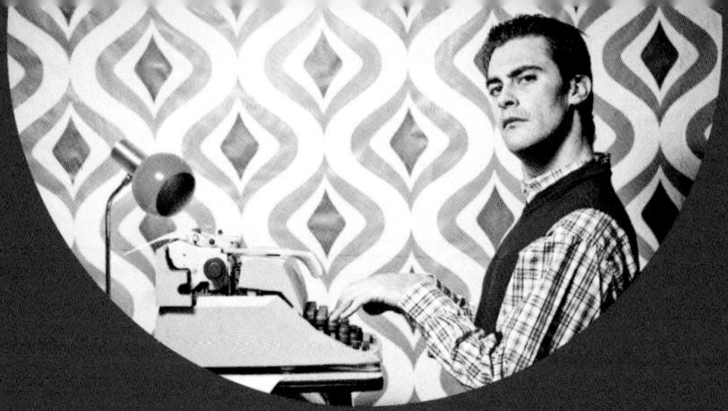

Bevor der Computer erfunden wurde, musste man alles mit der Hand oder auf der Schreibmaschine schreiben.

→ Arten von Konnektoren, S. 194

Zeitformen in Sätzen mit *nachdem*:

Präsens + Perfekt
Ich wohne jetzt in Deutschland, nachdem ich lange in den USA gewohnt habe.

Präteritum/Perfekt + Plusquamperfekt
Er wohnte von 1999-2019 in Deutschland, nachdem er zuvor in den USA gelebt hatte.

Perfekt + Perfekt (vor allen mündlich)
Wir haben dann in Deutschland gelebt, nachdem wir vorher in den USA gelebt haben.

→ Plusquamperfekt, S. 40

Im Gegensatz zu *als* oder *sobald* verweist *(immer) wenn* auf ein wiederholtes Ereignis in der Vergangenheit oder Gegenwart:
Immer wenn neue Verkehrsmittel erfunden wurden/werden, ...

→ Konnektor *wenn* temporal und konditional, S. 210

Man kann auch sagen: Der Nebensatz ist Position 1 und das konjugierte Verb folgt auf Position 2.

Die wichtigsten zeitlichen (temporalen) Konnektoren sind:

Zuerst A, dann passierte B.	**bevor**	(A) Arbeitstiere waren die wichtigsten Helfer bei der Arbeit, (B) **bevor** die ersten Dampfmaschinen erfunden wurden.
A passiert zuerst, dann B.	**nachdem**	(A) **Nachdem** man die Dampfmaschine erfunden hatte, (B) konnte man auch Dampflokomotiven bauen.
Zeitraum A endet am Zeitpunkt B.	**bis**	(A) Bücher wurden meistens mit der Hand kopiert, (B) **bis** Johannes Gutenberg den Buchdruck erfand.
Ereignis in der Vergangenheit	**als**	**Als** die ersten Autos auf den Markt kamen, glaubten viele nicht an die Zukunft dieser Maschine.
Ereignis B passiert gleich nach A.	**sobald**	(A) **Sobald** neue Technologien erfunden werden, (B) ändern sich Berufe.
Nach A dauert B bis heute an.	**seit(dem)**	(A) **Seit(dem)** es Kraftfahrzeuge gibt, (B) braucht man fast keine Kutscher mehr.
A und B finden zur gleichen Zeit statt.	**solange**	(A) **Solange** Menschen essen müssen, (B) gibt es auch Landwirte.
A passiert zur gleichen Zeit wie B.	**während**	(A) Alte Berufe existieren oft lange Zeit weiter, (B) **während** zugleich dauernd neue Berufe entstehen.

Nebensätze nach und vor dem Hauptsatz

Fast alle Nebensätze können vor dem Hauptsatz stehen.
Wenn der Nebensatz zuerst steht, dann beginnt der Hauptsatz mit dem konjugierten Verbteil.

Ich besuche dich, **sobald** ich Zeit habe.

Sobald ich Zeit habe, besuche ich dich.

55

1 Welcher Konnektor passt? Markieren Sie.

1. *Sobald* / *Solange* die Eisenbahn elektrisch fuhr, starb der Beruf des „Heizers“ aus.
2. Computer gab es in den Büros noch nicht, *als* / *solange* mein Vater zu arbeiten anfing.
3. *Während* / *Seit* manche Berufe fast unverändert bleiben, entwickeln sich gleichzeitig viele neue.
4. Ich möchte ohne Computer arbeiten, *solange* / *seit* das in meinem Beruf möglich ist.
5. Viele Banken wurden geschlossen, *nachdem* / *bis* die Geldautomaten erfunden worden waren.
6. *Solange* / *Während* Menschen krank werden, wird es Ärzte geben.
7. Ich besitze keine Schreibmaschine mehr, *seit* / *als* ich einen Computer habe.
8. *Als* / *Nachdem* ich in die Schule ging, gab es noch keine Taschenrechner.

Heizer auf einer Dampflok.

2 Was passt zusammen? Verbinden Sie.

1. Ich arbeite mit Computern,	___ a) als wir unsere ersten Computer bekamen.
2. Nachdem man den Buchdruck erfunden hatte,	___ b) gab es mehr Arbeitsplätze in der Industrie.
3. Wir waren total aufgeregt,	___ c) sobald die Firma neue Büros bekommt.
4. Bevor es Industrieroboter gab,	___ d) entstanden neue Berufe im Druckgewerbe.
5. Wir bekommen neue Computer,	___ e) kamen noch „Messerschleifer“ ins Haus.
6. Als meine Oma ein Kind war,	___ f) kümmere ich mich um die Kinder.
7. Während meine Frau arbeitet,	_1_ g) seit es diese Geräte in meiner Firma gibt.

der **Messerschleifer**, -: Berufsbezeichnung für Personen, die verschiedene Schneidewerkzeuge (Messer, Scheren) wieder scharf machen.

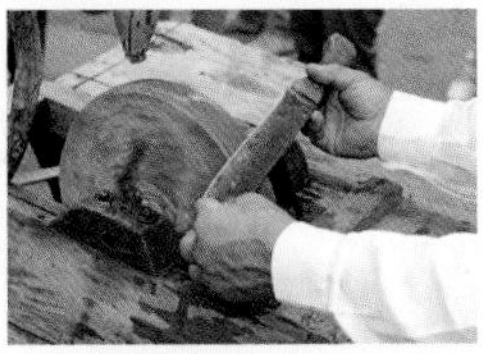

3 Ändern Sie die Reihenfolge von Nebensatz und Hauptsatz.

1. Ich habe mich selbstständig gemacht, als ich meinen Job verloren hatte.
   Als ich meinen Job verloren hatte, habe ich mich selbstständig gemacht.
2. Die Arbeitslosigkeit steigt, sobald alte Berufe schneller wegfallen als neue entstehen.
   ______
3. Seit es Smartphones gibt, sprechen die Menschen weniger miteinander.
   ______
4. Viele Menschen möchten lieber im Büro arbeiten, solange das möglich ist.
   ______
5. Ich arbeite im Homeoffice, während meine Kinder in der Schule sind.
   ______
6. Bis die Pandemie begann, gab es viel mehr Bürojobs.
   ______
7. Ich brauche eine größere Wohnung, bevor ich im Homeoffice arbeiten kann.
   ______

4 Schreiben Sie je eine Aussage über sich mit den Konnektoren rechts.

Nachdem ich etwas Deutsch gelernt hatte, bekam ich schnell einen Job.

seit
bis
während
nachdem

5 Markieren Sie die zeitlichen Konnektoren und unterstreichen Sie die Nebensätze.

Mein Name ist mein Beruf

Es sind typisch deutsche Nachnamen: Müller, Schneider, Schmidt, Meier. Aber woher kommen sie eigentlich?
Bevor es Nachnamen gab, hatten Menschen oft nur einen Vornamen. Während im Mittelalter handwerkliche Techniken weiterentwickelt wurden, entstanden neue Berufe. Die Menschen, die den Beruf ausübten, waren zum Beispiel Müller oder Schneider – und das wurde ihr Nachname. Nicht immer wurde der Beruf zum Nachnamen. Zum Beispiel gab es im Mittelalter in Deutschland sehr viele Bauern, und der Nachname ergab auf dem Land keinen Sinn, denn man konnte die Menschen damit nicht unterscheiden. Während sich in Städten die Berufe als Nachnamen durchsetzen, trugen die Menschen auf dem

Land oft den Herkunfts- oder Wohnort als Nachnamen, wie Frank oder Böhm. Auch wenn Nachnamen nun weit verbreitet waren: Man musste lange Zeit keinen Nachnamen haben. Das änderte sich erst, als 1875 Standesämter in Deutschland eingeführt wurden. Jetzt hatte man keine Wahl mehr: Seit es Standesämter gibt, muss für jede Person ein Vor- und Familienname eingetragen werden.
Die häufigsten deutschen Familiennamen sind auch heute noch Berufe. Allerdings ist die Bedeutung inzwischen in Vergessenheit geraten, nachdem die Berufe ausgestorben sind. Wer weiß heute noch, dass ein Meier ein Verwalter war oder der Name Schmidt vom Beruf Schmied abgeleitet wurde?

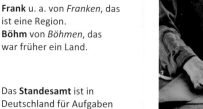

Als **Mittelalter** bezeichnet man die Zeit vom ca. 6. bis 15. Jahrhundert.

Frank u. a. von *Franken*, das ist eine Region.
Böhm von *Böhmen*, das war früher ein Land.

Das **Standesamt** ist in Deutschland für Aufgaben zuständig, die mit einer Person zu tun haben, z. B. Geburt oder Heirat.

6 Markieren (1–5) bzw. ergänzen (6–9) Sie den passenden Konnektor. Achtung, zwei Konnektoren bleiben übrig.

Berufe, die es nicht mehr gibt

Lampist

(1) *Bevor* / *Während* es elektrische Lampen gab, wurden Lampen mit Petroleum betrieben. Das war nicht nur in den Häusern so, sondern auch bei Straßenlaternen. Die Petroleumlampen und -laternen brannten erst, (2) *bis* / *nachdem* man sie von Hand angezündet hat. (3) *Seit* / *Sobald* die Laternen brannten, musste jemand regelmäßig kontrollieren, ob noch genug Petroleum in der Lampe war. Diese Aufgabe hat ein Lampist übernommen. (4) *Als* / *Bevor* Petroleumlaternen aus den Städten verschwanden, brauchte man auch keine Lampisten mehr.
(5) *Nachdem* / *Seit* die Straßenlaternen elektrisch betrieben werden, schalten sie sich automatisch ein und aus.

Stadtpfeifer

(6) ________ es Dörfer und Städte gibt, möchten die Bewohner Musik hören, zum Beispiel zu öffentlichen Feiern und Festen. (7) ________ im 19. Jahrhundert Kapellen dafür zuständig waren, übernahm ein Stadtpfeifer diese Aufgabe. (8) ________ eine Hochzeit stattfand oder ein Adliger in die Stadt kam, spielte der Stadtpfeifer. (9) ________ es überall Uhren gab, waren die Stadtpfeifer auch dafür zuständig, den Bürgerinnen und Bürgern mit einem Signal die Zeit anzuzeigen.
Übrigens hatten Mitglieder der Familie Bach lange Zeit das Amt des Stadtpfeifers in verschiedenen Städten, u. a. in Erfurt und Eisenach.

das **Petroleum**: ein flüssiger Brennstoff

bevor • bis • seit • seit • während • während

die **Kapelle**, -n: hier eine Bezeichnung für eine Musikgruppe, eine *Musikkapelle*. Wenn die Kapelle z. B. nur Blasinstrumente wie Trompeten und Posaunen spielt, nennt man sie auch Blaskapelle.

7 Ergänzen Sie die passenden zeitlichen Konnektoren.

Berufe im Wandel: Schornsteinfeger

Schonsteinfeger gab es wahrscheinlich in anderen Ländern schon lange, (1) ________ sie in Deutschland bekannt waren. Hier fegten viele Hausbesitzer ihre Kamine zunächst selbst. Das änderte sich, (2) ________ in Deutschland 1727 Vorschriften erlassen wurden: (3) ________ es diese Vorschriften gibt, müssen Schornsteinfeger die Schornsteine und Kamine kontrollieren. Die Vorschriften wurden erlassen, (4) ________ es im 16. und 17. Jahrhundert viele große Brände wegen kaputter Schornsteine gegeben hatte. (5) ________ die meisten Haushalte in Deutschland von Kohleöfen auf Gas- oder Ölheizungen umgestellt haben, haben Schornsteinfeger andere Aufgaben. (6) ________ Schornsteinfeger früher den Schornstein gefegt haben, überprüfen sie heute die Abgasanlage einer Heizung. Das heißt: (7) ________ es Heizungen gibt, gibt es auch Schornsteinfeger.

Ein anderes Wort für **fegen** ist *kehren*. In manchen Regionen, vor allem in Süddeutschland, nennt man den **Schornsteinfeger** auch *Kaminkehrer*.

der **Kamin**, -e: eine Einrichtung in einem Haus, in der man z. B. Holz oder Kohle verbrennt. In der Schweiz ist *Kamin* aber ein Wort für *Schornstein*.

der **Schornstein**, -e: Durch den Schornstein ziehen Abgase aus z. B. einem Kamin ab. Schornsteine gibt es auf Wohnhäusern, aber auch z. B. in Industrieanlagen.

8 Schreiben Sie die Sätze.

Die Berufe meiner Urgroßeltern

Heute schreibe ich über ein ganz spannendes Thema, über das ich erst jetzt mehr erfahren habe.

(1) ____.

Meine Urgroßmutter hat früher als Milchmädchen gearbeitet und Milch verkauft.

(2) ____.

Das machte sie früher natürlich von Hand, nicht mit einer Maschine.

(3) ____.

Sie musste die Kannen mit einem Handwagen zu den Leuten fahren, die die Milch gekauft haben.

(4) ____.

Mein Urgroßvater hatte früher auch einen Beruf, den ich nicht kannte. Ich wusste, dass er viele Jahre als Bergmann gearbeitet hat. (5) ____.

Er hat ganz früh morgens Zeitungen von der Druckerei abgeholt und sie dann in der Stadt verkauft. (6) ____.

1. letzte Woche | ich | war | als | bei meinen Großeltern || haben erzählt | von ihren Eltern | sie | mir
2. bevor | die Milch | sie | verkaufen | konnte || sie | musste | selbst melken | die Kühe
3. lange gedauert | hat | es || bis | voll waren | alle Kannen
4. sie | nachdem | alles verkauft hatte || sie | zu Hause | musste | auf dem Feld arbeiten
5. bevor | Bergmann | er | war || er | gewesen | aber Zeitungsjunge | ist
6. noch eine Zeitung in der Hand | solange | hatte | er || durfte | keinen Feierabend | machen | er

Ein **Bergmann** ist allgemein jemand, der in einem Bergwerk arbeitet. In Deutschland gab es viele Steinkohlebergwerke, die Kohle unter der Erde - man sagt *unter Tage* - abgebaut haben. Am 21.12.2018 wurde das letzte Untertagebergwerk in Deutschland geschlossen.

→ online

46

Nebensätze mit *wenn*: Bedingung, Zeit, Wiederholung

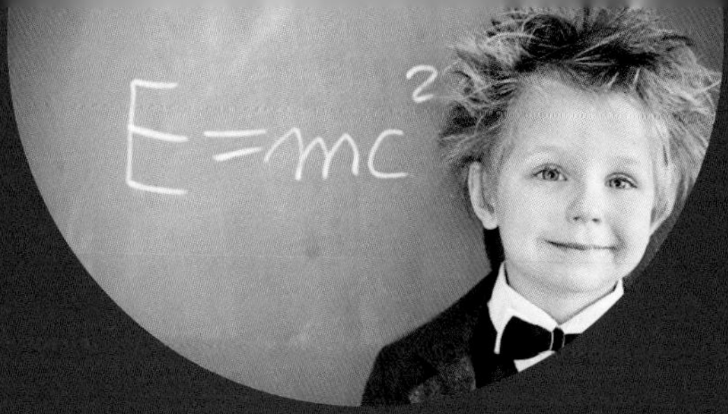

Wenn ich die große Zeitmaschine erfinde, werde ich so berühmt wie Albert Einstein und Harry Potter.

Albert Einstein (1879 - 1955) war ein theoretischer Physiker, der mit seiner Relativitätstheorie von 1905 / 1915 die Physik und das Weltbild der Menschheit revolutionierte. Er engagierte sich sein Leben lang für Völkerverständigung und Frieden. 1933 musste er vor den Nazis aus Deutschland fliehen.

→ Arten von Konnektoren, S. 194

Bedingungen: *wenn*, *falls*

<u>Nebensatz</u>: Bedingung (*wenn/falls*) – <u>Hauptsatz</u>: Folge

Variante 1: Reale Bedingungen sind erfüllbar.

Wenn/Falls Einsteins Theorie stimmt, (dann) kann sich nichts schneller als das Licht bewegen.
Ich helfe dir in Deutsch, **wenn/falls** du mir die Physikaufgaben erklärst.
Nach diesem Deutschkurs mache ich den B2-Kurs, **wenn/falls** ich die B1-Prüfung bestehe.
Wenn/Falls Sie interessantere Aufgaben haben wollen, müssen Sie mehr Verantwortung übernehmen.

Der *wenn*-Satz steht sehr oft vor dem Hauptsatz.

→ Nebensätze: Zeit, S. 206

Variante 2: Irreale Bedingungen sind (im Moment) nicht erfüllbar.

In diesen Sätzen verwendet man den Konjunktiv II.

Ich **fände** es toll, **wenn** ich ein bisschen mehr von Mathematik und Physik **verstehen würde**.
Es **würde** mir sehr helfen, **wenn** ich mein Auto selbst reparieren **könnte**.
Wenn ich mehr Talent **hätte**, **würde** ich gerne Maler **werden**.
Wenn mehr Menschen wieder Handwerksberufe **lernen würden**, (dann) **wäre** das gut.

Bei realen Bedingungssätzen kann man *wenn* durch *falls* ersetzen.

→ Konjunktiv II, S. 60

Zeitpunkt in der Zukunft: *wenn*

1. **Wenn** der Unterricht zu Ende ist, gehen wir noch etwas essen.
2. **Wenn** die Urlaubszeit vorbei ist, (dann) kann ich wieder als Kellnerin arbeiten.
3. Ich lasse mich sofort impfen, **wenn** im Herbst die neue Impfung da ist.
4. Bitte bring dein Mathebuch mit, **wenn** du nachher zu mir kommst.

1. **Sobald** der Unterricht zu Ende ist, ...
2. **Sobald** die Urlaubszeit ...
3. ... **falls/sobald** im Herbst ...
4. ... **falls** du nachher ...

Bei *wenn*-Sätzen kann man oft nicht klar zwischen Zeit und Bedingung unterscheiden. Ein *wenn*, das einen Zeitpunkt ausdrückt, kann man durch *sobald* ersetzen. Ein *wenn*, das eine Bedingung ausdrückt, durch *falls*.

Wiederholung in Vergangenheit, Gegenwart und Zukunft: *immer wenn*

Mit *immer wenn* beschreibt man Ereignisse, die mehrmals stattfinden oder stattgefunden haben.

Unser Bild von der Welt ändert sich **immer**, **wenn** die Wissenschaft neue Forschungsergebnisse hat.
Immer wenn neue Maschinen eingesetzt wurden, veränderten sich auch die Arbeitsplätze.
Meine Tochter ist **immer** ganz begeistert, **wenn** sie in der Schule etwas Neues über die Natur lernt.

Im Gegensatz dazu verweist *als* auf **einzelne** Ereignisse in der Vergangenheit:
Als Einstein 1905 die Relativitätstheorie veröffentlichte, war das eine Sensation.

→ Nebensätze: Zeit, S. 206

56 57

1 Was passt zusammen? Verbinden Sie.

1. Wenn ich meine Arbeit heute schaffe,
2. Meine Tochter würde gern Biologie studieren,
3. Sie könnten bei uns Karriere machen,
4. Wenn Roboter menschliche Arbeit ersetzen,
5. Wir werden alle fortgebildet,

___ a) wenn ihre Abiturnoten gut genug wären.
___ b) wenn Sie das wirklich wollten.
___ c) wenn die neuen Computer da sind.
___ d) dann muss das nicht immer schlecht sein.
_1_ e) können wir heute Abend ins Kino gehen.

2 Ist die Bedingung real (R) oder irreal (I)? Markieren Sie.

	R	I
1. Wenn wir schneller als das Licht fliegen könnten, wäre eine Reise zum Mars kein Problem.	○	⊘
2. Millionen Menschen bleiben gesund, wenn man einen Impfstoff gegen Malaria findet.	○	○
3. Kannst du mir das Buch über Lise Meitner mitbringen, falls du morgen kommst?	○	○
4. Wenn man nicht Geld verdienen müsste, dann könnte man viel besser leben.	○	○
5. Wenn das Wetter gut wird, können wir morgen schwimmen gehen.	○	○
6. Viele Menschen wären glücklicher, wenn sie einen Handwerksberuf hätten.	○	○

Lise Meitner (1878–1968) war eine österreichische Kernphysikerin, die an den vorbereitenden Arbeiten zur Kernspaltung beteiligt war. Den Nobelpreis für diese Arbeiten erhielt nur Otto Hahn, obwohl dieser selbst sie auch für den Preis vorgeschlagen hat.

3 Schreiben Sie die Sätze mit *wenn* oder *immer wenn*.

1. Es gibt Pflegeroboter. Man braucht weniger Pflegepersonal.
   Wenn es ______________________
2. Im Gesundheitswesen wird gespart. Die Menschen werden kränker.
   Immer wenn ______________________
3. Es gibt eine Wirtschaftskrise. Arbeitsplätze werden abgebaut.
   ____
4. Ich habe am nächsten Sonntag Zeit. Ich gehe Rad fahren.
   ____

4 Ändern Sie die Reihenfolge von Nebensatz und Hauptsatz.

1. Ich bin immer ganz fasziniert, wenn ich über Wissenschaftlerinnen lese.
   Wenn ich über Wissenschaftlerinnen lese, bin ich immer ganz fasziniert.
2. Arbeitnehmer*innen sind zufriedener, wenn sie selbstständig arbeiten können.
   ____
3. Die Arbeit wird interessanter, wenn Computer die Routineaufgaben erledigen.
   ____

Mit dem * (Sternchen) kann man in einem Nomen männliche und weibliche Formen verbinden. Andere Konventionen dafür sind z. B.: Musiker/innen, MalerInnen, Verkäufer_innen.

5 Schreiben Sie drei Aussagen über sich wie im Beispiel.

Falls ich die B1-Prüfung bestehe, mache ich gleich noch den B2-Kurs.

falls
wenn
immer wenn

6 Entscheiden Sie bei den Nebensätzen mit *wenn*, ob es eine Bedingung, eine Wiederholung oder ein Zeitpunkt in der Zukunft ist.

auf Lehramt studieren: umgangssprachlicher Ausdruck, wenn man ein Fach z. B. Mathematik, studiert, um Lehrer*in an einer Schule zu werden.

(1) Wenn ich mich an meinen Matheunterricht erinnere, denke ich an meinen tollen Lehrer. Der konnte alles erklären. Jetzt studiere ich selbst Mathe auf Lehramt. Ich hoffe, ich werde später auch alles gut erklären können, (2) wenn mich die Schüler etwas fragen.

Meine Tochter Lara ist fünf und möchte mit mir schon rechnen üben. Das geht aber nur, (3) wenn ich nicht lange arbeiten muss, sonst ist es zu spät. Im Herbst wird sie eingeschult. (4) Wenn Lara in der ersten Klasse ist, kann sie schon ein bisschen was.

Bedingung: ______ Wiederholung: _1_ Zeitpunkt in der Zukunft: ______

7 Ergänzen Sie *als* oder *wenn*.

Yps war eine deutsche Comic-Zeitschrift für Kinder und Jugendliche, die von 1975 bis 2000 erschienen ist. Die Zeitschrift enthielt neben kreativen Aufgaben und naturwissenschaftlichen Informationen einen sogenannten Gimmick, das ist eine kostenlose Beilage zu einer Zeitschrift. Die Gimmicks waren oft Spielsachen oder etwas zum Basteln. Später erschien *Yps* noch mal mit anderen Inhalten und war für junge Erwachsene.

Leserstimmen: Mein Lieblingsfach

Physik fand ich früher total spannend. (1) ______ ich klein war, haben mir meine Eltern oft Yps-Hefte gekauft. Immer (2) ______ ich das neue Heft hatte, habe ich zuerst die Seiten zu naturwissenschaftlichen Themen gelesen. Einmal gab es eine Modellrakete zum Basteln. (3) ______ ich damit fertig war, habe ich mehr über Raumfahrt gelesen. Total spannend. Aber (4) ______ ich mich an den Physikunterricht in der Schule erinnere – oh weia! Mein Lehrer war sooo langweilig und er konnte nicht gut erklären! Das war schade. Immer (5) ______ wir Physik hatten, habe ich meine Yps-Hefte mit in den Unterricht genommen. Damit hatte ich ein wenig Unterhaltung. (6) ______ ich das Abi gemacht habe, meinte der Lehrer zu mir: „Sie sind bestimmt froh, (7) ______ Sie jetzt keinen Physikunterricht mehr haben." Ich antwortete, dass ich Physik studieren werde. Ich musste lachen, (8) ______ ich sein Gesicht in dem Moment gesehen habe. Er hat mir nicht geglaubt. Aber ich habe tatsächlich Physik studiert und arbeite heute an der Uni.

8 Ergänzen Sie *sobald* oder *falls*.

Mit dem **Kern** ist hier der Kern eines Atoms gemeint.

Otto Hahn (1879–1968) war ein deutscher Chemiker.
Lise Meitner (1878–1968) war eine österreichische Physikerin.
Otto Frisch (1904–1979) war ein österreichischer Physiker.

Uran ist ein chemisches Element.

Die Entdeckung der Kernspaltung

(1) ________ man das Stichwort „Kernspaltung" hört, denkt man an Otto Hahn. Für die Entdeckung der Kernspaltung bekam er 1945 den Nobelpreis für Chemie. (2) ________ Sie sich mit der Geschichte der Kernspaltung beschäftigt haben, wissen Sie aber, dass viele Wissenschaftler daran beteiligt waren. Die physikalisch-theoretische Beschreibung der Atomkernspaltung kam auch nicht von Otto Hahn. (3) ________ Otto Hahn sein Experiment im Jahr 1938 erfolgreich beendet hatte, suchte er nach einer Erklärung. (4) ________ Uran in zwei andere Elemente zerfallen könnte, wäre das eine Erklärung für das Ergebnis des Experiments. Hahn schrieb an seine Kollegin Lise Meitner und fragte, ob das möglich wäre. (5) ________ Lise Meitner von dem Ergebnis wusste, arbeitete sie zusammen mit ihrem Neffen Otto Frisch an einer theoretischen Erklärung, und veröffentlichte sie bereits im Februar 1939.

9 Markieren Sie den passenden Konnektor.

Berühmte und berüchtigte Physiker

(1) *Als/Wenn* Sie an Physiker aus dem deutschsprachigen Raum denken, fällt Ihnen wahrscheinlich zuerst Albert Einstein ein. Aber er ist natürlich nicht der einzige bedeutende Physiker. (2) *Als/Wenn* zum Beispiel Wilhelm Conrad Röntgen im Jahr 1895 die Röntgenstrahlen entdeckt hat, war das eine Revolution für die Medizin. Röntgen war ein sehr zurückhaltender Mensch. Hingegen nahm Wolfgang Pauli kein Blatt vor den Mund. (3) *Falls/Wenn* ihm etwas nicht gefiel, sagte er es einfach, und er war dabei nicht immer höflich – aber ehrlich. Kein Wunder, dass alle etwas angespannt waren, (4) *als/sobald* Pauli den Raum betrat. Pauli bekam 1945 den Nobelpreis für Physik.

(5) *Sobald/Wenn* man in die jüngere Vergangenheit schaut, findet man mit Reinhard Genzel wieder einen Physiker, der den Nobelpreis bekommen hat – und zwar im Jahr 2020 für die Entdeckung des Schwarzen Lochs im Zentrum der Milchstraße.
(6) *Falls/Sobald* Sie mehr über deutschsprachige Physiker wissen möchten, besuchen Sie doch das Deutsche Museum in München.

Wilhelm Conrad Röntgen (1845–1923) war ein deutscher Physiker. Im Jahr 1901 erhielt er für die Entdeckung der Röntgenstrahlen den Nobelpreis für Physik.
Wolfgang Pauli (1900–1958) war ein österreichischer Physiker. Nach ihm ist in der Physik das Pauli-Prinzip benannt.
Reinhard Genzel (*1958) ist ein deutscher Physiker. Den Nobelpreis bekam er zusammen mit der US-amerikanischen Astronomin Andrea Ghez.

kein Blatt vor den Mund nehmen: wenn jemand immer seine Meinung sagt, auch wenn es unhöflich oder unfreundlich ist.

10 Schreiben Sie die Sätze.

LeserInnen erinnern sich an ihren Physikunterricht

Ich habe am meisten über Physik gelernt, (1) ______________________________
______________________________. Einmal bin ich vor einen großen
ich | als | Fahrrad fahren | lernen (Perfekt)
Blumentopf im Vorgarten gefahren, (2) ______________________________
____
meinen Eltern | ich | meine Fahrkünste | als | zeigen wollen (Prät.)

Über Physik habe ich gelernt: (3) ______________________________,
das Fahrrad | wenn | plötzlich | stoppen (Präs.)
fliege ich über den Lenker in den großen Oleander. Naja, meine Eltern waren nicht sehr beeindruckt.

Ich weiß nicht mehr, ob es im Physik- oder Chemieunterricht war, aber: (4) ______
____
____
finden (Prät.) | es | total spannend | ich | wir | als | die Kartoffeluhr | wir | bauen (Perfekt)

Die Kartoffel ist wie eine Batterie. (5) ______________________________
____
die Kabel | stecken (Prät.) | sobald | in der Kartoffel | die Uhr | anfangen zu laufen (Prät.)

(6) ______________________________
____
ich | immer | denken müssen (Präs.) | daran | wenn | auf dem Smartphone die Uhrzeit | sehen (Präs.) | ich

(7) ______________________________
____
doch | es | sein (Konj.) | witzig | auch Smartphones mit einer Kartoffel | wenn | laufen (Konj.)

Fahrkünste: umgangssprachlicher und etwas ironisch gemeinter Begriff für die Fähigkeit, ein Auto, Fahrrad o. Ä. zu fahren. Oft benutzt man dieses Wort, wenn jemand nicht so gut fahren kann.

der **Lenker**, -: der Teil des Fahrrads oder Motorrads, an dem die Griffe sind und mit dem man das Fahrrad lenkt. Ein Auto lenkt man dagegen mit dem *Lenkrad*, weil es ein rundes Rad ist.

→ online

47 Nebensätze: Grund, Ziel und Folge

Viele Leute möchten eine Eigentumswohnung kaufen, **um** später keine Miete mehr zahlen **zu** müssen.

→ Arten von Konnektoren, S. 194

Die Konnektoren *weil* und *da* bedeuten dasselbe. Der Nebensatz mit *da* steht meist vor dem Hauptsatz.

weil, da (Grund)

Der Nebensatz gibt den Grund für die Information im Hauptsatz an.

Die meisten Deutschen wohnen zur Miete, **weil/da** sie sich kein Eigentum leisten können.
Da/Weil die Mieten für viele Menschen sehr hoch sind, sind sie ein gesellschaftliches Problem.
Die Mehrheit der Deutschen wohnt in Städten, **weil/da** dort auch die meisten Arbeitsplätze sind.

→ Infinitivsätze, S. 230

Viele Mietshäuser haben eine **Hausordnung**. Sie sagt, was im Haus erlaubt und verboten ist, und regelt ggf. auch die Putzdienste und im Winter das Schneeräumen.

Bei einem **Straßenfest** feiern die Menschen einer Nachbarschaft auf der Straße. Es gibt kommerzielle Straßenfeste, aber auch selbst organisierte Nachbarschaftsfeste.

damit, um ... zu (Ziel)

Der Nebensatz gibt das Ziel der Information im Hauptsatz an.

Wir wollen uns ein Haus auf dem Land kaufen, **damit** die Kinder in der Natur aufwachsen.
Damit wir mobil bleiben, brauchen wir aber dann zwei Autos.

Es wird zurzeit viel gebaut, **um** neue Mietwohnungen **zu** schaffen.
Um das Zusammenleben im Haus **zu** regeln, haben Mietshäuser eine Hausordnung.

Wenn Haupt- und Nebensatz das gleiche Subjekt haben, kann man *damit* oder *um ... zu* verwenden. Beim Nebensatz mit *um... zu* wird das Subjekt nicht wiederholt.

Wir feiern jedes Jahr ein Straßenfest, **damit** wir die neuen Nachbarn kennenlernen.

Wir feiern jedes Jahr ein Straßenfest, **um** die neuen Nachbarn kennen**zu**lernen.

Wenn Haupt- und Nebensatz unterschiedliche Subjekte haben, kann man nur *damit* verwenden.

Wir feiern jedes Jahr ein Straßenfest, **damit** die neuen Nachbarn uns kennenlernen.

Nebensätze mit *sodass* können nicht am Anfang stehen.

sodass (Folge/Konsequenz)

Der Nebensatz gibt die Folge/Konsequenz der Information im Hauptsatz an.

Unsere Nachbarn sind sehr unfreundlich, **sodass** wir wenig Kontakt haben.
Es gibt zu wenig Mietwohnungen, **sodass** die Mieten überall steigen.

so ... dass (Folge/Konsequenz)

Hier steht *so* im Hauptsatz und betont das Adjektiv.

Die Nachbarn sind **so** unfreundlich, **dass** wir keinen Kontakt mit ihnen wollen.
Unsere Nachbarin ist **so** nett, **dass** wir sie zu allen Festen einladen.

58

1 Haupt- und Nebensatz? Zwei Hauptsätze? Ergänzen Sie *weil / da* oder *denn*.

1. Ich kann meine Nachbarin nicht leiden, ___weil___ sie keine Katzen mag.
2. Unsere neuen Nachbarn mögen wir sehr, ____________ sie sind sehr freundlich.
3. Wir haben oft Streit mit einer Nachbarin, ____________ sie grillt gerne auf ihrem Balkon.
4. Wir kennen unsere Nachbarn kaum, ____________ wir viel unterwegs sind.

Grillen ist eine der häufigsten Ursachen für Streit in der Nachbarschaft. Das Grillen auf dem Balkon ist zwar gesetzlich nicht verboten, aber viele Hausordnungen verbieten zumindest die Benutzung von Holzkohlegrills auf dem Balkon.

2 Was passt zusammen? Verbinden Sie.

1. Wir passen auf eure Kinder auf,
2. Ich lade neue Nachbarn immer ein,
3. Wir versuchen nach 22 Uhr leise zu sein,
4. Unser Nachbar macht nachts die Musik laut,

___ a) um sie besser kennenzulernen.
_1_ b) damit ihr mal ins Theater gehen könnt.
___ c) damit wir uns ärgern.
___ d) um unsere Nachbarin nicht zu stören.

3 Verbinden Sie die Sätze mit *damit* und – wenn möglich – mit – *um ... zu*.

1. Es gibt bei uns eine Hausordnung. Die Nachbarn leben gut zusammen.
   Es gibt bei uns eine Hausordnung, damit die Nachbarn gut zusammenleben.
2. Wir lassen die Waschmaschine nie nach 22 Uhr laufen. Wir stören die Nachbarn nicht.
   ____
3. Wir kaufen für unsere alte Nachbarin ein. Wir unterstützen sie.
   ____
4. Unsere Nachbarn ärgern uns. Wir ziehen aus.
   ____

4 Schreiben Sie die Sätze mit *sodass* oder *so ... dass*.

1. Unsere Nachbarn haben für uns eingekauft. Wir müssen nicht aus dem Haus.
   Unsere Nachbarn haben für uns eingekauft, sodass wir nicht aus dem Haus müssen.
2. Unsere Vermieterin erhöht die Miete. Wir müssen umziehen.
   ____
3. Wir grillen gerne im Park. Wir gehen jeden Sonntag dorthin.
   ____
4. Unsere alte Nachbarin ist gehbehindert. Wir kaufen für sie ein.
   ____

der **Vermieter**, -: Eigentümer einer Wohnung, der diese gegen monatliche Bezahlung (Miete) dem Mieter überlässt (vermietet).

Fast 60 % aller Menschen in Deutschland wohnen zur Miete. Da es in den Städten oft nicht genug Mietwohnungen gibt, können die Vermieter*innen sehr hohe Miete verlangen. Viele Haushalte geben über 30 % des Nettoeinkommens für die Miete aus.

5 Schreiben Sie je eine Aussage über sich mit *weil*, *damit* und *sodass*.

Ich lerne zurzeit viel, damit ...

Das **Rhein-Main-Gebiet** ist eine Metropolregion in Deutschland, das in Teilen von Rheinland-Pfalz, Hessen und Bayern liegt. Das Zentrum ist Frankfurt, andere bekannte Städte im Rhein-Main-Gebiet sind Aschaffenburg, Darmstadt, Mainz, Wiesbaden. Im Rhein-Main-Gebiet leben über 5 Millionen Menschen.

die **WG**: kurz für *Wohngemeinschaft*, wenn Menschen zusammen wohnen, um z. B. Miete zu sparen.

das **Umland** (nur Sing.): der Bereich um eine größere Stadt herum.

pendeln: Wenn man eine bestimmte Strecke zwischen zwei (meist etwas weiter entfernten) Orten regelmäßig fährt, z. B. zur Arbeit und von der Arbeit nach Hause, pendelt man. Die Menschen, die zur Arbeitsstelle pendeln, nennt man auch *Berufspendler*.

Berlin hat 12 Bezirke. Die Bezirke sind noch einmal aufgeteilt in insgesamt 96 Ortsteile. **Friedrichshain** ist ein Ortsteil im Bezirk Friedrichshain-Kreuzberg.

Deutschland-Portal Wohnungssuche und Immobilien

6 Markieren Sie die Konnektoren, mit denen Grund, Ziel oder Folge eingeleitet werden.

Da ich demnächst in Frankfurt arbeiten werde, muss ich dort eine Wohnung suchen. Das ist ganz schön schwierig. Wohnungen im Rhein-Main-Gebiet und insbesondere in Frankfurt sind teuer, sodass ich vielleicht erst in eine WG ziehe. Oder ich suche mir etwas im Umland, damit ich die Miete alleine bezahlen kann. Allerdings wäre ich dann eine Weile unterwegs, um zur Arbeit zu pendeln. Ich weiß einfach nicht, was ich machen soll. Aber ich muss mich bald entscheiden, weil ich schon in vier Wochen die neue Stelle antrete.

7 Markieren Sie den passenden Konnektor. Wählen Sie *X*, wenn kein Konnektor benötigt wird.

Vor fünf Jahren ist meine Firma von Magdeburg nach Berlin gezogen, (1) *obwohl / sodass* ich mir dort eine Wohnung suchen musste. Ich wollte nach Friedrichshain ziehen, (2) *sodass / weil* ich mich hier wohlfühle. Wären da nur nicht die hohen Mieten! Zum Glück sind zwei nette Kollegen auch (3a) *so / X* nach Berlin gezogen, (3b) *dass / sodass* wir uns eine tolle Altbauwohnung teilen konnten. Im Moment machen wir uns aber Sorgen, (4a) *da / um* das Haus vielleicht saniert (4b) *zu / X* werden soll. Das klingt erst mal gut, aber viele Eigentümer nutzen die Gelegenheit, (5a) *da / um* die Mieten deutlich (5b) *zu / X* erhöhen. Manchmal sind die Mieten dann (6a) *so / X* hoch, (6b) *dass / sodass* man sich die Wohnung nicht mehr leisten kann und umziehen muss. Ich hoffe, dass das bei uns nicht passieren wird. Inzwischen arbeite ich von zu Hause, (7) *damit / sodass* ich beim Wohnort eigentlich die freie Wahl habe. Aber ich würde schon gerne in Friedrichshain bleiben.

8 Ergänzen Sie die Konnektoren links. Manche Lücken bleiben leer.

da • damit • so ... dass • sodass • sodass • um ... zu • um ... zu • ~~weil~~

Wir sind schon vor vielen Jahren aus der Stadt aufs Land gezogen, (1a) ___weil___ wir die Natur so sehr (1b) ___X___ lieben. Außerdem sind die Mieten (2a) ________ auf dem Land viel niedriger, (2b) ________ wir uns hier ein großes Haus leisten können. In der Stadt hätten wir mindestens das Doppelte bezahlen müssen, (3a) ________ ein kleines Haus mieten (3b) ________ können. Wir mögen das Leben auf dem Land auch, (4) ________ es nicht so anonym ist wie in einer Stadt. Wir haben sogar (5a) ________ guten Kontakt zu unseren Nachbarn, (5b) ________ wir unsere Familienfeste gemeinsam feiern. Nur leider wohnen unsere alten Freunde jetzt weit weg und müssen lange fahren, (6a) ________ uns (6b) ________ besuchen – oder umgekehrt. Das kostet natürlich (7a) ________ Zeit und Geld, (7b) ________ wir uns leider nicht mehr so häufig sehen wie früher. Aber wir haben ja wie gesagt neue Freunde hier gefunden und fühlen uns sehr wohl. Wir möchten bald unser eigenes Haus hier bauen und unbedingt einen großen Garten haben, (8a) ________ wir in Zukunft selbst Obst und Gemüse anbauen (8b) ________ können.

9 Ergänzen Sie die Konnektoren rechts. Einige Lücken bleiben leer.

damit • so ... dass • so ... dass • sodass • sodass • um ... zu • um ... zu • weil • weil • ~~weil~~

Ich habe inzwischen viele Erfahrungen mit der Wohnungssuche in Deutschland gemacht, (1a) _weil_ ich für meinen Beruf mehrmals (1b) _X_ umziehen musste. In einigen Städten ist das Wohnungsangebot (2a) ________ groß, (2b) ________ man kaum Probleme hat, eine passende Wohnung zu finden. In anderen Städten gibt es Wohnungsgenossenschaften. Wenn man eine Wohnung mieten will, muss man Mitglied sein, (3) ________ man zuerst einen Aufnahmeantrag stellen muss. Die Wohnungen der Genossenschaften sind dann relativ günstig. Vor allem sind die Wohnungen oft in einem sehr guten Zustand, (4) ________ sich die Wohnungsgenossenschaft um die Immobilien kümmert. In manchen Städten muss man viel Geduld haben, (5a) ________ eine passende Wohnung (5b) ________ finden. Zum Beispiel wollen viele Menschen (6a) ________ nach Berlin ziehen, (6b) ________ es dort wenige freie Wohnungen gibt. Auch ich musste vor ein paar Jahren beruflich nach Berlin. (7) ________ man eine Chance auf eine Wohnung hat, sollte man bei Besichtigungen Unterlagen mitbringen: eine Selbstauskunft, einen Gehaltsnachweis, eine Ausweiskopie. Ich hatte mich gefragt, ob ich das wirklich brauche, (8a) ________ eine kleine Wohnung (8b) ________ mieten. Die Antwort ist: Ja! Bei der Besichtigung war es (9a) ________ voll, (9b) ________ die Menschen bis auf die Straße standen. Die Maklerin hat sofort gesagt, dass ich keine Chance habe, (10) ________ ich ohne Unterlagen gekommen bin. Das ist mir danach kein zweites Mal passiert.

Eine **Wohnungsgenossenschaft** ist eine Organisation, die Menschen Wohnungen zu fairen Mieten zur Verfügung stellen möchte. In Deutschland gibt es seit dem späten 19. Jahrhundert Wohnungsgenossenschaften, heute gibt es weit über 1000.

In einer **Selbstauskunft** macht man Angaben über die eigene Person, z. B. Name und Anschrift, oft aber auch zum Beruf und Einkommen.

Ein **Gehaltsnachweis** ist eine schriftliche Auskunft über das Einkommen. Das kann zum Beispiel ein Arbeitsvertrag sein oder eine Bestätigung eines Steuerberaters.

10 Schreiben Sie die Sätze.

A ____

____

____

____ Das klappt auch super.

1. es | manchmal sehr laut | sein | bei uns | unsere Nachbarn | weil | zu Hause musizieren
2. meist in der Frühschicht | ich | arbeiten | sodass | abends gegen 19 Uhr | ich | ins Bett gehen
3. dann | ich | Bescheid sagen | den Nachbarn | sie | damit | etwas leiser sind

B ____

____

____

____ Aber das macht ja nichts.

1. sich treffen | in unserem Haus | einige Nachbarn | regelmäßig | gemeinsam Kaffee trinken | um ... zu
2. im Homeoffice | arbeiten | da | mehrere Nachbarn | nicht gut zu Hause | sich treffen können | wir
3. gehen | wir | in ein Café | damit | niemanden stören | wir

→ online

48 Nebensätze: Gegensatz, Vergleich, Folge

Obwohl das Wattenmeer an der Nordseeküste seit langer Zeit unter Naturschutz steht, ist seine Ökologie bedroht.

Das Adverb *trotzdem* hat fast die gleiche Bedeutung wie *obwohl*.

→ Hauptsätze verbinden, S. 194

→ Arten von Konnektoren, S. 194

Nicht vergessen: Vor dem Nebensatz steht immer ein Komma.

Die Konnektoren *als ob* und *als wenn* haben die gleiche Bedeutung.

obwohl (Gegensatz/Kontrast)

Die Information im Nebensatz ist ein Gegensatz bzw. Kontrast zur Information im Hauptsatz.

Ich liebe die Nordseeküste, **obwohl** ich in den Bergen aufgewachsen bin.
(Ich bin in den Bergen aufgewachsen, trotzdem liebe ich die Nordseeküste.)

Obwohl wir dringend die CO_2-Produktion reduzieren müssen, produzieren wir zu wenig Solarstrom.
(Eigentlich müssen wir die CO_2-Produktion reduzieren, trotzdem produzieren wir zu wenig Solarstrom.)

Wir verstehen die Welt nicht wirklich, **obwohl** wir sie schon so lange erforschen.
(Wir erforschen die Welt schon so lange, trotzdem verstehen wir sie nicht wirklich.)

als ob, als wenn (irreale Vergleiche)

Etwas erscheint so, aber es könnte auch anders sein.

Es sieht so aus, **als ob** / **als wenn** wir unsere Wattwanderung machen könnten.
(Aber sicher wissen wir das erst morgen.)

Sie sieht so aus, **als ob** / **als wenn** sie die Lösung des Problems hätte.
(Aber sicher ist das nicht!)

Wir müssen so tun, **als ob** / **als wenn** wir die Idee der Chefin ganz toll fänden.
(Wir finden sie aber blöd.)

In Nebensätzen mit *als ob* / *als wenn* verwendet man den Konjunktiv II.

ohne dass / ohne zu (keine Folge)

→ *damit, um ... zu*, S. 214

→ Infinitivsätze, S. 230

Man erwartet nach dem Hauptsatz eine bestimmte Folge, aber sie tritt nicht ein.

Wenn das Subjekt in Haupt- und Nebensatz gleich ist, kann man sowohl *ohne dass* als auch *ohne zu* verwenden. Ich war zwei Wochen an der Nordsee, **ohne dass** ich ins Wasser gegangen bin. Ich war zwei Wochen an der Nordsee, **ohne** ins Wasser **zu** gehen. (Wenn man am Meer ist, geht man eigentlich auch ins Wasser.)	Wenn das Subjekt im Nebensatz anders ist, dann kann man nur *ohne dass* verwenden. Wir fahren dieses Jahr zum ersten Mal in Urlaub, **ohne dass** unser Hund dabei ist. (Wenn wir in Urlaub fahren, nehmen wir normalerweise immer unseren Hund mit.)

59

1 Was passt zusammen? Verbinden Sie.

1. Das Wattenmeer kann gefährlich sein,
2. Man sollte nicht im Wattenmeer wandern,
3. Es sieht so aus,
4. Wir waren 10 Tage an der Nordsee,

___ a) ohne die Sonne zu sehen.
___ b) als ob wir morgen Sonne hätten.
_1_ c) obwohl es völlig ungefährlich aussieht.
___ d) ohne dass man einen guten Führer hat.

Das **Wattenmeer** ist ein Küstenbereich an der Nordsee in Dänemark, Deutschland und den Niederlanden. Es ist sehr flach, sodass das Wasser bei Ebbe sehr weit zurückgeht. Dann kann man lange **Wattwanderungen** machen.

2 Welcher Konnektor passt? Ergänzen Sie.

als ob • als ob • ~~obwohl~~ • ohne dass • sodass

1. Dieses Jahr machen wir Urlaub an der Nordsee, _obwohl_ wir das Mittelmeer schöner finden.
2. Wir werden im Strandkorb sitzen und so tun, ___________ wir in Spanien wären.
3. Man kann Ostfriesland nicht besuchen, ___________ man einmal Tee mit Kluntje trinkt.
4. Die geführten Wattwanderungen sind sicher, ___________ man keine Angst haben muss.
5. Gestern hatten wir einen Sonnenuntergang, ___________ wir an der Südsee wären.

Kluntje ist ein norddeutsches Wort für Kandiszucker. Das sind große Zuckerstücke, die wie Kristalle aussehen.

3 Schreiben Sie die Sätze mit *obwohl, ohne dass, ohne zu.*

1. Das Wetter wird schlecht. Wir gehen morgen am Strand spazieren. (obwohl)
   Wir gehen morgen am Strand spazieren, obwohl
2. Ich liebe die Nordsee. Es ist oft kalt und regnerisch. (obwohl)
   ____
3. Du kannst nicht nach Hamburg fahren. Du machst eine Hafenrundfahrt. (ohne zu)
   ____
4. Georg war in Urlaub. Wir haben das (nicht) gewusst. (ohne dass)
   ____

4 Schreiben Sie die Sätze mit *als ob, als wenn* und Konjunktiv II.

1. Sie tut so ... Sie weiß alles. (als ob)
   Sie tut so, als ob sie alles wüsste.
2. Es sieht so aus ... Wir brauchen noch eine Woche für die Arbeit. (als wenn)
   ____
3. Meine Chefin macht den Eindruck ... Sie ist sauer auf mich. (als ob)
   ____

5 Schreiben Sie drei Aussagen über sich wie im Beispiel.

Ich gehe gerne spazieren, obwohl ich ...

obwohl
als ob
ohne dass

Der **Europa-Park** ist ein großer Freizeitpark in Rust in Süddeutschland.

die **Watte** (nur Sing.): ein weißes, sehr weiches Material.

der **Naseweis**, -e: eine umgangssprachliche Bezeichnung vor allem für Kinder, die etwas vorwitzig sind, d. h. alles kommentieren und glauben, alles besser zu wissen.

6 Markieren Sie den passenden Konnektor.

- Übrigens, Carsten, wir fahren in den Ferien ans Wattenmeer, (1) *als ob / obwohl* ich auch gerne eine Fernreise gemacht hätte. Aber ich habe jetzt mal eine Ferienwohnung gebucht.
- ○ Warum planst du den Urlaub eigentlich immer, (2) *obwohl / ohne dass* ich mitreden darf?
- Weil du am liebsten eine ganze Woche in den Europa-Park fahren würdest, (3) *obwohl / ohne dass* es in der Natur viel interessanter ist. Deshalb fahren wir ans Wattenmeer.
- ○ Wattenmeer? Das hört sich so an, (4) *als ob / ohne dass* es aus Watte wäre.
- Nein, Carsten. So ist das nicht, (5) *als ob / obwohl* der Name etwas komisch klingt. Watt ist aber nur der Name für den Meeresboden dort.
- ○ Und warum heißt es dann nicht Meeresbodensee?
- Du bist wirklich ein Naseweis. Kannst du dir nicht mal was anhören, (6) *obwohl / ohne dass* du ständig Fragen stellst?
- ○ Warum?

→ *weil*, S. 214

öde: umgangssprachlich für *langweilig*.

7 Ergänzen Sie *obwohl* oder *weil*.

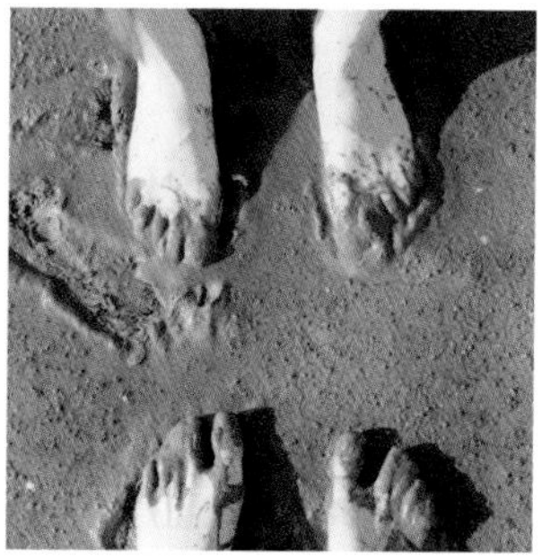

- ○ Mama, müssen wir die Wattwanderung machen? Das ist öde.
- Natürlich, Carsten! Wir machen die Wattwanderung, (1) ________ du das langweilig findest. Und wir machen die Wattwanderung heute, (2) ________ heute das Wetter gut ist.
- ○ Aber wir sind hier, (3) ________ wir Urlaub machen wollen. Und im Urlaub will ich Eis essen und nicht rumlaufen.
- Wir sind aber auch hier, (4) ________ wir etwas Neues lernen können. (5) ________ ich früher schon mal an der Nordsee war, habe ich zum Beispiel noch nie eine Wattwanderung gemacht.
- ○ Und ich war noch immer nicht Eis essen, (6) ________ wir schon einen Tag hier sind. Jetzt habe ich gelernt, dass wir im Urlaub immer nur das machen, was du willst, (7) ________ du etwas anderes behauptest!

8 Schreiben Sie die Sätze mit *als ob* und verwenden Sie den Konjunktiv.

1. es gleich regnen
2. da ein Wattwurm sein
3. dich das interessieren

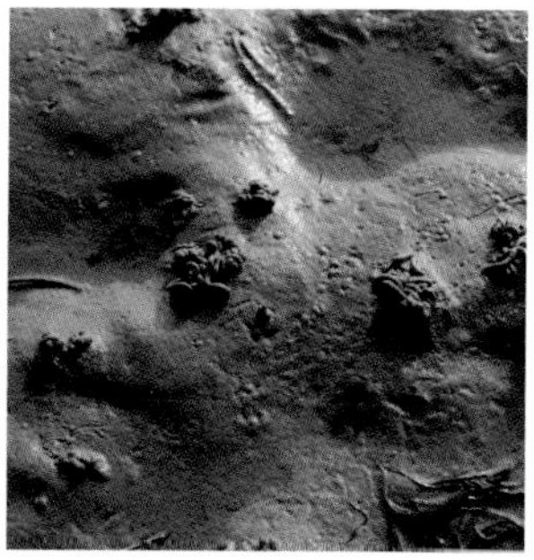

- Schau mal, Carsten, das ist das Watt. Ist das nicht spannend?
- ○ Nö. Können wir zurücklaufen? Es sieht so aus, (1) ______________________________.
- Das glaube ich nicht. Und sieh mal dort. Es siehst so aus, (2) ______________________________.
- ○ Super, Mama. Können wir jetzt zurück? Ich will Eis essen.
- Mensch, Carsten, kannst du nicht wenigstens so tun, (3) ______________________________?

9 Ergänzen Sie *ohne zu* und schreiben Sie *X*, wenn eine Lücke leer bleibt.

Helgoland ist immer eine Reise wert

Sie sollten Ihren Nordsee-Urlaub nicht beenden, (1) _____ einen Ausflug nach Helgoland _____ machen. Sie können mit dem schnellen Katamaran ganz bequem von Cuxhaven nach Helgoland fahren. Mit diesem Schiff reisen Sie, (2) _____ seekrank _____ werden, denn es schaukelt nicht. Wenn Sie auf der Insel Helgoland ankommen, können Sie direkt vom Katamaran an Land gehen, (3) _____ erst in kleine Boote umsteigen _____ müssen. Laufen Sie über die Insel oder entlang der Küste, (4) _____ wo Sie den weiten Blick aufs Meer genießen _____ können. Genießen Sie den Aufenthalt, (5) _____ lernen Sie die Insel in Ruhe _____ kennen. Aber verlassen Sie die Insel nicht, (6) _____ die berühmte Lange Anna gesehen _____ haben. Und für alle, die gerne shoppen, ist die Besonderheit interessant, (7) _____ dass Sie alle Waren zollfrei erwerben _____ können. Reisen Sie also nicht ab, (8) _____ ein___kaufen – Sie sparen nämlich die Zollgebühren!

seekrank: Wenn man auf einem Boot oder Schiff fährt und einem schlecht wird, weil es z. B. von den Wellen wackelt.

Die **Lange Anna** ist ein 47 Meter hoher Felsen aus Sandstein vor Helgoland. Bis 1860 war die Lange Anna noch mit den anderen Felsen von Helgoland verbunden, dann stürzte in der Mitte die natürliche Brücke aus Felsen ein.

10 Schreiben Sie die Sätze mit *als ob*, *obwohl*, *ohne dass*, *ohne zu*.

Es nervt. Morgen will Mama unbedingt die Wattwanderung machen, (1) ______________________________, dass ich das blöd finde.

Ja, Eltern können echt nerven. Wir fahren morgen alle in ein Museum, (2) ______________________________ Total langweilig!

Leon tut zwar so, (3) ______________________________, aber die Wattwanderung fand er doch spannend.

Echt?! Letztes Jahr haben wir mit Mareike eine gemacht. Sie hat den ganzen Tag die beleidigte Leberwurst gespielt und geschmollt, (4) ______________________________ Das war eine Vollkatastrophe!

1. ich | sagen (Perfekt) | obwohl | ihr
2. fragen (Perfekt Konj.) | ohne dass | uns | sie
3. ihn | das alles | nicht interessieren (Konj.) | als ob
4. mit uns | ohne ... zu | sprechen

beleidigte Leberwurst spielen: umgangssprachlicher Ausdruck dafür, dass jemand sehr schnell bzw. ohne richtigen Grund beleidigt ist.

schmollen: umgangssprachlicher Ausdruck dafür, dass jemand schweigt, weil er bzw. sie beleidigt oder gekränkt ist.

→ online

49 Relativsätze 1: *der, das, die*

Maultaschen sind ein Gericht,
das man aus Schwaben kennt.

→ Schwaben, S. 225

Der Relativsatz erklärt ein Nomen im Hauptsatz genauer. Er beginnt mit dem Relativpronomen.

Hauptsatz 1	Hauptsatz 2
Maultaschen sind ein Gericht.	Man kennt es aus Schwaben.

Wie alle Nebensätze, wird auch der Relativsatz vom Hauptsatz durch ein Komma getrennt.

Hauptsatz 1	Relativsatz
Maultaschen sind ein Gericht,	**das** man aus Schwaben kennt.

Relativsätze können auch mit Präpositionen beginnen.

→ Relativsätze 2, S. 226

Das Relativpronomen wiederholt Genus und Numerus vom Bezugswort: *das Gericht*.
Der Kasus des Relativpronomens richtet sich nach dem Verb im Nebensatz: *kennen* + Akkusativ

Der Relativsatz steht immer möglichst nah bei seinem Bezugswort im Hauptsatz.
Deshalb unterbrechen Relativsätze oft den Hauptsatz.

Gaisburger Marsch ist eine Art Suppe (Eintopf), mit Kartoffeln und Spätzle.

Hauptsatz: Anfang	Relativsatz	Hauptsatz: Ende
Das schwäbische Gericht,	**das** ich am liebsten mag,	ist Gaisburger Marsch.
Die Maultaschen,	**die** meine Mutter selbstgemacht hat,	waren Spitzenklasse.
Einen Menschen,	**dem** Maultaschen nicht schmecken,	kann ich nicht ernst nehmen.

Formen der Relativpronomen – Beispiel: *der*

Genus: männlich, weiblich, sächlich
Numerus: Singular, Plural
Kasus: **Nominativ**, **Akkusativ**, **Dativ**, Genitiv

Nominativ: Bei uns zu Hause ist es mein Mann, **der** meistens in der Küche ist.
Akkusativ: Ich liebe den schwäbischen Zwiebelrostbraten, **den** er macht.
Dativ: Ich verstehe meinen Sohn nicht, **dem** die schwäbische Küche gar nicht schmeckt.
Plural: Ich liebe die Kuchen, **die** es in unserer Bäckerei im Dorf gibt.

→ Nomen und Artikel, S. 92

Die Formen der Relativpronomen sind fast alle identisch mit den Artikeln (Ausnahme: Dativ Plural).

	Maskulinum	Neutrum	Femininum	Plural
Nominativ	der	das	die	die
Akkusativ	den	das	die	die
Dativ	dem	dem	der	denen

→ Linsen mit Saiten, S. 223

Für meine Kinder, **denen** Zwiebelrostbraten nicht schmeckt, mache ich immer Linsen mit Saiten.

60

1 Ordnen Sie die Sätze zu.

1. Mein Vater isst sonntags den Kuchen,
2. Am liebsten esse ich die Spätzle,
3. Probier mal das Brot,
4. Dein Nudeleintopf schmeckt wie der,
5. Ich habe die Fischgerichte geliebt,
6. Wir können Menschen nicht verstehen,

___ a) die meine Freundin selbst macht.
___ b) den meine Oma immer gekocht hat.
_1_ c) den er samstags gebacken hat.
___ d) die es bei uns immer am Freitag gab.
___ e) denen Maultauschen nicht schmecken.
___ f) das ich gestern gebacken habe.

Spätzle sind eine schwäbische Form von Nudeln.

2 Ergänzen Sie die Relativpronomen.

1. Der Salat, _den_ du gemacht hast, schmeckt super.
2. Für meine Frau, ___ schwäbische Gerichte nicht schmecken, mache ich Fisch mit Kartoffeln.
3. Ich habe alle Gerichte geliebt, ___ meine Oma für mich gekocht hat.
4. Der Koch, ___ jetzt neu in der Kantine arbeitet, macht sehr gut vegetarische Speisen.
5. Das Gericht, ___ er am besten kann, ist thailändischer Gemüsereis.

das
die
~~den~~
der
der

3 Schreiben Sie die Hauptsätze als Haupt- und Relativsätze.

1. Ich liebe Spätzle. Die Spätzle sind frisch gemacht.
   Ich liebe Spätzle, die
2. Meine Kinder essen gerne Vanillebrötchen. Die Vanillebrötchen kommen frisch aus dem Backofen.
3. Mein Bruder ist ein Mensch. Er macht sich gar nichts aus gutem Essen.
4. Er hat zwei Kinder. Den Kindern schmecken nur Pommes und Ketchup.

die **Pommes** (kein Sing.): die Kurzform von *Pommes frites*. Die Pommes frites kommen ursprünglich aus Belgien. In Deutschland wurden sie ab 1916 bekannt. Der große Siegeszug begann aber erst mit den Schnellimbissen nach dem 2. Weltkrieg.

4 Relativsätze mitten im Satz – Schreiben Sie die Sätze.

1. Mein Opa hat im Haus alles selbst repariert. Mein Opa hat nie in der Küche geholfen.
   Mein Opa, der im Haus
2. Die Linsen mit Saiten und Spätzle sind fantastisch. Es gibt sie immer montags in der Kantine.
3. In der Küche kann man auch essen. Ich habe die Küche zu Hause.
4. Das Restaurant mischt chinesische und schwäbische Küche. Ich habe das Restaurant entdeckt.

Linsen mit Spätzle und Saiten (Würstchen) sind eine Spezialität der schwäbischen Küche.

5 Schreiben Sie drei Relativsätze über sich.

Ich bin eine Person, die ...   Der Schauspieler, den ...

Schäufele sind ein Fleischgericht, das traditionell mit Schweinefleisch zubereitet wird. Typische Beilagen sind Kartoffelsalat oder Kartoffelklöße.

der **Zusatz**, ¨-e: hier: Stoffe, die nicht von Natur aus in dem Futter sind. Das können z. B. Medikamente sein oder zusätzliche Vitamine.

6 Markieren Sie die Relativpronomen grün (Nom.) oder blau (Akk.).

Genuss auf Schwäbisch – Ihre Lieblingsgerichte

Ein Gericht, das ich bei meiner Großmutter oft gegessen habe, sind Schäufele. Meine Großeltern, die einen Bauernhof hatten, haben noch selbst geschlachtet. Das Fleisch, das es bei ihnen gab, war auch ohne Normen „bio“, denn die wenigen Tiere, die sie hatten, hatten viel Platz und bekamen nur Futter ohne Zusätze.

Das, was uns aus der schwäbischen Küche am besten in Erinnerung geblieben ist, ist der schwäbische Kartoffelsalat. Er schmeckt ganz anders als unser westfälischer Kartoffelsalat, der mit Mayonnaise und Gurken zubereitet wird. Der Kartoffelsalat, den wir im Urlaub in einem schwäbischen Restaurant gegessen haben, war sehr sauer. Das war etwas, was wir noch nicht kannten. Die Kellnerin, die uns bedient hat, sagte dann, dass der Kartoffelsalat dort mit Öl und Essig zubereitet wird.

7 Ergänzen Sie die Relativpronomen links.

das • ~~den~~ • den • der • die • die • die • die • die • die • was • was • wo

Federweißer ist ein sehr junger Wein. Der Wein ist noch trüb (milchig-weiß) und nicht klar.

Ich mag besonders gerne frischen Zwiebelkuchen, (1) den ich im Herbst immer selbst mache, sobald es Federweißen gibt. Einige meiner Freunde, (2) _____ das Gericht genauso gerne mögen wie ich, freuen sich jedes Jahr darauf, dass ich sie wieder zum Essen einlade.

→ Flädlesuppe → *Frittate*, S. 103

Flammkuchen sind in Deutschland vor allem in Baden, der Pfalz und dem Saarland beliebt. Der traditionelle Elsässer Flammkuchen kommt aus der Region Elsass in Frankreich, die im Südwesten an Deutschland grenzt. Ein Flammkuchen ist ein dünner Teig mit einer Creme aus Sauerrahm. Auf die Creme kann man verschiedene Zutaten legen, traditionell beim Elsässer Flammkuchen Speck und Zwiebeln.

Also, die Flädlesuppe, (3) _____ meine Tante neulich gemacht hat, war ziemlich gut. Und der Flammkuchen, (4) _____ sie gemacht hat, war auch nicht schlecht. Es war nicht ganz so lecker wie das, (5) _____ mein Mann zu Hause kocht, aber immerhin.

Ich war früher Bäcker von Beruf und eine Spezialität in unserer schwäbischen Bäckerei waren Seelen. Die Seelen, (6) _____ wir in unserer Bäckerei hergestellt haben, wurden ganz traditionell nur mit Kümmel und Salz gewürzt. Heute gibt es auch Seelen, (7) _____ mit Käse überbacken werden.

Eine **Seele** ist ein kleines, längliches Brot aus Dinkelmehl. Seelen sind besonders in Süddeutschland bekannt.

Ich komme eigentlich aus Österreich, (8) _____ Scheiterhaufen mein Lieblingsdessert war. Als ich nach Schwaben gezogen bin, habe ich Ofenschlupfer kennengelernt. Das ist ein Dessert, (9) _____ so ähnlich ist wie ein Scheiterhaufen. Man braucht alte Brötchen, (10) _____ in Milch eingeweicht werden. Die Masse, (11) _____ mit Zucker und Zimt gewürzt wird, kommt dann in den Ofen. Das, (12) _____ als oberste Schicht auf das Gericht kommt, ist je nach Region unterschiedlich: In Schwaben sind es oft Äpfel, in Österreich Eischnee, (13) _____ gezuckert wird.

der **Eischnee** (nur Sing.): geschlagenes Eiweiß. Eischnee ist fest und nicht flüssig.

8 Ergänzen Sie die Relativpronomen (1–5). Schreiben Sie die Sätze mit dem Relativsatz nach dem Hauptsatz (6–8) oder in der Mitte des Hauptsatzes (9–14).

Schwäbische Küche – Kochbuch mit Ihren Rezepten

Unsere Leser*innen haben Rezepte geschickt, (1) die wir nun in einem Kochbuch veröffentlichen. Die schwäbische Küche, (2) _____ vielen als herzhaft und bodenständig bekannt ist, wird in ihrer ganzen Vielfalt vorgestellt. Von klassischen Schäufele, (3) _____ natürlich nicht fehlen dürfen, über einen Hefezopf, (4) _____ von Günther Hummel mit Honig zubereitet wird, bis zu unbekannten Gerichten wie einem Kraut-Speck-Kuchen, (5) _____ unsere Leserin Kathi Stein auf Familienfeiern serviert.

Einige unserer Leser*innen berichten:

Ich mag gerne Zwiebelkuchen, am liebsten lauwarm! (6) Aber das ist ein Kuchen, den _____________________.
aber | sein | ein Kuchen | das | ich | essen | sogar | kalt

Meine Frau mag das nicht.

(7) _____________________
sein | ihr Lieblingsgericht | Maultaschen | sie | essen | mit Apfelmus

(8) _____________________
Ofenschlupfer | lieben | unsere kleinen Kinder | aber nur selten | wir | machen

(9) Das Gericht, d_____________________
Käsespätzle | sein | das Gericht | ich | finden | am leckersten

(10) _____________________
machen | sie | meine Tante | oft selbst | im Allgäu | leben

Sie nennt sie „Kasspatz'n".

(11) Der Salat, d_____________________

____
angemacht sein (Prät.) | der Salat | mit viel Essig | ich | essen (Perf.) | in Schwaben

Ich glaube, das ist bei vielen Salaten in der Gegend so.

(12) _____________________
sein | nicht so sauer | die Salate | geben | es | bei uns im Norden

(13) _____________________
ein Gericht sein | Saueressen | ich | nicht gerne mögen (Prät.) | früher

Aber das hat sich geändert: (14) _____________________

____
mein Mann | einmal im Monat | kochen | es | Saueressen | schon immer lieben (Perf.)

Und jetzt esse ich es auch sehr gerne.

Das Adjektiv **schwäbisch** ist abgeleitet von *Schwaben*. Schwaben ist eine Region in Südwestdeutschland, die keine klaren Grenzen hat. Schwäbisch ist auch ein Dialekt und in Schwaben gibt es auch eine eigene Kultur und Bräuche. Schwaben ist auch ein Gebiet (sog. Regierungsbezirk) in Bayern, das ist hier aber nicht gemeint.

Hier ist **Kraut** eine regionale Bezeichnung für *Kohl*, ein Wintergemüse.

Maultaschen sind eine Spezialität der schwäbischen Küche. Sie bestehen aus einem Nudelteig und einer Füllung, meist aus Fleisch und Zwiebeln oder vegetarisch aus Spinat und Käse. Man isst Maultaschen meistens in einer klaren Brühe. Es gibt aber auch andere Zubereitungsarten, z. B. in Butter angebraten (= g'schmälzte Maultaschen) oder in Streifen geschnitten und mit Zwiebeln oder Ei gebraten.

Wenn man eine Soße bzw. ein Dressing zu einem Salat gibt, **macht** man den Salat damit **an**.

Saueressen ist ein Gericht, bei dem Fleisch in einer sauren Brühe gekocht wird. Traditionell verwendet man Innereien (Leber, Herz, Niere) und gibt etwas Essig in die Brühe. Es gibt aber viele Varianten dieses Gerichts, z. B. auch ohne Innereien oder mit Weißwein statt Essig.

→ online

50

Relativsätze 2: *was*, *wo*, Präpositionen

Die Stadt am Bodensee, **von der** man diesen Blick über den See zu den Alpen hat, heißt Lindau.

→ Relativsätze 1, S. 222

Der Relativsatz erklärt ein Nomen im Hauptsatz genauer. Er beginnt mit dem Relativpronomen.

Statt *wo* kann auch eine Präposition mit Relativpronomen stehen:
...die Region, **in der** Deutschland, Österreich und die Schweiz zusammentreffen.

Relativsätze mit *wo* oder *was*

Hauptsatz 1	**Hauptsatz 2**
Der Bodensee ist die Region.	In der Region treffen Deutschland, Österreich und die Schweiz zusammen.
Am Bodensee finden die Touristen alles.	Sie suchen etwas.

Der Relativsatz mit *was* steht häufig in Verbindung Wörtern wie *alles*, *nichts*, *etwas*, *das* ... im Hauptsatz.
Da ist nichts, **was** ich dir sagen möchte.
Das ist alles, **was** ich heute zu sagen habe.
Schweigen ist genau das, **was** ich gar nicht mag.

Hauptsatz 1	**Relativsatz**
Der Bodensee ist die Region,	**wo** Deutschland, Österreich und die Schweiz zusammentreffen.
Am Bodensee finden die Touristen alles,	**was** sie suchen.

Relativsätze mit Präpositionen

Das Relativpronomen wiederholt Genus und Numerus vom Bezugswort.
Der Kasus des Relativpronomens richtet sich nach der Präposition im Relativsatz:
von + Dativ, *für* + Akkusativ ...

Genus: männlich, weiblich, sächlich
Numerus: Singular, Plural
Kasus: Nominativ, Akkusativ, Dativ, Genitiv

Die Stadt, **von der** mein Freund Herbert am meisten schwärmt, ist Konstanz am Bodensee.
Das Dorf, **aus dem** er kommt, heißt Friedrichsfeld.
Die Stadt, **in der** wir uns kennengelernt haben, ist São Paulo in Brasilien. (Ort = Dativ)

Der Bodensee ist eine Region, **in die** viele Menschen zum Urlaub fahren. (Richtung = Akkusativ)
Im Süden sieht man die Alpen, **über die** manche Radfahrer bis Italien fahren. (Richtung = Akkusativ)

schwärmen **von**:
Mein Freund Herbert schwärmt **von** der Stadt Konstanz.
→ Liste Verben mit Präpositionen, S. 271

Der Relativsatz steht immer möglichst nah bei seinem Bezugswort im Hauptsatz.
Deshalb unterbrechen Relativsätze oft den Hauptsatz.

Der See, **hinter dem** man die Alpen sieht, ist der Bodensee.

→ Präpositionen und Kasus, S. 140

→ Wechselpräpositionen, S. 148

61

1 Markieren Sie das passende Relativpronomen. Es gibt immer zwei Möglichkeiten.

1. Die Region, *wo* / *was* / *in der* / *in dem* ich am liebsten Urlaub mache, ist der Bodensee.
2. Der Berg, *über den* / *auf dem* / *auf den* wir morgen wandern, ist 2500 Meter hoch.
3. Das Schiff, *mit dem* / *auf dem* / *über das* wir nach Konstanz fahren, fährt um 10 Uhr ab.
4. Die Stelle, *wo* / *an die* / *an der* der See 251 Meter tief ist, liegt zwischen Fischbach und Uttwill.
5. Wir können Ihnen viele Restaurants nennen, *wo* / *in denen* / *in dem* Sie gut essen können.
6. Können Sie mir ein Restaurant empfehlen, *von dem* / *in dem* / *wo* ich gut Fisch essen kann?
7. Das Hotel, *in dem* / *in den* / *wo* wir gewohnt haben, hatte einen Strand am See.
8. Der Bodensee ist eine Region, *wo* / *durch die* / *mit der* man lange Strecken mit dem Rad fahren kann.

Bregenz ist der größte österreichische Ort am Bodensee. Jedes Jahr besuchen im Sommer viele Tausend Opernliebhaber*innen die Stadt mit ihrer offenen Opernbühne direkt am See.

2 Ordnen Sie die Relativsätze zu.

1. Die Seebühne Bregenz, f, ist in den See gebaut.
2. Die Opern bieten alles, ___.
3. Die Oper Rigoletto, ___, wurde 2 Jahre gespielt.
4. Die Blumeninsel Mainau, ___, wird wegen der schönen Gärten viel besucht.
5. Der Berg Säntis, ___, liegt in der Schweiz in der Nähe vom Bodensee.
6. Der Rhein, ___, verlässt den See Richtung Westen.

a) was Musikliebhaber glücklich macht
b) von der ich dir erzählt habe
c) der durch den ganzen Bodensee fließt
d) auf der es schöne Gartenanlagen gibt
e) auf den wir morgen wandern werden
f) wo im Sommer Opern gespielt werden

Die Insel **Mainau** liegt im Bodensee und hat deshalb ein ganz besonderes Klima. Sie ist eine Touristenattraktion, vor allem wegen ihren Gärten und Blumen. Deshalb wird sie oft auch als Blumeninsel bezeichnet.

3 Schreiben Sie die Sätze wie im Beispiel.

1. Ich habe mich für die Reise angemeldet. Die Reise findet nicht statt.
   Die Reise, für die ______________________________
2. Das Reiseunternehmen ist pleite. Ich habe schon 500 Euro an das Reiseunternehmen überwiesen.
   ____
3. Die Wanderung war wunderschön. Ich habe über die Wanderung gesprochen.
   ____
4. Die Lehrerin unterrichtet nicht mehr. Ich habe dir von der Lehrerin erzählt.
   ____
5. Ich habe die Stelle bekommen. Ich habe mich auf die Stelle beworben.
   ____
6. Wir haben morgen eine Besprechung. In der Besprechung planen wir das kommende Jahr.
   ____

4 Schreiben Sie Aussagen mit Relativsätzen über sich.

Das Leben, von dem ich träume, werde ich irgendwann auch leben.

wo
was
von dem/der
für den/das/die

das Herz höher schlagen lassen: wenn etwas für Freude bzw. Begeisterung sorgt.

die **Luftfahrt** (nur Sing.): Oberbegriff für alles, was mit Luftfahrzeugen zu tun hat.

der **Zeppelin**, -e: ein anderes Wort für *Luftschiff*. Der Zeppelin wurde Ende des 19. Jahrhunderts von Ferdinand Graf von Zeppelin (1838–1917) erfunden. Zeppeline wurden zur Personenbeförderung und militärisch genutzt. Nach einigen Unglücken und technischen Problemen wurden Zeppeline ab etwa 1940 kaum noch genutzt. Später wurden neue Modelle entwickelt, die aber überwiegend zu Forschungszwecken oder als touristische Attraktion genutzt werden.

5 Markieren Sie die Präpositionen + Relativpronomen in den Relativsätzen. Notieren Sie sie unten zusammen mit dem Kasus des Relativpronomens.

Hätten Sie's gewusst? Interessantes zum Bodensee.

Der Bodensee ist ein See, an den drei Länder grenzen: die Schweiz, Österreich und Deutschland. Wo die Grenzen verlaufen, ist aber nicht klar: Der sogenannte Untersee ist der einzige kleine Teil des Bodensees, für den eine Grenze zwischen Deutschland und der Schweiz festgelegt wurde.
Es gibt noch etwas, was die wenigsten wissen: Jeder dritte Apfel in Deutschland kommt aus der Region um den Bodensee.
Im Bodensee liegen außerdem zahlreiche Inseln. Die größten Inseln, auf denen jeweils über 3000 Menschen wohnen, sind Reichenau und Lindau. Die drittgrößte Insel ist Mainau, für die man häufig den Namen „Blumeninsel" verwendet. Apropos Blumen: Wenn Sie keinen grünen Daumen haben, rufen Sie doch das Grüne Telefon der Insel Mainau an. Seit 1981 erreichen Sie dort Gärtner, von denen Sie kostenlos Tipps für Ihre Pflanzen erhalten. Oder wollen Sie selbst unter die Gärtner gehen? Zeitweise hat die Insel Mainau ein Angebot, mit dem Sie das ausprobieren können: Inselgärtner für einen Tag.
In Friedrichshafen gibt es etwas, was das Herz von Luftfahrtbegeisterten höher schlagen lässt: das Zeppelin Museum. Tauchen Sie ein in die weltweit größte Sammlung zur Geschichte der Luftschiffe.
Reisen Sie doch mal zum Bodensee und machen Sie einen Urlaub, an den Sie sich lange erinnern werden.

an den (Akk.), ____________________

6 Markieren Sie das passende Relativpronomen (1–5) und ergänzen Sie die Relativpronomen links (6–10). Zwei davon bleiben übrig.

Wenn ein Flugzeug o. Ä. zum ersten Mal fliegt, nennt man das den **Jungfernflug**. Bei Fahrzeugen und Schiffen sagt man *Jungfernfahrt*.

das • dem • dem • den • der • was • was

Wir am Bodensee

Meine Familie lebt schon seit mehreren Generationen am Bodensee. Der Ort, in (1) *dem* / *der* ich aufgewachsen bin, heißt Ludwigshafen. Das ist ein kleiner Ort, für (2) *den* / *der* sich die Touristen nicht sehr interessieren. Als Kind habe ich am liebsten meinem Großvater zugehört, wenn er Geschichten erzählt hat. Sein großer Sessel, neben (3) *dem* / *den* ich immer auf dem Boden gehockt habe, ist mir noch gut in Erinnerung. Oft waren es wirkliche Ereignisse, über (4) *das* / *die* er gesprochen hat. Manche kannte aber auch er wiederum nur von seinem Großvater. Eine Geschichte, bei (5) *dem* / *der* ich immer ganz still gewesen bin, war der Jungfernflug des ersten Zeppelins. Das Luftschiff flog am 2. Juli 1900 nur 18 Minuten über den Bodensee. Als Kind war ich sehr beeindruckt.

Mein Großvater hatte sogar ein altes Foto, auf (6) _____ man das Luftschiff sehen konnte. Luftschiffe waren etwas, (7) _____ mich als Kind sehr interessiert hat. Heute finde ich die Natur hier interessanter. Deshalb bin ich auch nicht weggezogen. Es hat sich natürlich viel verändert im Laufe der Jahre. Den Job, mit (8) _____ ich als Schüler etwas dazuverdient habe, gibt es heute nicht mehr. Ich habe auf einem Schiff von Hand die Fahrkarten der Passagiere eingesammelt. Das war damals nichts, (9) _____ ich spannend fand. Heute sehe ich das anders. Eine Arbeit, bei (10) _____ man immer auf dem See ist, ist wahrscheinlich stressfreier als mein aktueller Bürojob.

7 Ergänzen Sie Präposition und Relativpronomen oder *was*.

Der Bodensee
Erlebnisse und Erinnerungen unserer Leserinnen und Leser

Im letzten Jahr habe ich ein Praktikum auf Mainau gemacht. Das ist eine Insel, (1) auf der es sehr schöne Gärten gibt. Die Anreise war aber erst einmal ein Abenteuer. Der Flughafen, (2) ______ ich fliegen wollte, existiert nämlich gar nicht. Vor einigen Jahren hatte ich einen James-Bond-Film gesehen, (3) ______ es den Flughafen Bregenz gab. Als ich den Flug buchen wollte, habe ich aber keine Verbindung gefunden. Erst dann habe ich recherchiert und herausgefunden, dass der Flughafen Bregenz etwas war, (4) ______ nur für den James-Bond-Film erfunden worden war. Nun ja, zum Glück bin ich auch so an den Bodensee gekommen. Ich habe bei einer Gastfamilie gewohnt und die Gasteltern haben mir viele interessante Details erzählt, (5) ______ ich noch nichts gehört hatte. Zum Beispiel wusste ich nicht, dass der Bodensee ein See ist, (6) ______ man praktisch nie Schlittschuh laufen kann. Er friert einfach nicht zu. Nur einmal ist das im letzten Jahrhundert passiert, nämlich 1963. Das war ein Ereignis, (7) ______ die Menschen in der Region einen eigenen Ausdruck gefunden haben: Seegfrörne.

Das Praktikum war dann auch super. Die Arbeit als Gärtner, (8) ______ ich sehr viel gelernt habe, hat mir dann viel Spaß gemacht. Es war ja nur ein Praktikum, aber vielleicht mache ich das tatsächlich zu meinem Beruf. Ich habe auch sehr nette Leute kennengelernt, (9) ______ ich auch abends oft etwas unternommen habe. Für mich war alles, (10) ______ ich dort erlebt habe, sehr interessant. Das sind Erfahrungen, (11) ______ ich immer gerne zurückdenken werde.

8 Schreiben Sie die Sätze.

Der Urlaub, (1) an den ich ______
sich erinnern an | am liebsten | ich
______, waren zwei Wochen in Konstanz. Meine Freundin,

(2) ______,
wohnen bei (Perfekt) | ich
hat in Konstanz studiert. Ich erinnere mich noch an das klare Wasser, (3) ______
______.
fahren über (Perfekt) | mit einem Boot | wir
Noch besser erinnere ich mich an den Bummel über die Insel Lindau, (4) ______
______
sehen (Perfekt) | bei | wir | tolle Fachwerkhäuser

zufrieren: Wenn eine Wasserfläche bei kalten Temperaturen vollständig mit Eis bedeckt wird.

Der Begriff **Seegfrörne** (vor allem in der Schweiz auch *Seegfrörni*) ist ein Dialektausdruck. Das Kompositum setzt sich zusammen aus den Wörtern *See* und *gefroren*.

der **Bummel** (nur Sing.): ein umgangssprachlicher Ausdruck für einen Spaziergang durch eine Stadt oder Ortschaft. Man nimmt sich Zeit und man schaut in Ruhe Geschäfte oder auch Sehenswürdigkeiten an. Oft wird das Wort *Einkaufsbummel* verwendet: Man geht durch eine Einkaufsstraße oder ein Einkaufcenter, ohne etwas Bestimmtes kaufen zu wollen – man möchte vor allem in Ruhe schauen, was es gibt.

Fachwerkhäuser gibt es vor allem in Deutschland und der Schweiz. In der Schweiz nennt man sie auch *Riegelhäuser*. Fachwerk ist eine bestimmte Bauart, bei der man zuerst ein Gerüst aus Holz baut und dann die Wände mit anderem Material füllt.

→ online

51

Infinitivsätze

Wir finden es klasse, **zusammen Fußballspiele anzusehen.**

Kommas erleichtern die Lesbarkeit. Setzen Sie ein Komma, wenn die Infinitivgruppe mehr als nur *zu* + Infinitiv enthält.

Infinitivsätze mit *zu*

Ich liebe es, Fußball **zu spielen**.
Ich liebe es, den ganzen Tag Fußball **zu spielen**.

Bei trennbaren Verben steht *zu* zwischen dem Präfix (Vorsilbe) und dem Verb.
Bei zweiteiligen Verbgruppen steht *zu* zwischen dem ersten und dem zweiten Teil.

Beispiele für Infinitivsätze mit *zu*:

Verb	Es war normal, den ganzen Tag Fußball im Fernsehen **zu** schauen.
trennbares Verb	Ich habe keine Lust, das Spiel im Fernsehen an**zu**schauen.
Verb + Modalverb	Mein Mann hasst es, mit mir Fußballspiele anschauen **zu** müssen.
Passiv	Es ist blöd, in den letzten Minuten eines Spiels angerufen **zu** werden.

Infinitiv mit *zu* nach bestimmten Ausdrücken

FC Bayern München ist der mit Abstand erfolgreichste deutsche Fußballverein. Viele finden das toll, andere nicht.

Nomen	Ich habe (keine) Lust/Zeit ...,	ins Stadion zu gehen.
	Mein Sohn hat (nicht) die Chance/Möglichkeit ...,	viel zu trainieren.
	Es macht ihm (keinen) Spaß/Freude/Angst ...,	Mathe zu lernen.
Verben	Ich freue mich/ärgere mich ...,	die Bayern siegen zu sehen.
	Ich hoffe/befürchte/bedauere ...,	die Bayern siegen zu sehen.
	Wir planen/beabsichtigen/haben vor ...,	pünktlich anzukommen.
	Fangt bitte an/hört bitte auf ...,	den Text abzuschreiben.
***es* + Adjektiv**	Es ist gut/schön/lustig ...,	am Samstag ins Stadion zu gehen.
	Es ist wichtig/notwendig/anstrengend ...,	regelmäßig zu trainieren.
Konnektoren		
ohne ... zu	Köln hatte zehn Spiele verloren,	ohne ein einziges Tor zu schießen.
anstatt ... zu	Du solltest deinen Verein unterstützen,	anstatt ihn zu kritisieren.
um ... zu	Sie müssen besser spielen,	um die Fans glücklich zu machen.

→ *damit / um ... zu,* S. 214
→ *ohne dass / ohne zu,* S. 218

Infinitivsätze und dass-Sätze

→ Haupt- und Nebensatz verbinden, S. 194
→ Arten von Konnektoren, S. 194

Infinitivsätze haben dasselbe Subjekt wie der Hauptsatz. Manchmal kann man den gleichen Inhalt auch mit einem dass-Satz ausdrücken. Der dass-Satz hat ein eigenes Subjekt.

Ich freue mich, Leipzig auf Platz 1 der Tabelle zu sehen.
Ich freue mich, **dass** ich Leipzig auf Platz 1 der Tabelle sehe.

Wenn der Nebensatz ein eigenes Subjekt hat, kann kein Infinitivsatz folgen.
Dann steht oft ein dass-Satz.

62

1 Schreiben Sie die Sätze zu Ende.

1. Für meine Tochter ist es wichtig, am Wochenende ins Stadion __zu gehen__ (gehen).
2. Wir hoffen, das Spiel haushoch ________ (gewinnen).
3. Mein Sohn hat keine Lust mehr, jeden Donnerstag ________ (trainieren).
4. Die Leipziger hoffen, in diesem Jahr den Meistertitel ________ (holen).
5. Die Mannschaft hat super gespielt, ohne einen Moment ________ (schwächeln).
6. Der Schiri hat Foul gepfiffen, anstatt einfach weiterspielen ________ (lassen).

haushoch = sehr hoch

schwächeln (umgangssprachlich) = Schwäche zeigen

der **Schiri**, -s: umgangssprachlich für Schiedsrichter (beim Sport)

2 Infinitiv mit oder ohne *zu*? Markieren Sie.

1. Es ist wichtig, jeden Tag *trainieren* / *zu trainieren*.
2. Ich möchte am liebsten jeden Samstag *im Stadion sitzen* / *im Stadion zu sitzen*.
3. Nicht jeder hat die Chance, eine Weltmeisterschaft live *erleben* / *zu erleben*.
4. Ich will einmal im Leben ein WM-Endspiel im Stadion *anschauen* / *anzuschauen*.
5. Es ist lustig, mit den anderen Fans die Fan-Lieder *singen* / *zu singen*.
6. Keiner sollte über unseren Verein schlecht *reden* / *zu reden*.
7. Mein Mann bittet mich oft, doch mal ins Stadion *mitkommen* / *mitzukommen*.
8. Aber ich möchte am Samstag lieber im Garten *arbeiten* / *zu arbeiten*.

WM = Weltmeisterschaft

3 Infinitive mit *zu* bei trennbaren Verben – Schreiben Sie die Sätze. Denken Sie an die Kommas.

1. Ich versuche, dich morgen anzurufen.
   Ich versuche | dich | anrufen | morgen | .
2. ________
   Es macht uns Spaß | Fußball | gemeinsam mit Freunden | anschauen | .
3. ________
   Ihr müsst 90 Minuten spielen | ohne | nachlassen | .
4. ________
   Wir haben eine Chance | in die Bundesliga | aufsteigen | .
5. ________
   Der Sturm hat uns gezwungen | das Spiel | absagen | .
6. ________
   Wir haben vor | zum Auswärtsspiel unserer Mannschaft | hinfahren | .
7. ________
   Die Fans finden es furchtbar | mit ihrer Mannschaft in die 3. Liga | absteigen | .
8. ________
   Gute Fans bleiben ihrer Mannschaft immer treu | ohne eine Sekunde | nachdenken | .

Die **Bundesliga** ist die höchste Spielklasse im deutschen Fußball. Es spielen 18 Vereine gegeneinander um die deutsche Meisterschaft.
Nach jeder Saison steigen zwei Mannschaften in die 2. Bundesliga ab und zwei in die Bundesliga auf.

BUNDESLIGA

das Heimspiel ⟷ das **Auswärtsspiel**: Die Mannschaft spielt manchmal zu Hause und manchmal bei einem anderen Verein.

4 Schreiben Sie je einen Satz über sich selbst mit diesen Satzanfängen.

Ich freue mich …
Es macht mir Spaß …
Ich finde es sehr schön …
Es ist anstrengend …

Hier bedeutet **reizen**, dass man etwas interessant oder spannend findet und das ausprobieren möchte.

die **Verlängerung**, -en: Wenn bei bestimmten Fußballspielen (sogenannte Finalrunden) nach der regulären Spielzeit von 90 Minuten kein Sieger feststeht, spielt man eine Verlängerung (2x15 Minuten). Wenn nach der Verlängerung noch immer kein Sieger feststeht, gibt es normalerweise ein *Elfmeterschießen*.

Wenn eine Person oder eine Mannschaft während eines Wettkampfs erster bzw. vorne ist, sagt man, er / sie **geht in Führung**.

ausscheiden: Wenn eine Person oder Mannschaft einen Wettbewerb vor dem Finale verlassen muss, sagt man, sie *scheidet aus* bzw. sie *ist ausgeschieden*.

5 Unterstreichen Sie im ersten Abschnitt die Nebensätze mit *zu*. Ergänzen Sie im zweiten Abschnitt *zu* oder markieren Sie *X*, wenn die Lücke leer bleibt.

Zum ersten Mal im Stadion

Vielleicht wisst ihr, dass 2011 die Fußball-Weltmeisterschaft der Frauen in Deutschland stattfand. Ich hatte mich sehr darauf gefreut, ein Spiel im Stadion zu sehen. Bis dahin hatte es mich nie gereizt, in ein Stadion zu gehen. Die Bundesliga interessiert mich nicht so sehr, aber Europa- und Weltmeisterschaften schon. Anstatt die Frauen-WM wie sonst immer nur im Fernsehen zu verfolgen, wollte ich live dabei sein.

Es war schwierig, Karten (1) _zu_ bekommen. Anstatt sie einfach (2) ___ kaufen, musste man sich bewerben. Man wusste nicht, ob man überhaupt Karten (3) ___ kriegen wird, und falls ja, für welche Spiele. Ich hatte Glück und bekam zwei Karten für das Viertelfinale Deutschland gegen Japan! Ich fragte eine Freundin, ob sie (4) ___ mitkommen will. Sie hat sofort zugesagt, ohne einen Moment (5) nach___denken. Um das Spiel sehen (6) ___ können, mussten wir nach Wolfsburg. Es war gar nicht so leicht, eine Übernachtungsmöglichkeit dort (7) ___ finden. Wolfsburg ist nicht sehr groß und es waren viele Touristen da. Wir hatten Glück, noch ein günstiges Hotelzimmer (8) ___ bekommen.

Das Spiel war in den ersten 90 Minuten nicht sehr spannend. Wir hatten aber viel Spaß dabei, mit den anderen Fans (9) ___ singen. In der Verlängerung hatte die deutsche Mannschaft die Chance, endlich in Führung (10) ___ gehen. Aber es klappte nicht und stattdessen konnte die japanische Mannschaft ein Tor (11) ___ schießen! Es war so aufregend, die letzten Minuten des Spiels (12) ___ sehen. Wir haben gehofft, dass die deutsche Mannschaft es noch schafft, ein Tor (13) ___ schießen. Aber daraus wurde nichts. Anstatt im eigenen Land den Titel (14) ___ holen, ist die deutsche Mannschaft im Viertelfinale ausgeschieden.

6 Ergänzen Sie *anstatt*, *ohne*, *um*. Schreiben Sie *X*, wenn die Lücke leer bleibt.

Zu unserem Bericht „Fußball als Beruf" schreibt Andreas Schickl:

Ich bin in einem Fußballverein und meine Aufgabe ist es, (1) _X_ die Jugendmannschaft zu trainieren. Es gibt einige Jugendliche, die davon träumen, (2) ___ Profifußballer zu werden. Aber man muss natürlich richtig gut sein, (3) ___ das zum Beruf machen zu können. Talent gehört auf jeden Fall auch dazu. Und man hat auch keinen Erfolg, (4) ___ richtig viel zu trainieren. Ich finde den Erfolg aber gar nicht so entscheidend. Mir ist es wichtiger, (5) ___ den Jugendlichen Werte zu vermitteln. Fußball ist ja ein Mannschaftssport, da kommt man alleine nicht weit. (6) ___ zu gewinnen, muss man wirklich im Team spielen. Naja, und natürlich soll es den Jugendlichen auch Spaß machen. Ich finde es besser, dass sie sich bewegen, (7) ___ vor dem Computer zu sitzen.

7 Schreiben Sie die Sätze.

Fußball ist mein Leben – oder?

A

Ich bin Fan von Union Berlin. (1) Mir ist es wichtig, ______________________________ (2) Am besten gefällt mir,

unserer Mannschaft | jedes Spiel | sehen

____

unsere Vereinshymne | hören | im Stadion

Gesungen von Nina Hagen, da bekomme ich auch beim tausendsten Hören Gänsehaut.

B

(1) Es macht einfach Spaß, ______________________________

sich treffen | mit anderen Fußballfans

Deshalb sind wir oft am Millerntor. Der FC St. Pauli ist ja wie eine große Familie.

(2) Wir sind auch bereit, ______________________________ (3) Allerdings ist es ziemlich

reisen | viel

teuer, ______________________________

begleiten | zu allen Spielen | die Mannschaft

C

Zu Fußballspielen gehen? Das ist nichts für mich. (1) ______________________________

____

ich | es | nicht interessant | finden | jedes Wochenende | sich anschauen | Fußballspiele

(2) ______________________________

____

ich | mehr Lust | haben | machen | mit meinen Freunden | Sport | zusehen | statt | anderen beim Sport

D

Ich bin viel mit dem Zug unterwegs. (1) ______________________________

____

es | manchmal | sein | anstrengend | unterwegs | am Wochenende im Zug | sein

(2) ______________________________

____

fahren | samstags | mit dem Zug | viele Fußballfans | sehen | das Spiel ihrer Mannschaft | um ... zu

Ich verstehe das nicht: Warum gibt es nicht mehr Sonderzüge? (3) ______________________________

____

können (Konj.) | da singen | die Fans | andere Fahrgäste | ohne ... zu | stören

Der 1. FC Union Berlin ist ein Fußballverein, der 1966 im Berliner Stadtteil Köpenick gegründet wurde. Dieser Stadtteil gehörte damals zur DDR.

→ DDR, S. 129

Nina Hagen ist eine deutsche Musikerin.

Das **Millerntor-Stadion** in Hamburg ist das Heimstadion des Fußballclubs 1. FC St. Pauli. Meistens sagt man nur kurz: Sie spielen am Millerntor.

Der **FC St. Pauli** ist ein Hamburger Fußballverein, der 1910 gegründet wurde. St. Pauli ist ein Stadtteil in Hamburg.

Ein **Sonderzug** ist ein Zug, der nicht im Fahrplan steht. Sonderzüge fahren, wenn besonders viele Reisende unterwegs sind. Man kann mit Sonderzügen z. B. zu großen Veranstaltungen fahren oder manchmal in der Ferienzeit zu beliebten Urlaubszielen.

→ online

52 Indirekte Fragen

Ich hätte gerne gewusst, wie lange eine Ausbildung zur Feuerwehrfrau dauert.

Indirekte Fragen sind Nebensätze. Sie beginnen mit einem W-Fragewort oder mit *ob*. Das konjugierte Verb steht am Satzende.

Ist der Satzanfang vor dem Nebensatz in Frageform, dann steht am Ende ein **Fragezeichen** (?). Sonst steht ein **Punkt** (.).

Und nicht vergessen: Vor dem Nebensatz steht ein **Komma** (,).

Indirekte W-Fragen

W-Frage	Indirekte W-Frage
Wie lange dauert eine Ausbildung zur Feuerwehrfrau?	Wisst ihr, wie lange eine Ausbildung zur Feuerwehrfrau dauert?
Wann kann ich meine Ausbildung beginnen?	Können Sie mir sagen, wann ich meine Ausbildung beginnen kann?
Wie viel verdient man als Feuerwehfrau?	Ich kann dir auch nicht sagen, wie viel man als Feuerwehrfrau verdient.
Wer darf bei der Freiwilligen Feuerwehr mitmachen?	Mich interessiert, wer bei der Freiwilligen Feuerwehr mitmachen darf.

→ W-Fragen, S. 166

In Deutschland und Österreich gibt es zwei Arten Feuerwehren. Die **Berufsfeuerwehr** und die **Freiwillige Feuerwehr**. Die Berufsfeuerwehr gibt es in etwa 100 großen Städten. Die Mehrheit der Feuerwehren (über 95 %) sind Freiwillige Feuerwehren, die von ehrenamtlichen, d. h. nicht bezahlten, Mitgliedern getragen werden.

Indirekte Ja/Nein-Fragen

Indirekte Ja/Nein-Fragen beginnen immer mit *ob*.

Ja/Nein-Frage	Indirekte Ja/Nein-Frage
Haben Sie eine Ausbildung in einem Handwerksberuf?	Zunächst muss ich wissen, **ob** Sie eine Ausbildung in einem Handwerksberuf haben.
Sind Sie körperlich fit?	Danach ist wichtig, **ob** Sie körperlich fit sind.
Können Sie gut mit Stress umgehen?	Wissen Sie, **ob** Sie gut mit Stress umgehen können?
Haben Sie schon einmal im Schichtdienst gearbeitet?	Darf ich fragen, **ob** Sie schon einmal im Schichtdienst gearbeitet haben?

→ Ja/Nein-Fragen, S. 170

Schichtdienst: Man arbeitet zu unterschiedlichen Tageszeiten, z. B. im Dreischichtbetrieb in der Frühschicht, Spätschicht oder Nachtschicht.

Personenwechsel

Wenn man die Frage einer anderen Person aufgreift, dann ändern sich die Personen bei Verben und Pronomen.

Ayla: Wann kann **ich meine** Ausbildung anfangen?
Rico: Ayla hat mich gefragt, wann **sie ihre** Ausbildung anfangen kann.

Herr Askari: Brauche **ich meine** Zeugnisse vom Deutschkurs?
Frau Menzel: Herr Askari möchte wissen, ob **er seine** Zeugnisse vom Deutschkurs braucht.

1 Schreiben Sie indirekte W-Fragen. Denken Sie auch an das Komma.

63

64

1. Wie lange arbeiten Sie schon als Feuerwehrfrau?
   Können Sie mir sagen, wie lange Sie schon als Feuerwehrfrau arbeiten?
2. Wo haben Sie Ihre Berufsausbildung gemacht?
   Ich hätte gerne gewusst ______
3. Wann könnte ich mit der Ausbildung anfangen?
   Ist schon klar ______
4. Wie viel Urlaub hat man bei der Feuerwehr im Jahr?
   Mich würde noch interessieren ______

Bis heute ist die Arbeit bei der **Feuerwehr** überwiegend ein männlicher Beruf. Aber der Anteil der Frauen wächst. Von etwa 1 Mio. Mitgliedern der Freiwilligen Feuerwehren sind knapp 10 % Frauen, bei den Berufsfeuerwehren sind es jedoch weniger als 2 %.

2 Schreiben Sie indirekte Ja/Nein-Fragen.

1. Können Sie mir etwas sagen? Leben Sie schon lange in Deutschland?
   Können Sie mir sagen, ob Sie schon lange in Deutschland leben?
2. Wissen Sie schon etwas? Haben Sie die B1-Prüfung bestanden?
   ______
3. Ich möchte Sie etwas fragen. Möchten Sie bei uns im nächsten Monat anfangen?
   ______
4. Ich möchte etwas wissen. Kann ich meinen Jahresurlaub am Stück nehmen?
   ______

3 Fragen aufgreifen – Ordnen Sie die Sprechblasen den indirekten Fragen zu und markieren Sie die Unterschiede.

1. Aylina fragt mich: „Wie viel verdienst du?"
2. Murat fragt seine Schwester: „Arbeitest du gern im Büro?"
3. Frau Ömer fragt ihre Kollegin: „Kann ich heute früher gehen?"
4. Sibel fragt ihren Bruder: „Kannst du mir bei der Bewerbung helfen?"
5. Leon fragt seinen Kollegen: „Kann ich mit dir die Schicht tauschen?"

___ a) Er hat seine Schwester gefragt, ob sie gerne im Büro arbeitet.
___ b) Die Kollegin fragt, ob sie heute früher gehen kann.
___ c) Er hat mich gefragt, ob er mit mir die Schicht tauschen kann.
_1_ d) Sie hat mich gefragt, wie viel ich verdiene.
___ e) Sie hat mich gefragt, ob ich ihr bei der Bewerbung helfen kann.

4 Schreiben Sie indirekte Fragen über sich mit diesen Satzanfängen.

Ich wollte schon immer gerne wissen, wer/wann/ wie viel ...

Es interessiert mich, ob ...

Mit dem **Gesundheitswesen** sind alle Personen und Einrichtungen (Organisationen, Ämter etc.) gemeint, die die Gesundheit der Menschen erhalten und Krankheiten bekämpfen. Berufe im deutschen Gesundheitswesen sind z. B. Altenpfleger*in, Gesundheits- und Krankenpfleger*in, Arzt/Ärztin, Physiotherapeut*in.

Das **Sozialwesen** (kurz: das Soziale) umfasst allgemein alle Arbeiten und Maßnahmen, die sich mit dem Zusammenleben von Menschen befassen. In Deutschland ist das Soziale als Aufgabe des Staates im Grundgesetz festgeschrieben. Berufe im deutschen Sozialwesen sind z. B. Alltagsbegleiter*in, Berufsbetreuer*in, Sozialarbeiter*in.

5 Unterstreichen Sie die indirekten Fragen in 1 und 2 und markieren Sie das passende Fragewort in 3.

Test: Welcher Beruf ist für mich geeignet?

1. Fragen Sie sich, wie viele Reiskörner in einem Beutel Reis sind, und wollen das auch ausrechnen? Oder rechnen Sie im Supermarkt immer nach, ob der Kassenzettel stimmt?

Ja → Überlegen Sie doch, ob eine Arbeit in der Buchhaltung für Sie infrage kommt.
Nein → weiter mit 2

2. Machen Sie sich ständig Gedanken darüber, wie Sie Freunden und Bekannten helfen können?

Ja → Haben Sie schon einmal darüber nachgedacht, ob Sie einen Beruf im Gesundheits- oder Sozialwesen ergreifen wollen? Das könnte gut zu Ihnen passen.
Nein → weiter mit 3

3. Wussten Sie schon als Kind, (1) *was / welche* Namen die Tiere im Garten haben? Und konnten Sie auch sagen, (2) *wer / wie* sie leben, (3) *was / worüber* sie essen und (4) *ob / wie* alt sie werden?

Ja → Fühlen Sie sich am wohlsten, (5) *wenn / wie* Sie von Tieren umgeben sind? Dann könnte ein Beruf in der Tierpflege gut zu Ihnen passen.
Nein → weiter mit 4

6 Ergänzen Sie die Wörter links.

ob • ob • ob • was • wenn • wer • wie • ~~wo~~ • wo

die zeitung: Herr Waldmann, Sie sind Berufsberater. Darf ich zuerst fragen, (1) __wo__ Sie arbeiten?

Hr. Waldmann: Natürlich, ich arbeite an der Uni.

die zeitung: Können Sie uns sagen, (2) ________ genau Sie als Berufsberater machen?

Hr. Waldmann: Viele Studierende fragen sich, (3) ________ sie den richtigen Studiengang gewählt haben. Dann erkläre ich ihnen, in welchen Berufen sie später arbeiten können. Manchmal kommen Studierende auch mit konkreten Fragen: Wissen Sie, (4) ________ viele arbeitslose Mathematiker es derzeit gibt? Können Sie mir sagen, (5) ________ für die Anerkennung einer Ausbildung zuständig ist? Haben Sie Informationen, (6) ________ ich in meinem Studiengang ein Praktikum machen muss? Manches findet man eigentlich im Internet.

die zeitung: Wissen die Studierenden nicht, (7) ________ sie die Antworten auf solche Fragen finden?

Hr. Waldmann: Nicht immer. Außerdem sind sie nicht sicher, (8) ________ die Informationen im Internet wirklich stimmen. Was würden Sie machen, (9) ________ Sie sich auf eine Information verlassen, und dann ist sie falsch? Das kann sogar zu Problemen beim Studium oder Abschluss führen.

Wenn man ein Zertifikat / Zeugnis hat, ist das meist nicht automatisch in anderen Ländern gültig. Man kann aber prüfen lassen, ob das Zertifikat / Zeugnis auch in einem anderen Land, z. B. Deutschland, gültig sein kann. Wenn es klappt, ist das Zertifikat / Zeugnis z. B. in Deutschland *anerkannt* und der Vorgang ist die **Anerkennung**.

7 Ergänzen Sie die Wörter in den indirekten Fragen.

Berufsinformationszentrum (BIZ)

Überlegen Sie, (1) ________ für einen Beruf Sie wählen sollen? Die Auswahl ist heutzutage groß, das macht die Entscheidung schwierig. Oder stehen Sie im Berufsleben und möchten Informationen darüber, (2) ________ Sie sich beruflich verändern könnten? Wissen Sie, (3) ________ Möglichkeiten es für Erwachsene gibt, den Beruf zu wechseln? Egal in welchem Alter – wenn Sie sich über Berufe informieren wollen, sind Sie im Berufsinformationszentrum (kurz: BIZ) richtig. Das BIZ gibt es in Deutschland und der Schweiz und es hilft Menschen bei der Berufswahl. Wollen Sie wissen, (4) ________ Voraussetzungen Sie für einen Beruf brauchen? Oder möchten Sie erfahren, (5) ________ der Berufsalltag aussieht und (6) ________ Sie in einem Beruf verdienen können? Dann nutzen Sie kostenlos das Informationsmaterial im BIZ. Sie können das BIZ in der Regel ohne Anmeldung nutzen. Also: Wenn Sie wissen möchten, (7) ________ ein bestimmter Beruf für Sie geeignet ist, besuchen Sie doch mal ein BIZ in Ihrer Nähe!

8 Schreiben Sie die indirekten Fragen.

- ● Nächstes Jahr mache ich Abi, (1) aber ich weiß nicht, ________________

  wissen | aber | ich | nicht | sollen | dann | was | ich | werden

  Deshalb möchte ich mich beraten lassen.
- ○ Gerne. (2) ________________

  Sie | haben | eine Idee | möchten | Sie | in welchem Bereich | arbeiten

  Etwas mit Technik oder mit Sprachen oder etwas ganz Anderes?
- ● Ich mag Biologie, das habe ich auch als LK. (3) ________________

  sein | sicher | aber | nicht | ich | ein Studium | sein | ob | das Richtige für mich
- ○ Sie müssen ja nicht studieren! (4) ________________

  Sie | können | erst mal sagen | mir | Sie | lieber alleine oder im Team | ob | arbeiten
- ● Ich mag beides ganz gern.
- ○ Dann wäre vielleicht eine Ausbildung zur Biologielaborantin etwas für Sie. (5) ________________

  wenn | herausfinden | wollen | Sie | Ihnen | ob | der Beruf | gefallen | Sie | können | machen | ein Praktikum

das **Abitur** (kurz: Abi): höchster Schulabschluss in Deutschland, den man z. B. am Gymnasium bekommt. Mit dem Abitur darf man an einer Hochschule / Universität studieren, deshalb hieß das Abitur früher auch *Hochschulreife*. In Österreich und der Schweiz heißt das Abitur die *Matura*.

der **Leistungskurs**, -e (kurz: LK): ein Kurs z. B. am Gymnasium, in dem man ein Fach besonders intensiv lernt. Der Kurs soll auf das Lernen an der Universität vorbereiten.

→ online

W

WIEDERHOLUNG
Kapitel 42 bis 52

→ Hauptsätze verbinden, S. 194

1 Hauptsätze verbinden – Ergänzen Sie die Konnektoren und ordnen Sie zu. Probleme? Links gibt es Hilfe.

aber • denn • deshalb • oder • ~~sondern~~ • sondern • trotzdem • und

1. Heute lernen wir nicht, ___ a) ________ danach komme ich zu Ihnen.
2. Ich habe um 9 Uhr eine Besprechung ___ b) ________ arbeitet er erst am Montag wieder.
3. Frau Dietz ist stark erkältet, ___ c) ________ das Lager sauber machen?
4. Sollen wir zuerst den Wagen beladen ___ d) ________ ist sie zur Arbeit gekommen.
5. Sie müssen heute etwas länger arbeiten, ___ e) sondern wir machen einen Spaziergang.
6. Eigentlich wollte Ela frei nehmen, ___ f) ________ dieser Auftrag muss noch raus.
7. Die Tochter von Herrn Wernek ist krank, ___ g) ________ sie hat zu viel zu tun.
8. Das Paket kommt nicht morgen, ___ h) ________ erst übermorgen.

Bewerten Sie sich selbst: ☺ 😐 ☹

→ Zweiteilige Satzverbindungen, S. 198

2 Zweiteilige Satzverbindungen – Ergänzen Sie die Sätze. Probleme? Links gibt es Hilfe.

~~entweder … oder~~
entweder … oder
je … desto
sowohl … als auch
weder … noch
zwar … aber

- ● Die Chefin sagt, dass wir (1) entweder im Juli in Urlaub gehen können oder im September.
- ○ Ich habe (2) ________ keine Lust, im Juli wegzufahren, ________ es geht ja nicht anders.
- ● So ist es. Die Chefin gibt mir leider (3) ________ im Juni frei ________ im August.
- ○ Ok, dann ist mir (4) ________ der Juni recht ____ ______ der September.
- ● (5) ________ mehr ich darüber nachdenke, ________ weniger Lust habe ich auf Urlaubsreisen.
- ○ Nein, so nicht! (6) ________ fahren wir im Juni weg ________ im September, aber zu Hause bleiben wir auf keinen Fall.

Bewerten Sie sich selbst: ☺ 😐 ☹

→ Hauptsätze verbinden, S. 194
→ Hauptsatz und Nebensatz verbinden, S. 202

3 Hauptsatz oder Nebensatz? Schreiben Sie die Sätze.

1. Wir können morgen nicht zusammen ins Kino, denn unsere Kinder kommen zu Besuch.
   unsere Kinder | zu Besuch | kommen | denn
2. Ich habe gehört, ________________________________.
   du | bestanden haben | die Prüfung | dass
3. Die Abteilungsleiterin hat mich gelobt, ________________________________.
   ____
   ich | so freundlich sein | zu den Kunden | weil
4. Sie müssen die Maschine heute noch reparieren, ________________________________.
   ____
   die Firma | jede Stunde | viel Geld verlieren | denn
5. Wir tun unser Bestes, ________________________________.
   garantieren können | nichts | wir | aber
6. Dann wollen wir mal alle hoffen, ________________________________.
   hinbekommen | die Reparatur | Sie | dass

Bewerten Sie sich selbst: ☺ 😐 ☹

4 Nebensätze: Zeit – Markieren Sie den passenden Konnektor.

→ Nebensätze: Zeit, S. 206

1. *Bevor* / *Nachdem* Sie für heute Schluss machen, schreiben Sie bitte noch den Brief an Herrn Geiger.
2. Sie können Pause machen, *seit* / *während* Herr Wober die Regale einräumt.
3. *Sobald* / *Bis* Herr Börne zurückkommt, geben Sie mir bitte Bescheid.
4. *Als* / *Wenn* ich heute Morgen aus dem Haus bin, hat es geschneit.
5. Es hat Wochen gedauert, *bis* / *während* ich bei Dr. Spatz überhaupt einen Termin bekommen habe.
6. *Bevor* / *Solange* ich in dieser Firma arbeite, habe ich noch nie einen langweiligen Tag gehabt.
7. Frau Sahner hat schnell einen neuen Job gefunden, *nachdem* / *solange* sie bei uns gekündigt hatte.
8. Sie fühlt sich sehr viel wohler, *als* / *seit* sie selbständig arbeitet.

Bewerten Sie sich selbst: ☺ 😐 ☹

5 Nebensätze vor dem Hauptsatz – Schreiben Sie die Sätze wie im Beispiel.

→ Hauptsatz und Nebensatz verbinden, S. 202
→ Nebensätze: Zeit, S. 206
→ Nebensätze mit *wenn*, S. 210
→ Nebensätze: Grund, Ziel und Folge, S. 214

1. Ich helfe dir bei deiner Bewerbung, wenn du mir mein Fahrrad reparierst.
   Wenn du mir mein Fahrrad reparierst, helfe ich dir bei deiner Bewerbung.
2. Wir können morgen nicht zusammen lernen, weil ich eine Erkältung habe.
   ______
3. Bitte kauf ein paar Sachen für mich ein, bevor du zu mir kommst.
   ______
4. Ich warte im Café, bis deine Besprechung fertig ist.
   ______
5. Bitte schalten Sie Ihr Handy aus, solange die Präsentation dauert.
   ______

Bewerten Sie sich selbst: ☺ 😐 ☹

6 Verbinden Sie die Sätze mit je einem dieser Konnektoren: *weil, damit, um … zu, sodass*. Es gibt zum Teil mehrere Möglichkeiten.

→ Nebensätze: Grund, Ziel und Folge, S. 214

1. Schalten Sie bitte abends die Computer aus. Die Firma spart Strom.
   Schalten Sie bitte abends die Computer aus, damit die Firma Strom spart.
2. Die Firma hat eine große Solaranlage. Wir haben niedrige Stromkosten.
   ______
3. Wir tun sehr viel. Wir sparen Energie.
   ______
4. Wir möchten CO_2-frei produzieren. Wir tun etwas gegen den Klimawandel.
   ______
5. Unsere Mitarbeiter*innen haben E-Bikes. Sie müssen nicht mit dem Auto zur Arbeit fahren.
   ______
6. Unsere Firma ist sehr erfolgreich. Wir haben einen guten Ruf.
   ______
7. Wir strengen uns sehr an. Der Ruf bleibt auch in Zukunft gut.
   ______

Bewerten Sie sich selbst: ☺ 😐 ☹

→ Nebensätze mit *wenn*, S. 210
→ Nebensätze: Gegensatz, Vergleich, Folge, S. 218

als ob • als ob • immer wenn • ob • ob • ~~obwohl~~ • ohne dass • ohne dass • wenn • wenn

7 Gegensatz, Vergleich, Folge, Bedingung und Wiederholung – Ergänzen Sie die Konnektoren im Text. Probleme? Links gibt es Hilfe.

(1) obwohl Frauke Hein an der Nordsee aufwuchs, lebt sie heute lieber in den Bergen in Bayern. Inzwischen spricht sie auch Bayerisch, (2) ______ man hört, woher sie kommt. Im Moment sieht es auch so aus, (3) ______ sie für immer in Bayern bleiben würde. Sie hat nämlich ein norddeutsches Fischrestaurant eröffnet. Sie ist das Risiko eingegangen, (4) ______ sie vorher wissen konnte, (5) ______ die Idee erfolgreich sein kann. (6) ______ Sie keinen Erfolg gehabt hätte, dann hätte sie viel Geld verloren. Aber das Restaurant läuft, (7) ______ die Gäste nur darauf gewartet hätten. (8) ______ Frauke Hein abends die Kasse macht, spürt sie, wie gut den Bayern der Fisch aus der Nordsee schmeckt. Sie überlegt gerade, (9) ______ sie noch ein zweites Restaurant aufmacht. Sie wird es vermutlich tun, (10) ______ sie einen geeigneten Ort findet.

Bewerten Sie sich selbst:

→ Relativsätze, S. 222 und 226

das • der • der • dem • den • denen • denen • die • die

8 Ergänzen Sie die Relativpronomen. Probleme? Links gibt es Hilfe.

1. Können Sie bitte den Kunden anrufen, der die drei Drucker bestellt hat?
2. Die Rechnung, ______ Sie mir geschickt haben, ist falsch.
3. Ich interessiere mich für das Notebook, ______ Sie im Sonderangebot haben.
4. Der Techniker, ______ Sie mir geschickt haben, konnte das Problem nicht lösen.
5. Von den Kunden, ______ wir die Angebote geschickt haben, hat noch keiner geantwortet.
6. Der Kunde, ______ Sie das Notebook verkauft haben, hat Sie sehr gelobt.
7. Unsere neuen Handys, für ______ wir seit Wochen Werbung machen, wurden jetzt geliefert.
8. Die Festplatte, auf ______ unsere Projektdaten gespeichert waren, ist kaputt.
9. Ich möchte keinen Kühlschrank, von ______ automatisch Lebensmittel bestellt werden.
10. Firmen, ______ ich meine persönlichen Daten gebe, muss ich absolut vertrauen können.

Bewerten Sie sich selbst:

→ Relativsätze, S. 222 und 226

9 Wo passen die Relativsätze? Markieren Sie.

1. Das Auto ~~(1)~~ kann nicht mehr repariert werden (2).	das in der Werkstatt steht
2. Ich suche (1) einen Gebrauchtwagen (2).	den ich lange fahren kann
3. Die Ausbildung (1) ist offiziell (2) anerkannt.	die wir Ihnen anbieten
4. Wir sind an Mitarbeitern*innen (1) interessiert (2).	mit denen wir immer rechnen können
5. Bitte schicken Sie Ihre Bewerbungsunterlagen (1) online (2).	die vollständig sein müssen
6. Das Bewerbungsgespräch (1) findet am 2. Mai (2) statt.	zu dem wir Sie einladen
7. Wir schicken Ihnen morgen (1) den Vertrag (2).	den Sie gleich unterschreiben
8. Ihr erster Arbeitstag (1) ist dann der 1. Juni (2).	zu dem wir Sie hier erwarten
9. In den Unterlagen (1) liegt ihr Jobticket für den Bus (2).	das ab dem 1. Juni gültig ist
10. In unserer Kantine (1) können Sie Mittagessen (2).	die im 4. Stock ist

Bewerten Sie sich selbst:

10 Relativsätze (ohne und mit Präpositionen) – Schreiben Sie die Sätze.

→ Relativsätze, S. 222 und 226

1. Der Computer ist super. Ich habe den Computer gestern gekauft.
   Der Computer, den ich gestern gekauft habe, ist super.
2. Die Kollegin war sehr froh über das Gespräch. Wir haben das Gespräch gestern gehabt.
   ______
3. Morgen bekommen wir die Verstärkung. Die Chefin hat uns die Verstärkung versprochen.
   ______
4. Hier ist die Gebrauchsanleitung. In der Gebrauchsanleitung finden Sie alle Informationen.
   ______
5. Das Büro ist der Ort. An diesem Ort fühlt sich mein Mann am wohlsten.
   ______
6. Ich bin gerne in meiner Werkstatt. Die Werkstatt ist für mich mein zweites Zuhause.
   ______

Bewerten Sie sich selbst: ☺ 😐 ☹

11 Infinitivsätze – Ergänzen Sie die Infinitive mit oder ohne *zu* im Text.

→ Infinitivsätze, S. 230

Mir fällt es schon immer schwer, am Morgen (1) aufzustehen (aufstehen). Schon zu Schulzeiten wollte ich morgens nicht (2) ______ (aufstehen) und meine Mutter hatte große Mühe, mich (3) ______ (wachbekommen). Dagegen macht es mir gar nichts aus, am Abend sehr spät ins Bett (4) ______ (gehen). Manchmal habe ich Lust, noch nach Mitternacht einen Film im Fernsehen (5) ______ (sehen). Dann wird es oft zwei Uhr, bis ich ins Bett komme. Ich arbeite aber Schicht, und deshalb muss ich oft um 4 Uhr zur Arbeit (6) ______ (fahren), um die Schicht pünktlich (7) ______ (anfangen). Das ist ein Problem. Oft bin ich nach der Arbeit so müde, dass ich (8) ______ (aufpassen) muss, auf dem Weg nach Hause nicht im Auto (9) ______ (einschlafen). Deshalb habe ich angefangen, nach einem Job zu suchen, bei dem es kein Problem ist, morgens lange im Bett (10) ______ (bleiben).

Bewerten Sie sich selbst: ☺ 😐 ☹

12 Indirekte Fragen, W-Fragen und Ja/Nein-Fragen – Schreiben Sie die Fragen.

→ W-Fragen, S. 166
→ Ja/Nein-Fragen, S. 170
→ Indirekte Fragen, S. 234

1. Wo sind die Vertragsunterlagen? – Können Sie mir sagen, ______?
2. Wann erscheint das Buch? – Herr Weber möchte wissen, ______.
3. Ist die Lohnerhöhung beschlossen? – Die Kollegen interessiert, ______.
4. Kannst du am Samstag arbeiten? – Die Chefin will wissen, ______.
5. Wer hilft uns bei der Projektplanung? – Niemand sagt uns, ______.
6. Überlebt der Einzelhandel die Krise? – Keiner weiß, ______.

Bewerten Sie sich selbst: ☺ 😐 ☹

A 1 LÖSUNGEN

KAPITEL 1

1 1. du, Ich; 2. Sie, Ich; 3. ihr, wir; 4. Wir, du, ich; 5. Er; 6. sie
2 1. wohnt, wohnen; 2. Spielt, spielst, trainiere; 3. gehen, jogge, macht
3 1. heiße; 2. heißen, Buchstabieren; 3. Arbeiten, arbeite; 4. Arbeitet, arbeitet, studiert; 5. treiben, bewegen; 6. Trainierst, trainieren
4 1. Wie lange arbeitet ihr heute? b) Wir arbeiten bis 17 Uhr. 2. Trainierst du jeden Tag? c) Nein, ich trainiere nur montags. 3. Kommt Marie nicht mit ins Kino? a) Nein, sie lernt für die Prüfung.
6 1. du; 2. ich; 3. ihr; 4. Wir; 5. er; 6. er; 7. ich; 8. ich; 9. wir
7 1. trainieren; 2. findet; 3. gehen; 4. lernt; 5. kommst; 6. feiern; 7. trainieren; 8. kennt; 9. kommt; 10. zeigen; 11. lernt; 12. heißen; 13. findet
8 1. lieben; 2. gibt; 3. präsentieren; 4. brauchen; 5. erklärt; 6. kaufen; 7. sagt; 8. machen; 9. haben; 10. schreiben; 11. antwortet
9 1. Ich, Er, ich; 2. sie, sie, sie; 3. wir, wir, ich; a. Sie, Sie, Sie, es; b. Du, sie, sie; c. wir, Wir, Sie, sie; Zuordnung: 1b, 2c, 3a

KAPITEL 2

1

halten	helfen	sehen	lassen
halte	helfe	sehe	lasse
hältst	hilfst	siehst	lässt
hält	hilft	sieht	lässt
halten	helfen	sehen	lassen
haltet	helft	seht	lasst
halten	helfen	sehen	lassen

tragen	treffen	laufen	nehmen
trage	treffe	laufe	nehme
trägst	triffst	läufst	nimmst
trägt	trifft	läuft	nimmt
tragen	treffen	laufen	nehmen
tragt	trefft	lauft	nehmt
tragen	treffen	laufen	nehmen

2 1. au, äu; 2. e, i; 3. ie, e; 4. a, a, ä; 5. e, i
3 1. fahrt; 2. empfiehlst; 3. gibst; 4. besprechen
4 1. lasse, nehme; 2. Siehst; 3. gefällt; 4. berät; 5. Trägst; 6. erfahrt; 7. gilt
5 1. Meine Frau fährt 30.000 Kilometer pro Jahr. 2. In ihrer Freizeit läuft meine Schwester jeden Tag fünf Kilometer. 3. Beim Zugfahren schlafe ich immer. 4. In der Straßenbahn liest er immer die Zeitung auf seinem Handy. 5. Der Bus 42 hält am Hauptbahnhof.
7 1. i; 2. ä; 3. a; 4. a; 5. e
8 1. 1. fahren; 2. fährt; 3. fahre; 4. fährt; 2. 1. laufe; 2. laufen; 3. läuft; 4. Läufst; 3. 1. nehme; 2. nimmt; 3. nehmen; 4. nimmt; 4. 1. wäscht; 2. waschen; 3. wasche
9 richtige Formen: 1. fährt; 2. hält; 3. verfährt; 4. empfehlen; 5. kauft; 6. läuft; 7. gibt; 8. nimmt
10 1. haben; 2. wechs(e)le; 3. Wissen; 4. passiert; 5. stiehlt; 6. sieht; 7. klingt; 8. unterbreche; 9. unterbrichst; 10. weiß; 11. hilft; 12. reicht; 13. gibt; 14. werfen; 15. nehmen; 16. triffst; 17. weißt; 18. vergisst

KAPITEL 3

1 trennbar: anfangen, aufbauen, dableiben, einkaufen, fertigmachen, hinfahren, kleinschneiden, mitkommen, teilnehmen, umziehen, vorgeben, zurückschneiden;
nicht trennbar: bewerten, entfalten, erklären, erfassen, gefallen, gefrieren, verarbeiten, zerlegen
2 1. findet ... statt; 2. stellen ... aus; 3. schneide ... zurück; 4. pflanzen ... ein; 5. machen ... fertig; 6. fragt ... nach; 7. bereite ... vor; 8. kennengelernt; 9. anpflanzen
3 1. Wann fängt die nächste Bundesgartenschau an? 2. Kommst du morgen zurück? 3. Ich rufe dich morgen an. 4. Nehmt ihr am nächsten Kurs für Gartenpflege teil? 5. Mein Chef hat uns in seinen Garten eingeladen. 6. Ich muss die Blumen am Wochenende einpflanzen. 7. Ich rufe dich an, weil ich morgen wegfahre. 8. Heute Abend will ich nur noch fernsehen.
5a erfüllen, ziehen ... ein, wissen, anlegt, findet ... statt, wollen ... besuchen, stellen ... vor, gibt, bekommen, pflanzen ... an, richten ... ein

5b trennbare Verben: einziehen; anlegen, stattfinden, vorstellen, anpflanzen, einrichten;
nicht trennbare Verben: erfüllen, wissen, wollen, besuchen, geben, bekommen
6 1. sieht ... aus; 2. fallen ... ein; 3. eingeladen; 4. vorbeigelaufen; 5. bauen ... an; 6. ausgesucht; 7. einpflanzen; 8. ausruhen; 9. aufwache
7 1. Mit BUGA kürzt man das Wort „Bundesgartenschau" ab. 2. Seit 1951 veranstaltet der Bund die BUGA. 3. Die BUGA findet während der Sommermonate statt. 4. Die Bundesländer organisieren übrigens die LAGA (Landesgartenschau). 5. Bis heute zieht die BUGA viele Besucher an.
8a 1. haben ... mitgenommen; 2. haben ... ausgestellt; 3. hat ... angelegt; 4. haben ... ausgesehen; 5. hat ... teilgenommen; 6. habe ... nachgedacht
8b 1. ich schaue gleich nach; 2. wir bei einer Gartenschau mitmachen können; 3. wir unsere preisgekrönten Rosen anpflanzen; 4. geben wir ja sonst auch Geld für Anzeigen aus; 5. Im Frühjahr haben wir viele exotische Blumen angepflanzt; 6. wir werden sicher nicht alle verkaufen; 7. könnten wir einige für eine Gartenschau anbieten; 8. Wir besprechen alles; 9. Sie wieder gut angekommen sind

KAPITEL 4

1 1. ist; 2. ist; 3. ist; 4. ist; 5. sind; 6. bist; 7. bin; 8. sind; 9. bin; 10. bist
2 1. habe; 2. hast; 3. habe; 4. haben; 5. Hast; 6. habe; 7. haben; 8. haben; 9. Habt; 10. haben; 11. hat
3 1. hat; 2. ist; 3. war; 4. hatte; 5. hat; 6. war; 7. hat; 8. hat; 9. ist; 10. hat; 11. ist; 12. ist; 13. haben; 14. sind; 15. haben
5 habe ... gearbeitet; habe ... gemacht; hat ... gedauert; ist ... geworden; habe ... gemacht; habe ... gegessen;
regelmäßige Verben: arbeiten, gearbeitet; machen, gemacht;
unregelmäßige Verben: werden, geworden; essen, gegessen
6 1. sind; 2. hatte; 3. ist; 4. haben; 5. sind; 6. haben; 7. sind; 8. war; 9. ist; 10. hat; 11. ist; 12. hat; 13. sind; 14. haben; 15. sind; 16. ist
7 1. war; 2. war; 3. bin; 4. hatte; 5. habe; 6. bin; 7. hatte; 8. waren; 9. bin; 10. habe; 11. ist; 12. war; 13. war; 14. hatte; 15. waren; 16. war; 17. war; 18. seid; 19. habt; 20. habe; 21. ist; 22. ist; 23. ist; 24. hat; 25. war; 26. ist; 27. Habt; 28. habe; 29. ist; 30. hatte; 31. war; 32. haben; 33. sind; 34. ist; 35. habe; 36. hat; 37. waren; 38. hatte; 39. seid

KAPITEL 5

1 1. a, u; 2. a, ö; 3. ü; 4. ö; 5. o; 6. u
2 1. muss; 2. Kannst; 3. kann; 4. muss; 5. können; 6. muss; 7. sollen; 8. Können; 9. sollst; 10. soll
3 1. Wann können Sie morgen bei mir vorbeikommen? 2. Ich muss morgen zur Bank gehen. 3. Soll ich dir 200 Euro leihen? 4. Kannst du dein Geld für ein Fahrrad sparen?
4 1. Soll; 2. kann; 3. müssen; 4. Können; 5. soll
6 1. können; 2. kann; 3. muss; 4. Muss; 5. können; 6. müssen; 7. können; 8. müssen; 9. Soll; 10. kann; 11. muss; 12. kann; 13. kann; 14. muss; 15. soll; 16. Kann; 17. können; 18. können; 19. kann; 20. muss; 21. können
7 1. muss; 2. kann; 3. können; 4. müssen; 5. kann; 6. können
8 Kann ... vorbeikommen; Können ... vorschlagen; kann ... vorbeikommen; kann ... sparen; aussetzen muss; kann ... unterbrechen; muss ... kündigen; geben können; Soll ... nennen; können ... vorbereiten; Soll ... mitbringen;
können (fähig sein): Können ... vorschlagen; geben können, können ... vorbereiten;
können (möglich sein): kann ... vorbeikommen, kann ... sparen, kann ... unterbrechen;
können (erlauben): kann ... unterbrechen;
müssen (notwendig sein): aussetzen muss, muss ... kündigen;
sollen (anbieten): Soll ... nennen, Soll ... mitbringen

KAPITEL 6

1 1. Möchtest; 2. darf; 3. willst; 4. muss; 5. Will; 6. darf; 7. wollen; 8. dürfen 9. darf; 10. darf; 11. will; 12. wollen
2 1. will; 2. kannst, musst; 3. muss, kann; 4. Dürfen, sollen; 5. möchte; 6. darf; 7. können; 8. dürfen
4 möchte, will, wollen; willst, Möchtest, will, will; wollen, dürfen, darfst, darf, will

dürfen	wollen	„möchten"
darf	will	möchte
darfst	willst	möchtest
darf	will	möchte
dürfen	wollen	möchten
dürft	wollt	möchtet
dürfen	wollen	möchten

5 1. möchte; 2. darf; 3. dürfen; 4. darf; 5. möchte; 6. will; 7. möchten; 8. will; 9. wollen; 10. möchte; 11. möchte; 12. will; 13. darf; 14. darf; 15. wollen
6 1. • Wollt ihr morgen schwimmen gehen? ○ Nein, wir möchten lieber Tennis spielen. 2. • Darfst du am Samstag mit uns klettern? ○ Ja, aber ich darf nur bis 18 Uhr unterwegs sein. 3. • Möchtet ihr am Wochenende mit uns joggen? ○ Ich will

mitkommen, aber Thomas darf keinen Sport machen. 4. ● Willst du am Sonntag mit mir Rad fahren? ○ Ja, ich möchte gerne mitkommen.

7 1. möchten; 2. wollen; 3. müssen; 4. muss; 5. darf; 6. müssen; 7. möchten; 8. können; 9. muss; 10. kann; 11. muss; 12. müssen; 13. können; 14. dürfen; 15. will; 16. können; 17. kann

8 1e; 2d; 3a; 4b; 5c

KAPITEL 7

1 1. Putz bitte zuerst die Möhren. Putzt bitte zuerst die Möhren. 2. Schneid/Schneide dann alles klein. Schneidet dann alles klein. 3 Schäl/Schäle die Kartoffeln. Schält die Kartoffeln. 4. Rühr/Rühre die Soße. Rührt die Soße. 5. Gib die Nudeln in das kochende Wasser. Gebt die Nudeln in das kochende Wasser. 6. Vergiss nicht das Salz. Vergesst nicht das Salz. 7. Fahr/Fahre lieber mit dem Fahrrad zum Einkaufen. Fahrt lieber mit dem Fahrrad zum Einkaufen. 8. Beeil/Beeile dich. Die Gäste kommen gleich. Beeilt euch. Die Gäste kommen gleich.

2 1. Kauf; 2. Helft ... mit; 3. Schälen; 4. Schneiden; 5. Wascht; 6. Brat/Brate ... an; 7. Hört ... zu; 8. Wasch/Wasche ... ab

3 1a; 2b; 3a; 4b

5a geh, nimm, putzt, Sprecht, bereiten Sie ... vor, stellen Sie, Informieren Sie, Geben Sie ... weiter, bereitet ... vor, Kocht, Kümmere, konzentrier, Vergiss, Mach

5b

gehen – geh – geht – gehen Sie

putzen – putz(e) – putzt – putzen Sie

sprechen – sprich – sprecht – sprechen Sie

vorbereiten – bereite ... vor – bereitet ... vor – bereiten Sie ... vor

stellen – stell(e) – stellt – stellen Sie

informieren – informier(e) – informiert – informieren Sie

weitergeben – gib ... weiter – gebt ... weiter – geben Sie ... weiter

kochen – koch(e) – kocht – kochen Sie

kümmern – kümmere – kümmert – kümmern Sie

konzentrieren – konzentrier(e) – konzentriert – konzentrieren Sie

vergessen – vergiss – vergesst – vergessen Sie

machen – mach – macht – machen Sie

5c 1. Ursula, gib mir bitte das Gemüsemesser. 2. Werner, zeig mir bitte, wie man Spinat putzt. 3. Jochen, bezahl(e) den Einkauf mit der Firmenkreditkarte. 4. Herr Franke, bestellen Sie bitte noch Getränke im Großhandel.

6a Jonas: 1. Leg; 2. vergiss; 3. Denk(e); 4. Falte; 5. Beeil(e); Marie: 1. bereite; 2. Schält; 3. zerkleinert; 4. Stellt ... hin; 5. Richten ... an; 6. fragen ... nach

6b 1. Koch bitte drei Kilo Kartoffeln. 2. Rufen Sie bitte die Servicemitarbeiter in die Küche. 3. Prüft die Vorräte im Kühlhaus. 4. Schreibt die neuen Rezepte mit. 5. Besprechen Sie morgen bitte die Aufgaben. 6. Reinige vor Feierabend bitte die Pfannen.

KAPITEL 8

1 putzen, wegräumen, organisieren; trinken, aufessen, erklären

2 gebügelt, gekocht, geschrieben, gelesen, gebracht, repariert, telefoniert; zugemacht, angerufen, eingeräumt, ausgetrunken, verschrieben, empfohlen, begonnen

3 1. repariert; 2. gekauft; 3. geschrieben; 4. telefoniert; 5. ausgetrunken; 6. aufgegessen

4 1. Ich habe eingekauft. 2. Meine Freundin hat das Gemüse gekocht. 3. Wir haben gemeinsam gegessen. 4. Hast du die Spülmaschine eingeräumt? 5. Meine Frau hat 12 Stunden täglich gearbeitet. 6. Ihre Mutter hat die Kinder zur Schule gebracht.

6 gekauft, vorbereitet, geweckt, gefrühstückt, belegt, gepackt, mitgenommen, gebracht, besucht, untersucht, organisiert, abgeholt, erledigt, geholfen, kontrolliert, gemacht, vorbereitet, geputzt, vorgelesen, gesprochen, geguckt
regelmäßig: kaufen, vorbereiten, wecken, frühstücken, belegen, packen, besuchen, untersuchen, organisieren, abholen, erledigen, kontrollieren, machen, putzen, gucken;
unregelmäßig: mitnehmen, bringen, helfen, vorlesen, sprechen

7 1. habe ... gekocht; 2. habe ... getrunken; 3. habe ... gegessen; 4. bin ... gefahren; 5. getroffen habe; 6. hat ... gedauert; 7. habe ... erledigt; 8. verlassen habe; 9. habe ... mitgenommen; 10. hat ... geklingelt; 11. hat ... gebracht; 12. abgegeben hat; 13. habe ... bedankt; 14. habe ... eingeschaltet; 15. habe ... geguckt

8 1. Wir sind gemeinsam einkaufen gegangen. 2. Karin hat die Waschmaschine repariert. 3. Ingo hat Abendessen gekocht. 4. Jonas und Rita haben die Fische gefüttert.

9 1. Ich habe noch nie so viel Müll getrennt wie in Deutschland. 2. Wir haben die Abfälle immer sofort in der Wohnung sortiert und dann gleicht nach draußen getragen und in die Mülltonne geworfen. 3. In meiner Firma haben wir nie Geschirr aus Plastik benutzt. Unsere Vorgesetzten haben mich ganz streng angesehen, als ich am ersten Tag einen Plastiklöffel mitgebracht habe. 4. Meine Gastfamilie hat ein kleines Haus für die Mülltonen gebaut und sie haben fünf Mülltonen hineingestellt.

KAPITEL 9

1 1. Meine Oma ist joggen gegangen. 2. Wir sind nach Rio de Janeiro geflogen. 3. Wir sind im Juli zurückgekommen. 4. Am Mittwoch ist mein Vater weggefahren. 5. Dieses Jahr sind wir zu Hause geblieben.
2 1. sind ... gewandert; 2. hat ... gefallen; 3. hat ... stattgefunden; 4. ist ... geworden; 5. sind ... geblieben
3 1. Tante Riza ist gestern nach Kassel umgezogen. 2. Wir haben ihr beim Umzug geholfen. 3. Maja hat eine Wohnung gemietet. 4. Gestern haben wir ihre Wohnung renoviert.
4 1c; 2a; 3d; 4b
5 1. Nachdem ich gefrühstückt hatte, bin ich zur Arbeit gegangen. 2. Nachdem der Wecker geklingelt hatte, bin ich aufgestanden. 3. Nachdem sie zu Abend gegessen hatte, hat sie ferngesehen. / Nachdem sie ferngesehen hatte, hat sie zu Abend gegessen.
7a hat ... organisiert, sind ... weggefahren, haben ... gegründet, haben ... getroffen, haben ... getanzt, interessiert haben, haben ... angeboten, sind ... mitgegangen, sind ... gewesen, geplant haben
7b regelmäßig (haben): organisieren, gründen, tanzen, interessieren, planen; regelmäßig (sein): begeistern; unregelmäßig (haben): treffen, anbieten; unregelmäßig (sein): wegfahren, mitgehen
7c 1h; 2h; 3h; 4s; 5s; 6s; 7s; 8h; 9s; 10s; 11h; 12h; 13s; 14s; 15h
7d 1. sind ... gefahren; 2. bin ... gewesen; 3. sind ... gelaufen; 4. sind ... gegangen; 5. haben ... probiert; 6. sind ... geflogen; 7. ist ... gestiegen; 8. hat ... gefallen; 9. gebucht habe; 10. sind ... mitgekommen; 11. haben ... besucht; 12. sind ... gegangen; 13. haben ... gegessen; 14. getrunken; 15. geredet; 16. gelacht
8 1. Ich habe im letzten Jahr zum ersten Mal eine lange Radtour gemacht und bin durch Norwegen gefahren. 2. Ich habe einen Englischkurs an der VHS besucht und (habe) nette Menschen kennengelernt. 3. Wir sind mit Freunden segeln gegangen und (sind) viel an der frischen Luft gewesen.
9a gemacht hatte, hatte ... sich ... verlobt
9b 1. waren ... gekommen; 2. hatten ... gemietet; 3. gewonnen hatte
10 1. Mein Großvater ist viel gereist, nachdem er in Rente gegangen war. 2. Er ist mit 72 Jahren zum ersten Mal geflogen, nachdem er immer mit dem Auto gefahren war. 3. Er hat mit 75 Jahren eine Wandergruppe gegründet, davor hatte er nie viel Sport gemacht. 4. Er hat mit 80 Jahren Schach gelernt, nachdem er früher nie gespielt hatte.

KAPITEL 10

1 war → sein, brachte → bringen, baute ... auf → aufbauen, kamen → kommen, stellten ... auf → aufstellen, schmückten → schmücken, gab (es) → (es) geben (es gibt ...), vorbereiteten → vorbereiten, hatten → haben, durften → dürfen
2 1. sollte; 2. regnete; 3. wurde; 4. mussten; 5. wehte; 6. war; 7. konnte; 8. war
3 1. öffnete; 2. gab; 3. umstellten; 4. wusste; 5. hatten; 6. wollte; 7. mussten; 8. gründeten; 9. kamen; 11. war; 12. sah; 13. hatte; 14. hatte; 15. wusste; 16. sollte
5a heiratete, fand ... statt, hielten (sich) ... auf, bekam, gab, veranstaltete, entstand, konnte, gehörten, gewann, durften, feierte, kamen
5b regelmäßige Verben: heiraten, veranstalten, feiern, gehören; unregelmäßige Verben: stattfinden, (sich) aufhalten, bekommen, geben, entstehen, gewinnen, kommen; Modalverben: können, dürfen
6 1. hatten; 2. waren; 3. war; 4. hatte; 5. war; 6. hatte; 7. hatte; 8. hatte; 9. war; 10. waren; 11. hatte; 12. hattest
7 1. musste; 2. konnten; 3. mussten; 4. sollten; 5. wollten; 6. durften; 7. musste; 8. durfte; 9. mussten; 10. konnten; 11. wollten; 12. sollte
8 hat ... stattgefunden: fand ... statt; ist ... gewesen: war; sind ... gekommen: kamen; ist ... gewachsen: wuchs; hat ... gewonnen: gewann; hat ... gefeiert: feierte; hat ... gedauert: dauerte; hat ... verlängert: verlängerte; hat ... besuchen können: konnte ... besuchen; war ... geöffnet: öffnete; ist ... gewesen: war; hat ... besuchen können: konnte ... besuchen; hat ... machen müssen: musste ... machen; hat ... gegeben: gab; geworden ist: wurde; sind ... hinzugekommen: kamen ... hinzu

KAPITEL 11

1 1. Ich besuche morgen meine Oma. Morgen besuche ich meine Oma. 2. Wir kaufen bald E-Bikes. Bald kaufen wir E-Bikes. 3. Ich kaufe nächstes Jahr ein E-Auto. Nächstes Jahr kaufe ich ein E-Auto.
2 1. wirst; 2. werden; 3. werdet; 4. Wirst, werde; 5. werden
3 1. Es wird immer mehr Computer geben. 2. Wir werden glücklich sein. 3. Ihr werdet neue Berufe erlernen. 4. Ich werde dich abholen.
4 1a; 2b; 3c; 4a; 5a; 6c
6 gibt ... in den nächsten Tagen; erhalten Montag; Dienstag und Mittwoch brauchen; Ende der Woche erreichen; am Wochenende bekommen; spielen ... am Samstag
7 1. ich nächsten Mittwoch jemanden kennenlerne. 2. Sie brauchen am Wochenende etwas Ruhe. 3. Aber ich besuche Freitag zum ersten Mal einen Malkurs an der VHS. 4. Ich fahre nächste Woche in Urlaub.

8a wird ... sein; werde ... vorbereiten; wird ... präsentieren

8b ich werde; du wirst; er/es/sie wird; wir werden; ihr werdet; sie/Sie werden

8c 1. Mittwoch wird unser Team am Mittag essen gehen. 2. Donnerstag wird uns der Betriebsrat über die neuen Urlaubsregeln informieren. 3. Freitag werden Herr Prager und ich die neue Produktlinie auf der Messe vorstellen.

9 Vermutungen: Wird sie das wohl glücklich machen? ... wird vermutlich jeden glücklich machen; Vielleicht wird es tatsächlich viele Menschen glücklich machen; ...wird ihn das doch wohl auch glücklich machen; ...wird das vielleicht so sein; Vorhersagen: ... wird das Geld und Zeit kosten. ... Sie werden diese schönen Erinnerungen für immer behalten. wird es relativ schnell ganz verschwinden. ... wird das auch in Zukunft so sein. Diese Erinnerung wird Sie auch in Zukunft glücklich machen.

10 1. Ich werde wohl bald reich sein. 2. Das wird schon/wahrscheinlich/wohl/... klappen. 3. ...wirst du bald pleite sein. 4. Dann werde ich auch in Zukunft beim Discounter einkaufen müssen. 5. Dann wirst du aber wahrscheinlich/wohl/... sehr enttäuscht sein, oder?

WIEDERHOLUNG: KAPITEL 1–11

1 1. Hilfst, schaffe, helfe, arbeite; 2. Fahrt, fahren, fährt; 3. Besucht, fliegt; 4. Isst, esse, isst; 5. macht, arbeitet, bleibst, gehst

2 be-, ge-, emp-, ent-, er-, miss-, ver-, zer-

3 1. Er holt das Paket ab. 2. Wir ziehen nächste Woche um. 3. Schickst du deine Bewerbung ab? 4. Derek lädt uns zu seinem Geburtstag ein. 5. Die Kinder besuchen nächste Woche ihre Oma. 6. Wir bekommen am Wochenende Besuch. 7. Fahrt ihr in den Sommerferien weg? 8. Ich kann dir die Regel erklären.

4 1. Haben, hatte, war; 2. habe, bin, sind, haben; 3. Hattet, war, hatte; 4. Hast, hatte, warst; 5. hat, war, hat; 6. Hast, habe, war

5 1. Können, kann, muss; 2. will, kann; 3. sollst, kann, will; 4. Soll, will; 5. Dürfen, können; 6. Kannst, kann, kann; 7. dürft, wollt; 8. Musst

6 1. Helfen Sie mir bitte bei der Steuererklärung. 2. Schreibt bitte eurer Oma eine Geburtstagskarte. 3. Komm bitte bis 20 Uhr zurück. 4. Erklären Sie uns bitte Ihre Ideen. 5. Fangt bitte mit eurer Präsentation an. 6. Schreib mir bitte eine Textnachricht.

7 1. Hast ... eingekauft, habe ... gebügelt; 2. Haben ... gemacht, haben ... durchgecheckt; 3. Habt ... gestrichen, haben ... eingebaut; 4. Hat ... erzählt, habe ... verstanden

8 1. bist ... gekommen, ist ... abgeflogen; 2. seid ... gegangen, sind ... eingeschlafen; 3. ist ... aufgewacht, bist ... aufgestanden; 4. ist ... zurückgekommen, ist ... passiert; 5. bin ... gelaufen; geblieben sind; 6 ist ... abgelaufen, ist ... passiert

9 1. Wir sind nach Hause geflogen. 2. Das Flugzeug ist gelandet. 3. Wir haben das Gepäck abgeholt. 4. Du hast auf uns gewartet. 5. Wir sind in die Stadt gefahren. 6. Die Kinder sind für uns einkaufen gegangen. 7. Ihr habt für uns gekocht. 8. Wir haben zusammen gegessen. 9. Wir haben geduscht und die Zähne geputzt. 10. Wir sind ins Bett gegangen.

10 1. Ich weiß, dass er die Wörter nicht gelernt hat. 2. Sie ist glücklich, weil sie die Prüfung bestanden hat. 3. Wir schreiben euch, sobald wir angekommen sind. 4. Sie sind zufrieden, wenn Sie Sport gemacht haben. 5. Ich helfe dir, weil du mir auch geholfen hast.

11 1. aufwachte, fühlte; 2. sah, hatte; 3. versuchte, schaffte; 4. wollten; 5. machte; 6. hing ... ab, arbeitete; 7. half, brachte; 8. verlor, starb

12 1. Ich werde dir morgen beim Umzug helfen. 2. Irgendwann werden wir reich und schön sein. 3. Ich werde ab dem nächsten Jahr mehr Sport machen. 4. Morgen wird das Wetter wieder schön sein und die Sonne wird den ganzen Tag scheinen. 5. Durch den Klimawandel wird es in Zukunft mehr Hitze und mehr Stürme geben. 6. Wir werden weniger Geld für Heizung und mehr für Kühlung brauchen.

KAPITEL 12

1 1. wurden; 2. werden; 3. wurde; 4. wird; 5. wurde; 6. wird

2 1. wird ... gebraut; 2. wurde ... geheiratet; 3. wird ... gefeiert; 4. wurden ... produziert; 5. werden ... aufgestellt; 6. werden ... organisiert

3 1. Das Brot ist gebacken worden. 2. An Karneval ist gefeiert worden. 3. Nach Karneval ist gefastet worden. 4. An Ostern sind Eier bemalt worden. 5. Ende Dezember sind Weihnachtsbäume geschmückt worden. 6. An Silvester ist das neue Jahr begrüßt worden.

4 1. Der BMW wird in München hergestellt. 2. In Deutschland werden zu wenige Wohnungen gebaut. 3. Auf der ganzen Welt wird zu viel CO_2 produziert. 4. Früher wurde mehr mit der Hand gearbeitet. 5. Bis vor 60 Jahren wurde sehr viel mit Kohle geheizt. 6. Ab 2050 werden keine Benzinmotoren mehr verkauft.

6a wird ... bezeichnet, wird ... gebraut, werden ... benötigt, wird ... hergestellt, wird ... durchgeführt, wird ... vermischt

6b bezeichnet – bezeichnen, gebraut – brauen, benötigt – benötigen, hergestellt – herstellen, durchgeführt – durchführen, vermischt – vermischen

6c 1. werden ... aufgelöst; 2. wird ... getrennt; 3. werden ... genannt; 4. wird ... gekocht; 5. wird ... abgekühlt; 6. wird ... hinzugefügt; 7. wird ... gelagert; 8. wird ... gefiltert; 9. wird ... abgefüllt

6d 1. Zuerst wurden wir in einen Ausstellungsraum gebracht. 2. Dann wurde uns ein Film über Bierbrauen gezeigt. 3. Anschließend wurden wir zu einem großen Kessel geführt. 4. In dem Kessel wurde die Maische gekocht.

7 1. Wie viele Biersorten werden in Deutschland hergestellt? – 2017 wurden in Deutschland mehr als 7500 unterschiedliche Biersorten gebraut. 2. Wird Weißbier nur in Bayern getrunken? – Nein, Weißbier wird oft mit Bayern in Verbindung gebracht, aber es wird auch in anderen Regionen gemocht.

8 1. wurde ... gegründet; 2. wurde ... verwendet; 3. wurden ... versorgt; 4. wurden ... geöffnet; 5. sind ... geworden; 6. wurden ... genannt; 7. wurde ... verlegt; 8. wird ... bezeichnet; 9. wird ... besucht

KAPITEL 13

1 1. Könnten; 2. würde ... machen; 3. solltet; 4. würde ... gehen; 5. würde ... einladen; 6. könnten; 7. hätte; 8. würde ... werden; 9. wollten; 10. sollten; 11. könnte; 12. würdest

2 1. Könntest du mir bei meinem Referat helfen? 2. Du solltest lieber selbstständig lernen. 3. Könntet ihr uns am Wochenende besuchen? 4. Meine Tochter würde gerne zum Mars fliegen. 5. Mein Sohn wäre gerne Wissenschaftler. 6. Könntest du bitte morgen für mich einkaufen gehen?

3 Wunsch: 1, 4, 5, 6; Ratschlag: 2; Vorschlag: 3; Höflichkeit: 1, 6

5a könnte, wären, würden ... machen, landen würde, wäre, hätten, könnten, müsste, fände, müsste, sollte

5b 1. können; 2. sein; 3. haben; 4. müssen; 5. finden; 6. sollen

6 1. Sie Urlaub auf dem Mond machen könnten? 2. Wenn ich Urlaub auf dem Mond machen könnte, würde ich das sofort buchen. 3. Sie Astronaut wären? 4. Wenn ich Astronaut wäre, würde ich nur um die Erde fliegen und (ich würde) die Aussicht bewundern. 5. Ihre Kinder ins Weltall fliegen würden / flögen? 6. Wenn meine Kinder ins Weltall fliegen würden / flögen, hätte ich wahrscheinlich etwas Angst. 7. Sie eine Rakete hätten? 8. Wenn ich eine Rakete hätte, würde ich meinen Chef zum Mond schießen.

7 1. würden ... mitfliegen; 2. müsste; 3. könnte; 4. bräuchte; 5. müsste; 6. könnte; 7. sollte; 8. wollte; 9. würde ... zugucken; 10. wären; 11. könnte; 12. würde ... fliegen; 13. könnte; 14. könnten; 15. sollte; 16. könnte; 17. würden ... machen; 18. hätte; 19. würde ... streichen; 20. könnte; 21. sollten; 22. wäre; 23. fände

KAPITEL 14

1 1. Ich habe einen Garten. 2. Mein Garten fehlt mir sehr, wenn ich reise. 3. Ich finde meinen Garten nämlich wunderschön. 4. Ich höre den Vögeln zu und genieße die Ruhe. 5. Meine Frau hilft mir bei der Gartenarbeit. 6. Wir mögen unsere Äpfel. Die Würmer mögen sie auch. 8. Es gefällt uns sehr, wenn die Natur wieder bunt wird. 9. Ich liebe den Wald, besonders im Herbst.

2 1. Ich helfe dir am Wochenende bei der Apfelernte. 2. Grüne Äpfel schmecken meinen Kindern. 3. Stimmen Sie meiner Idee zu? 4. Unsere Chefin gratuliert ihren Mitarbeiterinnen immer zum Geburtstag. 5. Vertrauen wir unseren Kindern! 6. Das Hemd steht dir sehr gut.

3 1. Leihst du unserem Sohn dein Fahrrad? 2. Ich wünsche mir eine Gartenschaukel zum Geburtstag. 3. Ich gebe Ihnen meine Heckenschere. 4. Leiht ihr uns euren Rasenmäher? 5. Wir haben unseren Eltern einen Apfelbaum zum Hochzeitstag geschenkt.

5 Nominativ: ein kleiner Garten; viele Kleingärten; eine Möglichkeit; eine Alternative; Mitglied; Dativ: diesem Verein; Ihnen; Akkusativ: diese Gärten; einen Kleingarten; Obst und Gemüse; kein teures Haus; einen sozialen Aspekt; Menschen; sich; Regeln; einen Kleingarten; den Garten; bestimmte Blumen; keinen Garten; den Verein; ihre Freunde; eine Kleingartenanlage; Blumen oder Gemüse

6 1. einen Kleingarten; 2. meinen Garten; 3. den Garten; 4. keine Zeit; 5. einen Apfelbaum; 6. ersten Äpfel; 7. eine nette Dame; 8. ihren Geburtstag

7 1. einen Kleingarten; 2. Freunde; 3. die Natur; 4. die Regeln; 5. den Rasen; 6. kleine Blumen; 7. keinen Baum; 8. einen Weg; 9. einen Werkzeugkasten; 10. ihn; 11. Freunde; 12. ihm; 13. ihm; 14. ein Foto

8 1. pachten; 2. lieben; 3. haben; 4. besuchen; 5. verbringen; 6. haben; 7. schenken; 8. sind; 9. helfen

9 1. einen Kleingarten; 2. ihn; 3. meinem Freund; 4. der Garten; 5. ihm; 6. ein Haselnusstrauch; 7. einen Birnbaum; 8. mir; 9. unseren Kindern; 10. dir; 11. seiner Schwester; 12. ein Jubiläum; 13. dem Verein; 14. der Vorsitzenden; 15. eure Nachbarn; 16. ihnen; 17. euch; 18. dir; 19. die Kleingartenanlage; 20. den Schildern; 21. unseren Garten

KAPITEL 15

1 1c; 2c; 3f; 4a; 5b; 6d
2 1. mir; 2. mich; 3. mir; 4. mich
3 1. sich; 2. uns; 3. mich; 4. euch; 5. sich
4 1. Ich ärgere mich über die Geldverschwendung an Silvester. 2. Du musst dich beeilen. 3. Wir wünschen uns gegenseitig alles Gute für das neue Jahr. 4. Ich muss mich nachher duschen. 5. Ihr könnt euch auf die freie Stelle bewerben.
6 interessiert euch, treffen sich, euch ... interessiert, euch ... kümmern, sich ... anschauen, mich ... gefreut, euch ... anzuschauen, sich ... gelohnt, dir ... überlegst, euch ... informieren, euch ... sicher seid, sich ... entzünden, sich vorstellen, sehen uns
7 1. euch; 2. uns; 3. uns; 4. mir; 5. sich; 6. mir; 7. dich; 8. dich; 9. uns; 10. dir; 11. sich; 12. mich; 13. dir
8 A: 1. uns; 2. uns; 3. X; 4. sich; 5. uns; 6. X ;7. uns; 8. uns; 9. uns; B: 1. mich; 2. uns; 3. mir; 4. X; 5. mich; 6. X/mir; 7. mich; 8. X; 9. mir; C: 1. X; 2. sich; 3. sich; 4. uns; 5. X/dir; 6. X; 7. sich; 8. sich; 9. uns; 10. uns; 11. mich; D: 1. mich; 2. sich; 3. mich; 4. mir; 5. mich; 6. mir; 7. X; 8. mir; 9. X; 10. mich; 11. uns; 12. mir

KAPITEL 16

1 1. stehen; 2. liegen; 3. hängen; 4. stellen; 5. legen; 6. sitzen; 7. (sich) setzen: 8. hängen
2 1. gelegt; 2. legt; 3. Stell, leg; 4. stehen; 5. setzen, gesessen; 6. steht; 7. liegt; 8. hing
3 1. liegt, gelegt; 2. hängen, gehängt; 3. Stellst, steht; 4. liegt, lege; 5. Setz, gesessen
5 1. stehen; 2. liegen; 3. hängt; 4. sitzen
6 1. stellen; 2. hängen; 3. gesetzt; 4. gelegt; 5. setze
7 1. der; 2. den; 3. die; 4. der; 5. dem; 6. den; 7. dem; 8. das
8 1. stelle; 2. gestellt; 3. gehangen; 4. stellen; 5. hänge; 6. hängst; 7. hängen; 8. lege; 9. liegt; 10. gelegen; 11. steht; 12. stellen; 13. gestanden; 14. steht; 15. stellen

KAPITEL 17

1 1. Ich gehe am Wochenende Fahrrad fahren. 2. Ich habe noch nie jemanden Plattdeutsch sprechen hören. 3. Ich bleibe ein wenig in der Sonne sitzen. 4. Wir fahren meistens am Samstag einkaufen. 5. Ich habe gestern meine Tochter Tennis spielen sehen.
2 1e; 2c; 3a; 4b; 5d
3 1. Ich lasse mein Fahrrad reparieren. 2. Sasch lässt die Wohnung renovieren. 3. Wir lassen unsere Küche frisch streichen. 4. Ich lasse meine Festplatte neu formatieren. 5. Ole lässt den Internetanschluss prüfen.
4 1d; 2a; 3b; 4e; 5c
6 1. gegangen; 2. aufsteigen; 3. klingeln; 4. gähnen; 5. zukommen; 6. sehen; 7. hören; 8. husten; 9. hören; 10. rascheln; 11. nachschauen; 12. sehen; 13. knabbern; 14. fühlst
7 nicht selbst machen: habe ... offenstehen lassen, habe ... machen lassen; erlauben / verbieten: lassen ... sagen, hat ... sprechen lassen; nicht stören: hat ... antworten lassen, lasse glauben; nicht mitnehmen: zu Hause lassen
8a Vorgang / Prozess: wird ... mulmig; Futur: werden ... ziehen, arbeiten wird, verstehen werden, wird ... klappen, werde ... machen, sich ... wohlfühlen wird; Passiv: wird ... bezahlt
8b 1. werden; 2. werden; 3. wird; 4. werden; 5. wird; 6. wird; 7. wird; 8. werden; 9. werden; 10. wird
8c 1. werde ... machen; 2. werden soll; 3. werde ... machen; 4. werde ... arbeiten; 5. werden soll; 6. verstehen werde; 7. wird ... klappen

WIEDERHOLUNG: KAPITEL 12–17

1 1. Ostern wird im Frühjahr gefeiert. 2. Adu wurde in Nigeria geboren. 3. Die Getränke sind heute morgen geliefert worden. 4. Ihr Testergebnis wird zugeschickt. 5. Unsere Homepage wurde im Sommer überarbeitet. 6. Mein Leserbrief ist nicht veröffentlicht worden. 7. Die Abgabefrist ist um zwei Wochen verlängert worden. 8. Der Schrank wurde in Frankreich gebaut. 9. Mein Fahrrad ist gestern gestohlen worden. 10. Die Gesetze werden im Bundestag diskutiert.
2 1. Könntest; 2. wäre, könntest; 3. Dürfte; 4. müssten; 5. solltest; 6. wären; 7. Könntet; 8. Hätten; 9. müsstet; 10. Hättest
3 1. Ich würde gerne bei einer Filmproduktion arbeiten. 2. Mein Bruder wäre gerne Musiker. 3. Wir hätten gerne noch viel mehr Spaß. 4. Meine Freunde wären gerne Schriftsteller. 5. Silke würde gerne mehr reisen. 6. Würdest du gerne eine Fortbildung machen. 7. Wir hätten gerne mehr Ferien. 8. Würdest du gerne nach Afrika reisen?
4 1. Wenn ich Zeit hätte, würde ich kochen lernen. 2. Wenn er genug Geld hätte, würde er auf den Malediven leben. 3. Wenn sie talentiert wäre, würde sie Schauspielerin werden. 4. Wenn wir genug Geld hätten, würden wir eine größere Wohnung kaufen. 5. Wenn du schlau wärst, würdest du mit dem Rauchen aufhören. 6. Wenn ihr Glück hättet, würdet ihr morgen im Lotto gewinnen. 7. Wenn ich viel lernen würde, könnte ich die Prüfung bestehen. 8. Wenn sie jeden Tag trainieren würde, würde sie den Wettbewerb gewinnen. 9. Wenn du früher schlafen gehen würdest, wärst du morgens nicht so müde. 10. Wenn das Wetter gut wäre, würden wir eine Wanderung machen.

5 mit Akkusativ: bauen, erhalten, fahren, kündigen; mit Dativ: antworten, danken, gefallen, schmecken; mit Dativ und Akkusativ: geben, leihen, schenken, wünschen

6 1. mir, meiner; 2. einen; 3. mir, einen; 4. diesen; 5. ihren; 6. mir, dein

7 1. Ihnen; 2 eine; 3. Sie; 4. Sie; 5. mir; 6. einen; 7. den; 8. Ihnen; 9. Sie; 10. mir; 11. ein; 12. der; 13. Ihnen; 14. keinen; 15. Sie; 16. mir; 17. den

8 1. Er ärgert sich über den Konsumrausch an Weihnachten. 2. Seine Kinder freuen sich auf die Geschenke. 3. Wir erkälten uns oft in der Silvesternacht. 4. Ich erhole mich am 1. Januar. 5. Die Nachbarn wünschen sich ein gutes neues Jahr. 6. Ihr trefft euch an meinem Geburtstag.

9 1. den, gelegt, liegen, meinem; 2. den, setzen, den, gesetzt; 3. die, der

10 1. Ich lasse meine Wohnung reparieren. 2. Ayla lässt ihr Auto reparieren. 3. Wir lassen unsere Wohnung frisch streichen. 4. Oskar lässt die (seine) Festplatte neu formatieren. 5. Wir lassen unsere Hochzeitskarten drucken.

11 1. Lass mich in Ruhe! 2. Lassen Sie uns arbeiten! 3. Lasst mich schlafen! 4. Lass mich die Nachrichten hören! 5. Lasst uns den sonnigen Tag genießen. 6. Lass mich spielen, Mama!

KAPITEL 18

1 1. der Tisch; 2. der Stuhl; 3. die Kartoffel; 4. der Teller; 5. die Kellnerin; 6. der Bruder; 7. die Schwester; 8. der Onkel; 9. das Praktikum; 10. der Bus

2 die Würste, die Äpfel, die Gärten, die Bücher, die Bäume, die Ärzte, die Hühner, die Vögel, die Füße

3 ohne Plural: das Obst, der Zucker, das Mehl, der Hunger, der Durst, die Musik, das Salz, das Fleisch, das Geschirr, das Geld

4 die Birnen, die Kartoffeln, die Brezeln, die Mahlzeiten, die Getränke, die Lieder, die Gewürze, die Steaks, die Gläser, die Chefs, die Übungen, die Krankheiten, die Schüler, die Erfolge

5 1. Brüder; 2. Brezeln, Brot; 3. Gewürzen, Salz; 4. Obst, Äpfel; 5. Geld; 6. Müdigkeit

7

Spezialität	- Spezialitäten
Urlaub	- Urlaube
Mal	- Male
Weißwurst	- Weißwürste
Mann	- Männer
Kellner	- Kellner
Restaurant	- Restaurants
Metzgerei	- Metzgereien
Mitarbeiter	- Mitarbeiter
Zutat	- Zutaten
Kalbfleisch	- –
Speck	- –
Gewürz	- Gewürze
Pfeffer	- –
Ingwer	- –
Überraschung	- Überraschungen
Herstellung	- Herstellungen
Eisschnee	- –
Augenzwinkern	- Augenzwinkern
Geheimnis	- Geheimnisse
Chef	- Chefs
Wahrheit	- Wahrheiten
Lieblingsgericht	- Lieblingsgerichte

8 der Hefeteig, das Mehl, das Wasser, das Salz, der Zucker, der Teig, das Gebäck

9 1. Tage; 2. Tanten; 3. Biergärten; 4. Geschichten; 5. Brauereien; 6. Kühlschränke; 7. Haushalte; 8. Geräte; 9. Besserwisser; 10. Krimis; 11. Romane; 12. Lexika; 13. Bierbrauer; 14. Keller; 15. Fässer; 16 Temperaturen; 17. Tische; 18. Bänke; 19. Gastwirte; 20. Speisen; 21. Brauereien; 22. Kunden; 23. Biergärten; 24. Servietten; 25. Messer; 26. Gabeln

KAPITEL 19

1 1. Der Kranke wird von den Ärzten untersucht. 2. Sie wird von den Schwestern gepflegt. 3. Ich diskutiere oft mit den Chefs. 4. Meine Freundinnen sind Lehrerinnen.

2 1. Journalisten, –; 2. Kollegen, –; 3. –, Praktikanten; 4. Nachbarn, –

3 Dialog 1: 1. Ihnen; 2. mir; 3. Ihnen; 4. Ihnen; 5. er; 6. mir; 7. Wir; 8. Wir; Dialog 2: 1. du; 2. sie; 3. ich; 4. sie; 5. Sie; 6. dir; 7. sie; 8. ihnen; 9. du; 10. sie; 11. Ich; 12. sie; 13. ihr; 14. euch; 15. Wir; 16. uns; 17. euch

5 1. Patienten; 2. Zahnärzten; 3. Kindern; 4. Besuche; 5. Praxen; 6. Kinder; 7. Wände; 8. Spielsachen; 9. Bücher; 10. Sofas; 11. Plastikstühle; 12. Behandlungsräumen; 13. Kinderlieder; 14. Farben; 15. Klängen; 16. Söhne; 17. Töchter; 18. Terminen; 19. Kinder; 20. Zähne

6 1. sie; 2 sie; 3. ihnen; 4. ihn; 5. sie; 6. sie; 7. sie; 8. es; 9. Sie; 10. ihr; 11. ihm; 12. es

7 1. du; 2. Ich; 3. ihnen; 4. du; 5. ihm; 6. ihn; 7. ich; 8. er; 9. mich; 10. ich; 11. sie; 12. ihr; 13. wir; 14. ich; 15. es; 16. Wir; 17. es; 18. ihr; 19. ihn; 20. ich; 21. ihn; 22. sie; 23. du; 24. mir; 25. sie; 26. dir; 27. ich; 28. ihr; 29. du; 30. Ich; 31. du; 32. ihr; 33. mich

8 1. Herzen; 2 Nachbarn; 3. Spezialisten; 4. Spezialist; 5. Namen; 6. Namen; 7. Kollegen; 8. Kollege; 9. Student; 10. Student; 11. Patienten

KAPITEL 20

1 1. die Skulptur; 2. der Künstler; 3. das Bild; 4. der Job; 5. die Fotografie; 6. der Gast; 7. die Pizzeria; 8. die Pizza; 9. der Salat; 10. die Arbeitsstelle; 11. die Firma; 12. der Ausbildungsplatz

2 1. das; 2. eine; 3. den; 4. Ein; 5. einen; 6. keine

3 1. dem, der, eine; 2. den; 3. einem; 4. dem, einer; 5. den

4 1. dem, einer, der; 2. die, einem; 3. den; 4. eine, ein

5 1 das, ein; 2. –, eine, einer; 3. einen, keine; 4. einen

6 Nominativ: eine (Ausstellung), der (Name), der (Artikel), die (Ausstellung), eine (Idee); Dativ: keiner (Ausstellung), der (Zeitung), am (= an dem) (Abend), den (Arbeitszeiten), der (Ausstellung), der (Internetseite), der (Ausstellung); Akkusativ: keine (Zeit), einen (Vorschlag), keine (Werke), die (Ausstellung), eine (Internetseite), eine (Internetseite), die (Öffnungszeiten), die (Eintrittspreise), den (Besuch), ein (Buch), einen (Artikel), die (Ausstellung)

7 1. einer; 2. ein; 3. Das; 4. den; 5. der; 6. das; 7. kein; 8. das; 9. der; 10. keinen; 11. die; 12. den; 13. ein; 14. kein; 15. die; 16. eine; 17. einen; 18. eine; 19. eine; 20. einem; 21. eine

8 1. Der; 2. den; 3. den; 4. den; 5. Die; 6. den; 7. Das; 8. der; 9. der; 10. der; 11. der; 12. die; 13. Die; 14. das; 15. Der; 16. die; 17. die; 18. die

9 1. einer; 2. –; 3. eine; 4. dem; 5. dem; 6. keine; 7. eine; 8. einen; 9. der; 10. die; 11. die; 12. das; 13. dem; 14. –; 15. die; 16. einen; 17. die; 18. kein; 19. Die; 20. –; 21. die; 22. eine; 23. eine; 24. eine; 25. keine; 26. kein; 27. keine; 28. die; 29. –

KAPITEL 21

1

Mask.	Neutr.	Fem.	Pl.
mein	mein	meine	meine
dein	dein	deine	deine
sein	sein	seine	seine
sein	sein	seine	seine
ihr	ihr	ihre	ihre
unser	unser	unsere	unsere
euer	euer	eure	eure
ihr/Ihr	ihr/Ihr	ihre/Ihre	ihre/Ihre

2 1. meine; 2. meine; 3. meinen; 4. meine; 5. ihrem; 6. deinen; 7. seine; 8. seine; 9. meinem; 10. deine; 11. seine; 12. Meine; 13. ihre; 14. meinem; 15. deine; 16. mein; 17. seine

3 1. keins, Meins; 2. deins; 3. deiner, ihrer; 4. keine; 5. unser(e)s; 6. Keiner; 7. eure; 8. meine, ihre

5a eurer, unserer, unserer, meinen, deinem, meinem, ihre, meine, meine, ihren, eurer, unseren, unserem, sein, unserem, seine, deine, seine

5b eurer (Wohnung): Dativ Femininum, unserer (Wohnung): Dativ Femininum, meinen: Akkusativ Maskulinum, deinem (Kuchen): Dativ Maskulinum, meinem: Dativ Maskulinum, ihre (Kuchen): Nominativ Plural, meine: Nominativ Plural, ihren (Kuchen): Dativ Plural; eurer (Familie): Dativ Femininum; unseren (Nachbarn): Dativ Maskulinum; unserem (Haus): Dativ Neutrum; sein (Fahrrad): Akkusativ Neutrum; unserem (Keller): Dativ Maskulinum; seine (Wohnung): Akkusativ Femininum; deine (Kuchen): Akkusativ Plural; seine (Meinung): Akkusativ Femininum

6 1. unseren; 2. unserer; 3. keine; 4. unser; 5. unsere; 6. ihr; 7. meiner; 8. ihren; 9. unseren; 10. ihrem; 11. seinem

7 1. Ihr; 2. meins; 3. Ihre; 4. mein; 5. unser; 6. Ihrem

8 A: 1. Meine; 2. Ihre; 3. Meine; 4. ihrer; 5. ihrer; 6. ihr; B: 1. Meine; 2. mein; 3. ihren; 4. unserem; 5. seine; 6. unserem; 7. keinen; 8. meinen; 9. ihre; C: 1. meiner; 2. unseren; 3. ihrer; 4. meinen; 5. unsere; 6. ihr; 7. unseren; 8. Unsere

KAPITEL 22

1 1. Welches; 2. Welcher; 3. Welche; 4. Auf welchen; 5. Welche; 6. Welches

2 1. welche, diese; 2. Welchen, Diesen; 3. diesem, Jeden, dieses, diese; 4. Jeder, jeden

3 1b; 2c; 3a

4 welchen; diesen, jenen; allen; jeder; welche; diesen, jenen; welche; diese, jene

6 Welche, allen, diese, diese, diese, dieser, dieser, alle, jede

Mask.	Neutr.	Fem.	Pl.
dieser	dieses	diese	diese
welcher	welches	welche	welche
jeder	jedes	jede	alle
diesen	dieses	diese	diese
welchen	welches	welche	welche
jeden	jedes	jede	alle
diesem	diesem	dieser	diesen
welchem	welchem	welcher	welchen
jedem	jedem	jeder	allen

7 1. jeder; 2. Diese; 3. alle; 4. diese; 5. jeder; 6. alle; 7. welche; 8. diese; 9. jedem; 10. jene; 11. welche

8 1. diesem; 2. Alle; 3. jedes; 4. alle; 5. diesem; 6. welche; 7. jedes; 8. allen; 9. jedes; 10. Jedes; 11. allen; 12. Dieses; 13. welche; 14. Alle; 15. diesem

9 1. diesem; 2. dieses; 3. diesen; 4. Jedes; 5. dieser; 6. welches; 7. jedem; 8. diesen; 9. dieser; 10. alle; 11. Jede; 12. welchen; 13. Diesen; 14. alle

KAPITEL 23

1 1. Sie; 2. Sie; 3. man; 4. er; 5. es; 6. einem; 7. sie; 8. man; 9. einem
2 1. jemand, man; 2. jemand, niemanden; 3. man, jemanden; 4. Niemand, man
3 1. alles, nichts, alles; 2. etwas, nichts; 3. alles, nichts; 4. alles, nichts, alles, etwas
5 1. Man; 2. man; 3. man; 4. einen; 5. man; 6. einen; 7. man; 8. einem; 9. Man
6 1. jemanden; 2. niemanden; 3. jemand; 4. niemand; 5. jemanden
7 1. alles; 2. etwas; 3. nichts; 4. alles; 5. nichts; 6. etwas; 7. nichts; 8. etwas; 9. nichts
8 1. man; 2. einem; 3. jemanden; 4. man; 5. etwas; 6. niemanden; 7. man; 8. alles; 9. man; 10. jemand; 11. nichts; 12. einen; 13. jemandem; 14. Man; 15. man; 16. einen; 17. man; 18. man; 19. alles; 20. nichts; 21. man; 22. man; 23. man

KAPITEL 24

1 1h; 2c; 3d; 4a; 5b; 6e; 7f; 8g
2 1. Es; 2. X; 3. es; 4. es; 5. es; 6. X; 7. es; 8. X; 9. Es; 10. es; 11. es; 12. X; 13. es; 14. es; 15. X
3 1. Es ist lustig, sich an Karneval zu verkleiden. 2. Ich finde es schön, wenn ich mit meinen Freunden feiern kann. 3. Es tut mir leid, dass ich euch nicht besuchen kann. 4. Ich habe es eilig, nach Hause zu kommen. 5. Morgen schneit es den ganzen Tag. 6. Sie nehmen / Sie nimmt es sehr genau mit ihrer Arbeit. 7. Es ist wichtig, dass wir den Termin einhalten. 8. Die Chefin kann es nicht leiden, wenn wir nicht pünktlich liefern.
5a gibt es ... eine Warnung; Es soll ... stürmisch werden; es ... windig ist; Es ist geplant; macht es ... Spaß; es gestürmt und geregnet hat; Es ist klar, dass ...; wird es ... Feier
5b 1. <u>es + Verb:</u> gibt es ... eine Warnung; Es ist geplant; macht es ... Spaß; 2. <u>es + „Wetterverb":</u> es gestürmt und geregnet hat; 3. <u>es ist/wird + Adjektiv:</u> Es soll ... stürmisch werden; es ... windig ist; 4. <u>es ist/wird + Nomen:</u> wird es ... eine schöne Feier; 5. <u>es ... + Nebensatz:</u> Es ist klar, dass ...
6 1. gab es; 2. Es ist klar; 3. es brannte; 4. es war; 5. es war; 6. geht es; 7. es gibt; 8. gibt es; 9. Es wird; 10. es regnete; 11. gab es; 12. es war; 13. Es hat
7 <u>A:</u> 1. X; 2. X; 3. X; 4. es; 5. es; 6. es; 7. es; <u>B:</u> 1. X; 2. Es; 3. Es; 4. Es; 5. es; 6. X; 7. es
8 1. Es war ... spannend; 2. ist es ... passiert; 3. hat es ... Spaß gemacht; 4. es war ... toll; 5. hat es ... geschneit; 6. Es hat ... gepasst; 7. war es ... gefährlich; 8. ist es ... gekommen; 9. Es ist ... gut gegangen; 10. fand ... es

WIEDERHOLUNG: KAPITEL 18–24

1 1. die Kollegen; 2. die Schülerinnen; 3. die Bücher; 4. die Chefs; 5. die Projekte; 6. die Computer; 7. die Hefte; 8. die Ordner; 9. die Arbeitszeiten; 10. die Daten
2 Wasser, Durst, Regen, Liebe, Lesen, Gebäck, Fleisch, Käse, Sprechen, Zeitarbeit, Bildung
3 1. ihn, ihr; 2. mich, Er, Es, ihn; 3. ihr, uns; Wir, wir, euch; 4. dich, du; ich, du, wir; 5. ihnen, mich, ihm
4 der Patient, der Mitarbeiter, der Lernende, der Praktikant, der Kunde, der Journalist, der Junge, der Experte, der Zeuge, der Brite, der Franzose, der Elefant, der Löwe, der Affe
5 1. dem Chef; 2. den Brief; 3 dem Praktikanten; 4 der Besprechung; 5 den Bericht; dem Experten
6 1. ein, einem; 2. einen, einen; 3. einer; 4. einer; 5. einen, einer; 6. einen, ein
7 1 eine; 2. einen; 3. die; 4. eine; 5. das; 6. ein; 7. das; 8. einen; 9. dem; 10. eine
8 1. eure, unsere; 2. meinen, deine, meiner; 3. seinen, seine, seinem; 4. ihren, seiner; 5. deine, meine, deine, meine; 6. ihre, eure, Unsere, eure, unseren, unsere
9 1: jeden; 2. Welches, diese; 3. diesem
10 1. Welche; 2. diese; 3. diesen; 4. Welchen; 5. diesen; 6. Jeden; 7. Jedes; 8. Welcher; 9. dieser
11 1. einen, Man, einen; 2. Man, einem, man; 3. einen, man
12 1. jemand, niemanden; 2. niemandem, jemanden, niemandem
13 1. etwas, alles; 2. etwas, nichts; 2. etwas, alles, nichts
14 1c; 2f; 3a; 4g; 5d; 6b; 7e

KAPITEL 25

1 1. schönen; 2. langweilig; 3. schön; 4. nette; 5.guten; 6. leckeres; 7. langweilige; 8. interessant; 9. riesigen; 10. blöde; 11. spannende; 12. guten; 13. großen
2 1. echten, schönen; 2. frischen, liebe; 3. neuen, tollen; 4. schönsten, flachen
3 1. kleines, kleinen; 2. neuer, wunderbaren; 3. tollen, richtigen; 4. frische, großen
4 1. Frischer, zuckerfreier; 2. neues, preiswertes; 3. zuverlässige, freundliche; 4. neuen / neue, gebrauchte

6 Nominativ: berühmte, einzelne, unterschiedliche, normale; Akkusativ: viele, dunkle, geschlagene, eingemachte, zartbittere, eigenes, leckere, eigene, ruhige, großes; Dativ: späten, ähnlichen, bekanntesten, deutschen, kleinen, wunderschönen

7 Werner: 1. reifem; 2. süßen; 3. gewaschene; 4. süße; 5. geschlagene; Andrea: 1. einfachen; 2. alten; 3. langen; 4. schwarze, 5. kleine; 6. leckeren; 7. großes; Norbert: 1. kleine; 2. benachbarten; 3. bekannteste; 4. teuerste; 5. frische; 6. köstlichen; 7. fruchtige; 8. leckeren; 9. tollen; 10. große; 11. hohe

8 1. letzten; 2. tollen; 3. schönen; 4. interessanten; 5. kulinarische; 6. bekannten; 7. sächsische; 8. köstliche; 9. unterschiedlichen; 10. dünne; 11. örtliche; 12. geheimes; 13. leckeren; 14. bekannten; 15. lustigen; 16. verschiedene; 17. dünner; 18. lockere; 19. witzige; 20. seltene; 21. kulinarische; 22. gute; 23. gemahlene; 24. rotes; 25. leckeren

KAPITEL 26

1 1. größer; 2. kleiner; 3. gesünder; 4. langweiliger; 5. schneller; 6. billiger

2 1e wärmer; 2a mehr; 3b besser; 4f älter; 5c teurer; 6d mehr

3 1. berühmteste, München; 2. höchste, der Mont Blanc; 3. längste, der Rhein; 4. größte, Wien; 5. schnellste, ICE; 6. kleinste, Bremen

4 1. Meine Frau feiert Geburtstag lieber als Weihnachten. 2. Deutschland ist nicht so teuer wie die Schweiz. 3. Ich finde Selberkochen macht mehr Spaß als Fertiggerichte zu kaufen.

6a modernsten, größte, kleinste, große, am liebsten, meisten, neue, hoch, beste, teuer, ehrlich, neue, teurer

Grundform	Komparativ	Superlativ
modern	moderner	der/das/die modernste
groß	größer	größte
klein	kleiner	kleinste
gern	lieber	am liebsten
viel	mehr	meiste
neu	neuer	neuste
hoch	höher	am höchsten
gut	besser	beste
teuer	teurer	teuerste
ehrlich	ehrlicher	ehrlichste

6b 1. höhere; 2. lieber; 3. wichtiger; 4. größer; 5. schlauer; 6. mehr; 7. mehr; 8. bessere; 9. größer; 10. kleineren; 11. besser; 12. interessanter; 13. leckerere

7 1. schöner; 2. am schönsten; 3. mehr; 4. die meisten; 5. schwieriger; 6. am schwierigsten

8 1. aufgeregter; 2. früher; 3. besten; 4. leckerste; 5. witzigsten; 6. länger; 7. günstigeren / günstigsten; 8. besser; 9. leckereren; 10. härter; 11. besser; 12. langweiliger; 13. lustiger; 14. interessantere; 15. gesünderes; 16. besser; 17. lieber; 18. am liebsten; 19. meisten; 20. gesündeste; 21. meisten

KAPITEL 27

1 3 drei; 13 dreizehn; 21 einundzwanzig; 6 sechs; 16 sechszehn; 72 zweiundsiebzig; 7 sieben; 17 siebzehn; 84 vierundachtzig; 8 acht; 18 achtzehn; 97 siebenundneunzig; 30 dreißig; 60 sechzig; 105 (ein) hundert(und)fünf

2 1. fünf plus fünf gleich zehn; 2. siebzehn minus siebzehn gleich null; 3. achtzehn mal drei gleich vierundfünfzig; 4. zwölf geteilt durch vier gleich drei

3 1. vier; 2. zwölf; 3. dreihundertfünfundsechzig; 4. dreihundertsechsundsechzig; 5. dreißig; 6. einunddreißig; 7. achtundzwanzig; 8. neunundzwanzig; 9. vierundzwanzig

4 1. erste; 2. zweiten; 3. vierten; 4. Erste; 5. fünfzigstes; 6. zehnten; 7. dritten; 8. elften

6 1. eintausendfünfzig; 2. ersten; 3. dreißigsten; 4. siebenunddreißigsten; 5. neunzehn; 6. Zwölf; 7. siebten; 8. fünfhundert

7 1. sechsunddreißig; 2. siebzehneinhalb; 3. siebenundfünfzig; 4. dreiundzwanzig

8 1. erste; 2. dritten; 3. ersten; 4. zweiten; 5. zweite; 6. ersten; 7. Elfte; 8. Zwölfte; 9. dreiundzwanzigsten

9 Julia: 1. 5; 2. 100; 3. 1.; 4. 2.; 5. 12.; 6. 27.; 7. 5000; 8. 50; 9. 30; 10. 1500; 11. 4; 12. 17; 13. 25; Carsten: 1. 16.; 2. 10; 3. 5.; 4. 350; 5. 112; 6. 673; 7. 36

KAPITEL 28

1 1j; 2b; 3d; 4i; 5h, e; 6c, g; 7a, f

2 1c; 2d; 3e; 4a; 5f; 6b

3 1. Am; 2. um; 3. Uhr; 4. um; 5. Im; 6. Am; 7. nach; 8. vor; 9. Am; 10. gegen / kurz nach; 11. halb; 12. kurz nach / gegen

5a 1. ersten Oktober neunzehnhundertneunzig; 2. sechs Uhr dreißig / halb sieben; 3. zwölf Uhr fünfzehn / Viertel nach zwölf; 4. einunddreißigsten Dezember neunzehnhundertneunundachtzig; 5. neunten November neunzehnhundertneunundachtzig; 6. dreizehn Uhr dreißig / halb zwei; 7. fünfzehn Uhr / drei Uhr

5b 1e; 2l; 3h; 4c; 5k; 6f; 7i; 8b; 9a

6 1. 16.6. 2. 12.6. 3. 13.7. 4. 21.6. 5. 26.6. 6. 18 Uhr; 7. 16.30 Uhr; 8. am; 9. um; 10. um; 11. im; 12. von; 13. bis; 14. um; 15. um; 16. im; 17. im; 18. am

KAPITEL 29

1 1. vorne – hinten; 2. links – rechts; 3. draußen – drinnen; 4. oben – unten; 5. nebenan – gegenüber; 6. vorwärts – rückwärts
2 1. draußen; 2. hier; 3. hin, hier; 4. Hier, dort; 5. nebenan, gegenüber
3 1. Tagsüber, abends, nachts; 2. Jetzt; 3. gleich; 4. heute, morgen; 5. Gestern; 6. lange, selten
4 100 % immer, 80 % meistens, 70 % häufig, 50 % oft, 30 % manchmal, 10 % selten, 0 % nie
6a ziemlich, später, schon früh, damals, jedoch, zuerst, langsam, dann, schließlich, bergauf, besonders, immer, gern, selbst, dort
6b Ort/Richtung: bergauf, dort; Zeit/Häufigkeit: später, schon früh, damals, zuerst, heute, immer, oft; Art und Weise: ziemlich, jedoch, langsam, besonders, gern, selbst; Reihenfolge: zuerst, dann, schließlich
7 1. häufig; 2. nachts; 3. dauernd; 4. damals; 5. anschließend; 6. selten
8 1. dahin; 2. dort; 3. zuerst; 4. dann; 5. bergauf
9 1. sehr; 2. gern; 3. Genauso; 4. vielleicht; 5. kaum
10 1. Neulich; 2. sehr; 3. bisher; 4. Besonders; 5. dort; 6. jedoch; 7. zurück; 8. erst; 9. Außerdem; 10. dorther; 11. vielleicht; 12. ziemlich; 13. wahrscheinlich; 14. Dort; 15. nebeneinander; 16. bald

WIEDERHOLUNG: KAPITEL 25–29

1 1. tollen; 2. schönen; 3. freie; 4. neuen; 5. neue; 6.toll; 7. wunderbare; 8. billig; 9. fantastisch; 10. schwierige; 11. steilen; 12 guten; 13. vollen: 14. voller; 15. hohen; 16. maximal; 17. frühen; 18 späten; 19. tolle; 20 müde
2 1. große, scharfer, lächerliche; 2. genialen, preiswerten, perfekter; 3. neuwertiges, eingebauter; 4. gebrauchtes, großem; frische, leckerer; 6. engagierte, engagierter
3 1. Ich mag das Frühjahr genauso wie den Sommer. 2. Mein Sohn ist in Mathe nicht so gut wie meine Tochter. 3. Meine Kinder gehen nicht so gern ins Kino wie wir. 4. Mein Chef arbeitet genauso viel wie meine Chefin. Ich finde das Kunstmuseum genauso interessant wie das Technikmuseum. 6. Joggen ist nicht so gesund wie Schwimmen.
4 1. Mein Bruder ist jünger als ich. 2. Meine Wohnung ist dunkler als deine. 3. Unsere Freunde bezahlen mehr Miete als wir. 4. Ihre Wohnung ist größer als unsere. 5. Meine Frau kocht häufiger als ich. 6. Mein Sohn mag Pommes lieber als Nudeln. 7. Unsere Eltern essen weniger Gemüse als wir.
5 1. teuerste, beste; 2. schönstes, glücklichste; 3. weitesten; 4. besten; 5. erfolgreichste; 6. liebsten
6 1. sieben, neun, elf; 2. acht, sechzehn, zweiunddreißig; 3. dreihundert(und)dreißig, vierhundert(und)vierzig; 4. einundfünfzig, achtundsechzig; 5. (ein)hunderttausend, eine Million
7 1. Am ersten Ersten ist Neujahrstag. 2. Am zwanzigsten Dritten ist Frühlingsbeginn. 3. Am ersten Fünften ist (der) Tag der Arbeit. 4. Am zwanzigsten Sechsten ist Sommerbeginn. 5. Am Zweiundzwanzigsten Neunten ist Herbstbeginn. 6. Am einundzwanzigsten Zwölften ist Winterbeginn.
8 1. siebten, achtzehn, drei, vierten, fünften, sechsten, sechzehnten, achtzehnten, ersten, dritten, siebten
9 1. um, Uhr, halb; 2. am, um, Uhr; 3. im; 4. um, Uhr, um, Uhr, vor; 5. am, um, Uhr, am, um, vor, Uhr
10 1. draußen; 2. gegenüber; 3. unten, oben; 4. rechts; 5. dorthin; 6. bergab, bergauf; 7. weg, zurück; 8. hier, unten
11 1. Ich fahre heute nach Hause. 2. Meine Tochter ist morgens immer müde. 3. Frau Bunk kommt übermorgen von ihrer Dienstreise zurück. 4. Wir machen unsere Betriebsfeier immer im Mai. 5. Meine Arbeit macht mir meistens Spaß.
12 1. Manchmal habe ich keine Lust mehr zum Arbeiten. 2. Neulich hatte ich einen sehr unfreundlichen Kunden. 3. Vielleicht war es auch nicht mein Tag. 4. Vermutlich hatte der Kunde auch einen schlechten Tag. 5. Besonders hat mich seine aggressive Art geärgert. 6. Vorgestern hat sich der Kunde bei der Chefin über mich beschwert.

KAPITEL 30

1 1. aus; 2. aus; 3. Ohne; 4. mit; 5. Während; 6. seit; 7. mit, um; 8. Trotz; 9. In; 10. bei
2 1. Auf meinem neuen ...; 2. Ohne seine ...; 3. Aus frischer ...; 4. Mit einem schnellen ...; 5. Trotz großer ...; 6. Gegen harten ...; 7. Durch unseren ...; 8. Nach ihrer ...
3 1. der; 2. seinen; 3. einer schönen; 4. einem guten; 5. einem schönen; 6. der teuren; 7. den; 8. dem
5 Sie interessieren sich für die traditionelle Schweizer Küche? Und Sie kochen gerne zusammen mit anderen Menschen? Dann haben wir das Richtige für Sie: Machen Sie einen kulinarischen Ausflug durch die schöne Schweiz und besuchen Sie an unserer Kochschule den Kurs Grundlagen der Schweizer Küche! Wir zaubern aus leckeren Zutaten bekannte Schweizer Gerichte. Wie wäre es mit Zürcher Geschnetzeltem aus magerem Kalbfleisch? Oder mit einem leckeren Dessert? Und was wäre die Schweizer Küche ohne einen leckeren Käse? Sie bekommen interessante Informationen zu den bekanntesten Käsesorten. Sie können während des

Kurses auch Ihr Lieblingsgericht kochen – bringen Sie einfach ein Rezept aus einem Kochbuch oder aus dem Internet mit. Unsere Kursleiter verfeinern das Rezept mit raffinierten Gewürzen und geben Ihnen Tipps für eine schnelle Zubereitung. Nach dem Kurs bekommen Sie die beliebtesten Rezepte von unserem Kursleiter als kleines Rezeptbuch.

6 1. aus; 2. Bei; 3. von; 4. mit; 5. seit; 6. aus; 7. aus; 8. an; 9. mit; 10. während; 11. Für; 12. zu

7 1. zu; 2. für; 3. um; 4. an; 5. bei; 6. wegen; 7. zu; 8. Bei; 9. bis

8 1. an einem; 2. um die; 3. auf den; 4. aus der; 5. für den; 6. nach meiner; 7. von; 8. für; 9. mit einem; 10. seit meinem; 11. zum; 12. Beim; 13. Außer den; 14. bei den; 15. an die; 16. Trotz der; 17. statt eines

KAPITEL 31

1 1. Um, Um; 2. zwischen, ab; 3. vor, nach; 4. Seit, um; 5. am, zwischen; 6. im, Am

2 1. im; 2. vom ... bis; 3. zwischen; 4. ab; am

3 1. Seit, Seit 2. ab, seit; 3. Seit; 4. Ab; 5. Seit, ab

4 1e; 2b; 3d; 4a; 5c

6a Am 9. Juni 1950, bis heute, Im Jahr 1952, seit 1963, bis 1967, von 1966 bis 1969, im Jahr 1974, am 7. Juli 1974, bis heute, von 20 Uhr bis 20.15 Uhr, um 19 Uhr, an einem Samstagabend, Am Sonntagabend, bis heute, um Viertel nach acht, Von 1979 bis 1998, in der Adventszeit, vor Weihnachten, nach den letzten Nachrichten, am nächsten Morgen, seit Mitte der 1990er Jahre

6b Zeitpunkt: Am 9. Juni 1950, Im Jahr 1952, Am 25. August 1967, im Jahr 1974, Vor dem Finale, am 7. Juli 1974, um 19 Uhr, um Viertel nach acht, in der Adventszeit, nach den letzten Nachrichten, am nächsten Vormittag; Zeitrahmen: bis heute, seit 1963, Bis 1967, von 1966 bis 1969, von 20 Uhr bis 20.15 Uhr, von 1979 bs 1998, bis Weihnachten, seit Mitte der 1990er Jahre; Wochentage / Monat: an einem Samstagabend, Am Sonntagabend

7 1. vor; 2. in; 3. Um; 4. bis; 5. Nach; 6. An; 7. bis; 8. Seit; 9. an; 10. zwischen; 11. von; 12. bis;13. vom; 14. bis; 15. seit; 16. am; 17. im; 18. am; 19. in; 20. im; 21. an

8 1. an; 2. an; 3. am; 4. am; 5. an; 6. an

KAPITEL 32

1 1. auf, in, auf; 2. im, in; 3. ins, im; 4. neben; 5. unter; 6. vor; 7. hinter; 8. an

2 1. Wohin?; 2. Wo?; 3. Wohin?; 4. Wo?; 5. Wo?; 6. Wohin?

3 1. ins (in das); 2. auf den; 3. an einem; 4. neben das; 5. auf dem; 6. vor unser; 7. hinter unserem; 8. an die, in der

4 1. Hast du die Werkzeuge in den Werkzeugschrank gelegt? 2. Meine Werkzeuge liegen schon im Werkzeugschrank. 3. Habt ihr die Hemden in den Schrank gehängt? 4. Die Hemden hängen noch an der Wäscheleine.

6 Unser neuer Platz liegt am Rand eines Naturparks, zwischen einem großen Waldgebiet und einem traumhaften See. Auf unserem Campingplatz genießen Sie zahlreiche Extras: Direkt hinter dem Eingang ist unsere Rezeption, die immer besetzt ist. Gleich daneben ist unser Supermarkt, da können Sie rund um die Uhr einkaufen. Am Rand des Campingplatzes gibt es außerdem einen Wellnessbereich. Entspannen Sie sich in der Sauna oder gehen Sie ins Dampfbad! Wenn es regnet, können Sie sich auf eine Liege im Solarium legen. Alle Stellplätze bieten genug Raum für Ihr Fahrzeug. Wenn Sie noch mehr Ruhe haben möchten, können Sie Ihren Wohnwagen oder Ihr Wohnmobil auch auf einen extra großen Platz stellen und haben dann vor Ihrer Tür einen kleinen Garten. Und falls Sie einen Ausflug ohne das große Wohnmobil machen möchten: Mit unseren Leihrädern können Sie in die Stadt fahren. Der Radweg geht über grüne Wiesen und durch den ruhigen Wald bis ins Stadtzentrum. Neugierig? Im Download-Bereich finden Sie Prospekte mit weiteren Informationen. Sie können Ihren Stellplatz auch bequem auf unserer Internetseite buchen. Bis bald bei uns!

7 1. auf; 2. in; 3. an; 4. auf; 5. in; 6. über; 7. neben; 8. in; 9. zwischen

8 1. dem kleinen; 2. dem kleinen; 3. dem; 4. der praktischen; 5. der ... den schmalen; 6. der linken

9 1. die deutschen; 2. den; 3. die wunderbare; 4. den weißen; 5. den; 6. die kalte; 7. den schönen; 8. alte; 9. die tollen

10 1. in die schöne; 2. im; 3. auf einem tollen; 4. neben den ruhigen; 5. im klaren; 6. Vor unseren; 7. an dem; 8. Auf der anderen; 9. hinter dem; 10. am anderen; 11. über die; 12. an die

KAPITEL 33

1 1. Darauf; 2. dafür; 3. Davon; 4. darüber; 5. Daran

2 1f; 2e; 3d; 4c; 5b; 6a

3 1. Wofür interessiert sie sich? 2. Wovon hat sie geträumt? 3. Woran hast du Spaß? 4. Worauf muss ich mich vorbereiten?

4 1. Ich warte darauf, dass du die nächste Karte spielst. 2. Er träumt davon, dass er beim Tennisturnier gewinnt. 3. Sie denkt daran, dass sie ein Geschenk für ihre Tochter kaufen muss.

6a haben ... davon gehört, darüber ... erzählen, worauf ... sich gefreut haben, wofür ... sich interessierten, womit ...gespielt haben

6b 1. darauf; 2. worüber; 3. dafür; 4. dabei; 5. dafür; 6. worauf; 7. damit; 8. danach; 9. darüber; 10. dafür

6c 1. womit; 2. wonach; 3. worauf; 4. wobei; 5. worüber
6d 1. darauf; 2. damit; 3. danach; 4. darüber; 5. darüber
7 1. darunter; 2. dazu; 3. damit; 4. Dafür; 5. damit; 6. wofür; 7. davon /damit; 8. worüber; 9. daran; 10. darüber; 11. wonach

WIEDERHOLUNG: KAPITEL 30–33

1 1. des, der; 2. die, der; 3. der, der; 4. die; 5. einer; 6. der; 7. dem, der; 8. einer, ihren
2 1. Um 19 Uhr. 2. Im Juli. 3. Am Wochenende. 4. Seit drei Jahren. / Drei Jahre. 5. Vom 13. bis (zum) 16. Mai.
3 1. Im; 2. am; 3. Von, bis; 4. ab / im; 5. am; 6. um, gegen/um; 7. zwischen; 8. von, bis
4 1. den; 2. dem; 3. dem; 4. unserem; 5. unserer
5 1. zwischen, neben; 2. Unter, über; 3. vor / an, hinter, an, Zwischen; 4. in, neben
6 1. Ich stelle den Käse in den Kühlschrank. 2. Dein Essen für heute steht im Backofen. 3. Wir bringen das Auto in die Reparatur. 4. Die Äpfel hängen am Baum. 5. Ich hänge die Kugeln an den Weihnachtsbaum. 6. Der Bus 33 wartet an der Haltestelle. 7. Sie können gleich in diesen Bus einsteigen. 8. Der Bus fährt an den Bahnhof. 9. Ich sitze gern auf meinem Sofa. 10. Sie können sich gerne auf den Sessel setzen.
7 1. Auf wen, d; 2. Womit, g; 3. Woran, f daran; 4. a Davon; 5. Mit wem, b Darüber; 6. Wofür, c Damit; 7. Für wen, e

KAPITEL 34

1 1. Spätsommer, Großfamilie, Urlaubswoche, Ferienhaus; 2. kilometerlangen; Sandstrand; 3. Wohnwagen, Campingplatz; 4. Strandkorb, Seevögel, dunkelblauen; 5. Sommerabende, salzhaltigen; 6. Kurzurlaub, hochanstrengende, Arbeitsleben
2 1. die Oper, der Liebhaber; die Oper, der Ball; 2. der Sommer, die Nacht, das Konzert; das Schloss, der Park; 3. die Symphonie, das Orchester; der Profi, der Musiker, die Musikerin; 4. der Grund, die Schule; die Musik, der Unterricht; 5. die Männer, der Chor; 6. der Eintritt, die Karte; die Oper, der Abend
3 1. der; 2. der; 3. das; 4. das; 5. der; 6. die; 7. das; 8. die; 9. der; 10 der; 11. der; 12. der; 13. das; 14. die; 15. das
5a Sommerprogramm, Konzerthaus, Sommerferien, Konzertreihe, Kinderkonzerte, Musikstücke, Märchenfilmen, Sonntagvormittag, Sondervorstellung, Musikfans, Musikunterricht, Streichinstrumente, Taktstock, Eintrittskarte, Elternteil, Getränkeauswahl, Kuchenbuffet
5b der: Märchenfilm, Sonntagvormittag, Musikfan, Musikunterricht, Taktstock, das: Sommerprogramm, Konzerthaus, Kinderkonzert, Musikstück, Streichinstrument, Elternteil, Kuchenbuffet; die: Konzertreihe, Sondervorstellung, Eintrittskarte, Getränkeauswahl, nur Plural: Sommerferien
6 1. ein; 2. die; 3. seine; 4. der; 5. der; 6. Eine
7 1. Abendvorstellung; 2. Neuinszenierung; 3. Orchestergraben; 4. Sitzreihen; 5. Bühnenbild; 6. Phantasieort; 7. Opernsänger; 8. Augenblick; 9. Notenblatt; 10. Kunstturnerin; 11. Hintertür; 12. Zuschauerraum; 13. Schadenfreude; 14. Pausengespräche

KAPITEL 35

1 1. der Lehrer, die Lehrerin; 2. der Maler, die Malerin, 3. der Bäcker, die Bäckerin; 4. der Spanier, die Spanierin; 5. der Schweizer, die Schweizerin; 6. der Österreicher, die Österreicherin
2 1. Hören; 2. Sehen; 3. Lesen; 4. Blau; 5. Deutsch
3 1. forschen, Forschung; 2. untersuchen, Untersuchung; 3. behandeln, Behandlung, Impfung, impfen
4 1. stürmisch; 2. ärtzlichen; 3. ängstlich; 4. unfreundlich; 5. täglich; 6. sympathisch
6a Gesundheit(swesen), Tätigkeiten, Gesundheit(sbereich), (Termin)Vereinbarungen, Ernährung, Unterstützung, Ernährung, Krankheit, Rettung, Rettung(sdienst), Rettung(ssanitäter/in), Tätigkeiten, Gemeinsamkeiten, Zulassung, Ausbildung
6b Gesundheit – gesund, Tätigkeit – tätig, Vereinbarung – vereinbaren, Ernährung – ernähren, Unterstützung – unterstützen, Krankheit – krank, Rettung – retten, Gemeinsamkeiten – gemeinsam, Zulassung – zulassen, Ausbildung – ausbilden
7a 1. X; 2. -erin; 3. X; 4. X; 5. X; 6. -er; 7. -erin; 8. X; 9. -er; 10. -er
7b Weilchen – die Weile, Stückchen – das Stück
8 1. zeitig; 2. hektisch; 3. pünktlich; 4. alltäglichen; 5. natürlich; 6. gefährlich; 7. vorsichtig; 8. zuständig; 9. wählerisch; 10. schmutzig
9 1. Apotheker; 2. übernommen; 3. Übernahme; 4. beraten; 5. Beratung; 6. Erkältung; 7. Apothekerin; 8. Mischung; 9. Vertretern 10. Herstellung; 11. Abwechslung

KAPITEL 36

1 1g; 2h; 3d; 4e; 5b; 6c; 7f; 8a
2 1. Wer; 2. Wie lange; 3. Wen; 4. Was 5. Wofür; 6. Wen
3 1. Wie hoch ist deine Miete? – Ich zahle monatlich 650 €. 2. Wie viele Stunden arbeitest du pro

Woche? – Normalerweise arbeite ich 35 Stunden. 3. Wie komme ich nach Würzburg? – Sie können den Regionalzug nehmen. 4. Woher kommen deine Eltern? – Mein Vater und meine Mutter kommen aus Bagdad. 5. Wem willst du die Blumen schenken? – Ich habe die Blumen für meinen Freund gekauft. 6. Was für eine Wohnung willst du mieten? – Ich will eine Wohnung mit einem Balkon mieten. 7. Welchen Job nimmst du an? – Ich fange nächsten Monat als Fahrer an. 8. Wie viel Geld gibst du für Essen aus? – Ich brauche zwischen 400 und 500 Euro im Monat.

5 1. Was; 2. Woher; 3. Wie; 4. Wer; 5. Welche; 6. Worauf; 7. Wofür; 8. Wie viel

6 1. Wie; 2. Wo; 3. Wann; 4. welchem; 5. Warum; 6. wen

7 1. Für wen ist Ihr Angebot geeignet? 2. Wie hoch muss mein Einkommen sein? 3. Wo kann ich einen Vertrag abschließen? 4. Mit wem kann ich über eine Vertragsänderung sprechen?

8 1. Warum sollte ich jetzt schon für die Rente sparen? 2. Welche Anlageformen sind am sichersten? 3. Wie viel sollte ich im Monat sparen? 4. Wo kann ich einen Bausparvertrag abschließen? 5. Wie / Woran erkenne ich einen unseriösen Anbieter? 6. Ich will für meinen Enkel sparen. Welche Möglichkeiten habe ich?

KAPITEL 37

1 1. Heißen Sie Montero? 2. Sind Sie 29 Jahre alt? 3. Wohnen Sie in Deutschland? 4. Liest du Zeitungen? 5. Hast du einen E-Book-Reader? Leihst du Bücher in der Bibliothek?

2 1. Liest du Zeitungen? / Lesen Sie Zeitungen? 2. Gehst du gerne ins Kino? / Gehen Sie gerne ins Kino? 3. Kaufst du Bücher? | Kaufen Sie Bücher? 4. Hast du am Wochennde Zeit? / Haben Sie am Wochenende Zeit? 5. Spielst du Fußball? / Spielen Sie Fußball? 6. Isst du Fleisch? / Essen Sie Fleisch?

3 1. Nein, das weiß ich nicht. / Doch, sie ist in der Webergasse. 2. Nein, ich lese nur Zeitungen. / Doch, ich lese viel im Bus. 3. Nein ich komme aus Bochum. / Doch, ich bin hier geboren. 4. Nein, ich arbeite zurzeit nicht. / Doch, ich arbeite jeden Tag. 5. Nein, ich fahre lieber Fahrrad. / Doch, ich habe ein E-Auto.

5 1. Haben Ihre Eltern Ihnen vorgelesen? 2. Kennen Sie mehr Bücher als Filme? 3. Lesen Sie jeden Tag in einem Buch? 4. Kaufen Sie mehr Bücher als Klamotten? 5. Konnten Sie schon im Kindergarten lesen?

6 1. Kostet der Ausweis etwas? 2. Kann ich Bücher außerhalb der Öffnungszeiten zurückgeben? 3. Haben Sie einen Lesesaal? 4. Darf ich in der Bibliothek etwas trinken? 5. Kann ich in der Bibliothek meinen Laptop oder mein Tablet benutzen? 6. Kann ich Kopien machen? 7. Ist die Bibliothek auch am Wochenende geöffnet? 8. Muss ich meine Einkaufstaschen am Eingang abgeben?

7 1. Kennst du dich mit E-Book-Readern aus? 2 Tut mir leid, aber ich lese nur Sachbücher. 3. Kannst du mir das Wörterbuch ausleihen? 4. Gerne! Wir haben ja gerade Zeit. 5. Liest du keine richtigen Bücher mehr? 6. Ja, für die Stadtteilbibliothek.

8 1. Hast du ein Lieblingsbuch? 2. Verschenkst du gern Bücher? 3. Hast du noch nie etwas über die Onleihe ausgeliehen? 4. Liest du lieber richtige Bücher oder E-Books? 5. Magst du keine Hörbücher? / Magst du Hörbücher nicht?

KAPITEL 38

1 1. Meine Mutter besucht uns an Weihnachten.

2. Wir fahren nach Nürnberg zum Weihnachtsmarkt.

3. Wir möchten unserem Sohn zu Weihnachten einen Kinderroller schenken.

4. Ich möchte in diesem Jahr zu Weihnachten nicht so viel Geld ausgeben.

5. Nächstes Jahr machen wir die Weihnachtsfeier am 15. Dezember in der Betriebskantine.

2 1.Ich schenke meinen Kindern zu Weihnachten Bücher. / Zu Weihnachten schenke ich meinen Kindern Bücher. / Meinen Kindern schenke ich zu Weihnachten Bücher. / Bücher schenke ich meinen Kindern zu Weihnachten. 2. Wir laden alle Verwandten zum Zuckerfest ein. / Zum Zuckerfest laden wir alle Verwandten ein. / Alle Verwandten laden wir zum Zuckerfest ein. 3. Ich fahre mit der Familie nächste Woche in den Urlaub. / Nächste Woche fahre ich mit der Familie in den Urlaub. / Mit der Familie fahre ich nächste Woche in den Urlaub. / In den Urlaub fahre ich mit der Familie nächste Woche. 4. Meine Mutter backt für mich einen Käsekuchen zum Geburtstag. / Zum Geburtstag backt meine Mutter einen Käsekuchen für mich. / Für mich backt meine Mutter einen Käsekuchen zum Geburtstag. / Einen Käsekuchen backt meine Mutter für mich zum Geburtstag. 5. Wir feiern die Hochzeit in meinem Heimatland mit über 200 Gästen. / In meinem Heimatland feiern wir die Hochzeit mit über 200 Gästen. / Mit über 200 Gästen feiern wir die Hochzeit in meinem Heimatland. / Die Hochzeit feiern wir in meinem Heimatland mit über 200 Gästen.

3 1. Ich kaufe auf dem Weihnachtsmarkt Süßigkeiten. Auf dem Weihnachtsmarkt kaufe ich Süßigkeiten. Süßigkeiten kaufe ich auf dem Weihnachtsmarkt.

2. Mein Mann backt in der Adventszeit Plätzchen. In der Adventszeit backt mein Mann Plätzchen. Plätzchen backt mein Mann in der Adventszeit. 3. Ich schenke meinen Eltern Theaterkarten zu Weihnachten. Zu Weihnachten schenke ich meinen Eltern Theaterkarten. Meinen Eltern schenke ich zu Weihnachten Theaterkarten.

5 gehören ... zur Weihnachtszeit, hat einen Markt, gibt ... eigene Märkte, kann ... weihnachtliche Spezialitäten essen ... Glühwein trinken, kaufen ... die Geschenke, ähneln ... einer kleinen Kirmes, gibt Kinderkarussells ... ein Riesenrad, den Nürnberger Christkindlmarkt kennen, besuchen ihn, gefällt Touristen, möchten ... diesen Markt erleben

6 1a. mit den Fahrrädern; 1b. zum Weihnachtsmarkt; 2a. ihn; 2b. eine Kleinigkeit; 3a. ihr; 3b. einen Weihnachtsstern; 4a. ihn; 4b. ihr; 5a. Ihr; 5b. einen anderen Wunsch; 6a. es; 6b. ihr; 7a. ihr; 7b. den Wunsch; 8a.die Gans; 8b. beim Metzger; 9a. es; 9b. im Internet; 10a. er; 10b. es; 11a. es; 11b. im Kinderchor; 12a. dir; 12b. mein Gesang

7 1a. haben; 1b. ein kleines Sortiment; 1c. verkaufen; 1d. alle Waren; 2a. mieten; 2b. eine Wechselbude; 3a. sein Sortiment; 3b. anbieten; 4a. keine Waren; 4b. verkaufen; 5a. Informationsmaterial; 5b. verteilt; 5c. erreicht; 5d. viele Menschen; 6a. finden; 6b. ein breites Angebot

8 1. Unsere Buden haben seit diesem Jahr unterschiedliche Größen. / Seit diesem Jahr haben unsere Buden unterschiedliche Größen. 2. Sie schließen den Vertrag wie immer mit der Stadt ab. / Wie immer schließen Sie den Vertrag mit der Stadt ab. / Den Vertrag schließen Sie wie immer mit der Stadt ab. 3. Wenn Sie bei uns eine Bude mieten wollen, müssen Sie mindestens 18 Jahre alt sein. / Sie müssen mindestens 18 Jahre alt sein, wenn Sie bei uns eine Bude mieten wollen. 4. Sie müssen den Innenraum am Ende der Mietzeit besenrein hinterlassen. / Am Ende der Mietzeit müssen Sie den Innenraum besenrein hinterlassen. / Den Innenraum müssen Sie am Ende der Mietzeit besenrein hinterlassen. 5. Die Öffnungszeiten orientieren sich an den Ladenschlusszeiten in unserer Stadt.

KAPITEL 39

1 1. kann ... ruhen lassen; 2. stehe ... auf; 3. werden ... hergestellt; 4. hat ... gebacken; 5. werde ... kaufen

2 1. gebacken; 2. werde; 3. backen; 4. kann; 5. essen

3 1. Ich habe gestern die beste Gemüsesuppe meines Lebens gegessen. 2. Warum essen die Deutschen so viel dunkles Brot? 3. Meine Freundin und ich werden im nächsten Jahr weniger Fleisch essen. / Im nächsten Jahr werden meine Freundin und ich weniger Fleisch essen. 4. Wollen wir am Samstag gemeinsam kochen? 5. Ihr könnt einen Nachtisch von zu Hause mitbringen.

4 1. ... ich zu dick geworden bin. 2. ... sie nicht mehr so viel arbeiten muss. 3. ... ich nie gut backen lerne. 4. ...er in einer Wohngemeinschaft gewohnt hat.

6a wurde ... aufgenommen, werden ... hergestellt, wird ... geachtet, ist ... ausgezeichnet worden, ist ... konzipiert worden, können ... fortbilden, Denken ... nach, kann ... kaufen, durften ... arbeiten und ... ausliefern, muss ... ruhen, konnte ... anbieten, besteht ... fort, wird ... eingeführt

6b trennbare Verben: Denken ... nach, besteht ... fort; Modalverben: können ... fortbilden, kann ... kaufen, duften ... arbeiten ... ausliefern, muss ... ruhen, konnte ... anbieten; Passiv: wurde ... aufgenommen, werden ... hergestellt, wird ... geachtet, ist ... ausgezeichnet worden, ist ... konzipiert worden; Futur: wird ... eingeführt

7a 1. können ... machen; 2. haben ... verschlafen; 3. sind ... geworden; 4. Kann ... backen; 5. Wird ... geknetet; 6. Wählen ... aus; 7. Wird ... geben

7b 1. komme ... zurück; 2. ist ... passiert, aufbreche; 3. wollte ... backen, wurden ... gesucht, habe ... beworben; 4. kann ... backen, müssen ... ausprobieren; 5. wird ... kaufen, kneten können; 6. müssen ... fragen; 7. geben wird, kann ... sehen

8 1. Warum sind Sie Bäckerin geworden? 2. Ich habe mich schon immer für Kaiserbrötchen und Baguettes begeistert. 3. Wollen Sie die Meisterprüfung machen? 4. Ja, die möchte ich gerne irgendwann machen. 5. Denken Sie über eine eigene Bäckerei nach? 6. Ein eigenes Geschäft ist immer mein Traum gewesen.

KAPITEL 40

1 Wann?: demnächst, am Montag, heute, manchmal, im nächsten Winter, gestern, seitdem; Warum?: aufgrund von Regen, wegen der Hitze, zum Geburtstag, daher; Wie?: mit Freude, schlecht, mit großer Sorge, eventuell, natürlich; Wo/Wohin/Woher?: hier, dort, am Fluss, in der Burg, am Ufer, aus der Schweiz

2 1. 2; 2. 2; 3. 1; 4. 1; 5. 2; 6. 2

3 1. Der Rhein fließt seit Millionen von Jahren von den Alpen in die Nordsee. 2. Ich liebe den Rhein im Frühjahr wegen der grünen Weinberge an den Ufern. 3. Im Sommer kann man am Rhein schöne Fahrradtouren machen. 4. Nach zwei Wochen Urlaub müssen wir am Montag wieder nach Hause. 5. Wegen des Regens haben wir die Wanderung am dritten Tag vorzeitig abgebrochen.

5a Seit 2002, zwischen Bingen/Rüdesheim und Koblenz, wegen der vielen Burgen, in der ganzen Welt, in dieser Gegend, zwischen dem 12. und 14. Jahrhundert, tagsüber, von innen, im Mittelrheintal, am Rheinufer, im Jahr 1801, im Jahr 1824, in Deutschland, mit Schiffen, auf dem Rhein, von dort aus, in Rüdesheim, entlang des Rheins

5b temporal: Seit 2002, zwischen dem 12. und 14. Jahrhundert, tagsüber, im Jahr 1801, im Jahr 1824, kausal: wegen der vielen Burgen; modal: mit Schiffen; lokal: zwischen Bingen/Rüdesheim und Koblenz, in der ganzen Welt, in dieser Gegend, von innen, im Mittelrheintal, am Rheinufer, in Deutschland, von dort aus, in Rüdesheim, entlang des Rheins, auf dem Rhein

6 1a, 2a, 3a, 4b, 5b, 6b, 7b, 8a, 9a

7 1. Machen Sie mit uns am Wochenende einen Ausflug ins Mittelrheintal. 2. Wir kommen am Samstagmorgen mit dem Bus in Bingen an. 3. Wir frühstücken zuerst gemütlich in einer Gaststätte. 4. Danach laufen wir gemeinsam eine Stunde durch die kleine Stadt. 5. Das Mittagessen gibt es um 12 Uhr in einem Lokal in Rüdesheim. 6. Anschließend gehen wir um 14 Uhr gesättigt an Bord eines Schiffs. 7. Wir fahren am Nachmittag entspannt zur Loreley. 8. Wir kommen um 17 Uhr zurück nach Rüdesheim und um 18 Uhr fährt unser Bus nach Hause.

8 1. Ich bin vor zwei Jahren schon mal dort gewesen. 2. Ich suche heute Abend in Ruhe im Internet die Fahrpläne für die Schiffe. 3. Mir wird wegen der hohen Wellen ganz schnell schlecht. 4. Aber es gibt auf dem Rhein keine hohen Wellen. 5. ich habe gestern im Radio eine Warnmeldung gehört.

KAPITEL 41

1 1. keine; 2. nicht; 3. keine; 4. kein; 5. nicht; 6. nicht

2 1. b; 2. a; 3. b; 4. b, 5. a

3 1. noch nie; 2. nirgends; 3. keinen; 4. nie; 5. nicht; 6. Nein

4 1. Ich mag keinen Leistungssport. 2. Ich bin nicht sportlich. 3. Meine Frau fährt nie mit dem Fahrrad. 4. Mein Mann versteht nichts von Fußball.

6 1. nichts; 2. kein; 3. nicht; 4. kein; 5. nicht; 6. nicht; 7. nicht; 8. nicht; 9. keinen; 10. nicht; 11. nicht; 12. keine; 13. nichts

7 1. nicht; 2. keinen; 3. nicht; 4. nie wieder; 5. Nein; 6. nichts; 7. nicht; 8. noch nie; 9. nirgendwo; 10. Keiner; 11. nicht; 12. noch nie; 13. gar nicht

8 1a, 2a, 3a, 4a

9 1. un; 2. un; 3. des; 4. miss; 5. in; 6. miss; 7. un; 8. un

10 1. keinen; 2. niemanden; 3. ungünstig; 4. nicht; 5. unmöglich; 6. keine; 7. nichts; 8. unklar; 9. nicht; 10. Nein; 11. keine; 12. nie wieder

WIEDERHOLUNG: KAPITEL 34–41

1 1. der Vertrag, die Verlängerung; 2. die Steuer, die Beratung, das Büro; 3. der Mieter, der Schutz, der Bund; 4. wandern (das Wandern), die Karte; 5. die Straßenbahn, das Ende, halten (das Halten), die Stelle; 6. der Betrieb, die Kantine; 7. die Prüfung, die Vorbereitung, der Kurs

2 1. Wer; 2. Was; 3. Wann; 4. Wie viele; 5. Wohin; 6. Wie; 7. Woher; 8. Wessen; 9. Wem; 10. Warum

3 1. Kommen Sie aus der Schweiz? 2. Wollen wir zusammen essen gehen? 3. Siehst du gerne Fernsehserien? 4. Magst du wirklich keine Erdbeeren? 5. Fährt der Bus alle zehn Minuten? 6. Besucht ihr uns am Samstag?

4 1g; 2c; 3a; 4h; 5b; 6c; 7d; 8f

5 1. 2; 2. 1; 3. 2; 4. 1; 5. 1; 6. 1, 3; 7. 3, 2; 8. 2, 1

6 1. Ich schenke meiner Freundin einen Urlaub. 2. Meine Firma macht einen Betriebsausflug nach Heidelberg. 3. Unsere Chefin will die Firma ihren Kindern übergeben. 4. Die Bank gibt uns keinen Kredit. 5. Die Handwerker reparieren die Heizung in unseren Haus. / ... in unserem Haus die Heizung. 6. Meine Frau kauft sich ein Lastenfahrrad. 7. Ich schenke dir meine alte Uhr. 8. Wir fahren im nächsten Monat mit dem Zug nach Paris. / Im nächsten Monat fahren wir ...

7 1. Wir fahren morgen weg. 2. Hast du für das Abendessen eingekauft? 3. Ich habe dir alles, was wir brauchen, aufgeschrieben. 4. Warum rufst du mich nicht übermorgen an? 5. Ich werde im Sommer nach Deutschland zurückkommen. 6. Ich liebe es, den Kindern beim Spielen zuzuschauen.

8 1. Er will bald zurückkommen. 2. Sie muss die Prüfung vorbereiten. 3. Wir können miteinander sprechen. 4. Ihr dürft mitspielen. 5. Ich soll meinen Onkel besuchen. 6. Sie muss ihrem Sohn Geschichten erzählen.

9 1. Die Wohnung wird renoviert. 2. Die Zimmer werden frisch gestrichen. 3. Im Bad werden neue Fliesen gelegt. 4. Eine neue Heizung wird eingebaut. 5. Die Stromleitungen werden erneuert.

10 1. Sie ist nervös, weil sie morgen wegfährt. 2. Wir wissen, dass wir mehr lernen müssen. 3. Ich freue mich, wenn ihr vorbeikommt. 4. Wir sind froh, weil wir gewonnen haben. Er arbeitet, obwohl er krank ist.

11 1. 1; 2. 2; 3. 1; 4. 1; 5. 2; 6. 2

12 1. Wegen der Trockenheit; 2. zwei Wochen; 3. seit 20 Jahren; 4. so schnell wie möglich; 5. Trotz der Grippewelle; 6. mehr

13 1. Ich komme heute nicht zur Arbeit. 2. Dieses Jahr feiern wir kein Weihnachten / Weihnachten nicht. Und feiert ihr Ostern auch nicht? 3. Wir fahren dieses Jahr nicht in Urlaub. 4. Seit einem Jahr habe ich kein Auto. 5. Hast du kein Fahrrad? 6. Ich kann nicht Fahrrad fahren.

14 1. niemand; 2. nie / nicht; 3.Nirgends; 4. nichts; 5. nicht, nie; 6. nicht, Nein; 7. niemand, nichts

KAPITEL 42

1 1. und; 2. deshalb; 3. trotzdem; 4. aber; 5. aber, 6. deshalb

2 1. aber; 2. denn; 3. deshalb; 4. trotzdem; 5. und; 6. oder; 7. trotzdem; 8. sonst

3 1. Musik ist eine Weltsprache, trotzdem verstehe ich chinesische Musik nicht. 2. Mein Bruder spielt fünf Instrumente und er kann gut singen. 3. Ich spiele nicht sehr gut Flöte (Flöte nicht sehr gut), aber es macht mir sehr viel Spaß. 4. Meine Tochter spielt Geige und sie singt im Schulchor. 5. Der junge Beethoven war Pianist, aber er komponierte auch viel. 6. Meine Schwester will Komponistin werden, deshalb studiert sie an der Musikakademie.

5 ... musiziert, aber als Kind ...; ... gehört und fand ...; ... gekommen und habe ...; ... auf Deutsch, trotzdem habe ...; ... geschrieben oder sie waren ...; ... Welle, denn die Künstler ...; ... okay, sonst hätten ...; ... lernen oder ich ...

6 1. aber; 2. sondern; 3. und; 4. und; 5. denn; 6. sonst; 7. und; 8. aber; 9. oder; 10. aber; 11. trotzdem

7 1. und unsere Kinder singen; 2. aber er ist; 3. deshalb solltest du; 4. und dann hat er; 5. denn ich will; 6. oder ich ziehe aus

8 1. Sie haben wenig Zeit, trotzdem möchten Sie ein neues Instrument lernen. 2. Sie lernen an einem Wochenende das Instrument kennen, und wir üben gemeinsam Lieder. 3. Sie brauchen keine Vorkenntnisse, sondern Sie lernen alles im Kurs. 4. Sie müssen keine Ukulele kaufen, denn unser Kursleiter bringt Ukulelen für alle mit 5. Weitere Informationen finden Sie im Internet, und Sie können sich auch online anmelden.

KAPITEL 43

1 1. , f; 2. , d; 3. , a; 4. , h; 5. , g; 6. e; 7. c; 8. b

2 1. weder ... noch; 2. nicht nur ... sondern ... auch; 3. Je ... desto; 4. entweder ... oder; 5. sowohl ... als auch; 6. Je ... desto; 7. weder ... noch; 8. entweder ... oder

3 1. Er ist weder besonders fleißig, noch ist er besonders intelligent. 2. Sie arbeiten sowohl sehr genau als auch sehr schnell. 3. Wir sparen nicht nur Energie, sondern wir sparen auch viel Geld. 4. Entweder koche ich, oder ich putze die Wohnung. 5. Wir trennen zwar den Müll, aber wir produzieren zu viel Müll. 6. Je häufiger ich zu Hause bin, desto mehr koche ich selbst.

5 1. sowohl ... als auch; 2. nicht nur ... sondern auch; 3. nicht nur ... sondern auch; 4. weder ... noch; 5. je ... desto; 6. Je ... desto; 7. weder ... noch; 8. nicht ... sondern; 9. weder ... noch; 10. zwar ... aber

6 1. Du willst weder abwaschen noch den Müll rausbringen? 2. du kaufst mir entweder das Spiel oder das Puzzle? 3. Du möchtest sowohl Eis als auch Pudding zum Nachtisch? 4. Du willst den Schrank weder verschenken noch zum Sperrmüll stellen?

7 1. Neben unserem Haus stehen sowohl Altglascontainer als auch ein Altpapiercontainer. 2. Wir haben zwar eine blaue Tonne, aber keine Glastonne. / ... zwar keine Glastonne, aber eine blaue Tonne. 3. In unserem Dorf gibt es weder Altglascontainer, noch kommt das Schadstoffmobil. 4. Je ländlicher man wohnt, desto weiter entfernt sind Wertstoffhöfe. 5. Wir haben zwar eine graue Tonne, aber sonst nichts. 6. Wir haben nicht nur viel Platz im Hof, sondern es wäre auch umweltfreundlicher.

KAPITEL 44

1 1. dass ... ist; 2. Weil ... sind; 3. Dass ... sein kann; 4. Wenn ... ist; 5. als ... waren; 6. weil ... liege

2 1d; 2b; 3a (d); 4c

3 1. Ich finde, dass Urlaub an der Ostsee schön ist. 2. Wir waren 2020 auf der Insel Usedom, weil wir nicht nach Frankreich fahren konnten. 3. Meine Kinder waren glücklich, als wir am Bodensee gecampt haben. 4. Meine Frau möchte wieder nach Frankreich, wenn wir im nächsten Jahr Ferien haben.

4 1. Meine Kinder finden Ostseeurlaub langweilig, denn man kann nicht surfen. 2. Nächstes Jahr fahren wir zum Surfen an den Atlantik, weil es da höhere Wellen gibt. 3. Weil das Wetter an der Ostsee oft kühl ist, fahren viele lieber ans Mittelmeer. 4. Viele Lebewesen in der Ostsee sind in Gefahr, denn das Wasser wird immer wärmer. 5. Meine Eltern möchten an der Ostsee wohnen, wenn sie in Rente gehen.

6 dass diese See im Osten liegt; wenn man in einem Land wie Schweden oder Dänemark ist. während die Nordsee an die Küste Niedersachsens und die westliche Küste von Schleswig-Holstein grenzt. Obwohl beide Meere im Deutschen einen ähnlichen Namen haben; Wenn man sich etwas von der Küste entfernt; weil die Nordsee nicht von mehreren Ländern umgeben ist wie die Ostsee. dass es an den Küsten wunderschöne Urlaubsziele gibt. Bevor Sie an die Ostsee fahren; Wenn Sie lieber etwas komfortabler Urlaub machen möchten

7 1. und; 2. wenn; 3. bevor; 4. als; 5. aber; 6. denn; 7. obwohl; 8. weil; 9. sodass; 10. Aber; 11. da

8 1a bevor; 2b dass; 3b weil; 4b während; 5b denn; 6b umgezogen; 7a fehlen; 8b dauert; 9a fahren; 10a waren

9 1. Weißt du, dass Sanddornmarmelade eine Spezialität auf Rügen ist? 2. Das habe ich in einem Reiseführer gelesen, bevor ich losgefahren bin. / Ich habe das in einem Reiseführer gelesen, bevor ich losgefahren bin. 3. Wenn es morgen schön ist, können wir mit der Fähre nach Schweden fahren. 4. Wir haben nicht so viel Zeit, weil wir am Nachmittag in ein Konzert gehen. 5. Dann machen wir einen langen Spaziergang, nachdem wir gefrühstückt haben.

KAPITEL 45

1 1. Sobald; 2. als; 3. Während; 4. solange; 5. nachdem; 6. Solange; 7. seit; 8. Als
2 1g; 2d; 3a; 4b; 5c; 6e; 7f
3 1. Als ich meinen Job verloren hatte, habe ich mich selbstständig gemacht. 2. Sobald alte Berufe schneller wegfallen als neue entstehen, steigt die Arbeitslosigkeit. 3. Die Menschen sprechen weniger miteinander, seit es Smartphones gibt. 4. Solange das möglich ist, möchten viele Menschen lieber im Büro arbeiten. 5. Während meine Kinder in der Schule sind, arbeite ich im Homeoffice. 6. Es gab viel mehr Bürojobs, bis die Pandemie begann. 7. Bevor ich im Homeoffice arbeiten kann, brauche ich eine größere Wohnung.
5 Es sind typisch deutsche Nachnamen: Müller, Schneider, Schmidt, Meier. Aber woher kommen sie eigentlich?
Bevor es Nachnamen gab; Während im Mittelalter handwerkliche Techniken weiterentwickelt wurden; Während sich in Städten die Berufe als Nachnamen durchsetzen; als 1875 Standesämter in Deutschland eingeführt wurden. Seit es Standesämter gibt; nachdem die Berufe ausgestorben sind.
6 1. Bevor; 2. nachdem; 3. Sobald; 4. Als; 5. Seit; 6. Seit; 7. Bevor; 8. Während; 9. Bis
7 1. bevor; 2. als; 3. Seit (dem); 4. nachdem; 5. Seit(dem); 6. Während; 7. Solange
8 1. Als ich letzte Woche bei meinen Großeltern war, haben sie mir von ihren Eltern erzählt. 2. Bevor sie die Milch verkaufen konnte, musste sie die Kühe selbst melken. 3. Es hat lange gedauert, bis alle Kannen voll waren. 4. Nachdem sie alles verkauft hatte, musste sie zu Hause auf dem Feld arbeiten. 5. Bevor er Bergmann war, ist er aber Zeitungsjunge gewesen. 6. Solange er noch eine Zeitung in der Hand hatte, durfte er keinen Feierabend machen.

KAPITEL 46

1 1e; 2a; 3b; 4d; 5c
2 1. I; 2. R; 3. R,; 4. I; 5. R; 6. I
3 1. Wenn es Pflegeroboter gibt, braucht man weniger Pflegepersonal. 2. Wenn / Immer wenn im Gesundheitswesen gespart wird, werden die Menschen kränker. 3. Wenn / Immer wenn es eine Wirtschaftskrise gibt, werden Arbeitsplätze abgebaut. 4. Wenn ich am nächsten Sonntag Zeit habe, gehe ich Rad fahren.
4 1. Wenn ich über Wissenschaftlerinnen lese, bin ich immer ganz fasziniert. 2. Wenn sie selbstständig arbeiten können, sind Arbeitnehmer*innen zufriedener. 3. Wenn Computer die Routineaufgaben erledigen, wird die Arbeit interessanter.
6 Bedingung: 3; Wiederholung: 1; Zeitpunkt in der Zukunft: 2, 4
7 1. Als; 2. wenn; 3. Als; 4. wenn; 5. wenn; 6. Als; 7. wenn; 8. als
8 1. Sobald; 2. Falls; 3. Sobald; 4. Falls; 5. Sobald
9 1. Wenn; 2. Als; 3. Wenn; 4. sobald; 5. Wenn; 6. Falls
10 1. als ich Fahrrad fahren gelernt habe. 2. als ich meinen Eltern meine Fahrkünste zeigen wollte. 3. Wenn das Fahrrad plötzlich stoppt, 4. Ich fand es total spannend, als wir die Kartoffeluhr gebaut haben. 5. Sobald die Kabel in der Kartoffel steckten, fing die Uhr an zu laufen. 6. Daran muss ich immer denken, wenn ich auf meinem Smartphone die Uhrzeit sehe. 7. Es wäre doch witzig, wenn auch Smartphones mit einer Kartoffel laufen würden.

KAPITEL 47

1 1. weil / da; 2. denn; 3. denn; 4. weil / da
2 1b; 2a; 3d; 4c
3 1. Es gibt bei uns eine Hausordnung, damit die Nachbarn gut zusammenleben. 2. Wir lassen die Waschmaschine nie nach 22 Uhr laufen, um die Nachbarn nicht zu stören. / ... damit wir die Nachbarn nicht stören. 3. Wir kaufen für unsere alte Nachbarin ein, um sie zu unterstützen. / ... damit wir sie unterstützen. 4. Unsere Nachbarn ärgern uns, damit wir ausziehen.
4 1. Unsere Nachbarn haben für uns eingekauft, sodass wir nicht aus dem Haus müssen. 2. Unsere Vermieterin erhöht so die Miete, dass wir umziehen müssen. / Unsere Vermieterin erhöht die Miete, sodass wir umziehen müssen. 3. Wir grillen so gerne im Park, dass wir jeden Sonntag dorthin gehen. / Wir grillen gerne im Park, sodass wir jeden Sonntag dorthin gehen. 4. Unsere alte Nachbarin ist so gehbehindert, dass wir für sie einkaufen. / Unsere alte Nachbarin ist gehbehindert, sodass wir für sie einkaufen.
6 Da, sodass, damit, um ... zu, weil
7 1. sodass; 2. weil; 3a. X; 3b. sodass; 4a. da; 4b. X; 5a. um; 5b. zu; 6a. so; 6b. dass; 7. sodass
8 1a. weil; 1b. X; 2a. X; 2b. sodass; 3a. um; 3b. zu; 4. da; 5a. so; 5b. dass; 6a. um; 6b. zu; 7a. X; 7b. sodass; 8a. damit; 8b. X
9 1a. weil; 1b. X; 2a. so; 2b. dass; 3. sodass; 4. weil; 5a. um; 5b. zu; 6a. X; 6b. sodass; 7. Damit; 8a. um; 8b. zu; 9a. so; 9b. dass; 10. weil
10 A: 1. Es ist manchmal sehr laut bei uns, weil unsere Nachbarn zu Hause musizieren. 2. Ich arbeite meist in der Frühschicht, sodass ich abends gegen 19 Uhr ins Bett gehe. 3. Dann sage ich den Nachbarn Bescheid, damit sie etwas leiser sind.
B: 1. In unserem Haus treffen sich einige Nachbarn regelmäßig, um gemeinsam Kaffee zu trinken. 2. Da

mehrere Nachbarn im Homeoffice arbeiten, können wir uns nicht gut zu Hause treffen. 3. Wir gehen in ein Café, damit wir niemanden stören.

KAPITEL 48

1 1c; 2d; 3b; 4a
2 1. obwohl; 2. als ob; 3. ohne dass; 4. sodass; 5. als ob
3 1. Wir gehen morgen am Strand spazieren, obwohl das Wetter schlecht wird. 2. Ich liebe die Nordsee, obwohl es oft kalt und regnerisch ist. 3. Du kannst nicht nach Hamburg fahren, ohne eine Hafenrundfahrt zu machen. 4. Georg war in Urlaub, ohne dass wir das gewusst haben.
4 1. Sie tut so, als ob sie alles wüsste. 2. Es sieht so aus, als wenn wir noch eine Woche für die Arbeit brauchen würden. 3. Meine Chefin macht den Eindruck, als ob sie sauer auf mich wäre.
6 1. obwohl; 2. ohne dass; 3. obwohl; 4. als ob; 5. obwohl; 6. ohne dass
7 1. obwohl; 2. weil; 3. weil; 4. weil; 5. obwohl; 6. obwohl, 7. obwohl
8 1. als ob es gleich regnen würde; 2. als ob da ein Wattwurm wäre; 3. als ob dich das interessieren würde
9 1. ohne ... zu; 2. ohne ... zu; 3. ohne ... zu; 4. X; 5. X; 6. ohne ... zu; 7. X; 8. ohne ... zu
10 1. obwohl ich ihr gesagt habe; 2. ohne dass sie uns gefragt hätten. 3. als ob ihn das alles nicht interessieren würde; 4 ohne mit uns zu sprechen.

KAPITEL 49

1 1c; 2a; 3f; 4b; 5d; 6e
2 1. den; 2. der; 3. die; 4. der; 5. das
3 1. Ich liebe Spätzle, die frisch gemacht sind. 2. Meine Kinder essen gerne Vanillebrötchen, die frisch aus dem Backofen kommen. 3. Mein Bruder ist ein Mensch, der sich gar nichts aus gutem Essen macht. 5. Er hat zwei Kinder, denen nur Pommes und Ketchup schmecken.
4 1. Mein Opa, der im Haus alles selbst repariert hat, hat nie in der Küche geholfen. 2. Die Linsen mit Saiten und Spätzle, die es immer montags in der Kantine gibt, sind fantastisch. 3. In der Küche, die ich zu Hause habe, kann man auch essen. 4. Das Restaurant, das ich entdeckt habe, mischt chinesische und schwäbische Küche.
6 ... Gericht, das ich bei ...; Meine Großeltern, die einen Bauernhof ...; Das Fleisch, das es bei ihnen ...; die wenigen Tiere, die sie hatten...; Das, was uns aus ...; westfälischer Kartoffelsalat, der mit Mayonnaise ...; Der Kartoffelsalat, den wir im Urlaub ...; Das war etwas, was wir noch ...; Die Kellnerin, die uns bedient ...
7 1. den; 2. die; 3. die; 4. den; 5. was; 6. die; 7. die; 8. wo; 9. das; 10. die; 11. die; 12. was; 13. der
8 1. die; 2. die 3. die 4. der 5. den 6. Aber das ist ein Kuchen, den ich sogar kalt esse. 7. Ihr Lieblingsgericht sind Maultaschen, die sie mit Apfelmus isst. 8. Unsere kleinen Kinder lieben Ofenschlupfer, die wir aber nur selten machen. 9. Das Gericht, das ich am leckersten finde, sind Käsespätzle. 10. Meine Tante, die im Allgäu lebt, macht sie oft selbst. 11. Der Salat, den ich in Schwaben gegessen habe, war mit viel Essig angemacht. 12. Die Salate, die es bei uns im Norden gibt, sind nicht so sauer. 13. Ein Gericht, das ich früher nicht gerne mochte, ist Saueressen. 14. Mein Mann, der Saueressen schon immer geliebt hat, kocht es einmal im Monat.

KAPITEL 50

1 1. wo / in der; 2. über den / auf den; 3. mit dem / auf dem; 4. wo / an der; 5. wo / in denen; 6. in dem / wo; 7. in dem / wo; 8. wo / durch die
2 1f; 2a; 3b; 4d; 5e; 6c
3 1. Die Reise, für die ich mich angemeldet habe, findet nicht statt. 2. Das Reiseunternehmen, an das ich schon 500 Euro überwiesen habe, ist pleite. 3. Die Wanderung, über die ich gesprochen habe, war wunderschön. 4. Die Lehrerin, von der ich dir erzählt habe, unterrichtet nicht mehr. 5. Ich habe die Stelle, auf die ich mich beworben habe, bekommen. 6. In der Besprechung, die wir morgen haben, planen wir das kommende Jahr.
5 .. ein See, an den drei Länder ...; Teil des Bodensees, für den eine Grenze ...; Die größten Inseln, auf denen jeweils ...; ist Mainau, für die man häufig ...; Gärtner, von denen Sie kostenlos ...; ein Angebot, mit dem Sie das ausprobieren ...; einen Urlaub, an den Sie sich lange ...;
an den (Akk.); für den (Akk.); auf denen (Dat.); für die (Akk.); von denen (Dat.); mit dem (Dat.); an den (Akk.)
6 1. dem; 2. den; 3. dem; 4. die; 5. der; 6. dem; 7. was; 8. dem; 9. was; 10. der
7 1. auf der; 2. zu dem; 3. in dem; 4. was; 5. von denen; 6. auf dem; 7. für das; 8. bei der; 9. mit denen; 10. was; 11. an die
8 1. an den ich mich am liebsten erinnere; 2. bei der ich gewohnt habe; 3. über das wir mit einem Boot gefahren sind; 4. bei dem wir tolle Fachwerkhäuser gesehen haben.

KAPITEL 51

1 1. zu gehen; 2. zu gewinnen; 3. zu trainieren; 4. zu holen; 5. zu schwächeln; 6. zu lassen.

2 1. zu trainieren; 2. im Stadion sitzen; 3. zu erleben; 4. anschauen; 5. zu singen; 6. reden; 7. mitzukommen; 8. arbeiten

3 1. Ich versuche, dich morgen anzurufen. 2. Es macht uns Spaß, Fußball gemeinsam mit Freunden anzuschauen. 3. Ihr müsst 90 Minuten spielen, ohne nachzulassen. 4. Wir haben eine Chance, in die Bundesliga aufzusteigen. 5. Der Sturm hat uns gezwungen, das Spiel abzusagen. 6. Wir haben vor, zum Auswärtsspiel unserer Mannschaft hinzufahren. 7. Die Fans finden es furchtbar, mit ihrer Mannschaft in die 3. Liga abzusteigen. 8. Gute Fans bleiben ihrer Mannschaft immer treu, ohne eine Sekunde nachzudenken.

5 ein Spiel im Stadion zu sehen, in ein Stadion zu gehen, Anstatt die Frauen-WM wie sonst immer nur im Fernsehen zu verfolgen; 1. zu; 2. zu; 3. X; 4. X; 5. zu; 6. zu; 7. zu; 8. zu; 9. zu; 10. zu; 11. X; 12. zu; 13. zu; 14. zu

6 1. X; 2. X; 3. um; 4. ohne; 5. X; 6. Um; 7. anstatt

7 A: 1. jedes Spiel unserer Mannschaft zu sehen. 2. im Stadion unsere Vereinshymne zu hören. B: 1. sich mit anderen Fußballfans zu treffen. 2. viel zu reisen. 3. die Mannschaft zu allen Spielen zu begleiten. C: 1. Ich finde es nicht interessant, sich jedes Wochenende Fußballspiele anzuschauen. 2. Ich habe mehr Lust, mit meinen Freunden Sport zu machen, statt anderen beim Sport zuzusehen. D: 1. Es ist manchmal anstrengend, am Wochenende im Zug unterwegs zu sein. 2. Samstags fahren viele Fußballfans mit dem Zug, um das Spiel ihrer Mannschaft zu sehen. 3. Da könnten die Fans singen, ohne andere Fahrgäste zu stören.

KAPITEL 52

1 1. Können Sie mir sagen, wie lange Sie schon als Feuerwehrfrau arbeiten? 2. ..., wo Sie Ihre Berufsausbildung gemacht haben. 3. ..., wann ich mit der Ausbildung anfangen kann? 4. ..., wie viel Urlaub man bei der Feuerwehr im Jahr hat.

2 1. Können Sie mir sagen, ob Sie schon lange in Deutschland leben? 2. Wissen Sie schon, ob Sie die B1-Prüfung bestanden haben? 3. Ich möchte Sie fragen, ob Sie bei uns im nächsten Monat anfangen möchten. 4. Ich möchte wissen, ob ich meinen Jahresurlaub am Stück nehmen kann.

3 1d, verdienst du / ich verdiene; 2a, arbeitest du / sie ... arbeitet; 3b, ich / sie; 4e, kannst du mir / ich ihr ... kann; 5c, kann ich mit dir / er mit mir

5 1. ..., wie viele Reiskörner in einem Beutel Reis sind; ..., ob der Kassenzettel stimmt?; ..., ob eine Arbeit in der Buchhaltung für Sie infrage kommt. 2. ..., wie Sie Freunden und Bekannten helfen können?; ..., ob Sie einen Beruf im Gesundheits- oder Sozialwesen ergreifen wollen?; 3. 1. welche; 2. wie; 3. was; 4. wie; 5. wenn

6 1. wo; 2. was; 3. ob; 4. wie; 5. wer; 6. ob; 7. wo; 8. ob; 9. wenn

7 1. was; 2. wie; 3. welche; 4. welche; 5. wie; 6. wie viel / was; 7 ob

8 1. aber ich weiß nicht, was ich dann werden soll. 2. Haben Sie eine Idee, in welchem Bereich Sie arbeiten möchten? 3. Aber ich bin nicht sicher, ob ein Studium das Richtige für mich ist. 4. Sie können mir erst mal sagen, ob Sie lieber alleine oder im Team arbeiten. 5. Wenn Sie herausfinden wollen, ob Ihnen der Beruf gefällt, können Sie ein Praktikum machen.

WIEDERHOLUNG: KAPITEL 42–52

1 1e sondern; 2a und; 3d trotzdem; 4c oder; 5f denn; 6g aber; 7b deshalb; 8h sondern

2 1. entweder ... oder; 2. zwar ... aber; 3. weder ... noch; 4. sowohl ... als auch; 5. je ... desto; 6. entweder ... oder

3 1. denn unsere Kinder kommen zu Besuch; 2. dass du die Prüfung bestanden hast; 3. weil ich so freundlich zu den Kunden bin; 4. denn die Firma verliert jede Stunde viel Geld; 5. aber wir können nichts garantieren; 6. dass Sie die Reparatur hinbekommen

4 1. Bevor; 2. während; 3. Sobald; 4. Als; 5. bis; 6. Solange; 7. nachdem; 8. seit

5 1. Wenn du mir mein Fahrrad reparierst, helfe ich dir bei deiner Bewerbung. 2. Weil ich eine Erkältung habe, können wir morgen nicht zusammen lernen. 3. Bevor du zu mir kommst, kauf bitte ein paar Sachen für mich ein. 4. Bis deine Besprechung fertig ist, warte ich im Café. 5. Solange die Präsentation dauert, schalten Sie bitte Ihr Handy aus.

6 1. Schalten Sie bitte abends die Computer aus, damit die Firma Strom spart. 2. Die Firma hat eine große Solaranlage, damit wir niedrige Stromkosten haben. / ... sodass wir niedrige Stromkosten haben. / Weil die Firma eine große Solaranlage hat, haben wir niedrige Stromkosten. 3. Wir tun sehr viel, um Energie zu sparen. / ... damit wir Energie sparen. 4. Wir möchten CO2-frei produzieren, um etwas gegen den Klimawandel zu tun. / ... damit wir etwas gegen den Klimawandel tun. 5. Unsere Mitarbeiter*innen haben E-Bikes, damit / sodass sie nicht mit dem Auto zur Arbeit fahren müssen. / ... um nicht mit dem Auto zur Arbeit fahren zu müssen. / Da / Weil unsere Mitarbeiter*innen E-Bikes haben, müssen sie nicht mit dem Auto zur Arbeit fahren. 6. Unsere Firma ist sehr erfolgreich, weil wir einen guten Ruf haben. / ..., sodass wir

einen guten Ruf haben. 7. Wir strengen uns sehr an, damit der Ruf auch in Zukunft gut bleibt. / Weil wir uns sehr anstrengen, bleibt der Ruf auch in Zukunft gut.

7 1. Obwohl; 2. ohne dass; 3. als ob; 4. ohne dass; 5. ob; 6. Wenn; 7. als ob; 8. Immer wenn; 9. ob; 10. wenn

8 1. der; 2. die; 3. das; 4. den; 5. denen; 6. dem; 7. die; 8. der; 9. dem; 10. denen

9 1. 1; 2. 2; 3. 1; 4. 1 / 2; 5. 1; 6. 1; 7. 2; 8. 1; 9. 2; 10. 1

10 1. Der Computer, den ich gestern gekauft habe, ist super. 2. Die Kollegin war sehr froh über das Gespräch, das wir gestern gehabt haben. 3. Morgen bekommen wir die Verstärkung, die uns die Chefin versprochen hat. 4. Hier ist die Gebrauchsanleitung, in der Sie alle Informationen finden. 5. Das Büro ist der Ort, an dem / wo sich mein Mann am wohlsten fühlt. 6. In meiner Werkstatt, die für mich mein zweites Zuhause ist, bin ich gerne. / Ich bin gerne in meiner Werkstatt, die für mich mein zweites Zuhause ist.

11 1. aufzustehen; 2. aufstehen; 3. wachzubekommen; 4. zu gehen; 5. zu sehen; 6. fahren; 7. anzufangen; 8. aufpassen; 9. einzuschlafen; 10. zu bleiben

12 1. ... wo die Vertragsunterlagen sind? 2. ... wann das Buch erscheint. 3. ... ob die Lohnerhöhung beschlossen ist. 4. ... ob du am Samstag arbeiten kannst. 5. ... wer uns bei der Projektplanung hilft. 6. ... on der Einzelhandel die Krise überlebt.

A

2 UNREGELMÄSSIGE VERBEN

Infinitiv	Präsens	Präteritum	Perfekt
abbrechen	er bricht ab	brach ab	hat abgebrochen
abfahren	er fährt ab	fuhr ab	ist abgefahren
abgeben	er gibt ab	gab ab	hat abgegeben
abhängen	es hängt ab	hing ab	hat abgehangen
abheben	er hebt ab	hob ab	hat abgehoben
abnehmen	er nimmt ab	nahm ab	hat abgenommen
abschließen	er schließt ab	schloss ab	hat abgeschlossen
anbieten	er bietet an	bot an	hat angeboten
anerkennen	er erkennt an	erkannte an	hat anerkannt
anfangen	er fängt an	fing an	hat angefangen
angeben	er gibt an	gab an	hat angegeben
ankommen	er kommt an	kam an	ist angekommen
annehmen	er nimmt an	nahm an	hat angenommen
anrufen	er ruft an	rief an	hat angerufen
ansehen	er sieht an	sah an	hat angesehen
ansprechen	er spricht an	sprach an	hat angesprochen
anwenden	er wendet an	wendete/wandte an	hat angewendet / angewandt
auffallen	er fällt auf	fiel auf	ist aufgefallen
aufgeben	er gibt auf	gab auf	hat aufgegeben
aufheben	er hebt auf	hob auf	hat aufgehoben
aufladen	er lädt auf	lud auf	hat aufgeladen
aufnehmen	er nimmt auf	nahm auf	hat aufgenommen
aufstehen	er steht auf	stand auf	ist aufgestanden
auftreten	er tritt auf	trat auf	ist aufgetreten
ausfallen	er fällt aus	fiel aus	ist ausgefallen
ausgehen	er geht aus	ging aus	ist ausgegangen
ausleihen	er leiht aus	lieh aus	hat ausgeliehen
ausschlafen	er schläft aus	schlief aus	hat ausgeschlafen
aussehen	er sieht aus	sah aus	hat ausgesehen
aussprechen	er spricht aus	sprach aus	hat ausgesprochen
aussteigen	er steigt aus	stieg aus	ist ausgestiegen
ausweichen	er weicht aus	wich aus	ist ausgewichen
ausziehen	er zieht aus	zog aus	hat ausgezogen *(Kleidung)*
ausziehen	er zieht aus	zog aus	ist ausgezogen *(aus der Wohnung)*
backen	er bäckt/backt	buk/backte	hat gebacken
befehlen	er befiehlt	befahl	hat befohlen

Infinitiv	Präsens	Präteritum	Perfekt
sich befinden	er befindet	befand sich	hat sich befunden
beginnen	er beginnt	begann	hat begonnen
begreifen	er begreift	begriff	hat begriffen
behalten	er behält	behielt	hat behalten
beibringen	er bringt bei	brachte bei	hat beigebracht
beißen	er beißt	biss	hat gebissen
bekommen	er bekommt	bekam	hat bekommen
beraten	er berät	beriet	hat beraten
beschließen	er beschließt	beschloss	hat beschlossen
besprechen	er bespricht	besprach	hat besprochen
bestehen	er besteht	bestand	hat bestanden
betreffen	es betrifft	betraf	hat betroffen
betreiben	er betreibt	betrieb	hat betrieben
betrügen	er betrügt	betrog	hat betrogen
sich beziehen	er bezieht sich	bezog sich	hat sich bezogen
biegen	er biegt	bog	hat gebogen
bieten	er bietet	bot	hat geboten
binden	er bindet	band	hat gebunden
bitten	er bittet	bat	hat gebeten
bleiben	er bleibt	blieb	ist geblieben
braten	er brät	briet	hat gebraten
brechen	er bricht	brach	hat gebrochen
brennen	er brennt	brannte	hat gebrannt
bringen	er bringt	brachte	hat gebracht
denken	er denkt	dachte	hat gedacht
dürfen	er darf	durfte	hat ... dürfen / gedurft
eindringen	er dringt ein	drang ein	ist eingedrungen
einfallen	er fällt ein	fiel ein	ist eingefallen
eingeben	er gibt ein	gab ein	hat eingegeben
einhalten	er hält ein	hielt ein	hat eingehalten
einladen	er lädt ein	lud ein	hat eingeladen
einschlafen	er schläft ein	schlief ein	ist eingeschlafen
einschließen	er schließt ein	schloss ein	hat eingeschlossen
einwerfen	er wirft ein	warf ein	hat eingeworfen
einziehen	er zieht ein	zog ein	ist eingezogen
empfangen	er empfängt	empfing	hat empfangen
empfehlen	er empfiehlt	empfahl	hat empfohlen
empfinden	er empfindet	empfand	hat empfunden
enthalten	es enthält	enthielt	hat enthalten
entlassen	er entlässt	entließ	hat entlassen
entnehmen	er entnimmt	entnahm	hat entnommen
entscheiden	er entscheidet	entschied	hat entschieden
sich entschließen	er entschließt sich	entschloss sich	hat sich entschlossen
entsprechen	er entspricht	entsprach	hat entsprochen
entstehen	er entsteht	entstand	ist entstanden

Infinitiv	Präsens	Präteritum	Perfekt
entwerfen	er entwirft	entwarf	hat entworfen
erfahren	er erfährt	erfuhr	hat erfahren
erfinden	er erfindet	erfand	hat erfunden
sich ergeben	es ergibt sich	ergab sich	hat sich ergeben
ergreifen	er ergreift	ergriff	hat ergriffen
erhalten	er erhält	erhielt	hat erhalten
erkennen	er erkennt	erkannte	hat erkannt
erscheinen	er erscheint	erschien	ist erschienen
ertragen	er erträgt	ertrug	hat ertragen
sich erweisen	es erweist sich	erwies sich	hat sich erwiesen
erwerben	er erwirbt	erwarb	hat erworben
erziehen	er erzieht	erzog	hat erzogen
essen	er isst	aß	hat gegessen
fahren	er fährt	fuhr	ist gefahren
fallen	er fällt	fiel	ist gefallen
fangen	er fängt	fing	hat gefangen
fernsehen	er sieht fern	sah fern	hat ferngesehen
feststehen	es steht fest	stand fest	hat festgestanden
finden	er findet	fand	hat gefunden
fliegen	er fliegt	flog	ist geflogen
fliehen	er flieht	floh	ist geflohen
fließen	er fließt	floss	ist geflossen
fressen	er frisst	fraß	hat gefressen
frieren	er friert	fror	hat gefroren
geben	er gibt	gab	hat gegeben
gefallen	es gefällt	gefiel	hat gefallen
gehen	er geht	ging	ist gegangen
gelingen	es gelingt	gelang	ist gelungen
gelten	er gilt	galt	hat gegolten
genießen	er genießt	genoss	hat genossen
geraten	er gerät	geriet	ist geraten
geschehen	es geschieht	geschah	ist geschehen
gewinnen	er gewinnt	gewann	hat gewonnen
gießen	er gießt	goss	hat gegossen
greifen	er greift	griff	hat gegriffen
haben	er hat	hatte	hat gehabt
halten	er hält	hielt	hat gehalten
hängen	er hängt	hing	hat gehangen *(DSüd, A, CH: ist gehangen)*
heben	er hebt	hob	hat gehoben
heißen	er heißt	hieß	hat geheißen
helfen	er hilft	half	hat geholfen
herunterladen	er lädt herunter	lud herunter	hat heruntergeladen
hervorheben	er hebt hervor	hob hervor	hat hervorgehoben
hinterlassen	er hinterlässt	hinterließ	hat hinterlassen

Infinitiv	Präsens	Präteritum	Perfekt
hinweisen	er weist hin	wies hin	hat hingewiesen
hüpfen	er hüpft	hüpfte	ist gehüpft
kennen	er kennt	kannte	hat gekannt
klingen	es klingt	klang	hat geklungen
kommen	er kommt	kam	ist gekommen
können	er kann	konnte	hat ... können / gekonnt
laden	er lädt	lud	hat geladen
lassen	er lässt	ließ	hat gelassen
laufen	er läuft	lief	ist gelaufen
leiden	er leidet	litt	hat gelitten
leihen	er leiht	lieh	hat geliehen
lesen	er liest	las	hat gelesen
liegen	er liegt	lag	hat gelegen *(DSüd, A, CH: ist gelegen)*
lügen	er lügt	log	hat gelogen
meiden	er meidet	mied	hat gemieden
messen	er misst	maß	hat gemessen
missverstehen	er missversteht	missverstand	hat missverstanden
mitbringen	er bringt mit	brachte mit	hat mitgebracht
mitnehmen	er nimmt mit	nahm mit	hat mitgenommen
mögen	er mag	mochte	hat ... mögen / gemocht
müssen	er muss	musste	hat ... müssen / gemusst
nachgeben	er gibt nach	gab nach	hat nachgegeben
nachlassen	er lässt nach	ließ nach	hat nachgelassen
nachweisen	er weist nach	wies nach	hat nachgewiesen
nehmen	er nimmt	nahm	hat genommen
nennen	er nennt	nannte	hat genannt
raten	er rät	riet	hat geraten
reiben	er reibt	rieb	hat gerieben
reiten	er reitet	ritt	ist geritten
rennen	er rennt	rannte	ist gerannt
riechen	er riecht	roch	hat gerochen
rufen	er ruft	rief	hat gerufen
scheinen	er scheint	schien	hat geschienen
schieben	er schiebt	schob	hat geschoben
schiefgehen	es geht schief	ging schief	ist schiefgegangen
schießen	er schießt	schoss	hat geschossen
schlafen	er schläft	schlief	hat geschlafen
schlagen	er schlägt	schlug	hat geschlagen
schleichen	er schleicht	schlich	ist geschlichen
schleifen	er schleift	schliff	hat geschliffen
schließen	er schließt	schloss	hat geschlossen
schmeißen	er schmeißt	schmiss	hat geschmissen
schneiden	er schneidet	schnitt	hat geschnitten
schreiben	er schreibt	schrieb	hat geschrieben

Infinitiv	Präsens	Präteritum	Perfekt
schreien	er schreit	schrie	hat geschrien
schweigen	er schweigt	schwieg	hat geschwiegen
schwimmen	er schwimmt	schwamm	ist geschwommen
sehen	er sieht	sah	hat gesehen
sein	er ist	war	ist gewesen
senden	er sendet	sandte/sendete	hat gesandt / gesendet
singen	er singt	sang	hat gesungen
sinken	er sinkt	sank	ist gesunken
sitzen	er sitzt	saß	hat gesessen *(DSüd, A, CH: ist gesessen)*
sollen	er soll	sollte	hat ... sollen / gesollt
spazieren gehen	er geht spazieren	ging spazieren	ist spazieren gegangen
sprechen	er spricht	sprach	hat gesprochen
springen	er springt	sprang	ist gesprungen
stattfinden	es findet statt	fand statt	hat stattgefunden
stechen	er sticht	stach	hat gestochen
stehen	er steht	stand	hat gestanden *(DSüd, A, CH: ist gestanden)*
stehlen	er stiehlt	stahl	hat gestohlen
steigen	er steigt	stieg	ist gestiegen
sterben	er stirbt	starb	ist gestorben
stoßen	er stößt	stieß	hat gestoßen
streichen	er streicht	strich	hat gestrichen
streiten	er streitet	stritt	hat gestritten
teilnehmen	er nimmt teil	nahm teil	hat teilgenommen
tragen	er trägt	trug	hat getragen
treffen	er trifft	traf	hat getroffen
treiben	er treibt	trieb	hat getrieben
treten	er tritt	trat	hat/ist getreten
trinken	er trinkt	trank	hat getrunken
tun	er tut	tat	hat getan
überlassen	er überlässt	überließ	hat überlassen
übernehmen	er übernimmt	übernahm	hat übernommen
übertreffen	er übertrifft	übertraf	hat übertroffen
übertreiben	er übertreibt	übertrieb	hat übertrieben
überweisen	er überweist	überwies	hat überwiesen
überwinden	er überwindet	überwand	überwunden
umfahren	er umfährt	umfuhr	hat umfahren
umfahren	er fährt um	fuhr um	hat umgefahren
umfallen	er fällt um	fiel um	ist umgefallen
umgeben	er umgibt	umgab	hat umgeben
umsteigen	er steigt um	stieg um	ist umgestiegen
umziehen	er zieht um	zog um	ist umgezogen
unterbrechen	er unterbricht	unterbrach	hat unterbrochen
unterhalten	er unterhält	unterhielt	hat unterhalten

Infinitiv	Präsens	Präteritum	Perfekt
unterlassen	er unterlässt	unterließ	hat unterlassen
unternehmen	er unternimmt	unternahm	hat unternommen
unterscheiden	er unterscheidet	unterschied	hat unterschieden
unterschreiben	er unterschreibt	unterschrieb	hat unterschrieben
unterstreichen	er unterstreicht	unterstrich	hat unterstrichen
verbergen	er verbirgt	verbarg	hat verborgen
verbieten	er verbietet	verbot	hat verboten
verbinden	er verbindet	verband	hat verbunden
verbrennen	er verbrennt	verbrannte	hat verbrannt
verbringen	er verbringt	verbrachte	hat verbracht
vergeben	er vergibt	vergab	hat vergeben
vergessen	er vergisst	vergaß	hat vergessen
vergleichen	er vergleicht	verglich	hat verglichen
sich verhalten	er verhält sich	verhielt sich	hat sich verhalten
verlassen	er verlässt	verließ	hat verlassen
verlieren	er verliert	verlor	hat verloren
vermeiden	er vermeidet	vermied	hat vermieden
verraten	er verrät	verriet	hat verraten
verschieben	er verschiebt	verschob	hat verschoben
verschlafen	er verschläft	verschlief	hat verschlafen
verschwinden	er verschwindet	verschwand	ist verschwunden
versprechen	er verspricht	versprach	hat versprochen
verstehen	er versteht	verstand	hat verstanden
vertragen	er verträgt	vertrug	hat vertragen
vertreiben	er vertreibt	vertrieb	hat vertrieben
vertreten	er vertritt	vertrat	hat vertreten
verzeihen	er verzeiht	verzieh	hat verziehen
vorhaben	er hat vor	hatte vor	hat vorgehabt
vorkommen	es kommt vor	kam vor	ist vorgekommen
vorlesen	er liest vor	las vor	hat vorgelesen
vorliegen	er liegt vor	lag vor	hat vorgelegen
vorschlagen	er schlägt vor	schlug vor	hat vorgeschlagen
vorschreiben	er schreibt vor	schrieb vor	hat vorgeschrieben
vortragen	er trägt vor	trug vor	hat vorgetragen
vorweisen	er weist vor	wies vor	hat vorgewiesen
wachsen	er wächst	wuchs	ist gewachsen
wahrnehmen	er nimmt wahr	nahm wahr	hat wahrgenommen
waschen	er wäscht	wusch	hat gewaschen
wegfallen	er fällt weg	fiel weg	ist weggefallen
weglassen	er lässt weg	ließ weg	hat weggelassen
weitergeben	er gibt weiter	gab weiter	hat weitergegeben
weiterkommen	er kommt weiter	kam weiter	ist weitergekommen
werben	er wirbt	warb	hat geworben
werden	er wird	wurde	ist geworden
werfen	er wirft	warf	hat geworfen

Infinitiv	Präsens	Präteritum	Perfekt
widerrufen	er widerruft	widerrief	hat widerrufen
widersprechen	er widerspricht	widersprach	hat widersprochen
wiedergeben	er gibt wieder	gab wieder	hat wiedergegeben
wiedersehen	er sieht wieder	sah wieder	hat wiedergesehen
wiegen	er wiegt	wog	hat gewogen
wissen	er weiß	wusste	hat gewusst
wollen	er will	wollte	hat ... wollen / gewollt
ziehen	er zieht	zog	hat gezogen
zugeben	er gibt zu	gab zu	hat zugegeben
zurechtfinden	er findet zurecht	fand zurecht	hat zurechtgefunden
zurücktreten	er tritt zurück	trat zurück	ist zurückgetreten
zusammentreffen	er trifft zusammen	traf zusammen	ist zusammengetroffen
zwingen	er zwingt	zwang	hat gezwungen

3 VERBEN MIT PRÄPOSITIONEN

A

Mit Akkusativ

achten	auf	Wir achten sehr auf eine gesunde Ernährung.
ankommen	auf	Bei meiner Arbeit kommt es auf Genauigkeit an.
(sich) anpassen	an	Das Unternehmen passt sich an den Markt an.
antworten	auf	Hat die Firma Herbold schon auf unsere Anfrage geantwortet?
sich ärgern	über	Ich habe mich heute über meinen Kollegen geärgert.
aufpassen	auf	Könntest du heute Abend auf meine Kinder aufpassen?
ausgeben	für	Wie viel haben Sie für das Geschäftsessen ausgegeben?
sich bedanken	für	Wir wollen uns für die ausgezeichnete Beratung bedanken
sich begeistern	für	Ahmad begeistert sich für den neuen Computer.
sich beklagen	über	Ein Kunde hat sich über unseren Service beklagt.
berichten	über	Im Internet wurde über das Ereignis berichtet.
sich beschweren	über	Herr Balmer hat sich über die neue Kollegin beschwert.
sich bewerben	auf/um	Sie hat sich auf/um eine Stelle beim NABU beworben.
sich beziehen	auf	Die Reklamation bezieht sich auf die Lieferung vom 23. März.
bitten	um	Könnte ich dich um einen Gefallen bitten?
danken	für	Ich möchte Ihnen für Ihre Hilfe danken.
denken	an	Ich muss immer noch an unsere wunderbare Zusammenarbeit denken.
diskutieren	über	Wir müssen morgen über ihren Vertrag diskutieren
eingehen	auf	Ich gehe gleich auf ihre Frage ein.
sich einigen	auf	Können wir uns auf diese Lösung einigen?
sich einsetzen	für	Wir setzen uns für einen besseren Naturschutz ein.
einziehen	in	Wir sind endlich in die neuen Büros eingezogen.
sich engagieren	für	Viele junge Leute engagieren sich für eine bessere Zukunft.
sich engagieren	gegen	Wir engagieren uns gegen die Zerstörung der Artenvielfalt.
sich entscheiden	für/gegen	Wir haben uns für/gegen ein Elektroauto entschieden.
sich entschuldigen	für	Herr Geiger hat sich für seinen Fehler entschuldigt.
(sich) erinnern	an	Erinnern Sie sich an unser Gespräch neulich?
erzählen	über	Was hat Irina denn über den Chef erzählt?
sich freuen	auf	Ich freue mich auf unseren Urlaub am Bodensee.
sich freuen	über	Meine Großeltern haben sich sehr über meinen Besuch gefreut.
sich gewöhnen	an	Ich kann mich einfach nicht an mein neues Bett gewöhnen.
glauben	an	Seine Frau glaubt an ihn, das macht ihm Mut.
halten	für	Ich halte Sie für eine sehr kompetente Fachkraft.
sich halten	an	Halten Sie sich in Zukunft bitte an die Regeln!
sich handeln	um	Dabei handelt es sich um einen groben Fehler.
hinweisen	auf	Ich möchte Sie noch auf unsere Sonderangebote hinweisen.

hoffen	auf	Wir haben lange auf eine Gehaltserhöhung gehofft.
(sich) informieren	über	Vor seiner Ausbildung hat er sich über die Firma informiert.
sich interessieren	für	Birte interessiert sich sehr für klassische Musik.
investieren	in	Das Unternehmen hat viel Geld in dieses Projekt investiert.
kämpfen	für	Sie kämpfen für bessere Arbeitsbedingungen.
kämpfen	gegen	Millionen Menschen kämpfen gegen den Klimawandel.
sich konzentrieren	auf	Ich muss mich auf die Aufgabe konzentrieren.
sich kümmern	um	Wer kümmert sich um die Reklamation von Herrn Hamann?
lachen	über	Über diesen Witz kann ich immer wieder lachen.
nachdenken	über	Ich denke über meine berufliche Zukunft nach.
reagieren	auf	Wie hat deine Tochter auf deinen Vorschlag reagiert?
reden	über	Wir müssen dringend über den aktuellen Auftrag reden.
schimpfen	über	Sie schimpft immer über ihren Nachbarn.
sorgen	für	Gute Planung sorgt für ein optimales Ergebnis.
sich sorgen	um	Zelia sorgt sich nicht um ihre berufliche Zukunft.
sich spezialisieren	auf	Nach dem Examen will er sich auf Kinderheilkunde spezialisieren.
sprechen	über	Habt ihr auch über die Konkurrenz gesprochen?
(sich) streiten	über	Warum streitet ihr immer über Kleinigkeiten?
(sich) streiten	um	In Beziehungen wird oft um Geld gestritten.
sich unterhalten	über	Wir haben uns den ganzen Abend über Fußball unterhalten.
sich verlassen	auf	Auf meine Familie kann ich mich immer verlassen.
sich verlieben	in	Pierre hat sich schon während der Schulzeit in Astrid verliebt.
verzichten	auf	Ich kann morgens nicht auf einen starken Kaffee verzichten.
sich vorbereiten	auf	Hast du dich gut auf die Präsentation vorbereitet?
warten	auf	Du muss mit dem Abendessen nicht auf mich warten.
sich wenden	an	Wenden Sie sich mit weiteren Fragen bitte an den Chef.
werben	für	Die Region "Wattenmeer" wirbt im Internet für ihre Angebote.
sich wundern	über	Ich habe mich sehr über sein Verhalten gewundert.

Mit Dativ

abhalten	von	Ich konnte ihn nicht von dem Fehler abhalten.
abhängen	von	Das Einkommen von Kellnern hängt vom Trinkgeld ab.
abmelden	von	Hast du dich wirklich vom Deutschkurs abgemeldet?
abraten	von	Ich kann euch von eurem Plan nur abraten.
ändern	an	Ole sagt, dass er an der Situation nichts ändern kann.
anfangen	mit	Georg, haben Sie mit ihrem Projekt schon angefangen?
anrufen	bei	Hast du beim Reisebüro angerufen?
arbeiten	an	Sie arbeiten an einem neuen Produkt.
arbeiten	bei	Er arbeitet bei einer Bäckerei.
arbeiten	in	Herr Rahimi arbeitet in einem mittelständischen Unternehmen.
aufhören	mit	Könnt ihr bitte mit dem Lärm aufhören.
ausgehen	von	Ich gehe von einer längeren Lieferzeit aus.
sich auskennen	mit	Ali kennt sich gut mit der neuen Software aus.
sich austauschen	mit	In den sozialen Medien kann man sich mit anderen austauschen.
sich bedanken	bei	Ich möchte mich herzlich bei Ihnen bedanken.
sich befassen	mit	Die Fortbildung befasst sich mit dem Arbeitsrecht.

sich befinden	in	Wir befinden uns hier im ältesten Teil unserer Stadt.
beginnen	mit	Wann beginnst du mit deiner Ausbildung?
beitragen	zu	Alle Mitarbeiter*innen tragen zum Erfolg des Unternehmens bei.
sich beklagen	bei	Unsere Kollegin hat sich wieder beim Abteilungsleiter beklagt.
berichten	von	Frau Bien berichtete sehr ausführlich von ihren Erfahrungen.
sich beschweren	bei	Herbert hat sich bei der Behörde beschwert.
bestehen	aus	Dieser Stoff besteht zu 90% aus Merinowolle.
bestellen	bei	Habt ihr den neuen Drucker bei der Firma Maschke bestellt?
sich beteiligen	an	Habt ihr euch auch an der Online-Konferenz gestern beteiligt?
sich bewerben	bei	Sie können sich bei der Firma Maschke bewerben.
bringen	zu	Sie bringt mich immer zum Lachen.
diskutieren	mit	Wir haben lange mit der ganzen Belegschaft diskutiert.
einladen	zu	Ich würde dich gern zu meiner Party einladen.
sich entschließen	zu	Mehmet hat sich zum Verkauf seines Autos entschlossen.
sich entschuldigen	bei	Die Behörde hat sich heute bei mir entschuldigt.
erhalten	von	Haben Sie die Nachricht von der Verwaltung erhalten?
sich erholen	von	Gela hat sich gut von Corona erholt.
erkennen	an	Ich erkenne ihn an seiner Stimme.
sich erkundigen	bei	Ich habe mich bei der VHS erkundigt, ob es einen Nähkurs gibt.
erwarten	von	Was erwartest du von diesem Kurs?
erzählen	von	Erzähl doch mal was von deiner Familie!
erziehen	zu	Sie haben ihre Kinder früh zur Selbstständigkeit erzogen.
experimentieren	mit	Wir möchten mit Farben und Materialien experimentieren.
fragen	nach	Wo warst du? Deine Tochter hat schon dreimal nach dir gefragt.
führen	zu	Der Klimawandel führt zu immer mehr Unwettern.
gehören	zu	Zu welcher Projektgruppe gehörst du?
gratulieren	zu	Ich möchte dir zu deinem neuen Job gratulieren.
handeln	mit	Die Firma handelt mit elektronischen Bauteilen.
handeln	von	Das Buch handelt von der Europäischen Union.
halten	von	Was hältst du von dem neuen Kollegen?
helfen	bei	Könntest du mir bitte beim Aufräumen helfen?
hören	von	Hast du in letzter Zeit etwas von Irina und Merle gehört?
klarkommen	mit	Sie kommt sehr gut mit ihren Schüler*innen klar.
klingen	nach	Das klingt nach einem tollen Plan.
leiden	an	Er leidet an einer chronischen Krankheit.
leiden	unter	Er leidet unter einer beruflichen Situation.
liegen	an	Es liegt an dir, ob du Erfolg hast oder nicht.
sich melden	bei	Melden Sie sich bitte beim Gesundheitsamt.
motivieren	zu	Kann ich dich heute zu einer Radtour motivieren?
nachfragen	bei	Das Paket ist nicht da? Hast du bei DHL nachgefragt?
sich orientieren	an	Wir haben uns an den Vorbildern in anderen Ländern orientiert.
passen	zu	Ich glaube, der neue Kollege wird gut zu unserer Firma passen.
raten	zu	Ich rate dir, den Auftrag schnell zu bearbeiten.
(sich) retten	vor	Alle haben sich vor dem Sturm gerettet.
sich richten	nach	Ich richte mich da ganz nach Ihnen.
schimpfen	mit	Er schimpft den ganzen Tag mit seinem Hund.

schmecken	nach	Die Schokolade schmeckt nach Chili.
speichern	auf	Du solltest die Datei in der Cloud speichern.
sprechen	mit	Kann ich mal kurz mit Herrn Dr. Meinck sprechen?
sprechen	von	Hat er auch von mir gesprochen?
sterben	an	Mein Opa ist letztes Jahr an einer Lungenkrankheit gestorben.
(sich) streiten	mit	Ich habe mich gestern mit meinem Freund gestritten.
teilnehmen	an	Nimmst du an der Fortbildung im April teil?
telefonieren	mit	Ich habe gerade mit der Personalabteilung telefoniert.
träumen	von	Ich träume von einem E-Mountainbike.
sich treffen	mit	Nach dem Kurs treffe ich mich noch mit den Kursteilnehmern.
(sich) trennen	von	Wir haben uns von der Mitarbeiterin leider trennen müssen.
überreden	zu	Kann ich dich zu einem Glas Wein überreden?
überzeugen	von	Versuch nicht, mich vom Gegenteil zu überzeugen.
umgehen	mit	Kannst du gut mit Kindern umgehen?
unterbrechen	bei	Meine Kinder unterbrechen mich ständig bei der Arbeit.
sich unterhalten	mit	Gestern habe ich mich lange mit meinen Nachbarn unterhalten.
sich unterscheiden	von	Die neue Homepage unterscheidet sich deutlich von der alten.
unterstützen	bei	Können Sie uns bei der Arbeit unterstützen?
sich verabreden	mit	Ich würde mich gern mal privat mit ihm verabreden.
sich verabschieden	von	Die letzten Gäste haben sich erst nach Mitternacht von uns verabschiedet.
verbinden	mit	Was verbindest du mit dem Begriff „Nachhaltigkeit“?
vergleichen	mit	Man kann Äpfel nicht mit Birnen vergleichen.
verlangen	von	Was verlangst du von mir?
(sich) verstecken	vor	Er versteckt sich vor ihr.
sich verstehen	mit	Ich verstehe mich mit den meisten Kolleg*innen gut.
vorbeikommen	bei	Kommt ihr nachher noch bei uns vorbei?
vorkommen	bei	Es kommt bei meinem Computer öfter vor, dass er abstürzt.
vortragen	vor	Er hat die Präsentation vor über 100 Leuten vorgetragen.
weglaufen	vor	Du kannst nicht immer vor deinen Problemen weglaufen.
sich wünschen	von	Oskar wünscht sich von seinen Eltern ein Smartphone.
zurückkommen	von	Gestern ist unser Vertreter von seiner Dienstreise zurückgekommen.
zählen	zu	Die Sächsische Schweiz zählt zu den schönsten Landschaften Deutschlands.
zweifeln	an	Zweifelst du an unserem Erfolg?
(sich) zwingen	zu	Manchmal muss man sich zum Lernen zwingen.

4 VERBEN MIT DATIV

abraten	Ich rate dir von diesem Pullover ab.
ähneln	Meine neue Tätigkeit ähnelt sehr meiner bisherigen.
antworten	Bitte antworten Sie mir so schnell wie möglich.
auffallen	Mir fällt auf, dass Herr Kranz in letzter Zeit viel fröhlicher wirkt.
ausweichen	Der Radfahrer konnte dem LKW gerade noch ausweichen.
begegnen	Jeden Morgen begegne ich meinem Vorgesetzten im Aufzug.
beitreten	Sie können unserem Sportverein ohne Grundgebühr beitreten.
danken	Ich danke Ihnen!
drohen	Ihm droht die Kündigung, wenn er weiter so unpünktlich ist.
einfallen	Mir fällt einfach nichts ein, was ich Dana zum Geburtstag schenken könnte.
entfallen	Mir ist sein Name entfallen.
fehlen	Du fehlst mir so sehr!
folgen	Bitte folgen Sie mir.
gefallen	Ihre Projektskizze gefällt mir sehr gut.
gehören	Die Jacke gehört mir.
gelingen	Dieser Kuchen gelingt mir immer besonders gut.
genügen	Ein Stück Kuchen genügt mir nicht.
gratulieren	Wir gratulieren dir ganz herzlich zum Geburtstag!
helfen	Ich helfe dir doch gerne!
leichtfallen	Wörterlernen ist mir immer leichtgefallen.
leidtun	Es tut mir leid, dass ich schon wieder zu spät komme.
missfallen	Mir missfällt, wie Sie mit mir sprechen.
misslingen	Der Kuchen ist mir leider misslungen.
nützen	Diese Information nützt mir sehr viel. Vielen Dank!
passen	Der Anzug passt ihm perfekt.
passieren	Gestern ist mir etwas Lustiges passiert!
raten	Mein Arzt rät mir, mich mehr zu bewegen.
schaden	Ein bisschen mehr Sport zu machen, würde dir nicht schaden.
schmecken	Schmeckt dir die Suppe nicht?
schwerfallen	Es fällt mir manchmal schwer, mich zu konzentrieren.
stehen	Der Mantel steht dir ausgezeichnet.
tun	Was habe ich dir getan, dass zu mich so schlecht behandelst?
vertrauen	Meinen Kolleginnen kann ich immer vertrauen.
widersprechen	Da muss ich Ihnen wirklich widersprechen.
zuhören	Könnten Sie mir bitte mal zuhören?
zustimmen	Da kann ich Ihnen nur zustimmen.

A

5 VERBEN MIT DATIV UND AKKUSATIV

abgewöhnen	Du solltest dir das Rauchen wirklich abgewöhnen.
angewöhnen	Wann hast du dir denn das Joggen angewöhnt?
anbieten	Wir bieten Ihnen eine gute Stelle in unserem Unternehmen an.
beschreiben	Ich beschreibe Ihnen den Weg zu unserer Firma.
bestätigen	Bitte bestätigen Sie mir die Reservierung.
bieten	Die Firma K&L bietet Ihnen einen kompletten Service.
bringen	Bringst du mir bitte mal meine Brille?
empfehlen	Ich empfehle dir dieses Buch, es ist super.
erklären	Kannst du mir die Regeln noch mal erklären?
erlauben	Meine Firma erlaubt Ihren Mitarbeitern einen Tag Homeoffice pro Woche.
erleichtern	Ihre Hilfe erleichtert mir meine Arbeit sehr.
ermöglichen	Ein Stipendium hat mir diesen Auslandsaufenthalt ermöglicht.
geben	Kannst du mir ein Glas geben?
glauben	Ich glaube dir die Geschichte einfach nicht!
leihen	Ich leihe dir mein Tablet für die Präsentation.
mitbringen	Ich gehe einkaufen, soll ich dir etwas mitbringen?
mitteilen	Bitte teilen Sie mir Ihre Kontonummer mit.
nennen	Können Sie mir bitte die Gründe für die Reklamation nennen?
schenken	Ich schenke meinem Bruder ein Buch zum Geburtstag.
schicken	Kannst du mir die Unterlagen per Post schicken?
schulden	Du schuldest mir noch das Geld für den Betriebsausflug.
senden	Ich sende dir den Link zu der Internetseite per E-Mail.
spenden	Ahmed hat Amnesty International 20 Euro gespendet.
verbieten	Mein Arzt hat mir fettiges Essen verboten.
verdanken	Mein gutes Deutsch verdanke ich meiner Lehrerin.
verkaufen	Wir verkaufen Ihnen die neue Maschine gern mit 20 % Einführungsrabatt.
vermitteln	Das Büro hat mir einen Praktikumsplatz vermittelt.
verraten	Ich verrate Ihnen ja kein Geheimnis, wenn ich sage, dass wir Sie sehr schätzen.
versprechen	Ich habe den Kunden einen Rabatt verspochen.
verzeihen	Ich kann mir diesen Fehler einfach nicht verzeihen.
vorlesen	Unser Anwalt liest Ihnen den Vertrag noch einmal vor.
wegnehmen	Keine Sorge, ich will dir das Eis nicht wegnehmen.
wünschen	Ich wünsche euch alles Gute zum Hochzeitstag!
zeigen	Wenn du willst, kann ich dir meine neue Wohnung zeigen.
zuordnen	Diese Überschrift kann ich keinem Text zuordnen.
zurückbringen	Bringst du mir bitte morgen mein Tablet zurück?

6 REFLEXIVE VERBEN

A

sich ändern	(Akk.)	Das Wetter ändert sich immer wieder.
sich anmelden	(Akk.)	Bitte melden Sie sich an.
sich anschauen	(Akk.)	Er schaut sich das Dokument gleich morgen früh an.
sich anschnallen	(Akk.)	Sie müssen sich anschnallen.
sich anziehen	(Akk.)	Zieh dich warm an.
sich ärgern	(Akk.)	Er ärgert sich über jede Kleinigkeit.
sich ausziehen	(Akk.)	Bitte ziehen Sie sich hier aus, Dr. Meinck kommt gleich.
sich bedanken	(Akk.)	Wir möchten uns für den schönen Abend bedanken.
sich beeilen	(Akk.)	Beeil dich, der Zug fährt in 10 Minuten.
sich befinden	(Akk.)	Wir befinden uns hier im ältesten Teil des Gebäudes.
sich beschweren	(Akk.)	Sie können sich gerne beim Chef beschweren.
sich bewegen	(Akk.)	Ich geh spazieren, ich muss mich unbedingt bewegen.
sich bewerben	(Akk.)	Tessa hat sich bei Google beworben.
sich duschen	(Akk.)	Ich muss mich noch duschen.
sich entscheiden	(Akk.)	Er kann sich nicht entscheiden, ob er kündigt oder nicht.
sich entschuldigen	(Akk.)	Ich möchte mich bei dir entschuldigen. Ich war ungerecht.
sich erholen	(Akk.)	Leo hat sich im Urlaub gut erholt.
sich freuen	(Akk.)	Das freut mich für ihn.
sich fühlen	(Akk.)	Lia fühlt sich nicht gut. Sie wird krank.
sich hinlegen	(Akk.)	Sie sollte sich ein bisschen hinlegen und ausruhen.
sich hinsetzen	(Akk.)	Du kannst dich hier hinsetzen.
sich informieren	(Akk.)	Bitte informieren Sie mich über die nächsten Impftermine.
sich interessieren	(Akk.)	Mein Sohn interessiert sich sehr für die Natur.
sich irren	(Akk.)	Wer sich nicht irrt, der hat auch keine Ideen.
sich kämmen	(Akk.)	Hast du dich heute schon gekämmt?
sich konzentrieren	(Akk.)	Ich kann mich bei dem Lärm nicht konzentrieren.
sich legen	(Akk.)	Bitte legen Sie sich hier auf die Liege.
sich rasieren	(Akk.)	Ich habe vergessen, mich zu rasieren.
sich setzen	(Akk.)	Setzen Sie sich bitte hier auf den Stuhl.
sich stellen	(Akk.)	Stellen Sie sich bitte gerade vor mich hin.
sich treffen	(Akk.)	Wir treffen uns dann im Sommer wieder im Biergarten.
sich trennen	(Akk.)	Edzard und Sanja haben sich getrennt.
sich verabschieden	(Akk.)	Ich verabschiede mich, mein Bus fährt gleich.
sich verlieben	(Akk.)	Siri und Alex haben sich verliebt.
sich vorstellen	(Akk.)	Darf ich mich vorstellen? Band, Johann Band.
sich waschen	(Akk.)	Er hat sich heute noch nicht gewaschen.
sich wehtun	(Dat.)	Ich bin vom Rad gefallen und hab mir wehgetan.
sich wohlfühlen	(Akk.)	Beat fühlt sich nur zu Hause wohl.

7 NOMEN MIT PRÄPOSITIONEN

Mit Akkusativ		
die Aktion	für/gegen	Machst du auch bei der Aktion für mehr Fahrradsicherheit in unserer Stadt mit?
die Angst	um	Ich habe immer Angst um dich, wenn du mit dem E-Bike in die Stadt fährst.
die Anregung	für	Die Anregung für das Projekt habe ich aus dem Internet.
die Antwort	auf	Die Antwort auf deine Frage ist nicht ganz einfach.
der Ärger	über	Wir können Ihren Ärger über die verspätete Lieferung verstehen.
das Argument	für/gegen	Was ist Ihr Argument gegen mehr Fahrradwege in der Stadt?
die Aussicht	auf	Die Aussicht auf Erfolg hat ihn motiviert.
die Auswirkung	auf	Das Medikament hat Auswirkungen auf die Konzentration.
die Begeisterung	für	Xenias Begeisterung für Yoga ist groß.
die Begründung	für	Was ist die Begründung für Ihre Entscheidung?
die Bemühung	um	Janas Bemühungen um eine neue Stelle waren erfolgreich.
die Chance	auf	Ich fürchte, wir haben bei dem Projekt wenig Chancen auf Erfolg.
der Dank	für	Vielen Dank für Ihre Aufmerksamkeit!
die Diskussion	über	Die Diskussion über den Verkehr in der Stadt ist sehr wichtig.
der Einfluss	auf	Seine Entscheidung hatte großen Einfluss auf die Firma.
das Engagement	für/gegen	Das Engagement für Klimaschutz hat zugenommen.
die Entscheidung	für/gegen	Die Entscheidung gegen diese Wohnung fiel uns nicht leicht.
die Freude	auf	Unsere Freude auf ein Wiedersehen nach 12 Monaten ist groß.
die Freude	über	Er zeigte seine Freude über das Geschenk.
das Gespräch	über	Das Gespräch über Ihre Zukunft in der Firma müssen wir bald führen.
die Gewöhnung	an	Die Gewöhnung an das trockene Klima dauert ein bisschen.
der Grund	für/gegen	Was ist der Grund für Ihre Absage?
die Hoffnung	auf	Ugurs Hoffnung auf eine Gehaltserhöhung wurde enttäuscht.
die Information	über	Wo finde ich Informationen über die Prüfung?
das Interesse	für	Ihr Interesse für E-Autos ist sehr groß.
die Konzentration	auf	Die Konzentration auf den Unterricht fällt ihm heute schwer.
die Reaktion	auf	Wie war Rainers Reaktion auf deine Kritik?
das Recht	auf	Junge Menschen haben ein Recht auf Bildung.
die Ursache	für	Kennen Sie die Ursache für Ihre Rückenschmerzen?
die Verantwortung	für	Der Chef hat die Verantwortung für die Panne übernommen.
der Verzicht	auf	Der Verzicht auf Reisen fällt vielen schwer.
die Voraussetzung	für	Die Voraussetzung für Ihre Einstellung ist ein gutes B2-Niveau.
die Vorbereitung	auf	Wann beginnst du mit der Vorbereitung auf deine Prüfung?

Mit Dativ

die Abhängigkeit	von	Unsere Abhängigkeit von Zulieferern aus Asien ist sehr groß.
die Alternative	zu	Die Alternative zum Klimaschutz heißt Klimakatastrophe.
die Änderung	an	Die Änderung an unserem Produkt haben es sehr verbessert.
die Anerkennung	von	Die Anerkennung von meiner Ausbildung hat lange gedauert.
die Angst	vor	Er hat große Angst vor Prüfungen.
die Arbeit	an	Die Arbeit an diesem Projekt macht mir Spaß.
die Auseinandersetzung	mit	Die Auseinandersetzung mit diesem Thema ist interessant.
die Auswahl	an	Die Auswahl an Smartphones wird immer größer.
die Beschäftigung	mit	Die intensive Beschäftigung mit Grammatik macht mir Spaß.
die Beteiligung	an	Danke für die Beteiligung an unserer Konferenz.
die Diskussion	über	Die Diskussion über individuelle Mobilität ist sehr wichtig.
der Entschluss	zu	Der Entschluss zu dieser großen Investition fiel der Firma nicht leicht.
die Erfahrung	mit	Die Kollegin hat Erfahrung mit schwierigen Kunden.
der Erfolg	in	Leider hatte er keinen Erfolg in diesem Bereich.
die Furcht	vor	Die Furcht vor Pandemien ist berechtigt.
das Gespräch	mit	Das Gespräch mit Ihnen war sehr interessant.
das Interesse	an	Sein Interesse an Mode ist sehr groß.
die Information	zu	Ich finde Informationen zu Sportmöglichkeiten wichtig.
der Respekt	vor	Wir brauchen wieder mehr Respekt vor Andersdenkenden.
der Schutz	vor	Impfungen bieten Schutz vor ansteckenden Krankheiten.
die Suche	nach	Seine Suche nach einem besseren Job war erfolgreich.
die Teilnahme	an	Die Teilnahme am Kurs kostet 280 Euro.
die Trennung	von	Die Trennung von seiner Familie fällt ihm nicht leicht.
der Umgang	mit	Den Umgang mit Geld muss man lernen.
die Verabredung	mit	Er hat die Verabredung mit seinem Freund abgesagt.

8 ADJEKTIVE MIT PRÄPOSITIONEN

Mit Akkusativ		
allergisch	gegen	Ist sie auch allergisch gegen Käse?
angewiesen	auf	Viele Menschen in unserem Land sind auf Hilfe angewiesen.
bekannt	für	Der Bodensee ist bekannt für seine Landschaft.
bereit	für	Bist du bereit für unseren Tagesausflug?
böse	auf	Ich bin immer noch böse auf dich!
dankbar	für	Wir sind immer dankbar für Verbesserungsvorschläge.
eifersüchtig	auf	Milan ist immer eifersüchitg auf seinen Bruder.
erstaunt	über	Dr. Geiler war über die Information erstaunt.
froh	über	Bist du auch so froh über das schöne Wetter?
gewöhnt	an	Er ist daran gewöhnt, dass man ihm zuhört.
glücklich	über	Rhea ist glücklich über ihren neuen Job.
informiert	über	Bist du über Vertagsbedingungen informiert?
neugierig	auf	Bist du auch schon neugierig auf die neue Kollegin?
offen	für	Ich bin immer offen für neue Ideen.
spezialisiert	auf	Sybille ist auf Nachtische spezialisiert.
stolz	auf	Die Fans sind stolz auf ihren Fußballverein.
traurig	über	Er ist traurig über den Tod von seinem Hund.
überrascht	über	Wir sind überrascht über das Wahlergebnis.
verantwortlich	für	Herr Wordel ist für das neue Projekt verantwortlich.
verärgert	über	Er war verärgert über ihren Anruf.
vorbereitet	auf	Bist du gut auf das Bewerbungsgespräch vorbereitet?
wichtig	für	Das Ergebnis der Prüfung ist wichtig für meine Arbeitssuche.
zuständig	für	Frau Fleckhaus ist für die Gestaltung der Webseite zuständig.
Mit Dativ		
abhängig	von	Unsere Pläne sind abhängig vom Wetter.
alternativ	zu	Alternativ zu diesem Tablet können wir Ihnen ein Notebook anbieten
arm	an	Deutschland ist arm an Rohstoffen, aber reich an Hochtechnologie.
ausgehend	von	Ausgehend von der Statistik haben wir uns zum Handeln entschlossen.
begeistert	von	Wibke ist begeistert von ihrer neuen Smartwatch.
bereit	zu	Bist du bereit zu dieser Aufgabe?
beschäftigt	mit	Eva ist mit ihrer Arbeit beschäftigt.
beteiligt	an	Warst du an diesem Projekt beteiligt?
betroffen	von	Die ganze Stadt von einem Stromausfall betroffen.
einverstanden	mit	Ich bin mit deinem Vorschlag einverstanden.
entschlossen	zu	Er ist entschlossen zu diesem Schritt.

enttäuscht	von	Sie ist enttäuscht von ihrem neuen Chef.
erfahren	in	Sie ist erfahren in schwierigen Verhandlungen.
fähig	zu	Eine Küchenchefin muss fähig dazu sein, andere anzuleiten.
gelangweilt	von	Ich bin von dieser Sendung wirklich gelangweilt.
gut	in	Maria ist gut in Englisch und Mathe.
interessiert	an	Wir sind an den Ergebnissen der Umfrage interessiert.
müde	von	Meine Mutter ist oft müde von der Arbeit.
nett	zu	Katja ist immer nett zu ihrer kleinen Schwester.
reich	an	Deutschland ist arm an Rohstoffen, aber reich an Hochtechnologie.
schlecht	in	Ich bin echt schlecht in Physik, ich verstehe das einfach nicht.
schuld	an	Ich war an dem Unfall selbst schuld.
überrascht	von	Ich bin überrascht von der Entscheidung der Marketingabteilung.
überzeugt	von	Ich bin sehr überzeugt von unserer neuen Verkaufsstrategie.
unabhängig	von	Unabhängig von der momnetanen Krise sollten wir weiter planen.
verbunden	mit	Bin ich mit Frau Dr. Edelmann verbunden?
verwandt	mit	Seid ihr mit Herrn Kaiser verwandt?
vorsichtig	mit	Sei vorsichtig mit dem Glas, bitte.
vorsichtig	bei	Beim Fahrradfahren in der Stadt muss man vorsichtig sein.
zufrieden	mit	Ich bin zufrieden mit mit meinen Ergebnissen.

9 REGISTER

Bildnachweis:

123RF.com, Nidderau: **26.2** (Elena Duvernay); **29.2** (ginasanders); **42.2**, **100.1** (cokemomo); **50.1** (Alexander Klimov); **50.2** (Apichon Pechnun); **51.2** (Dusanka Visnjican); **58.4** (jirkaejc); **62.1** (Sergey Nivens); **67.3** (Katerina Kovaleva); **74.2** (Vitaly Korovin); **74.3** (rsndetre); **74.4**, **74.5** (Katarzyna Białasiewicz); **75.3** (destinacigdem); **75.4** (radionphoto); **78.2** (Oleksandr Prokopenko); **86.3** (Bernd Juergens); **87.1**, **122.1**, **122.2** (kzenon); **87.2** (Heinz Leitner); **87.3** (Ivan Kish); **90.2** (Oksana Kuzmina); **91.1** (ljupco); **91.3** (Angela Rohde); **94.1** (Thampapon Otavorn); **98.4** (Noemie); **102.4** (Dario VuksanoviÄ‡); **103.3** (Georg Hergenhan); **106.2** (Sergiy Zavgorodny); **109** (Gyula Gyukli); **111.1**, **220.1** (Iakov Filimonov); **111.2** (ammentorp); **117.2** (Dennis Gross); **118.2** (Chaovarut Sthoop); **118.4** (Anna Pustynnikova); **118.5** (goodluz); **119.3** (Tetiana Chugunova); **119.5** (waldenstroem); **130.3**, **169.5** (Cathy Yeulet); **141.1**, **143.1** (foodandmore); **141.2** (funandrejss); **141.3** (aloha_17); **144.3** (tashechka); **144.4** (Markus Gann); **144.5** (Sergii Mostovyi); **144.6** (bartkowski); **148.1** (Andrey Armyagov); **151.3** (Milan Surkala); **154.2** (dolgachov); **160.2** (Dejan Ljamic); **161.1** (Mykhaylo Palinchak); **161.2** (sashkin7); **165.1** (Alexander Raths); **165.2** (Igor Daniel); **165.3**, **169.7** (racorn); **168.1** (Pim Leijen); **169.1**, **169.2**, **175.3**, **236** (rawpixel); **169.6** (Yana Tatevosian); **174** (sborisov); **175.1** (yulicon); **176.2** (pixelrobot); **180.1** (Olga Yastremska); **181.2** (Gergana Valkova); **186.1** (Volodymyr Melnyk); **188.1** (lightfieldstudios); **197.3** (Dmitry Molchanov); **199** (Veerathada Khaipet); **201.1** (Mariia Boiko); **204.2** (mitchelfoto); **205.2** (lianem); **208.1** (Maria Itina); **216.2** (Sean Pavone); **219.2** (Sommai Larkjit); **220.2** (purplequeue); **221.1** (Bullysoft); **221.2** (imagemir); **224.2** (Martin Rettenberger); **224.3** (Martina Unbehauen); **224.4** (Alfred Nesswetha); **227.1** (Roman Plesky); **228.3** (pixel62); **229.1** (NejroN); **229.2** (alinamd); akg-images, Berlin: **132.1**; Cover mit freundlicher Genehmigung von Easy Readers © Easy Readers 2017, Illustration von Walter Trier **135.1**; FC Bayern München AG, München: **230.2**; Freepik **128.3**, **129.1**, **144.2**; Getty Images, München: **8.1** (Yellow Dog Productions); **8.2** (deepblue4you); **8.3** (Talaj); **8.4** (WestLight); **8.5** (ineskoleva); **9** (seenad); **10.1** (LWA); **10.2** (Ben Gingell); **10.4**, **33.4**, **35.1**, **69** (Image Source); **10.5**, **38.1**, **90.1**, **140.4** (skynesher); **10.6**, **210.1** (Imgorthand); **10.3**, **18.1**, **23.1**, **66.1**, **70.1**, **75.1**, **78.1**, **86.1**, **91.2**, **95.3**, **98.2**, **102.3**, **106.1**, **118.1**, **131.1**, **135.2**, **142.3**, **143.2**, **150.1**, **151.1**, **160.1**, **168.3**, **168.5**, **172.2**, **189**, **197.1**, **200.1**, **204.1**, **204.3**, **209.2**, **216.1**, **232.1** (Olga Kurbatova); **11.1** (SensorSpot); **11.2** (Jacobs Stock Photography Ltd); **12** (Canetti); **14.1** (Henrik5000); **14.2** (Uwe Krejci); **14.3** (Portra); **14.4**, **88**, **92.1**, **162.1** (Tom Werner); **14.5**, **43.3**, **100.2** (Hinterhaus Productions); **15** (George Doyle); **16**, **47.2** (hsvrs); **18.2**, **194** (kali9); **18.3** (Darrell Gulin); **18.4** (RelaxFoto.de); **20.1** (krishh); **20.2** (andresr); **20.3** (pidjoe); **21.1** (monkeybusinessimages); **21.2** (stockfour); **22.1**, **64.1** (Ariel Skelley); **22.2** (Wicki58); **22.3** (gkrphoto); **23.2** (ALLEKO); **24**, **98.3** (Sally Anscombe); **26.1** (xavierarnau); **27.2** (FANDSrabutan); **28.2** (altmodern); **29.1** (izusek); **29.3**, **166** (FatCamera); **30.1**, **36** (kupicoo); **30.2** (Gary John Norman); **30.3** (Tony Garcia); **31.1** (Fertnig); **31.2** (alexsl); **33.1** (Sakkawokkie); **33.2** (tomazl); **33.3**, **70.3** (Luis Alvarez); **34.1** (Barbulat); **34.2** (donstock); **35.2**, **67.2** (Klaus Vedfelt); **38.2**, **75.2** (PeopleImages); **39.1** (Justin Lewis); **39.2**, **39.3**, **39.5**, **39.7**, **39.8**, **43.1**, **43.2**, **62.2**, **63.1**, **63.2**, **63.3**, **66.3**, **66.4**, **67.1**, **99**, **288.4** (JohnnyGreig); **39.4** (gradyreese); **39.6**, **118.3** (Morsa Images); **40**, **42.1**, **230.1** (amriphoto); **41** (Viacheslav Peretiatko); **43.4** (sreenath_k); **44** (altrendo travel); **45** (KanKhem); **46.1** (Bernhard Lang); **46.2** (Kathrin Ziegler); **46.3**, **46.4** (FG Trade); **47.1**, **68** (Nikada); **47.3** (Simon Dux); **48.1**, **60** (John M Lund Photography Inc); **49** (lantapix); **51.1** (Matthew Micah Wright); **56.1** (Rouzes); **56.2** (StephanHoerold); **57.1** (golero); **57.2**, **170** (Jose Luis Pelaez Inc); **58.1** (mattjeacock); **58.2** (sassy1902); **58.3** (AtWaG); **58.5** (zhuzhu); **59** (Bruce Yuanyue Bi); **64.2** (urbancow); **65.1** (Andreus); **65.2** (Nerthuz); **65.3** (wwing); **66.2** (Thomas Stockhausen); **70.2** (Siegfried Layda); **71.1**, **111.3**, **111.4** (FilippoBacci); **71.2**, **71.4**, **119.1**, **188.3** (ozgurdonmaz); **72** (Lucy Lambriex); **73** (Elena Brovko); **74.1** (Taiyou Nomachi); **75.5** (ThomasVogel); **76** (wakila); **77** (dirkr); **79.1** (Allan Baxter); **79.2** (Jan-Schneckenhaus); **79.3** (visualspace); **84.1** (AlexRaths); **85.2** (JoKMedia); **86.2** (Joff Lee); **86.4** (dallosto); **89**, **120.1** (Oliver Rossi); **92.2** (lambada); **94.2** (Michael H); **95.1** (Larry Williams & Associates); **95.2** (valentinrussanov); **96**, **188.2**, **196.1**, **196.2**, **196.5**, **213.2**, **233.3**, **233.4** (SolStock); **98.1** (JulieanneBirch); **101.1**, **143.3** (sbossert); **101.2** (franckreporter); **102.1** (Digital Vision.); **102.2** (TraceyAPhotos); **103.1** (pechevoy); **103.2** (bonchan); **103.4** (anzeletti); **104.1** (4FR); **104.2** (James Braund); **105.2** (Lee Cohen); **105.2** (Nick Dolding); **107.1** (Lukassek); **107.2** (JannHuizenga); **108.1** (MarcQuebec); **108.2** (MimaCZ); **116.1** (aywan88); **116.2** (Selektor); **117.1** (DGLimages); **120.2** (Enis Aksoy); **120.3**, **168.4** (-VICTOR-); **121** (lucentius); **124** (Rocky89); **125** (mgkaya); **128.1** (Gert4u); **128.2** (Ajwad Creative); **128.4** (lushik); **129.2** (BraunS); **129.3** (Andersen Ross Photography Inc); **130.2** (aprott); **131.2** (lisegagne); **134** (Ken Redding); **140.1** (elkor); **140.2** (Lightshape); **140.3** (Adventure_Photo); **142.1** (jcphoto); **142.2** (juefraphoto); **142.4** (clubfoto); **144.1** (Jonathan Kirn); **145** (courtneyk); **148.2** (RENGraphic); **148.3**, **148.4** (Nils Jacobi); **149.1** (Good_Stock); **149.2** (VectorMoon); **150.2** (ewg3D); **152** (track5); **153.2** (dstaerk); **158.2** (subakan); **159.1** (Frank_Lu); **162.2** (karpenko_ilia); **162.3**, **162.4** (Nadiinko); **163** (Todor Tsvetkov); **166** (Kerrick); **171** (demaerre); **172.1** (quisp65); **175.2** (My pictures); **176.1** (Juergen Sack); **178.1** (Say-Cheese); **178.2** (kolae); **179** (JacobVanHouten); **181.3** (chictype); **182.1**, **184.1**, **226** (Hiroshi Higuchi); **182.2** (ahavelaar); **184.2** (Martin Keiler); **185.1** (Markus Volk); **185.2** (SusanneB); **187.1** (Ryan McVay); **187.2**, **231.1** (John Lamb); **195** (Rakdee); **196.3**, **196.4**, **232.3** (RgStudio); **198** (JANIFEST); **202.1**, **219.1** (PPAMPicture); **202.2**, **217** (querbeet); **203.1** (Symbiont); **203.2**, **204.6** (RicoK69); **205.1** (Aleksei Rasskazov); **206** (zodebala); **207.1** (bazza1960); **207.2** (ChiccoDodiFC); **208.3** (axeiz77); **209.3** (ZU_09); **214.1** (damedeeso); **215.1** (_jure); **215.2** (FredFroese); **218** (Conny Pokorny); **222.1** (kabVisio); **224.1** (bernjuer); **228.2** (Tutye); **234.1** (martin-dm); **19, 27.1, 27.3, 82** (yuliya); Mit freundlicher Genehmigung des DFL Deutsche Fußball Liga e.V. **231.2**; Shutterstock, New York: **23.3** (MariaKovaleva); **28.1** (Harald Florian); **71.3** (ESB Professional); **106.3**, **172.3** (wavebreakmedia); **110.1** (KarepaStock); **110.2** (Kobby Dagan); **118.6** (Ekaterina Smirnova); **119.2** (AS Food studio); **119.4** (Gabor Tinz); **123**, **214.2** (Monkey Business Images); **126** (FooTToo); **127**, **130.1**, **147**, **154.3**, **201.2**, **201.3**, **201.4**, **204.9**, **204.10**, **212.1**, **212.2**, **213.3**, **225** (fizkes); **131.3** (360b); **134.2** (German Vizulis); **146** (grebeshkovmaxim); **150.3** (Jelena Zelen); **151.2** (nnattalli); **153.1** (Radowitz); **154.1** (Gohengs); **155.1** (Ruslan Huzau); **155.2** (Patrick Daxenbichler); **155.3** (Oleksandr Zaiats); **159.1** (Kozlik); **159.2** (canadastock); **160.3** (montira areepongthum); **160.4** (Uncle Leo); **164** (LE photography Hamburg); **168.2** (Koldunova Anna); **169.4** (yavyav); **172.4** (diignat); **173** (franconiaphoto); **177.1** (home_sweet_home); **177.2** (LianeM); **180.2**, **181.1** (LightField Studios); **184.3** (haveseen); **197.2** (Roman Samborskyi); **200.1** (Keikona); **200.3** (Axel Bueckert); **204.4**, **204.7**, **233.1** (marino bocelli); **204.5**, **204.8**, **233.2** (G-Stock Studio); **208.2** (Ann Kosolapova); **209.1** (Artem Rumyantsev); **212.3** (Roman Sigaev); **213.1** (Vadim Sadovski); **216.3** (calix); **220.3** (klauscook); **222.2** (Achim Kietzmann); **223.1** (Oxie99); **223.2** (1eyeshut); **224.5** (Bjoern Wylezich); **224.6** (Nannycz); **227.2** (Olga P Galkina); **228.1** (Rainer Lesniewski); **232.2** (Jacob Lund); **234.2** (mapman); **237** (Stock-Asso)